미·중 인사이트
: 격동의 시대를 이끈 66명의 인물들

미·중 인사이트
: 격동의 시대를 이끈 66명의 인물들

© 김혜진·공봉진, 2025

1판 1쇄 인쇄__2025년 09월 10일
1판 1쇄 발행__2025년 09월 20일

지은이__김혜진·공봉진
펴낸이__양정섭

펴낸곳__경진출판
　　　　등록__제2010-000004호
　　　　이메일__mykyungjin@daum.net
　　　　스마트스토어__https://smartstore.naver.com/kyungjinpub
　　　　사업장주소__서울특별시 금천구 시흥대로57길 17(시흥동), 영광빌딩 203호
　　　　전화__070-7550-7776　팩스__02-806-7282

값 24,000원
ISBN 979-11-93985-98-4 03000

※ 이 책은 본사와 저자의 허락 없이는 내용의 무단 전재나 복제, 광전자 매체 수록 등을 금합니다.
※ 잘못된 책은 구입처에서 바꾸어 드립니다.

미·중 인사이트
: 격동의 시대를 이끈 66명의 인물들

김혜진·공봉진 지음

경진출판

들어가는 말

각 나라는 자신들의 독특한 역사와 문화를 가지고 있다. 이러한 역사와 문화는 많은 이들의 삶과 가치관에 영향을 끼친다. 위대한 인물들은 그 시대를 이끌고 그 사회가 긍정적으로 변화할 수 있도록 한다. 세계적으로 각 나라 위인들은 시대와 문화 속에서 자신의 길을 개척해 나가며 역사의 흐름을 바꾸어 왔다.

이 책에서는 미국과 중국을 이해하는 데 도움이 되는 인물 66인을 살펴본다. 미국 33인과 중국 33인을 통해 오늘날의 불확실성 시대에 살고 있는 사람들에게 어떻게 살아야 하는지를 제시해본다.

G2라 불리는 미국과 중국은 역사와 전통이 다르다. 총 66인은 자신들이 살았던 시대의 국가와 사람들을 위해, 모범을 보이거나 희생을 하면서 부강한 국가를 일구거나 사람들을 위한 삶을 살면서 새로운 역사를 만들었다.

미국의 역사는 자유, 평등, 인권, 문학과 예술을 통해 사회를 변화시키고자 하는 인물들의 이야기로 가득하다. 미국은 자유와 평등을 외친 인물로는 듀 보이스, 드레드 스콧이 있으며 이들은 흑인 민권 운동의 선구자들로 인종 차별과 불평등에 맞서 싸웠다. 로자 파크스는 버스에서 부당하게 자리를 내어놓으라는 백인에게 저항함으로써 흑인들의 '버스 보이콧' 운동에 불을 지폈으며 시민운동의 상징이 되었다. 마틴 루터 킹 목사는 비폭력 저항운동으로 미국 전역에 인종 차별 철폐를 위한 운동이 일어나게 했다.

랭스턴 휴즈, 마크 트웨인, 토니 모리슨과 같은 작가들은 문학작품을 통해 미국 사회의 문제를 고발하고 변화해야 함을 외쳤다. 특히, 토니 모리슨의 경우 흑인 여성의 목소리를 대변한 작품을 많이 썼으며 이는 작품을 통해 인종과 성별의 차별을 철폐하는 데 일조했다. 그리고 정치, 사회 지도자들로는 조지 워싱턴, 링컨, 오바마 대통령 등이 있는데 이들은 많은 이들에게 영향을 끼쳤다. 미국 건국의 아버지로부터 노예 제도를 폐지하고 국가를 통일하는 데 일조한 이들의 이야기가 이 책에 담겨 있다. 특히 버락 오바마의 경우 미국 최초 아프리카계 미국인 대통령으로 당선되면서 새로운 시대의 물결을 일으켰다. 미국의 정치, 사회 지도자들은 각 시대에 국민을 위해 노력하며 미국 민주주의가 발전할 수 있도록 한 인물이라 할 수 있다.

이외에도 야구의 전설로 남은 베이브 루스, 인종 차별에 맞서 싸운 복싱계의 전설 무하마드 알리, 문화 산업의 혁신을 일으킨 월트 디즈니, 미디어를 통해 인종 차별의 부당함과 여성 인권 신장을 위해 노력하고 있는 오프라 윈프리에 대한 이야기가 이 책에 담겨 있다. 알 카포네는 비록 범죄 조직의 두목으로 악명을 떨쳤지만 1920년대 미국의 금주법에 대한 이해를 위해서는 반드시 그를 알아야 한다. 알 카포네의 이야기를 통해 법과 질서가 사회에 얼마나 중요한지 그 중요성을 일깨워 준다. 이외에서 세계적인 스타인 엘비스 프레슬리 등 미국의 다양한 인물들에 대해 알 수 있다.

미국이 견제하는 중국! 중국 역사에서 중요한 인물은 매우 많다. 33명만을 선정한다는 것은 쉽지 않다. 이 책에서는 많은 역사인물 중, 현대중국을 비롯하여 고대 중국과 역사 과정에서의 중국 변화를 잘 이해할 수 있으면서 한국에서도 잘 알려진 인물을 우선적으로 선정하였다. 고대 상나라의 부호와 부열이라는 인물부터, 현대중국의 진융과 장이머우에 이르기까지 다양한 분야의 인물을 소개한다. 상나라의 무정 부흥에 힘썼으며 갑골문에 등장하는 부호, 중국 최초의 성인이라 불리는 노예 출신의 부열, 뛰어난 외교가로 이름을 날린 안영, 만세사표라 불리는 공자, 손자병법으로 알려진 손무, 차별적 사랑이 아닌 절대적 사랑을 강조하였던 묵적, 진나라가 전국시대를 통일할 수 있는 기반을 마련해 준 법가 상앙, 병든 백성을 구하기 위해 만두를 만들었던 장중경 등 많은 인물이 등장한다. 그리고 소동파라는 인물을 통해 고려의 강대국의 면모를 알 수 있다. 현대중국에서 통일 중국을 강조할 때 항상 등장하는 명청 시기의 정성공, 걸인으로서 학교를 세운 청나라 말기의 무훈, 국부라 불리는 쑨원, 중국 문학의 아버지라 불리는 루쉰, 죽의 장막을 열고 세계 강대국의 길을 갈 수 있도록 길을 연 개혁개방의 총설계사 덩샤오핑, 문학작품을 통해 중국 역사와 문화를 알 수 있게 한 무협 작가 진융, 중국 영화를 세계에 알리는 신호탄을 쏜 장이머우 등 다양한 분야의 인물이 포함되어 있다. 진융과 장이머우는 현대 중국의 문화적 상징으로 자리 잡고 있으며 이들은 중국문화의 세계화에 큰 업적을 남겼다.

  역사 속 인물을 이해한다는 것은 단순히 특정한 사람의 생애를 아는 것이 아니다. 그 사람들이 걸어온 길을 통해 역사적 맥락과 시대적 특성을 읽어내려는 것이다. 미국과 중국은 역사와 정치체제 등 매우 다른 국가이지만, 역사 속에 등장하였던 많은 인물들의 국가관과 시대관 및 자신들이 추구하고자 하였던 가치는 비슷하다고 볼 수 있다. 위대한 인물의 업적은 시대와 문화를 초월한 가치를 지니고 있다. 이 책에서는 미국과 중국의 66인의 인물을 탐색하며, 그들이 각 국가에 미친 영향들을 살펴본다. 이들의 삶 속에 뿌리내린 역사관, 철학관, 문화관, 시대관을 통해 오늘날 미국과 중국을 이해한다.

　이 책을 출판하는 데 도움을 주신 경진출판에 깊은 감사를 드린다.

2025년 7월 19일

들어가는 말 ___ 4

제1부 자유와 민주주의의 심장
: 미국을 이끈 33인

1. 들어가며 ·· 13
2. 미국을 빛낸 사람들 ·· 17

   듀 보이스(W.E.B. Du Bois) ___ 17
   드레드 스콧(Dred Scott) ___ 23
   랄프 월도 에머슨(Ralph Waldo Emerson) ___ 27
   랭스턴 휴즈(Langston Hughes) ___ 35
   로자 파크스(Rosa Parks) ___ 42
   마사소이트(Chief Massasoit) ___ 46
   마야 안젤루(Maya Angelou) ___ 49
   말콤 엑스(Malcolm X) ___ 54
   마크 트웨인(Mark Twain) ___ 61
   마틴 루터 킹(Martin Luther King, Jr.) ___ 66
   무하마드 알리(Muhammad Ali) ___ 76
   버락 오바마(Barack Obama) ___ 83
   베이브 루스(Babe Ruth) ___ 91
   벤자민 프랭클린(Benjamin Franklin) ___ 95
   소저너 트루스(Sojourner Truth) ___ 106
   스콧 피츠제럴드(F. Scott Fitzgerald) ___ 110
   시팅 불(Sitting Bull) ___ 114

아서 밀러(Arthur Miller) ―― 118
알 카포네(Al Capone) ―― 123
앤드류 잭슨(Andrew Jackson) ―― 129
앨리스 워커(Alice Walker) ―― 135
에이브러햄 링컨(Abraham Lincoln) ―― 140
엘비스 프레슬리(Elvis Presley) ―― 144
워싱턴 어빙(Washington Irving) ―― 151
월트 디즈니(Walt Disney) ―― 155
윌리엄 포크너(William Faulkner) ―― 161
오프라 윈프리(Oprah Winfrey) ―― 168
조지 워싱턴(George Washington) ―― 176
크레이지 호스(Crazy Horse) ―― 181
토니 모리슨(Toni Morrison) ―― 185
토마스 제퍼슨(Thomas Jefferson) ―― 189
프레더릭 더글러스(Frederick Douglass) ―― 193
해리엇 터브먼(Harriet Tubman) ―― 200

3. 나가며 ··· 207
4. 참고자료 ··· 209

제2부 천년 대륙의 지혜
: 중국을 형성한 33인

1. 들어가며 ··· 215
2. 33인의 중국 역사 인물 ·· 218
   부호(婦好) ―― 218   부열(傅說) ―― 223
   안영(晏嬰) ―― 231   공자(孔子) ―― 236
   손무(孫武) ―― 245   묵자(墨子) ―― 248

상앙(商鞅) —— 251
장중경(張仲景) —— 260
문제(文帝) 양견(楊堅) —— 265
백거이(白居易) —— 274
소동파(蘇東坡) —— 280
유병충(劉秉忠) —— 291
왕대연(汪大淵) —— 297
정화(鄭和) —— 304
정성공(鄭成功) —— 317
치바이스(齊白石) —— 325
천두슈(陳獨秀) —— 330
마오쩌둥(毛澤東) —— 339
덩샤오핑(鄧小平) —— 347
장이머우(張藝謀) —— 358

동중서(董仲舒) —— 257
육적(陸績) —— 262
두보(杜甫) —— 269
범중엄(范仲淹) —— 277
야율초재(耶律楚材) —— 287
곽수경(郭守敬) —— 294
유백온(劉伯溫) —— 301
이지(李贄) —— 314
무훈(武訓) —— 321
쑨원(孫文) —— 327
루쉰(魯迅) —— 333
메이란팡(梅蘭芳) —— 343
진융(金庸) —— 354

3. 나가며 ·· 365
4. 참고자료 ·· 367

지은이 소개 —— 371

제1부
자유와 민주주의의 심장
: 미국을 이끈 33인

1. 들어가며

 미국은 아주 긴 역사를 가진 나라는 아니지만, 원주민부터 다른 나라에서 이주해 온 사람들 간의 역사가 복잡하게 얽혀 있다. 그러한 역사 속에 수많은 인물이 등장하며, 그들의 선택과 행동이 오늘날의 미국을 형성하는 데 결정적인 영향을 미쳤다.
 따라서 미국의 역사를 이해하려는 시도에서 중요한 것은 바로 이 인물들을 깊이 있게 알아보는 일이다. 그들이 어떤 삶을 살았는지, 어떤 사상과 신념을 가지고 있었는지, 그리고 그들이 남긴 유산이 오늘날의 미국에 어떤 의미를 갖고 있는지를 탐구하는 것은 미국을 이해하는 데 필수적인 과정이다.
 이 책은 미국의 역사와 문화를 알고자 하는 독자들에게 길잡이의 역할을 할 것이다. 책에서 미국의 역사와 문화의 중심에 서 있는 33인의 인물을 조명한다. 이들은 미국이라는 나라가 형성되고 발전하는 과정에서 중심적인 역할을 했던 사람들이다.

먼저 미국의 원주민, 즉 아메리카 원주민들에 대해 살펴본다. 그들은 이 땅의 첫 주인이었으며, 미국이 탄생하기 전부터 수천 년 동안 고유의 문화를 형성하며 살아왔다. 아메리카 원주민들은 자연과 조화를 이루며 살아갔으며, 그들의 지혜와 전통은 오늘날에도 많은 영감을 준다. 그러나 그들은 식민지 개척자들과의 충돌 속에서 자신들의 땅과 문화, 그리고 정체성을 지키기 위해 치열한 투쟁을 벌여야 했다. 이 과정에서 그들의 고통과 저항, 그리고 생존의 이야기를 들여다보며, 미국의 뿌리 깊은 역사 속에 녹아 있는 아메리카 원주민들의 목소리를 들어본다.

그 다음은 미국 건국의 아버지들, 독립과 민주주의의 이상을 추구하며 오늘날의 미국을 탄생시킨 인물들을 소개한다. 그들은 영국의 식민 지배에서 벗어나기 위해 혁명을 일으키고, 독립을 선언하며, 새로운 국가의 틀을 마련했다. 조지 워싱턴, 토머스 제퍼슨, 벤자민 프랭클린 등의 인물들은 자신들의 정치적 이상과 개인적 신념을 바탕으로 미국이라는 새로운 나라를 건설하는 데 앞장섰다. 그들의 사상과 비전은 미국의 헌법과 정치체제에 깊이 새겨져 있으며, 오늘날까지도 미국 사회와 정치에 커다란 영향을 미치고 있다. 이들의 삶과 업적을 통해 미국이 어떤 이상을 바탕으로 세워졌으며, 그 이상이 어떻게 실현되었는지 이해할 수 있다.

그리고 미국 역사에서 중요한 의미를 지닌 아프리카계 미국인을 소개한다. 그들은 본인의 의사와는 무관하게 아프리카에서 미국으로 끌려와 노예 생활을 하며 고통스러운 삶을 살았다. 그럼에도 불구하고, 그들은 미국 사회에서 자신의 위치를 찾기 위해 끊임없이 투쟁하였다. 그들은 이러한 투쟁을 통해 미국의 역사와 문화를 더욱 풍부하게 만드는 데 중요한 역할을 했다. 이들의 이야기는 인종 차별과 불평등 속에서 인간의 존엄성을 지키기 위해 싸운 역사이자, 미국 사회가 직면한 가장 큰 도전 중 하나를 이해하는 데 중요한 열쇠이다.

20세기에 들어와서는 미국 사회와 문화를 크게 변혁시킨 사업가, 연예인, 문학가들이 등장했다. 그들은 산업화, 대중문화의 확산, 새로운 가치관의 형성을 통해 미국뿐만 아니라 전 세계에 걸쳐 영향을 미쳤다. 마크 트웨인과 같은 문학가는 미국의 사회적 모순을 날카롭게 비판하며 새로운 문학적 전통을 세웠다. 이들은 모두 미국의 정체성과 가치를 재정의하는 데 중요한 역할을 했으며, 그들의 영향력은 오늘날에도 여전히 강하게 남아 있다.

이 책에서는 단순히 미국의 역사를 나열하는 것이 아니라, 이 인물들과의 '대화'를 통해 그들이 살아온 시대와 그들이 남긴 흔적을 깊이 있게 탐구하는 데 중점을 두고 있다. 이 인물들을 통해 그들이 어떤 도전과 난관을 겪었으며, 그 과정에서 어떤 선택을 했고, 그 선택이 오늘날의 미국에 어떤 영향을 미쳤는지를 이해하게 된다. 또한, 33인의 이야기를 통해 미국의 역사 속에서 인간의 존엄성과 자유, 평등, 정의와 같은 보편적 가치를 재조명한다.

미국이라는 나라는 오랜 시간에 걸쳐 수많은 변화를 겪으며 발전해 왔다. 그 변화의 중심에는 항상 사람들이 있었다. 많은 사람들 중에서도 이 책에서 소개하는 33인의 삶을 탐구하다 보면, 단순히 미국의 역사를 이해하는 것에 그치지 않고, 현재와 미래의 미국을 바라보는 새로운 관점을 얻게 될 것이다. 이 책이 독자들에게 미국의 역사와 문화에 대한 깊은 이해를 제공하는 동시에, 인간의 삶과 사회에 대한 더 넓고 깊은 통찰을 줄 수 있기를 기대한다.

33인이 걸어온 길을 따라가 보자. 미국의 과거와 현재, 그리고 미래를 연결하는 중요한 실마리를 발견하게 될 것이다. 이 책이 독자 여러분에게 미국을 새로운 시각으로 바라보게 하는 계기가 되기를 바란다.

2. 미국을 빛낸 사람들

듀 보이스(W.E.B. Du Bois)

W.E.B.(William Edward Burghardt) 듀 보이스는 아프리카계 미국인의 인종적 평등을 주장한 사회학자, 역사가, 교육자, 사회정치 운동가이다. 흑인 지도자로서 그의 등장은 남부의 '짐 크로우 법(Jim Crow Law)'과 진보주의 시대의 부상과 맞물려 있다.

듀 보이스는 전미유색인지위향상협회(NAACP, National Association for the Advancement of Colored People)의 공동 창립자이다. '사회과학의 아버지', '범아프리카주의의 아버지'라고 불린다.

듀 보이스는 1868년 2월 23일 매사추세츠주 그레이트 배링턴에서 태어났다. 듀 보이스의 가족은 주로 백인이 거주하는 주 서부의 마을에 사는 몇 안 되는 흑인 가족 중 하나였다. 고등학교 시절부터 듀 보이스는 인종 간의 불평등에 관심이 많았다. 15세에는 『뉴욕 글로브(The New York Globe)』의 지역 특파원이 되어 강연을 하고 사설을 쓰면서 흑인 스스로가 정치화해야 한다는 자신의 생각을 전파했다.

듀 보이스는 학교에 다니며 우수한 성적을 거두었다. 듀 보이스가 고등학교를 졸업하자 이 지역사회 구성원들은 피스크 대학교에 입학할 수 있도록 장학금을 수여했다. 피스크 대학에 재학하는 동안 듀 보이스는 인종 차별과 가난을 경험하면서 그레이트 배링턴에서의 삶과는 확연히 다른 경험을 하게 된다. 그 결과 듀 보이스는 인종 차별을 종식시키고 흑인들을 고양시키는 데 일생을 바치기로 결심한다.

1888년 피스크 대학을 졸업한 듀 보이스는 하버드 대학교에서 석사와 박사 학위를 취득하였다. 듀 보이스는 하버드에서 박사 학위를 취득한 최초의 아프리카계 미국인이다.

듀 보이스는 윌버포스 대학교(Wilberforce University)에서 첫 번째 교수직을 맡은 후 펜실베이니아 대학교(the University of Pennsylvania)에서 펠로우십[1])을 받아 필라델피아의 7구 지역에서 연구 프로젝트를 수행했다. 사회 시스템으로서의 인종차별을 연구하면서 그는 편견과 차별에 대한 해결책을 찾기 위해 노력했다. 듀 보이스의 조사, 통계적 측정, 사회학적 해석은 『필라델피아 흑인(The Philadelphia Negro: A Social Study)』이라는 책으로 출간되었다. 사회 현상을 과학적으로 연구한

---

[1] 학부생, 대학원생 또는 연구자들을 대상으로 다양한 분야에서 연구 및 교육 기회를 제공하는 프로그램이다.

것은 이 책이 처음이었기 때문에 듀 보이스는 '사회과학의 아버지'라고 불리게 되었다.

이후 듀 보이스는 애틀랜타 대학교(Atlanta University)에서 13년 동안 교수로 재직했다. 그곳에서 도덕성, 도시화, 비즈니스와 교육, 교회, 흑인 사회에 영향을 미치는 범죄에 대해 연구하고 글을 썼다. 그의 주요 목표는 사회 개혁을 장려하고 돕는 것이었다.

처음에 듀 보이스는 진보주의 시대 미국 흑인의 탁월한 지도자였던 부커 T. 워싱턴(Booker T. Washington, 1856~1915)의 철학에 동의했다. 워싱턴의 행동주의와 생활은 모두 흑인들이 산업 및 직업에 숙련되어 사업을 시작하고, 미국 사회에 동화되어 시민으로서 자립할 수 있도록 돕는 것을 목표로 했다.

그러나 듀 보이스는 워싱턴의 점진적이고 타협적인 접근 방식에 크게 동의하지 않았다. 1903년에 출간한 에세이집 『흑인의 영혼(The Souls of Black Folk)』에서 자신의 주장을 개괄적으로 설명했다. 『흑인의 영혼』에서 듀 보이스는 백인 미국인들이 인종 불평등 문제에 기여한 것에 대해 책임을 져야 한다고 주장했다. 그는 워싱턴의 주장에서 발견한 결함을 설명했지만, 동시에 흑인들이 인종차별에 직접 맞서 싸우면서 인종을 향상시킬 수 있는 교육 기회를 더 잘 활용해야 한다는 것에 동의했다.

또한 『흑인의 영혼』에서 자신의 '이중 의식(double-consciousness)' 개념을 자세히 설명했다. 이중 의식은 항상 타인의 눈으로 자신을 바라보고, 즐거운 경멸과 연민으로 바라보는 세상의 잣대로 자신의 영혼을 측정하는 특이한 감각이다. 미국인과 흑인, 두 개의 영혼, 두 개의 생각, 화해하지 못한 두 개의 노력, 하나의 어두운 육체 안에 두 개의 전쟁하는 이상, 끈질긴 힘으로만 찢어지지 않는 두 개의 자아로 그는 이중의식을 설명했다.

1905년 7월, 듀 보이스는 윌리엄 먼로 트로터(William Monroe Trotter)와 함께 나이아가라 운동(the Niagara Movement)을 조직했다. 이 운동은 인종적 불평등에 맞서기 위해 적극적인 노력을 했다. 미국 전역의 지부들은 지역적 차별 행위에 맞서 싸웠고, 전국 조직은 『흑인의 목소리(The Voice of the Negro)』라는 신문을 발행했다.

1909년 나이아가라 운동은 해체되었고, 듀 보이스는 다른 여러 회원들과 함께 백인 미국인들과 함께 NAACP를 설립했다. 듀 보이스는 연구 책임자로 임명되었다. 1910년 애틀랜타 대학교를 떠나 NAACP의 간행물 책임자로 일하면서 1910년부터 1934년까지 이 단체의 잡지 『더 크라이시스(The Crisis)』의 편집장을 맡았다. 이 잡지는 미국 흑인 독자들에게 사회적, 정치적 활동을 촉구하는 한편, 할렘 르네상스 시대의 문학과 시각 예술을 소개하여 큰 성공을 거두었다.

1934년 듀 보이스는 "통합을 위한 NAACP의 노력에 반대되는 아프리카계 미국인 민족주의 전략을 새롭게 옹호했기 때문"에 NAACP를 탈퇴했다. 또한 『더 크라이시스』를 그만두고 애틀랜타 대학교의 교수로 복귀했다.

듀 보이스는 1942년 그가 쓴 글에서 자신이 사회주의자라고 주장하였고 FBI의 조사를 받기도 했다. 당시 듀 보이스는 평화정보센터의 회장이었으며 핵무기 사용에 반대하는 스톡홀름 평화 서약의 서명자 중 한 명이었다.

이후 듀 보이스는 1944년부터 1948년까지 특별 연구 책임자로 NAACP에 복귀했다. 이 기간 동안 그는 유엔 창립 대회(1945년)의 자문위원으로 활동하면서 아프리카계 미국인들의 고충을 유엔에 전달하고, 유명한 「세계를 향한 호소문(An Appeal to the World)」(1947년)을 작성하는 등 활발한 활동을 펼쳤다.

듀 보이스는 평생 인종적 불평등을 없애기 위해 끊임없이 노력했다. 미국 흑인 아카데미 회원으로 활동하면서 듀 보이스는 교육을 받은 아프리카계 미국인이 미국의 인종 평등을 위한 투쟁을 주도할 수 있다고 주장하며 '유능한 10%(Talented Tenth)'라는 개념을 발전시켰다.

교육의 중요성에 대한 듀 보이스의 생각은 할렘 르네상스 시대에 다시 한 번 등장한다. 흑인 문학, 시각, 음악 예술이 꽃을 피우던 이 시기에 듀 보이스는 예술을 통해 인종 평등을 이룰 수 있다고 주장했다. 『더 크라이시스』의 편집자로 활동하던 시절의 영향력을 바탕으로 듀 보이스는 많은 아프리카계 미국인 작가들의 작품을 홍보했다.

인종적 평등에 대한 듀 보이스의 관심은 미국에만 국한되지 않았다. 그는 전 세계 아프리카계 사람들의 평등을 위한 활동가였다. 범아프리카 운동의 리더로서 듀 보이스는 1919년 창립 총회를 비롯해 범아프리카 회의를 위한 회의를 조직했다. 아프리카와 아메리카의 지도자들이 모여 전 세계 아프리카계 사람들이 직면하고 있는 인종차별과 억압 문제를 논의했다. 1951년 친소련 이념에 동조한 듀 보이스는 외국 정권의 비공인 정보원으로 활동했다는 혐의로 기소되었다. 판사가 무죄라 판결하였고 석방을 시켰으나 그는 미국에 환멸을 느꼈다. 1961년 공산당에 입당해서 가나로 떠났으며 1년 뒤 미국 시민권을 포기했다.

듀 보이스는 가나에서 2년을 보내는 동안 건강이 악화되었다. 그는 1963년 8월 27일 95세의 나이로 사망했다. 듀 보이스의 장례는 가나의 수도 아크라(Accra)에서 국장으로 치러졌다.

듀 보이스는 20세기 인종 차별 철폐와 평등을 위한 투쟁의 중심 지도자였다. 학계에서는 현대 사회학의 창시자 중 한 명으로 꼽힌다.

듀 보이스(W.E.B. Du Bois)

약력: 편집자, 작가, 인종 평등을 위한 정치 활동가, 전미유색인지위향상협회 공동 설립자

출생: 1868년 2월 23일, 매사추세츠주 그레이트 배링턴

부모: 알프레드 듀 보이스(Alfred Du Bois), 메리 실비나 듀 보이스(Mary Silvina)

사망: 1963년 8월 27일, 가나 아크라

학력: 피스크 대학교(Fisk University), 하버드 대학교(하버드 대학교에서 박사 학위를 취득한 최초의 아프리카계 미국인)

작품: 필라델피아 흑인(The Philadelphia Negro), 흑인의 영혼(The Souls of Black Folk), 흑인(The Negro), 흑인의 선물(The Gift of Black Folk), 흑인 재건(Black Reconstruction), 민주주의의 색(The Color of Democracy), 더 크라이시스(The Crisis)

수상 및 영예: 탁월한 지도자상(스핑가른 메달, Spingarn Medal), 레닌 평화상(Lenin Peace Prize)2)

배우자: 니나 고머(Nina Gomer), 롤라 셜리 그레이엄(Lola Shirley Graham), 주니어(Junior)

자녀: 부르크하르트(Burghardt), 욜랑드(Burghardt), 의붓아들 데이비드 그레이엄(David Graham)

명언: 지금은 내일이나 더 편리한 계절이 아니라 받아들여야 할 때입니다. 우리가 최선을 다할 수 있는 것은 미래의 어느 날이나 미래의 어느 해가 아니라 바로 오늘입니다. 내일의 더 큰 유용성을 위해 우리 자신을 맞추는 것은 바로 오늘입니다. 오늘은 씨앗을 뿌리는 시간이고, 지금은 일하는 시간이며, 내일은 추수하고 노는 시간입니다. (Now is the accepted time, not tomorrow, not some more convenient season. It is today that our best work can be done and not some future day or future year. It is today that we fit ourselves for the greater usefulness of tomorrow. Today is the seed time, now are the hours of work, and tomorrow comes the harvest and the playtime.)

그의 업적은 흑인 정치, 문화, 사회에 대한 비판적 저널인 『소울즈(Souls)』의 창간에 영감을 주었으며, 오늘날에도 매년 미국 사회학회가 그의 이름을 딴 상을 수여하며 듀 보이스를 기리고 있다.

드레드 스콧(Dred Scott)

1795년경 노예로 태어난 드레드 스콧은 수십 년 후 자유를 얻기 위한 법적 투쟁을 시작하여 자신의 역사를 만들어나갔다. 스콧과 그의 가족은 소유주인 존 에머슨(John Emerson)을 위해 일하면서 2개의 자유주3)에서 시간을 보냈다. 에머슨이 사망한 후 스콧은 자신과 가족을 위해 자유를 얻으려고 노력했지만 실패했다. 그는 미주리 주 법원에 소송을 제기하여 승소했지만 판결이 뒤집혔다. 스콧의 연방 소송은 미국 대법원까지 올라갔다. 1857년 3월 6일에 선고된 '드레드 스콧 대 샌드포드 사건(Dred Scott v. Sandford)'에 대한 법원의 판결은 역시 스콧의 자유를 부정하는 것이었다. 논란이 컸던 이 사건은

---

2) 레닌 평화상은 (구)소련이 노벨 평화상에 대항하여 만든 상이다. 주로 저명한 공산주의자나 외국의 소련 지지자에게 수여되었다. 노벨 평화상과 달리 1년에 여러 사람들에게 주어지는 경우가 많았다.

3) 노예주(奴隷州, slave state)는 미국 남북 전쟁 이전에 있었던 노예 제도가 합법적이었던 주를 말한다. 이 개념과 반대로 자유주(自由州, free state) 또는 해방주(解放州)는 노예제도를 금지했거나 이미 폐지한 주를 말한다. 노예제도는 남북전쟁의 원인이었으며, 1865년 '미국 헌법 수정 제13조'로 폐지했다.

에이브러햄 링컨의 노예 해방 선언과 남북전쟁의 전조가 되었다. 스콧은 두 사건이 일어나기 전인 1858년 60대에 사망했다.

드레드 스콧은 19세기에 접어들 무렵에 노예로 태어났는데, 1795년 버지니아주 사우샘프턴 카운티에서 태어났다고 알려져 있다. 옛이야기에 따르면 그의 이름은 샘(Sam)이었지만 형이 죽자 그의 이름을 대신 사용했다고 한다. 그의 부모는 스콧이 태어날 당시 블로우(Blow) 가문의 노예였을 가능성이 높다. 피터 블로우(Peter Blow)와 그의 가족은 처음에는 앨라배마주 헌츠빌로 이주한 후 세인트루이스로 이주했다. 1830년대 초 피터가 사망한 후 스콧은 존 에머슨이라는 미 육군 의사에게 팔렸다.

1836년, 40세의 스콧은 다른 군의관의 노예였던 19세의 해리엇 로빈슨과 사랑에 빠졌다. 노예 간의 결혼은 유효하지 않은 것으로 간주되었으나 이례적으로 해리엇과 드레드는 결혼할 수 있었다. 결혼과 동시에 해리엇에 대한 소유권은 에머슨에게 이전되었다. 두 사람 사이에는 네 명의 자녀가 있었다. 1838년에 딸 엘리자가 태어났고, 1844년에 또 다른 딸 리지가 태어났으며, 두 아들은 태어난 지 얼마 지나지 않아 사망했다.

그 후 몇 년 동안 에머슨은 노예제를 금지한 일리노이와 위스콘신준주를 여행했다. 1846년 에머슨이 사망하자 스콧은 에머슨의 미망인 아이린 에머슨에게 300달러를 주고 자신과 가족의 자유를 사려고 했지만 아이린 에메슨은 이를 거절했다.

스콧은 자유를 얻기 위해 법적 투쟁을 시작하여 역사를 만들었다. 스콧은 고인이 된 소유주 존 에머슨과 함께 자유 지역에서 살았다는 사실이 소송의 근거가 되었다.

소송은 1846년 드레드와 그의 아내 해리엇이 아이린 에머슨을 상대로 별도의 소송을 제기하면서 시작되었다. 둘 다 글을 읽거나 쓸 수 없었기 때문에 친구와 노예제 폐지 지지자들로부터 법적, 재정적, 물류적 지원을 받았다. 스콧 부부는 세인트루이스 지방법원의 첫 번째 소송에서 패소했지만 두 번째 재판에서 승소했다. 그러나 미주리주 대법원에서 판결이 뒤집혔다.

지역 노예제 폐지론자들의 지원을 받아 스콧은 1854년 아이린의 오빠이자 존 에머슨의 유산을 집행한 존 샌포드를 상대로 연방법원에 또 다른 소송을 제기했다. 이 소송이 샌포드에게 유리하게 결정되자 스콧은 미국 대법원에 제소했다.

1857년 3월 6일, 최초 소송이 제기된 지 11년 만에 '드레드 스콧 대 샌드포드 사건'에 대한 대법원 판결이 내려졌다. 9명의 판사 중 7명이 노예는 미국 시민이 아니므로 연방 법원에 소송을 제기할 권리가 없다고 선언한 로저 타니 대법원장의 판결에 동의했다. 이 판결은 또한 스콧이 일리노이와 위스콘신에서 자유를 맛볼 수 있도록 허용한 미주리 타협이 위헌이며 의회는 노예제도를 금지할 권한이 없다고 선언했다. 결국, 미국 헌법 제13조와 제14조 수정안이 이 판결을 무효화했다.

드레드 스콧 판결은 북부 주에서는 분노를, 남부에서는 환희를 불러일으켰다. 이로 인해 남북 간의 분열이 커지면서 남북전쟁은 피할 수 없게 되었다. 재판 후에도 논란이 계속되자 아이린 에머슨은 재혼하여 드레드와 그의 가족을 블로우에게 돌려보냈고, 블로우는 1857년 5월 그들에게 자유를 허락했다. 스콧과 그의 가족은 해방 후 세인트루이스에 머물렀고, 그는 지역 호텔에서 짐꾼으로 일했다.

진정한 자유를 누린 지 1년이 조금 넘은 1858년 9월 17일, 세인트루이스에서 결핵으로 사망했다. 스콧은 그 도시의 갈보리 묘지에 묻혔다. 스콧의 비석에 동전(에이브러햄 링컨 대통령의 얼굴이 그려진)을 꽂는 것은 수십 년 동안 이 지역의 전통이 되었다. 비석 옆의 기념 표식에는 "자유를 원했던 한 소박한 남자를 기리며(In Memory Of A Simple Man Who Wanted To Be Free)"라고 적혀 있다

해리엇은 남편보다 18년이나 더 살았고 미주리주 힐스데일에 묻혔다. 1997년에는 그녀와 드레드 모두 세인트루이스 명예의 거리에 헌액되었다.

드레드 스콧의 자유를 위한 투쟁은 미국 전역에 큰 반향을 일으켰으며 미국 역사의 중요한 부분으로 남아 있다.

판결이 발표되기 몇 달 전인 1856년 12월, 일리노이주 출신의 전직 하원의원이었던 에이브러햄 링컨(Abraham Lincoln)은 드레드 스콧 사건을 거세게 비판하고 그 헌법적 함의를 검토하는 연설을 했다. 당시 미국에서 노예제도의 즉각적인 폐지는 반대했지만 노예제도의 확산을 막는 데는 찬성했던 링컨은 노예제에 대한 논쟁을 이용해 공화당 대통령 후보로 지명된 후 1860년 대통령직에 올랐다.

그 무렵, 대법원에서 논란이 된 '드레드 스콧 판결'은 이미 노예제

드레드 스콧(Dred Scott)

약력: 노예, 활동가
출생: 1795년 1월 1일 미국 버지니아주 사우샘프턴군
사망: 1858년 9월 17일 미국 미주리주 세인트 루이스
배우자: 해리엇 로빈슨(Harriet Robinson)
자녀: 엘리자(Eliza), 리지(Lizzie), 유아기에 사망한 두 아들
명언: 대법원이 저의 자유를 막았습니다.
　　　(The Supreme Court kept me from my freedom.)

문제로 분열된 미국의 긴장을 더욱 악화시켰다. 많은 남부 사람들은 정부가 이 문제에 대해 아무런 역할도 할 수 없다고 믿으며 이 판결을 환영했다. 반면, 북부의 많은 사람들은 이 판결이 필연적으로 더 많은 지역에 노예제도를 확산시킬 것이라고 믿으며 이 판결을 공격했다. 스콧 가족이 석방된 같은 달, 프레더릭 더글러스(Frederick Douglass)는 미국 노예제 폐지 협회의 기념일에 드레드 스콧 판결에 대한 연설을 통해 노예제 폐지 운동을 위한 결집의 목소리를 강하게 냈다.

랄프 월도 에머슨(Ralph Waldo Emerson)

랄프 월도 에머슨은 미국의 강연가, 시인, 수필가로 미국 뉴잉글랜드의 초절주의를 주도한 대표적 인물이다.

에머슨은 1803년 5월 25일 매사추세츠주 보스턴에서 태어났다. 그의 어머니는 부유한 양조업자의 딸인 루스 해스킨스이고 아버지는 보스턴 제일 교회의 목사이자 '독립 혁명 애국 목사'인 윌리엄 에머슨 시니어이다. 이 가정에는 8명의 아들이 있었으나 5명만이 살아남았다. 에머슨은 이 중 둘째로 태어났다. 랄프 월도 에머슨이라는 이름은 어머니의 형제 랄프와 아버지의 증조할머니 레베카 월도의 이름을 따서 명명되었다.

에머슨이 8세가 되던 해 아버지가 돌아가셨다. 에머슨의 가족은 형제 다섯 명이 나눠 입을 외투가 하나밖에 없다고 놀림을 받을 정도로 가난했다. 이들은 자신들을 도와줄 친구들이나 친척 집을 전전해야 했기에 여러 번 이사를 다니며 지냈다. 에머슨은 이 지역의 여러 학교에서 다양한 교육을 받았으며, 주로 보스턴 라틴어 학교에 다니며 라틴어와 그리스어를 배웠다. 수학과 글쓰기를 배우기 위해 지역 문법 학교에 다니고 사립학교에서 프랑스어를 배우기도 했다. 9살 때부터 그는 시를 쓰기 시작했다.

1814년, 고모 메리 무디 에머슨(Mary Moody Emerson)이 보스턴으로 돌아와 아이들과 집안 살림을 도왔다. 고모의 칼빈주의적 관점, 개인에게 힘과 책임이 동시에 있다는 초기 개인주의, 근면한 성격은 에머슨의 일생에 큰 영향을 미쳤다.

14세 때인 1817년, 에머슨은 하버드 대학에 입학했으며 1821년 하버드 대학에 최연소로 졸업생이 되었다. 그의 학비는 아버지가 담임 목사였던 보스턴 제일교회의 '펜 러거시(Penn legacy)' 장학금으로 일부 충당했다. 에머슨은 하버드 총장 존 커클랜드의 조교로 일하면서 부업으로 과외를 하며 돈을 벌기도 했다. 에세이로 몇 차례 상을 받았고 학급 시인으로 뽑히기도 했지만, 그는 눈에 띄는 학생은 아니었다. 이때부터 그는 '넓은 세상(The Wide World)'이라는 일기를 쓰기 시작했고, 이 습관은 평생 지속되었다.

졸업 후 에머슨은 동생 윌리엄이 설립한 보스턴의 젊은 여성들을 위한 학교에서 한동안 가르쳤고, 결국 자신이 교장을 맡았다. 이 전환기에 그는 자신의 일기에서 "어린 시절의 꿈이 모두 사라지고 조용히 평범한 재능과 조건에 대한 매우 냉정하고 역겨운 견해로 바뀌고 있다"고 적었다. 그 후 오래지 않아 에머슨은 집안의 오랜 종교적 전통에 따라 하나님께 헌신하기로 결심하고 1825년 하버드 신학교에 입학했다.

병으로 학업을 중단한 에머슨은 회복을 위해 한동안 남쪽으로 내려가 시와 설교를 썼다. 1827년 보스턴으로 돌아와 뉴잉글랜드의 여러 교회에서 설교를 했다. 뉴햄프셔 주 콩코드(Concord, New Hampshire)를 방문했을 때 16세의 엘렌 루이자 터커를 만났는데, 그녀는 결핵을 앓고 있었음에도 불구하고 깊이 사랑하여 1829년에 결혼했다. 같은 해에 그는 보스턴 제 2교회의 유니테리언(Unitarian) 목사가 되었다.

결혼 2년 후인 1831년, 엘렌은 19세의 나이로 세상을 떠났다. 에머슨은 매일 아침 엘렌의 무덤을 방문하고 관을 열어보기도 하는 등 그녀의 죽음에 깊은 슬픔에 빠졌다. 그는 교회가 전통에 맹목적으로 순종하고, 오래 전에 죽은 사람들의 말만 반복하며, 개인을 무시하는 모습을 보며 교회에 점점 실망했다. 양심상 성찬식을 집례할 수 없다는 생각을 가지게 된 그는 1832년 9월 목사직을 사임했다.

이듬해 에머슨은 유럽에 건너가 윌리엄 워즈워스(William Wordsworth), 사무엘 테일러 콜리지(Samuel Taylor Coleridge), 존 스튜어트 밀(John Stuart Mill), 토머스 칼라일(Thomas Carlyle)을 만나 평생의 우정을 쌓았고, 이들의 낭만주의는 에머슨의 후기 작품에 영향을 미쳤다. 미국으로 돌아온 그는 '리디안'이라 불리는 리디아 잭슨을 만나 1835년 결혼했다. 두 사람은 매사추세츠주(Massachusetts) 콩코드에 정착하여 만족스러운 결혼 생활을 시작했다. 에머슨은 리디안의 보수주의에, 리디안은 에머슨의 열정 부족과 때로는 이단에 가까운 그의 신앙적 견해에 다소 불만을 품었지만, 결혼생활은 47년 동안 견고하고 안정적으로 지속되었다. 이 부부 사이에는 월도, 엘렌(리디안의 제안으로 랄프 월도의 첫 번째 부인의 이름을 따서 지음), 에디스, 에드워드 월도, 이렇게 네 명의 자녀가 있었다. 당시 에머슨은 첫 번째 부인 엘렌의 유산에서 일부 돈을 받고 있었고, 그 덕분에 작가이자 강연자로서 가족을 부양할 수 있었다.

에머슨은 뉴잉글랜드 전역에서 설교를 하고 심포지엄(Symposium) 또는 헤지스 클럽(Hedge's Club)이라 불리는 문학회에 가입했으며, 이 모임은 나중에 칸트 철학, 괴테와 칼라일의 저술, 기독교 개혁을 논의하는 '초절주의 클럽'으로 변모했다. 에머슨은 설교와 저술 활동을 통해 지역 문학계에서 '콩코드의 철인'으로 불렸다. 동시에 에머슨은 미국 정치, 특히 앤드류 잭슨(Andrew Jackson)에 대한 혐오와 교회의 혁신 거부에 좌절감을 느끼며 전통적 사고에 도전하는 사람으로 명성을 쌓아가고 있었다. 그는 일기에 "내 작품이 아닌 연설, 시, 책은 절대 쓰지 않겠다"라고 적었다. 이 기간 동안 에머슨은 자신의 철학적 사상을 발전시키고 이를 글로 표현하기 위해 꾸준히 노력했다. 1836년에는 초절주의 철학과 자연에 신이 깃들어 있다는 주장을 담은 『자연(Nature)』을 출간했다. 에머슨은 1837년 명예 회원으로 선출된 하버드 파이 베타 카파 협회(the Harvard Phi Beta Kappa Society)에서 연설을 하며 자신의 경력을 계속 발전시켜 나갔다. '미국의 학자(The American Scholar)'라는 제목의 연설은 미국인들에게 유럽의 관습에서 벗어난 글쓰기 스타일을 확립할 것을 요구했으며, 올리버 웬델 홈즈 시니어(Oliver Wendell Holmes Sr.)는 '지적인 독립 선언서'라고 칭송했다. '자연'과 '미국의 학자'의 성공은 에머슨의 문학적, 지적 경력의 토대가 되었다.

에머슨은 1838년 하버드 신학교에 초청받아 졸업 연설을 하게 되었는데, 이 연설은 에머슨이 급진 사상가라는 것을 세상에 알리는 계기가 되었고, '신학교 연설(Divinity School Address)'이라는 이름으로 사람들에게 널리 퍼졌다. 이 연설에서 에머슨은 예수가 위대한 인물이긴 하지만 다른 사람보다 더 신성한 존재는 아니라고 주장했다. 그는 교회의 신앙이 전통주의, 기적에 대한 믿음, 역사적 인물에 대한 지나친 찬양으로 인해 개인의 신성을 잃어버리고 죽어가고 있다고 주장했다. 이 주장은 당시 일반 개신교인들에게는 터무니없는 것이었고, 에머슨은 이후 30년 동안 하버드에 초빙되지 못했다.

그러나 이러한 논란은 에머슨의 학문적 활동을 멈추게 하지는 못했다. 에머슨과 그의 친구인 작가 마가렛 풀러(Margaret Fuller)는 1840년 초월주의자들의 잡지『다이얼』창간호를 발행했다. 이 잡지는 헨리 데이비드 소로(Henry David Thoreau), 브론슨 알콧(Bronson Alcott), W.E. 채닝(W.E. Channing), 에머슨과 풀러와 같은 저명한 작가들에게 작품을 출간할 수 있는 발판이 되어 주었다. 그 후 1841년 3월, 에머슨은 『에세이』를 출간했는데, 이 책은 스코틀랜드의 에머슨 친구 토머스 칼라일(Thomas Carlyle)을 비롯해 큰 호응을 얻었다(안타깝게도 사랑하는 고모 메리 무디는 별로 좋아하지 않았다).『에세이』에는 에머슨의 가장 영향력 있고 지속적인 작품인 '자립심(Self-Reliance)'과 '초영혼(The Over-Soul)' 및 기타 고전이 포함되어 있다.

에머슨의 아들 월도는 1842년 1월에 사망하여 에머슨 부부는 큰 충격을 받았다. 동시에 에머슨은 마가렛 풀러가 급여 부족으로 사임하면서 재정적으로 어려움을 겪고 있던 다이얼의 편집장을 맡아야 했다. 1844년 에머슨은 계속되는 재정난으로 인해 저널을 폐간했고, 에머슨의 명성이 높아졌음에도 불구하고 일반 대중은 저널을 구매하지 않았다. 그러나 에머슨은 이러한 어려움 속에서도『에세이』를 발행하며 끊임없는 생산성을 발휘했다. 1844년 10월에는 아들의 죽음에 대한 슬픔을 그린 '경험(Experience)', '시인(The Poet)', '자연'이라는 또 다른 에세이를 포함한 두 번째 시리즈인 『에세이: 두 번째 시리즈』를 출간했다. 에머슨은 이 시기에 바가바드 기타(Bhagavad-Gita)의 영어 번역본을 읽고 일기에 메모를 기록하는 등 다른 철학적 전통도 탐구하기 시작했다.

에머슨은 1837년에 만난 소로와 절친한 친구가 되었다. 1862년 소로가 사망한 후 에머슨이 남긴 추도사에서 그는 소로를 가장 친한 친구라고 불렀다. 실제로 소로가 유명한 실험을 했던 월든 호수(Walden Pond)의 땅을 구입한 것도 에머슨이었다.

이 무렵 초절주의자들은 그들이 원하는 개혁을 달성하는 방법에 대한 신념이 달라지기 시작하면서 단결력이 약화되고 있었다. 에머슨은 1846에서 1848년 사이 유럽으로 떠나기로 결심하고 영국으로 건너가 강연을 진행했고, 이 강연은 큰 호평을 받았다. 귀국 후 그는 여섯 명의 위인과 그들의 역할을 분석한 『위인전(Representative Men)』을 출간했다. 『위인전』은 일곱 번의 강의를 모은 글로 첫 번째 에세이는 사회에서 위인이 하는 역할을 말하고 나머지 여섯 장에서는 여섯 명이 각각의 미덕을 소개하였다. 철학자 플라톤, 신비주의자 스웨덴보그(Swedenborg), 회의론자 몽테뉴, 시인 셰익스피어, 세계의 군주 나폴레옹, 작가 괴테가 그 주인공이다. 그는 각 인물이 자신의 시대와 모든 민족의 잠재력을 대표한다고 말했다.

에머슨은 1850년에 사망한 친구 마가렛 풀러의 글도 공동 편집했다. 『마가렛 풀러 오솔리 회고록(Memoirs of Margaret Fuller Ossoli)』(1852)에는 풀러의 글이 실렸지만, 풀러의 삶과 작품에 대한 관심이 지속되지 않을 것으로 판단하여 대부분 다시 썼고 책은 서둘러 출판되었다.

월트 휘트먼(Walt Whitman)이 1855년 『풀잎(Leaves of Grass)』의 초고를 보냈을 때 에머슨은 이 작품을 칭찬하는 편지를 보냈지만, 나중에 휘트먼에 대한 지지를 철회한다. 에머슨은 또한 영국 여행 중 영국인에 대해 관찰한 내용을 담은 『영국인의 특성(English Traits)』(1856)을 출간했는데, 이 책은 호평과 혹평을 동시에 받았다.

1860년대 초, 에머슨은 『나날(The Conduct of Life)』(1860)을 출간하면서 개인의 완전한 자유를 주장하던 이전과는 다른 길인 운명 개념을 탐구하기 시작한다.

에머슨은 이 시기에 국가 정치에서 불협화음이 커지는 것에 영향을 받지 않았다. 1860년대에 에머슨은 19세기 북미의 노예제 반대 운동에 대한 강력하고 목소리 높은 지지를 강화했는데, 이는 개인의 존엄성과 인간 평등에 대한 그의 강조와 잘 맞았다. 1845년에 이미 뉴베드포드(New Bedford)에서 흑인의 입교를 거부하는 교회 때문에 강연을 거부한 적이 있었고, 남북전쟁이 임박한 1860년대에 이르러서 에머슨은 강력한 입장을 취했다. 에머슨은 '도망 노예법(the Fugitive Slave Act)'에 격렬히 반대하면서 노예가 된 사람들을 즉각 해방시킬 것을 촉구했다. 미국의 노예해방론자인 존 브라운(John Brown)이 하퍼스 페리 호(Harper's Ferry) 습격을 주도했을 때 에머슨은 자신의 집에서 그를 초대했다. 하퍼스 페리호 습격 사건은 미국 남북전쟁의 전조를 알리는 주요사건 중의 하나이다. 브라운이 반역죄로 교수형에 처해졌을 때 에머슨은 그의 가족을 위한 기금 마련을 도왔다.

1867년 에머슨의 건강이 쇠약해지기 시작했다. 그는 12년 동안 강의를 멈추지 않았고 15년을 더 살았지만, 기억력 장애로 고통받기 시작하여 일반적인 사물의 이름이나 단어조차 기억하지 못했다. 『사회와 고독(Society and Solitude)』(1870)은 그가 스스로 출판한 마지막 책이었으며, 이후 출판된 시집인 『파르나수스(Parnassus)』를 비롯한 나머지 작품들은 안나 래티티아 바바울드(Anna Laetitia Barbauld), 줄리아 캐롤라인 도르(Julia Caroline Dorr), 헨리 데이비드 소로, 존스 베리(Jones Very) 등 다양한 작가들, 자녀, 친구들의 도움에 의존해야 했다. 1879년에 이르러 에머슨은 기억력 장애로 인한 부끄러움과 좌절감으로 공개적인 활동을 중단했다.

1882년 4월 21일, 에머슨은 폐렴 진단을 받았다. 그는 6일 후인 1882년 4월 27일 콩코드에서 78세의 나이로 사망했다. 그는 친한 친구들과 미국 문학의 위대한 인물들의 무덤이 있는 슬리피 할로우 공동묘지(Sleepy Hollow Cemetery)에 묻혔다.

랄프 월도 에머슨(Ralph Waldo Emerson)

출생: 1803년 5월 25일 매사추세츠주 보스턴 출생
부모: 윌리엄 에머슨(William Emerson), 루스 해스킨스(Ruth Haskins)
사망: 1882년 4월 27일 매사추세츠주 콩코드
학력: 보스턴 라틴 학교, 하버드 대학
작품: 자연(Nature)(1832), 미국 학자(The American Scholar)(1837), 신학교 연설(Divinity School Address)(1838), 에세이: 첫 번째 시리즈, 자립(Self-Reliance)과 영혼의 초월(The Over-Soul)(1841), 에세이: 두 번째 시리즈(1844)
배우자: 엘렌 루이자 터커(Ellen Louisa Tucker), 리디안 잭슨(Lidian Jackson)
자녀: 월도(Waldo), 엘렌(Ellen), 에디스(Edith), 에드워드 월도(Edward Waldo)
명언: 무엇보다 혼자서 가십시오: 좋은 모델을 거부하세요. 심지어 인간의 생각 속에서 신성시되는 것까지 거부하세요. 중재자나 장막 없이 담대하게 하나님을 사랑하십시오. (Let me admonish you, first of all, to go alone: to refuse the good models, even those which are sacred in the imagination of men, and dare to love God without mediator or veil.)

랭스턴 휴즈(Langston Hughes)

랭스턴 휴즈는 미국 흑인의 일상적인 경험에 대한 생생한 이미지와 재즈의 영향을 받은 리듬으로 시를 쓴 미국 시의 독보적인 존재였다. 표면적인 단순함이 깊은 상징성을 감추는 현대적이고 자유로운 형식의 시로 가장 잘 알려져 있지만, 휴즈는 소설, 드라마, 영화 분야에서도 활동했다.

휴즈는 의도적으로 자신의 개인적인 경험을 작품에 녹여내어 당대의 다른 주요 흑인 시인들과 차별화했고, 할렘 르네상스라고 불리는 문학 운동의 선두에 섰다. 1920년대 초부터 1930년대 후반까지 미국 흑인들의 시와 기타 작품이 폭발적으로 증가하면서 미국의 예술적 풍경이 크게 바뀌었고, 오늘날까지도 작가들에게 영향을 미치고 있다.

랭스턴 휴즈는 1902년 미주리 주 조플린(Joplin, Missouri)에서 태어났다. 그의 아버지는 얼마 지나지 않아 어머니와 이혼하고 집을 떠났다. 이혼으로 인해 그는 주로 할머니인 메리 랭스턴(Mary Langston)의 손에서 자랐는데, 할머니는 휴즈에게 구전 전통을 교육하고 자부심을 심어주며 그의 시에서 자주 언급되는 등 큰 영향을 미쳤다. 메리 랭스턴이 사망한 후 휴즈는 어머니와 새 아버지와 함께 살기 위해 일리노이 주 링컨(Lincoln, Illinois)으로 이사했다. 휴즈는 고등학교에 입학한 직후부터 시를 쓰기 시작했다.

휴즈는 1919년 멕시코로 이주하여 잠시 아버지와 함께 살았다. 1920년 휴즈는 고등학교를 졸업하고 멕시코로 돌아왔다. 휴즈는 뉴욕의 컬럼비아 대학에 진학하기를 원했고 아버지에게 재정 지원을 받기 위해 노력 했지만, 아버지는 글쓰기가 좋은 직업이 아니라고 생각해 휴즈가 공학을 전공할 경우에만 대학 학비를 지원하겠다고 했다. 1921년 컬럼비아 대학에 입학한 휴즈는 좋은 성적을 거두었지만, 그곳에서 마주한 인종차별은 그에게 큰 상처가 되었고 주변 할렘 지역은 그에게 글을 쓰는데 많은 영감을 주었다. 할렘에 대한 그의 애정은 평생을 두고 이어졌다. 휴즈는 1년 만에 컬럼비아를 떠나 여러 가지 잡일을 하다가 아프리카로 건너가 배의 선원으로 일했고, 그곳에서 파리를 여행했다. 파리에서 휴즈는 흑인 외국인 예술가 커뮤니티의 일원이 되었다.

휴즈는 고등학교 재학 중 '흑인은 강에 대해 말한다'라는 시를 써서 전미유색인종지위향상협회(NAACP)의 공식 잡지 『더 크라이시스』에 발표했다. 이 시는 월트 휘트먼과 칼 샌드버그(Carl Sandburg)의 영향을 받아 자유시 형식으로 역사 속 흑인들에게 바치는 헌사였으며, 휴즈는 이 시를 통해 큰 주목을 받게 되었다.

나는 강을 알고 있다.
나는 세상만큼이나 오래되고 인간의 혈관 속 피의 흐름보다 오래된 강을 알고 있다.
내 영혼은 강물처럼 깊어졌다.
I've known rivers.
I've known rivers ancient as the world and older than the flow of human blood in human veins.
My soul has grown deep like the rivers.

휴즈는 정기적으로 시를 발표하기 시작했고, 1925년에는 『오퍼튜니티 매거진(Opportunity Magazine)』에서 시 영역에 주는 상을 수상했다. 휴즈가 해외 여행에서 만난 동료 작가 칼 반 베흐텐(Carl Van Vechten)은 휴즈의 작품을 알프레드 크노프(Alfred A. Knopf)에게 보냈고, 크노프는 1926년 휴즈의 첫 시집 『서글픈 블루스』를 출판했다.

비슷한 시기에 휴즈는 워싱턴 D.C.의 한 호텔에서 버스 보이로 일하면서 시인 바첼 린제이(Vachel Lindsay)에게 여러 편의 시를 보냈는데, 당시 언론은 린제이가 휴즈와 같은 대단한 시인을 발굴해 내었다고 칭찬했다. 이러한 문학적 성공을 바탕으로 휴즈는 펜실베이니아의 링컨 대학교에서 장학금을 받고 『흑인 예술가와 인종적 산(The Negro Artist and the Racial Mountain in The Nation)』을 출간했다. 이 작품은 더 많은 흑인 예술가들이 백인들의 관점에서 벗어나 흑인 중심의 예술을 제작할 것을 촉구하는 일종의 선언문이었다.

1927년 휴즈는 두 번째 시집 『유대인의 나들이옷(Fine Clothes to the Jew)』을 출간했다. 1930년 산문시 또는 소설로 묘사되는 『웃음 없이는 아무것도 없다(Not Without Laughter)』를 출간하여 휴즈의 작품 활동은 시뿐만 아니라 다양한 영역에서 활발하게 이루어졌다.

이 무렵 휴즈는 이른바 할렘 르네상스[4]의 선두 주자로 확고히 자리매김했다. 이 문학 운동은 흑인 예술과 문화에 대한 대중의 관심이 급증하면서 흑인 예술과 문화를 기념했다.

1931년 미국 남부를 여행한 휴즈는 당시의 인종적 불공정에 대해 점점 더 많이 인식하게 되면서 그의 작품은 더욱 강력하게 정치적

---

[4] 1920년대에 미국 뉴욕의 흑인 지구 할렘에서 일어난 흑인 예술 문화의 부흥을 뜻한다. 흑인들 스스로의 노력과 백인의 관심에 힘입어 젊은 흑인 작가들이 활발한 작품 활동을 펼친다. 할렘지역이 흑인 예술 활동의 중심지로 자리 잡았다.

성향을 띠게 된다. 자본주의의 암묵적인 인종 차별에 대한 대안으로 공산주의 정치 이론에 동조했던 그는 1930년대에 소련을 여행하기도 했다.

휴즈는 1934년 첫 단편 소설집 『백인의 길』을 출간했다. 이 소설은 인종 관계에 대한 비관적인 시각을 담고 있는데, 휴즈는 이 소설을 통해 미국에 인종차별이 없는 시대는 결코 오지 않을 것이라고 말한다. 1935년 초연된 그의 희곡 「뮬라토(Mulatto)」는 단편소설집에서 가장 유명한 이야기인 「떳떳한 코라(Cora Unashamed)」와 동일한 주제를 다루고 있으며, 흑인 하인이 고용주의 어린 백인 딸과 친밀한 감정적 유대감을 형성하는 이야기를 담고 있다.

휴즈는 연극에 점점 더 관심을 가지게 되었고, 1931년 폴 피터스(Paul Peters)와 함께 뉴욕 수트케이스 극장(the New York Suitcase Theater)을 설립했다. 1935년 구겐하임 재단 기금(Guggenheim Fellowship)[5]을 받은 후 로스앤젤레스에서 극단을 공동 설립하는 한편, 영화 〈웨이 다운 사우스(Way Down South)〉의 시나리오를 공동 집필하기도 했다. 휴즈는 자신이 할리우드에서 인기 있는 시나리오 작가가 될 것이라고 상상했지만, 업계에서 큰 성공을 거두지 못했다. 바로 인종 차별 때문이었다. 그는 1940년 28세의 젊은 나이에도 불구하고 자서전 『대양(大洋, The Big Sea)』을 집필하여 출판했으며, 이 책에서 할렘의 문학 운동을 다룬 '흑인 르네상스'라는 장은 '할렘 르네상스'라는 이름에 영감을 주었다.

연극에 대한 관심을 계속 이어가던 휴즈는 1941년 시카고에서 스카

---

[5] 구겐하임 재단 기금은 뛰어난 역량을 지닌 학자와 예술가에게 수여되는 미국의 권위 있는 상이다.

이로프트 플레이어스(the Skyloft Players)를 창단하고 시카고 디펜더(the Chicago Defender)에 정기 칼럼을 쓰기 시작했으며, 이 칼럼은 20년 동안 계속 이어졌다. 제2차 세계대전과 민권 운동의 부상과 성공 이후, 휴즈는 인종 차별이 종식되고 인종 관계와 흑인 경험의 측면에서 진정한 진보가 가능해 보이는 세상에 들어선 젊은 세대의 흑인 예술가들이 자신을 과거의 유물로 여긴다는 것을 알게 되었다. 그의 글쓰기 스타일과 흑인 중심적인 주제는 시대에 뒤떨어진 것처럼 보였기 때문이다.

　휴즈는 젊은 세대의 흑인 예술가들에게 직접 소통을 시도했지만 쉽지 않았다. 그의 서사시 모음곡인 『유예된 꿈의 몽타주(Montage of a Dream Deferred)』(1951)는 재즈 음악에서 영감을 받아 '유예된 꿈'이라는 중요한 주제를 공유하는 일련의 관련 시를 모아 영화 몽타주처럼 일련의 이미지와 짧은 시를 빠르게 이어 붙여 참조와 상징을 함께 배치하는 방식으로 구성했다. 이 시에서 가장 유명한 부분은 '할렘'이라는 주제를 가장 직접적이고 강력하게 표현한 부분이다:

꿈이 연기되면 어떻게 되나요?
햇볕에 말린 건포도처럼
햇볕에 말린 건포도처럼?
아니면 상처처럼 곪아 터지나요?
그리고 도망가나요?
썩은 고기 냄새가 나나요?
아니면 빵 껍질과 설탕이
시럽을 바른 과자처럼?
어쩌면 그냥 무거운 짐처럼

무거운 짐처럼.

아니면 폭발하나요?

What happens to a dream deferred?

Does it dry up

like a raisin in the sun?

Or fester like a sore—

And then run?

Does it stink like rotten meat?

Or crust and sugar over—

like a syrupy sweet?

Maybe it just sags

like a heavy load.

Or does it explode?

1956년 휴즈는 두 번째 자서전인 『방황하는 동안 나는 궁금해진다(I Wonder as I Wander)』를 출간했다. 그는 미국 흑인의 문화사를 기록하는 데 더 큰 관심을 기울여 1956년에 『미국 흑인의 그림 역사(A Pictorial History of the Negro in America)』를 출간하고 1958년에는 『흑인 민속학(The Book of Negro Folklore)』을 편집했다.

휴즈는 1960년대 내내 작품 활동을 이어가며 당시 흑인 미국을 대표하는 작가로 꼽혔지만, 『유예된 꿈의 몽타주』 이후의 작품들은 전성기 시절만큼의 인기를 끌지 못했다.

휴즈는 1932년에 어린이를 위한 책 『포포와 피피나(Popo and Fifina)』를 출간한 적이 있지만, 1950년대에 들어서는 청소년들에게 아프리카계 미국인의 문화적 성취에 대한 자부심과 자존감을 심어주기 위해 어린이를 위한 동화책을 정기적으로 출간하기 시작했다. 이 동화책은 애국적인 내용을 담고 있으며 흑인 문화와 역사에 대한 감상에 초점을 맞추었다. 휴즈가 공산주의에 동조하고 매카시 상원의원과의 관계를 알고 있는 많은 사람들은 그가 충성스러운 미국 시민이 아니라는 인식을 없애기 위해 애국적인 동화책을 제작했다고 의심하기도 했다.

휴즈는 생전에 여성과 여러 차례 불륜을 저지른 것으로 알려졌지만, 결혼하거나 아이를 낳은 적은 없다. 사회주의에 대한 초기 및 장기적인 관심과 소련 방문에도 불구하고 휴즈는 조셉 매카시 상원의원이 증언을 요청했을 때 자신이 공산주의자라는 사실을 부인했다. 그 후 그는 공산주의와 사회주의와 거리를 두었다. 그 결과 1950년대 중반 이후 그의 작품에서 정치적 색채는 점점 줄어들었고, 1959년 시집 『선택된 시들(Selected Poems)』에는 정치적 색채가 완전히 배제되었다.

휴즈는 전립선암 진단을 받고 1967년에 수술을 받았으나 수술 중 합병증이 발생했고 휴즈는 65세의 나이로 세상을 떠났다. 그의 유골은 화장되어 할렘에 있는 숌버그 흑인문화연구센터(the Schomburg

랭스턴 휴즈(Langston Hughes)

이름: 제임스 머서 랭스턴 휴즈(James Mercer Langston Hughes)
약력: 시인, 소설가, 저널리스트, 활동가
출생: 1902년 2월 1일 미주리주 조플린
부모: 제임스 휴즈, 캐롤라인 휴즈
사망: 1967년 5월 22일 뉴욕
학력: 펜실베이니아 링컨 대학교
대표작: 서글픈 블루스(The Weary Blues), 백인의 길(The Ways of White Folks), 흑인은 강에 대해 말한다(The Negro Speaks of Rivers)
명언: 내 영혼은 강물처럼 깊어졌다(My soul has grown deep like the rivers)

Center for Research in Black Culture)에 안장되었는데, 이 센터의 바닥에는 그의 시「흑인은 강을 말한다」를 모티브로 한 디자인이 새겨져 있으며, 이 시의 한 구절이 새겨져 있다.

휴즈는 흑인의 역사와 흑인의 경험에 대한 글을 일반 청중이 이해하기 쉬운 주제와 문구로 자신의 생각을 전달하려고 노력했다. 휴즈는 흑인 거주 지역의 현대적 말투와 재즈 및 블루스 음악의 리듬을 접목시켰고, 알코올 중독자, 도박꾼, 매춘부 등 도덕적으로 '저급한' 인물들을 시에 포함시켰다. 휴즈는 흑인 문화의 모든 측면을 보여주고자 노력했다.

로자 파크스(Rosa Parks)

로자 파크스는 앨라배마주의 민권 운동가로, 몽고메리 버스에서 백인에게 자리를 양보하기를 거부한 사건으로 '몽고메리 버스 보이콧(the Montgomery Bus Boycott)'을 촉발시켰고 대법원이 인종 차별을 종식시키는 데 중요한 이정표가 되었다. "사람들이 자유를 원한다고 결심하고 행동에 나섰을 때 변화가 일어났습니다. 하지만 그들은 그 변화에 안주할 수 없었습니다. 변화는 계속되어야 합니다."라는 파크스의 이 말은  민권 운동의 상징으로서 그녀의 업적을 압축적으로 보여준다.

로자 루이스 맥컬리(Rosa Louise McCauley)6)는 1913년 2월 4일 앨라배마주 터스키기에서 태어났다. 어머니 레오나 에드워즈는 교사였고 아버지 제임스 맥컬리는 목수였다.

어린 시절, 파크스는 몽고메리주 외곽의 파인 레벨(Pine Level)로 이사했다. 파크스는 아프리카 감리교 성공회(AME)의 신자였으며 11세까지 초등학교에 다녔다. 파크스는 매일 걸어서 학교에 다니며 흑인과 백인 아이들 사이의 격차를 실감했다. 파크스는 자서전에서 "매일 버스가 지나가는 것을 보곤 했습니다. 하지만 제게는 그것이 삶의 방식이었기 때문에 관습으로 받아들일 수밖에 없었습니다. 버스를 통해 흑인 세상과 백인 세상이 있다는 것을 처음으로 깨달았습니다."라고 기록해 두었다.

1932년, 파크스는 이발사이자 NAACP 회원인 레이몬드 파크스와 결혼했다. 파크스는 남편을 통해 스코츠보로 소년단(the Scottsboro Boys)을 위한 기금 마련을 도우며 NAACP에 참여하게 되었다. 낮에는 가정부와 병원 보조원으로 일한 파크스는 1933년 마침내 고등학교 졸업장을 받았다.

파크스는 앨라배마 주립 사범 대학에서 흑인을 위한 중등 교사가 되기 위해 교육을 받았다. 그러나 몇 학기 후 파크스는 병든 어머니와 할머니를 돌보기 위해 집으로 돌아갔다.

1943년, 파크스는 민권 운동에 더욱 적극적으로 참여하여 NAACP의 총무로 선출되었다. 이듬해, 파크스는 레시 테일러(Recy Taylor)의 집단 강간 사건을 조사했다. 그 결과 다른 지역 활동가들과 함께 '레시 테일러 부인을 위한 평등 정의 위원회(Committee for Equal Justice for Mrs. Recy Taylor)'를 설립했다. 시카고 디펜더와 같은 신문의 도움으로 이 사건은 전국적인 주목을 받았다.

---

6) 로자 파크스의 어린시절 이름이다. 결혼을 하면서 파크스라는 성을 사용하게 되었다.

파크스는 노동자의 권리와 사회 평등을 위한 운동의 중심지였던 하이랜더 민속학교(the Highlander Folk School)에 입학한다. 이 학교에서 교육을 받은 후 파크스는 몽고메리에서 열린 에밋 틸 사건(the Emmitt Till case)에 대한 회의에 참석했다. 회의가 끝난 후 아프리카계 미국인들이 자신의 권리를 위해 더 많은 일을 해야 한다는 것을 깨달았다.

1955년 크리스마스를 몇 주 앞둔 어느 날, 재봉사로 일하던 파크스가 버스에 탑승했다. 버스의 '유색인종' 구역에 자리를 잡은 파크스는 한 백인 남성으로부터 자신이 앉을 수 있도록 자리를 비켜달라는 명령을 받는다. 파크스는 이를 거부했고 그 결과 경찰이 출동해 파크스는 체포되었다.

파크스의 좌석 이동 거부는 381일 동안 지속된 몽고메리 버스 보이콧 시위를 촉발시켰고, 이 시위의 지도자였던 마틴 루터 킹 주니어(Martin Luther King Jr.)는 전국적인 주목을 받게 되었다. 보이콧 운동이 진행되는 동안 마틴 루터 킹은 파크스를 "자유를 향한 현대의 발걸음을 이끈 위대한 도화선"이라고 불렀다.

공공버스에서 좌석 양보를 거부한 여성이 파크스가 처음은 아니었다. 1945년 아이린 모건(Irene Morgan)도 같은 혐의로 체포되었다. 그리고 파크스보다 몇 달 앞서 사라 루이스 키스(Sarah Louise Key)와 클로뎃 코빈(Claudette Covin)도 좌석 양보를 거부했다.

NAACP 지도자들은 지역 활동가로서 오랜 경력을 쌓은 파크스가 법정 싸움을 이겨낼 수 있을 것이라고 확신했다. 파크스는 민권 운동과 미국 내 인종차별 및 차별에 맞선 투쟁의 상징적인 인물이 되었다.

파크스의 용기로 불매운동은 힘을 얻었으나, 그녀와 남편은 극심한 고통을 겪어야 했다. 파크스는 일하던 직장에서 해고당했다. 더 이상 몽고메리에서 안전하지 않다고 느낀 파크스 부부는 디트로이트로 이주했다. 디트로이트에 살면서 파크스는 1965년부터 1969년까지 존 코니어스(John Conyers) 미국 하원의원의 비서로 일했다.

코니어스 사무실에서 은퇴한 후 파크스는 1950년대에 시작한 민권 운동을 문서화하고 지속적으로 지원하는 데 시간을 할애했다. 1979년 파크스는 NAACP로부터 스핑건 메달(the Spingarn Medal)을 받았다. 1987년에는 젊은이들에게 리더십과 시민권을 가르치고 이들을 돕기 위해 로사와 레이몬드 파크스 자기계발 연구소(the Rosa and Raymond Parks Institute for Self Development)를 설립했다. 이 연구소는 파크스와 오랜 친구인 일레인 이슨 스틸(Elaine Eason Steele)이 함께였다.

파크스는 두 권의 책을 저술했다. 1992년 『로자 파크스: 나의 이야기』와 『조용한 힘: 국가를 바꾼 한 여성의 믿음, 희망, 그리고 마음』을 1994년에 출간했다. 1996년에는 그녀의 편지 모음집 『친애하는 파크스 부인』이 출간되었다. 그녀는 1996년 빌 클린턴 대통령으로부터 대통령 자유훈장(1996년), 의회 금메달(1999년) 및 기타 많은 상을 받았다.

2000년, 몽고메리에 있는 트로이 주립대학교의 로자 파크스 박물관

로자 파크스(Rosa Parks)

약력: 1950년대와 1960년대 미국 남부의 민권 운동가
출생: 1913년 2월 4일 앨라배마주 터스키기
부모: 제임스, 레오나 에드워즈 맥컬리(James, Leona Edwards McCauley)
사망: 2005년 10월 24일 미시간주 디트로이트
학력: 흑인을 위한 앨라배마 주립 교사 대학
배우자: 레이몬드 파크스(Raymond)
명언: 용기는 미래의 불확실성에 도전하는 능력입니다(Courage is the ability to confront the uncertainties of the future).

및 도서관은 그녀가 체포되었던 장소 근처에 문을 열었다.

파크스는 2005년 10월 24일 미시간주 디트로이트의 자택에서 92세의 나이로 자연사로 사망했다. 그녀는 국회의사당 원형 홀에 영면한 최초의 여성이다.

마사소이트(Chief Massasoit)

미국으로 이주해 온 메이플라워 청교도(the Mayflower Pilgrims)에게 도움을 주었다고 알려진 마사소이트 추장(1580~1661)은 왐파노아그 부족(the Wampanoag tribe)의 지도자였다.

그랜드 사켐(The Grand Sachem), 오우세메퀸(Ousemequin, 때로는 Woosamequen으로 표기)으로도 알려진 마사소이트는 청교  도들이 미국 땅에 정착하는 데 중요한 역할을 했다. 마사소이트는 굶주린 청교도들을 돕기 위해 찾아온 친절한 원주민으로 첫 추수감사절 축제에 함께 참여했다.

마사소이트가 1580년 또는 1581년경 몬타우프(현 로드아일랜드 브리스톨)에서 태어났다는 것 외에는 청교도 이민자들과 만나기 전의 삶에 대해 알려진 것이 많지 않다. 몬타우프는 훗날 왐파노아그족으로 알려진 포카노켓 원주민의 마을이다.

메이플라워 청교도가 그와 교류할 당시 마사소이트는 닙벅(Nipmuck), 쿼보아그(Quaboag), 내쉬웨이 알곤퀸(Nashaway Algonquin) 부족의 영토를 포함한 뉴잉글랜드 남부 지역 전체에 권위를 떨친 위대한 지도자였다.

1620년 청교도들이 플리머스에 상륙했을 당시 왐파노아그족은 1616년 유럽인들이 가져온 전염병으로 인해 엄청난 인구 감소를 겪고 있었으며, 전체 인구의 3분의 2에 해당하는 45,000명 이상이 사망한 것으로 추산되고 있었다. 다른 많은 부족들도 15세기 내내 유럽의 질병으로 인해 막대한 손실을 입었다.

원주민 영토를 침범한 영국인의 등장은 인구 감소와 한 세기 동안 진행되어 온 원주민 노예 무역과 맞물려 부족 관계의 불안정성을 가중시켰다. 왐파노아그 부족은 강력한 내러갠싯족(Narragansett)의 위협을 받고 있었다. 1621년까지 메이플라워 청교도들은 원래 102명이었던 인구의 절반을 잃었고, 이러한 취약한 상황에서 왐파노그의 지도자인 마사소이트는 같은 취약 계층인 청교도들과 동맹을 모색하도록 했다.

청교도들은 마사소이트에게 깊은 인상을 받았다. 다음은 메이플라워 역사닷컴(MayflowerHistory.com)에 있는 내용으로 플리머스 식민지 개척자 에드워드 윈슬로우(Edward Winslow)는 이 추장을 다음과 같이 묘사했다.

그는 매우 정력적인 사람으로, 전성기에는 유능한 몸매에 얼굴이 무덤덤하고 말이 아깝지 않은 사람이었다. 그의 옷차림은 다른 추종자들과 거의 다르지 않았고, 목에는 흰 뼈 구슬이 달린 커다란 목걸이를 걸고 목 뒤에는 작은 담배 한 보따리를 걸고 있었는데, 그가 마시고 우리에게 마시라고 주었고, 그의 얼굴은 머리와 같이 슬픈 붉은 색으로 칠해져 있었고 머리와 얼굴 모두 기름을 발라서 기름져 보였다.

1621년 마사소이트가 청교도들과 상호 평화와 보호를 위한 조약을 맺을 당시에는 단순히 이주민들과 친구가 되고자 하는 것 이상의 의미가 있었다. 이 지역의 다른 부족들도 영국 식민지와 조약을 체결하고 있었기 때문이다. 1632년, 왐파노아그 부족은 내러갠싯족과 본격적인 전쟁을 벌이게 된다. 이때 마사소이트는 이름을 '노란 깃털'이라는 뜻의 와사마고인(Wassamagoin)으로 바꿨다. 1649년에서 1657년 사이에 그는 영국군의 압박을 받아 플리머스 식민지의 넓은 땅을 여러 개 팔았다. 장남 왐수타(일명 알렉산더)에게 지도자의 자리를 물려준 후 마사소이트는 쾌보아그족(the Quaboag)과 함께 여생을 보낸다.

미국 역사에서 마사소이트는 종종 영국인에 대한 동맹과 사랑으

마사소이트(Chief Massasoit)

약력: 왐파노아그 부족의 지도자
다른 이름: 그랜드 사켐, 오우세메퀸(우사메퀜으로 표기되기도 함)
출생: 1580년 또는 1581년 로드아일랜드 브리스톨 몬타우프
부모: 와사네긴 와사나그 마사소이트 왐파노아그(Chief Wasanegin Wasanag Massasoit Wampanoag), 쿠타마테 왐파노그(Kutamate Wampanoag)
사망: 1661년
자녀: 메타 메트(Meta comet), 왐수타(Wamsutta)
명언: 이것을 재산이라 부르는가? 땅은 우리의 어머니이며 모든 자식, 짐승, 새, 물고기 및 모든 사람을 키우는 어머니이기 때문에 누군가의 재산이 될 수 없다. 숲과 시냇물, 그 위에 있는 모든 것은 모두의 소유이며 모두가 함께 사용하기 위한 것이다. 어떻게 한 사람이 자기만의 것이라고 말할 수 있겠는가? (What is this you call property? It cannot be the earth, for the land is our mother, nourishing all her children, beasts, birds, fish and all men. The woods, the streams, everything on it belongs to everybody and is for the use of all. How can one man say it belongs only to him?)

로 인해 영웅으로 여겨진다. 마사소이트는 몇 년간 병을 앓았고 1661년 사망할 때까지 메이플라워 청교도들의 친구이자 동맹으로 남아 있었다.

1621년 조약 이후 왐파노아그 부족과 청교도 사이의 평화는 40년 동안 지속되었고, 마사소이트이 사망한 지 수 세기가 지난 지금까지도 마사소이트은 잊혀지지 않고 있다. 300년이 넘는 세월 동안 마사소이트과 그가 추장으로 있던 시절과 관련된 많은 유물들이 현재 로드 아일랜드 워런 마을(Warren, Rhode Island)의 내러갠싯 만(Bay)이 내려다 보이는 버스 힐 공원(Burr's Hill Park)에 묻혔다.

이 지역에 여전히 살고 있는 왐파노아그 부족은 20년 동안 자금을 모아 마사소이트의 유해와 버스 힐에 묻힌 다른 많은 왐파노아그 부족원들의 유해와 유물을 발굴하기 위해 노력했다. 2017년 5월 13일, 왐파노아그 부족은 엄숙한 의식을 거행하면서 돌로 만들어진 저장고에 유골과 유품을 넣어 공원 내에 재안치했다. 이들은 이 매장지가 언젠가 국가 사적지에 등재되기를 바라고 있다.

마야 안젤루(Maya Angelou)

마야 안젤루(마거릿 애니 존슨, Marguerite Annie Johnson)는 유명한 시인이자 회고록 작가, 가수, 댄서, 배우, 민권 운동가였다. 1969년에 출간되어 전미도서상 후보에 오른 그녀의 자서전 『나는 새장 속의 새가 노래하는 이유를 안다(I Know Why the Caged Bird Sings)』는 짐 크로우 시대에 아프리카계 미국인으로 성장한 그녀의 경험을 담은 책으로 베스트셀러가 되었다. 이 책은 아프리카계 미국인 여성이 주류 독자들에게 어필하기 위해 쓴 최초의 책 중 하나였다.

마야 안젤루는 1928년 4월 4일 미주리주 세인트루이스에서 마거릿 앤 존슨으로 태어났다. 아버지 베일리 존슨은 해군 영양사였고 어머니 비비안 백스터 존슨은 간호사였다. 안젤루는 오빠 베일리 주니어로부터 별명을 얻었는데, 그는 그녀의 이름을 발음할 수 없어서 "내 동생(my sister)"에서 따온 마야라고 불렀다.

안젤루의 부모님은 그녀가 3살 때 이혼했고, 안젤루는 동생과 함께 아칸소주 스탬프스에 있는 친할머니 앤 헨더슨(Anne Henderson)과 함께 살게 되었다. 4년 만에 안젤루와 오빠는 세인트루이스에서 어머니와 함께 살게 되었는데 안젤루가 8살이 되기도 전에 어머니의 남자친구에게 강간을 당했다. 오빠에게 이 사실을 알린 후 그 남자는 체포되었고 석방된 후 안젤루의 삼촌들에 의해 살해당했다. 삼촌들의 살인과 강간으로 인한 트라우마로 인해 안젤루는 5년 동안 말 한마디 하지 않은 채 살았다.

안젤루는 14살 때 어머니와 함께 캘리포니아주 샌프란시스코로 이사했다. 캘리포니아 노동학교에서 장학금을 받으며 무용과 연극 수업을 받았고 조지 워싱턴 고등학교를 졸업했다. 같은 해, 17세에 아들 가이를 낳았다. 그녀는 칵테일 웨이트리스, 요리사, 댄서로서 자신과 아이의 생계를 위해 일했다.

1951년, 안젤루는 펄 프리머스(Pearl Primus)에게 아프리카 댄스를 배우기 위해 아들과 남편 토시 안젤로스(Tosh Angelos)와 함께 뉴욕으로 이주했다. 캘리포니아로 돌아온 안젤루는 댄서이자 안

무가인 앨빈 에일리(Alvin Ailey)와 팀을 이루어 샌프란시스코 전역에서 '알과 리타(Al and Rita)'라는 이름으로 아프리카계 미국인 단체에서 공연을 펼쳤다.

1954년, 안젤루의 첫 번째 결혼 생활은 끝이 났다. 샌프란시스코의 퍼플 어니언(San Francisco's Purple Onion)에서 공연하던 중 안젤루는 '마야 안젤루'라는 이름이 독특하다는 생각에 이 이름을 사용하기로 결정했다. 오빠가 지어준 별명과 전 남편의 성에서 따온 새로운 성을 결합한 이름이었다. 1959년, 안젤루는 소설가 제임스 O. 킬렌스(James O. Killens)를 알게 되었고, 킬렌스는 그녀를 작가로서의 역량을 키우도록 격려해 주었다. 뉴욕으로 돌아온 안젤루는 할렘 작가 단체에 가입하여 작품을 발표하기 시작했다.

같은 시기에 안젤루는 국무부가 후원하는 조지 거슈윈(George Gershwin)의 민속 오페라 '포기와 베스(Porgy and Bess)'에 출연하여 유럽과 아프리카의 22개국을 순회했다. 그녀는 또한 마사 그레이엄(Martha Graham)에게 무용을 배웠다.

이듬해 안젤루는 마틴 루터 킹 주니어 박사를 만났고, 킬렌스와 함께 남부 기독교 지도자 컨퍼런스(the Southern Christian Leadership Conference, SCLC)를 위한 기금 마련을 위해 '자유를 위한 카바레(the Cabaret for Freedom)' 행사를 기획했다. 안젤루는 SCLC의 북부 코디네이터로 임명되었다. 공연 경력을 이어가던 1961년에는 장 제네(Jean Genet)의 연극 〈흑인(The Blacks)〉에 출연했다.

안젤루는 남아프리카의 활동가 부숨지 메이크(Vusumzi Make)와 연애를 시작했고, 카이로로 이주해 『아랍 옵저버(Arab Observer)』의 부편집장으로 일했다. 1962년 가나 아크라로 이주한 안젤루는 가나 대학교에서 일하며 작가로서의 기량을 연마했고, 『아프리카 리뷰』의 에디터, 『가나 타임즈』의 프리랜서, '라디오 가나'의 라디오 진행자로도 활동했다.

가나에 거주하는 동안 안젤루는 아프리카계 미국인 해외 거주자 커뮤니티의 일원이 되어 말콤 엑스(Malcolm X)와 만나 절친한 친구가 되었다. 1965년 미국으로 돌아온 후 안젤루는 말콤 엑스가 아프리카계 미국인 단결 조직을 설립하는 데 도움을 주었다. 그러나 조직이 본격적으로 활동을 시작하기도 전에 말콤 엑스는 암살당했다. 1968년, 안젤루가 마틴 루터 킹의 행진 조직을 돕던 중 킹 또한 암살당했다. 이 두 지도자의 죽음을 계기로 안젤루는 '흑인, 블루스, 흑인(Blacks, Blues, Black)!'이라는 제목의 10부작 다큐멘터리를 집필, 제작하고 내레이션을 맡게 되었다.

이듬해에는 자서전인 『나는 새장 속의 새가 노래하는 이유를 안다』를 랜덤하우스에서 출간하여 세계적인 찬사를 받았다. 4년 후, 안젤루는 미혼모이자 신진 공연가로서의 삶을 담은 『내 이름으로 함께 모여』를 출간했다. 1976년에는 『크리스마스처럼 흥겹게 노래하고 그네를 타고(Singin' and Swingin' and Gettin' Merry Like Christmas)』를 발표했다. 1981년에는 『여자의 마음』이 이어졌다. 속편인 『신의 자녀는 모두 여행용 신발이 필요해(All God's Children Need Traveling Shoes)』(1986), 『하늘로 날아간 노래(A Song Flung Up to Heaven)』(2002), 『엄마와 나 그리고 엄마(Mom & Me & Mom)』(2013)가 이후 출간되었다.

안젤루는 자서전 시리즈를 출간하는 것 외에도 1972년 영화 〈조지아, 조지아(Georgia, Georgia)〉를 제작했다. 이듬해에는 〈룩 어웨이(Look Away)〉에서의 역할로 토니상 후보에 올랐다. 1977년, 안젤루는 골든 글로브 수상작인 TV 미니시리즈 〈뿌리〉에서 조연으로 출연했다. 1981년, 안젤루는 노스캐롤라이나주 윈스턴세일럼에 있는 웨이크 포레스트 대학교의 레이놀즈 미국학 교수로 임명되었다. 그 후 1993년, 안젤루는 빌 클린턴 대통령의 취임식에서 그녀의 시 「아침의 맥박에(On the Pulse of Morning)」를 낭송하도록 선정되었다. 2010년, 안젤루는 솜버그 흑인 문화 연구 센터에 자신의 개인 논문과 기타 자료를 기증했다. 이듬해 버락 오바마 대통령은 그녀에게 미국 최고의 민간인 영예인 대통령 자유훈장을 수여했다.

마야 안젤루는 수년 동안 건강 문제를 겪어 왔으며 2014년 5월 28일 사망 당시 심장 질환으로 고통받고 있었다. 그녀는 웨이크 포레스트 대학교에서 수년간 학생들을 가르쳤던 윈스턴 세일럼에 있는 자택에서 간병인에 의해 발견되었다. 당시 그녀의 나이 86세였다.

마야 안젤루는 아프리카계 미국인 여성으로서 다양한 분야에서 성공을 거둔 선구자였다. 그녀의 타계 소식에 가수 메리 J. 블리게(Mary

마야 안젤루(Maya Angelou)

약력: 시인, 회고록 작가, 가수, 댄서, 배우, 시민권 운동가
출생: 1928년 4월 4일 미주리주 세인트루이스
부모: 베일리 존슨(Bailey Johnson), 비비안 백스터 존슨(Vivian Baxter Johnson)
사망: 2014년 5월 28일 노스캐롤라이나주 윈스턴세일럼
작품: 나는 새장 속의 새가 노래하는 이유를 안다, 내 이름으로 함께 모여
 (Gather Together in My Name), 여자의 마음(The Heart of a Woman)
수상 및 영예: 국가 예술 훈장, 대통령 자유 훈장
배우자: 토시 안젤로스(Tosh Angelos), 폴 뒤 포(Paul du Feu)
자녀: 가이 존슨(Guy Johnson)
명언: 내 인생의 사명은 단순히 살아남는 것이 아니라 번영하는 것이며, 열정, 연민, 유머, 스타일을 가지고 실현하는 것입니다. (My mission in life is not merely to survive, but to thrive; and to do so with some passion, some compassion, some humor, and some style.)

J. Blige), 코리 부커(Cory Booker) 미국 상원의원, 버락 오바마 대통령 등의 즉각적인 반응은 그녀의 영향력이 얼마나 컸는지를 보여준다.

클린턴 대통령이 수여한 국가 예술훈장, 오바마 대통령이 수여한 대통령 자유훈장 외에도 문학계에 기여한 공로로 명예 전미도서상인 문학상을 받았다. 안젤루는 생전에 50개가 넘는 명예 학위를 받았다.

말콤 엑스(Malcolm X)

말콤 엑스는 목사이자 민권 운동가, 저명한 흑인 민족주의 지도자로서 1950년대와 1960년대에 이슬람 민족 대변인을 역임했다. 타고난 연설가였던 말콤 엑스는 흑인들에게 폭력을 포함한 모든 수단을 동원해 인종차별의 족쇄를 벗어던져야 한다고 역설했다. 이 불같은 민권 지도자는 1965년 연설을 준비하던 맨해튼의 오듀본 볼룸(the Audubon Ballroom)에서 암살당하기 직전에 이슬람 국가와 결별했다. 당시 그의 나이는 39세였다.

말콤 엑스는 1925년 5월 19일 네브래스카주 오마하에서 말콤 리틀이라는 이름으로 태어났다. 그는 가정주부인 루이스와 흑인 민족주의 지도자 마커스 가비의 열렬한 지지자이자 전미 흑인 개선 협회 지역 지부의 활동가였던 설교자 얼 리틀 사이에서 8남매 중 넷째로 태어났다.

얼 리틀의 민권 운동으로 인해 그의 가족은 쿠 클럭스 클랜(the Ku

Klux Klan)과 그 분파 중 하나인 '블랙 리전(the Black Legion)'을 비롯한 백인 우월주의 단체로부터 잦은 괴롭힘을 당했다. 실제로 말콤은 태어나기도 전에 인종차별을 처음 경험했다. "어머니가 저를 임신했을 때, 나중에 어머니는 '두건을 쓴 쿠 클럭스 클랜 라이더들이 우리 집으로 돌진해 왔다'고 말씀하셨습니다. 산탄총과 소총을 휘두르며 아버지가 나오라고 소리쳤어요."라고 말콤은 회상했다. 말콤이 4살 때부터 괴롭힘은 계속되었고, 지역 클랜원들은 가족의 모든 창문을 부숴 버렸다. 가족을 보호하기 위해 아버지 얼 리틀은 1926년 오마하에서 밀워키로 이사한 후 1928년 미시간주 랜싱으로 이사했다.

하지만 랜싱에서 가족이 겪은 인종차별은 오마하에서보다 훨씬 더 심했다. 리틀 가족이 이사한 지 얼마 지나지 않은 1929년에 인종차별주의 폭도들이 집에 불을 질렀고, 백인으로만 구성된 응급 구조대원들은 아무런 조치도 취하지 않았다. 말콤은 나중에 "백인 경찰과 소방관들이 와서 집이 불타는 모습을 지켜보고 서 있었습니다."라고 회상했다. 얼은 가족과 함께 이스트 랜싱으로 이주해 새 집을 지었다. 2년 후인 1931년, 얼의 시신이 시립 전차 선로 건너편에서 발견되었다. 가족들은 얼이 살해 위협을 자주 받았던 백인 우월주의자들에게 살해당했다고 믿었지만, 경찰은 공식적으로 그의 죽음을 전차 사고로 규정했고, 이로 인해 그가 사망했을 때 가족을 부양하기 위해 가입했던 거액의 생명 보험이 무효화되었다.

루이즈는 남편의 죽음에 대한 충격과 슬픔에서 회복하지 못했다. 1937년, 그녀는 정신병원에 입원하여 이후 26년 동안 그곳에 머물러야 했다. 말콤과 그의 형제들은 분리되어 위탁 가정에 맡겨졌다.

1938년 말콤은 웨스트 중학교에서 쫓겨나 미시간주 메이슨에 있는 소년 수용소로 보내졌다. 소년 수용소는 백인 부부가 운영하는 곳이었다. 말콤은 자서전에서 백인 부부로부터 자신이 인간이라기보다는 '핑크 푸들'이나 '애완 카나리아' 같은 취급을 받았다고 적었다. 그는 몇 안 되는 흑인 학생 중 한 명으로 메이슨 고등학교에 다녔다. 그는 학업적으로 뛰어났고 반 친구들의 호감을 사서 학급 회장으로 선출되기도 했다.

말콤의 어린 시절의 전환점은 1939년 영어 선생님이 커서 무엇이 되고 싶냐고 물었을 때 변호사가 되고 싶다고 대답한 것이었다. 그러자 선생님은 "인생에서 가장 먼저 필요한 것 중 하나는 현실적이어야 한다는 것이다. … 네가 될 수 있는 것을 생각해야 한다. … 목수가 되는 건 어때?"라고 대답했다. 흑인 자녀가 교육을 받을 필요가 없다는 말을 들은 말콤은 이듬해인 15살에 학교를 그만두었다. 학교를 그만둔 후 말콤은 보스턴으로 이사하여 이복 누나인 엘라와 함께 살았는데, 나중에 그는 다음과 같이 회상했다.

그녀는 제 인생에서 처음으로 본 정말 자랑스러운 흑인 여성이었습니다. 그녀는 자신의 매우 어두운 피부를 자랑스러워했습니다. 당시 흑인들 사이에서는 전례가 없던 일이었죠.

엘라는 말콤에게 로즈랜드 볼룸에서 구두를 닦는 일을 맡겼다. 그러나 보스턴 거리에서 혼자 지내던 그는 도시의 범죄 조직과 친해졌고 곧 마약 판매로 전향했다. 뉴욕과 보스턴을 오가는 양키 클리퍼 열차에서 주방 보조로 일하면서 마약과 범죄의 세계에 더 깊이 빠져들었다. 화려한 정장을 입고 나이트클럽과 댄스홀을 자주 드나들며 호화로운 생활비를 마련하기 위해 범죄에 더욱 전념했다.

1946년 말콤은 절도 혐의로 체포되어 징역 10년형을 선고받았다.

수감 기간 동안 시간을 보내기 위해 그는 고등학교를 중퇴하면서 놓친 학업을 보충하기 위해 교도소 도서관에 있는 책을 닥치는 대로 읽으며 시간을 보냈다. 또한 감옥에 있는 동안 말콤은 자유, 정의, 평등을 확보하기 위해서는 흑인 미국인들이 백인 미국인들과 완전히 분리된 그들만의 국가를 세워야 한다는 흑인 민족주의 이념을 받아들인 흑인 무슬림의 작은 종파인 미국 흑인 이슬람교 조직(the Nation of Islam)에 가입한 이들의 면회를 받기도 했다.

그는 1952년 6년 반 만에 출소하기 전 이름을 말콤 엑스(Malcolm X)로 바꾸고 이슬람으로 개종했다. 자유인이 된 말콤 엑스는 디트로이트로 가서 이슬람교 지도자인 엘리야 무하마드(Elijah Muhammad)와 함께 이슬람 추종자를 전국에 있는 흑인으로 확대하기 위해 노력했다.

말콤 엑스는 할렘의 7번 사원과 보스턴의 11번 사원의 지도자가 되었고, 하트 포드와 필라델피아에 새로운 사원을 설립하기도 했다. 1960년에는 이슬람 국가의 메시지를 더욱 널리 알리기 위해 『무하마드 스픽스(Muhammad Speaks)』라는 전국 신문사를 설립했다. 명료하고 열정적이며 영감을 주는 연설가였던 말콤 엑스는 흑인들에게 폭력을 포함한 "필요한 모든 수단"으로 인종 차별의 족쇄를 벗어던지라고 다음과 같이 권면했다.

> 여러분에게는 평화로운 혁명이 없습니다. 여러분에게는 얼굴을 돌리는 혁명이 없습니다. 비폭력 혁명 같은 것은 없습니다.

독립된 흑인 국가를 세우겠다는 폭력적인 혁명을 제안한 말콤 엑스는 수많은 추종자들과 격렬한 비판자들을 얻었다. 1952년 출소 당시 400명에 불과했던 미국 흑인 이슬람교 조직은 말콤 엑스의 노력으로

1960년에는 4만 명의 회원으로 성장했다.

1960년대 초, 말콤 엑스는 민권 운동의 급진파를 대표하는 인물로 부상하여 평화적인 방법으로 인종 통합 사회를 이루겠다는 마틴 루터 킹 주니어의 비전에 대한 극적인 대안을 제시했다. 킹은 말콤의 방식에 비판적이었지만 말콤을 직접적으로 거론하는 것은 피했다. 서로를 잘 알고 같은 목표를 달성하기 위해 노력했지만, 두 지도자는 미국 상원에서 차별 금지 법안에 대한 청문회를 열었을 때 국회의사당에서 단 한 번, 그것도 아주 잠깐 만났다.

엘리야 무하마드와의 결별은 말콤 엑스에게 훨씬 더 큰 충격을 주었다. 1963년, 말콤 엑스는 자신의 영웅이자 스승인 엘리야 무하마드가 이슬람교의 교리 중 많은 부분을 위반(혼외정사 등)했다는 사실을 알게 되면서 깊은 환멸을 느꼈다. 사실 무하마드는 혼외정사로 여러 명의 자녀를 낳았다.

말콤의 배신감과 존 F. 케네디 암살에 대한 무하마드의 무신경한 발언에 대한 분노가 결합되어 말콤 엑스는 1964년 미국 흑인 이슬람교 조직에서 떠났다.

같은 해 말콤 엑스는 북아프리카와 중동으로 장기 여행을 떠났다. 이 여행은 그의 인생에서 정치적, 정신적 전환점이 되었다. 그는 미국의 민권 운동을 사회주의와 범아프리카주의(pan-Africanism)를 포용하는 전 세계적인 반식민지 투쟁의 맥락에 놓는 법을 배웠다. 또한 말콤 엑스는 사우디아라비아의 메카로 향하는 이슬람 전통 성지순례인 하즈(Hajj)를 수행하면서 전통 이슬람교로 개종하고 이번에는 이름을 엘-하지 말릭 엘-샤바즈(El-Hajj Malik El-Shabazz)로 바꿨다. 메카에서 깨달음을 얻은 후 말콤 엑스는 미국 인종 문제의 평화적 해결 가능성에 대해 더욱 낙관적인 전망을 품고 미국으로 돌아왔다. 말콤 엑스는 "제가 본 진정한 형제애는 분노가 인간의 시야를 가릴 수 있다는 사실을 깨닫게 해 주었습니다. 미국은 실제로 무혈 혁명을 일으킬 수 있는 최초의 국가입니다"라고 말했다.

말콤 엑스가 민권 운동의 진로를 극적으로 바꿀 수 있는 이념적 전환에 착수하려 하자 그는 암살당했다. 1965년 2월 21일, 말콤 엑스는 맨해튼의 오듀본 볼룸(the Audubon Ballroom)에서 연설을 하기 위해 무대에 올랐다. 그가 연설을 막 시작했을 때 여러 명의 남성이 무대로 달려와 총을 쏘기 시작했다. 근거리에서 수차례 총격을 받은 말콤 엑스는 인근 병원에 도착한 후 사망 선고를 받았다. 당시 그의 나이는 39세였다.

미국 흑인 이슬람교 조직원 3명이 말콤 엑스를 살해한 혐의로 재판을 받고 종신형을 선고받았다. 2021년, 무하마드 아지즈(Muhammad Aziz)와 칼릴 이슬람(Khalil Islam) 두 사람은 수십 년을 감옥에서 보낸 후 말콤의 살인 혐의에 대해 무죄를 선고받았다. 두 사람 모두 무죄를 주장했지만 1966년 3월, 살인을 자백한 무자히드 압둘 할림(Mujahid Abdul Halim)과 함께 유죄 판결을 받았다. 아지즈와 이슬람은 1980년대 중반에 출소했고, 이슬람은 2009년에 사망했다. 무죄 판결을 받은 두 사람은 억울한 유죄 판결에 대한 보상금으로 3,600만 달러를 받았다.

2023년 2월, 말콤 엑스의 가족은 말콤 엑스의 사망 사건과 관련하여 뉴욕 경찰청, FBI, CIA 및 기타 정부 기관을 상대로 부당 사망 소송을 한다고 발표했다. 말콤 엑스의 가족은 해당 기관들이 증거를 은폐하고 말콤 엑스 암살을 공모했다고 주장했다.

1960년대 초, 말콤 엑스는 저명한 작가 알렉스 헤일리(Alex Haley)와 함께 자서전 작업을 시작했다. 이 책에는 말콤 엑스의 인생 경험과 인종적 자부심, 흑인 민족주의, 범아프리카주의에 대한 그의 진화하는 견해가 자세히 담겨 있다. 말콤 엑스의 자서전은 암살 이후 1965년에 출간되어 거의 전 세계적인 찬사를 받았다. 『뉴욕 타임즈』는 "훌륭하고 고통스럽고 중요한 책"이라고 평했고, 『타임지』는 20세기 가장 영향력 있는 논픽션 책 10권 중 하나로 선정했다.

말콤 엑스는 수많은 영화, 연극 및 기타 작품의 소재가 되었으며 제임스 얼 존스(James Earl Jones), 모건 프리먼(Morgan Freeman), 마리오 반 피블스(Mario Van Peebles)와 같은 배우들이 말콤 엑스를 연기한 바 있다.

1992년 스파이크 리(Spike Lee) 감독은 덴젤 워싱턴(Denzel Washington)을 영화 〈말콤 엑스〉의 주인공으로 발탁했다. 워싱턴의 말콤 엑스 연기는 큰 호평을 받았으며 아카데미상 2개를 포함한 여러 상 후보에

말콤 엑스(Malcolm X)

자유를 수호하는 힘은 폭정과 억압을 옹호하는 힘보다 더 위대합니다. 진정한 힘, 진정한 권력은 행동, 타협하지 않는 행동을 만들어내는 우리의 신념에서 나오기 때문입니다. (말콤 엑스)

약력: 이슬람 운동가, 시민운동가, 인권운동가
출생: 1925년 5월 19일 네브래스카주 오마하
부모: 얼 리틀(Earl Little), 루이즈 리틀(Louise Little)
사망: 1965년 2월 21일 뉴욕
배우자: 베티 샤바즈(Betty Shabazz)
자녀: 아틸라(Attilah), 퀴블라(Quiblah), 라뭄바(Lamumbah), 일리아사(Ilyasah), 말라크(Malaakd), 말리카(Malikahd)
명언: 아무도 당신에게 자유를 줄 수 없습니다. 누구도 평등이나 정의 같은 것을 줄 수 없습니다. 당신이 사람이라면, 스스로 얻어야 합니다.
(Nobody can give you freedom. Nobody can give you equality or justice or anything. If you are a man, you take it.)

올랐다.

말콤 엑스가 사망한 직후, 평론가들은 그의 정신적, 정치적 변화를 무시하고 그를 폭력적인 폭도라고 비판했다. 그러나 말콤 엑스의 자서전이 출간된 후, 그는 인간이 자유를 지키기 위해 얼마나 많은 노력을 기울일 수 있는지를 보여줌으로써 진정한 자유 대중의 가치를 강조한 인물로 기억되기 시작했다.

마크 트웨인(Mark Twain)

본명이 사무엘 클레멘스(Samuel Clemens)인 마크 트웨인은 미국 문학의 두 가지 주요 고전,『톰 소여의 모험』과 『허클베리 핀의 모험』을 포함하여 여러 소설을 쓴 유명한 작가이다. 또한 그는 유람선 조종사, 저널리스트, 강연자, 기업가, 발명가이기도 했다.

트웨인은 1835년 11월 30일 미주리주 플로리다의 작은 마을에서 존과 제인 클레멘스의 여섯째 자녀로 사무엘 랭혼(Samuel Langhorne) 클레멘스라는 이름으로 태어났다. 그가 4살 때 가족은 인구 1,000명의 번화한 강변 마을인 한니발 인근으로 이사했다.

아버지 존 클레멘스는 상점 주인, 변호사, 판사, 토지 투기꾼으로 일하며 부를 꿈꿨지만 결코 부를 이루지 못했고 가족을 먹여 살리는 데 어려움을 겪기도 했다. 어느 이야기에 따르면 어린 시절 마크 트웨인은 아버지가 웃는 모습을 본 적이 없다고 한다.

반면 그의 어머니는 가족을 위해 많은 겨울밤을 이야기를 들려주며 지루함을 달래주던 재미있고 다정한 어머니였다. 1847년 존이 갑작스럽게 세상을 떠나자 그녀는 가장이 되었다.

전기 작가 에버렛 에머슨(Everett Emerson)은 클레멘스 가족이 "이제 거의 빈털터리가 되었다"고 말하며 수년간의 경제적 어려움을 겪어야 했고, 이 사실이 트웨인의 커리어를 형성하는 데 영향을 미쳤다고 기록했다.

트웨인은 17세까지 한니발에서 지냈다. 미시시피 강변에 자리한 이 마을은 여러모로 성장하기에 좋은 곳이었다. 증기선이 하루에 세 번씩 기적소리를 울리며 도착했고, 서커스, 광대 쇼, 부흥사들이 방문했으며, 괜찮은 도서관이 있었고, 대장장이와 무두장이(가죽을 다루는 자) 같은 장인들을 볼 수 있었다.

그러나 그곳에서 폭력은 흔한 일이었고 어린 트웨인은 많은 죽음을 목격했다. 트웨인이 아홉 살 때는 한 지역 남자가 소 목장을 운영하는 사람을 살해하는 것을 목격했고, 열 살 때는 노예가 백인 감독관에게 쇠조각으로 맞아 죽는 것을 지켜보았다.

한니발은 톰 소여와 허클베리 핀의 '세인트 피터즈버그(St. Petersburg)'를 비롯하여 트웨인의 여러 가상의 배경에 영감을 주었다. 이 상상의 마을은 햇살과 활기가 넘치지만 다른 한편으로는 잔인함, 가난, 술 취함, 외로움, 영혼을 짓누르는 지루함 등 트웨인이 소년 시절에 경험한 모든 것이 뒤섞여 있는 복잡한 장소이다.

마크 트웨인은 아버지가 돌아가시고 집안에 수입원이 필요했던 12살 무렵, 한니발 택배 회사의 견습 인쇄공으로 취직하여 적은 식량 배급을 받으며 학업을 이어갔다. 1851년, 15세가 되던 해에 그는 형 오리온(Orion)이 소유한 작은 신문사인 『한니발 웨스턴 유니온(the

Hannibal Western Union)』에서 인쇄공으로 일하면서 가끔 작가 겸 편집자로 일하기도 했다.

1861년 7월, 트웨인은 역마차에 올라 향후 5년간 살게 될 네바다와 캘리포니아로 향했다.

처음에는 은과 금을 찾아서 버지니아 시티와 샌프란시스코에서 가장 멋진 옷을 입은 남자가 되어 고군분투하는 가족의 구세주가 될 것이라고 확신했다. 하지만 아무 일도 뜻대로 되지 않았고 1862년 중반에는 빈털터리가 되었고 일자리가 필요했다.

신문사에서 일할 줄 알았던 트웨인은 그해 9월 『버지니아 시티 테리토리얼 엔터프라이즈(the Virginia City Territorial Enterprise)』에서 기자로 일하기 시작했다. 그는 뉴스 기사, 사설, 스케치 등을 작성했고, 그 과정에서 12피트 수심의 증기선 속어인 마크 트웨인이라는 필명을 사용했다.

1867년 지중해에서 5개월간 바다 유람선을 타고 미국 신문에 여행 중 본 광경을 유머러스하게 기고하면서 성공의 사다리를 올라섰고, 그 여행기를 책으로 출간하기 시작했다. 1869년 『철부지의 해외 여행기』를 출간했고, 이 책은 전국적인 베스트셀러가 되었다. 34세의 잘생기고 빨간 머리에 유쾌하고 유머러스하며 야심찬 저널리스트이자 여행가였던 트웨인은 미국에서 가장 인기 있고 유명한 작가 중 한 명이 되었다.

1870년 2월, 그는 뉴욕의 부유한 석탄 상인의 딸인 24세의 올리비아 (리비) 랭던과 결혼을 한다. 결혼 직후 친구에게 보낸 편지에서 트웨인은 "나는 … 내가 사랑했던 유일한 연인이 있다. … 그녀는 최고의 여자이고, 가장 상냥하고 온화하고, 가장 고상한 여자이며, 인류의 가장 완벽한 보석이다"라며 자신의 행운을 믿을 수 없었다고 고백했다. 리비는 경건하고 고상하며 온화한 삶의 태도를 가진 여성이였다. 부부는 버팔로에 정착했고 이후 네 명의 자녀를 낳았다.

마크 트웨인의 책 『톰 소여의 모험』은 1876년에 출간되었고, 얼마 지나지 않아 속편인 허클베리 핀의 모험을 쓰기 시작했다. 1840년대를 배경으로 한 이 소설은 트웨인이 소년 시절 살았던 미주리주 세인트 피터즈버그 마을을 배경으로 한다. 소설에서 톰 소여는 종종 친구 허클베리 핀과 함께 여러 모험을 겪는다. 이 책은 트웨인의 생애 동안 가장 많이 팔린 작품이 되었다. 1884년 속편인 허클베리 핀의 모험에 가려졌지만, 이 책은 많은 사람들에게 미국 문학의 걸작으로 여겨진다. 마크 트웨인이 타자기로 쓴 최초의 소설이다.

어니스트 헤밍웨이(Ernest Hemingway)는 1935년에 "모든 현대 미국 문학은 『허클베리 핀』이라는 트웨인의 책 한 권에서 비롯되었다"라고 말한다. 이 작품에 대해 헤밍웨이는 미국에서 처음으로 일반 대중의 생생하고 날것 그대로의 목소리가 구어체로 문학 작품에 사용되고 있다는 것을 높이 사고 있다.

트웨인이 이 작품을 구상하고 집필하는 데 수년이 걸렸고, 트웨인은 종종 이를 제쳐두기도 했다. 그동안 그는 1881년 가족과 친구들의 열렬한 지지를 받은 매력적인 소설 『왕자와 거지(The Prince and the Pauper)』를 발표하며 존경받는 작가가 되고자 노력했다.

1883년 그는 여행 책인 『미시시피 강의 생활』을 출간했다. 트웨인에게는 사업과 글쓰기가 동등한 가치를 지니게 되면서 많은 돈을 버는 것이 가장 중요한 일이 되었다. 1885년, 그는 사망한 율리시즈 그랜트(Ulysses S. Grant) 전 대통령의 베스트셀러 회고록을 출간하며 출판업자로서의 성공을 거두었다. 그러나 트웨인은 다른 사업에도 많은 시간을 투자했고, 자신의 노력이 엄청난 부로 보상받을 것이라고 확신했지만 기대만큼의 성공을 거두지는 못했다. 그의 출판사는 결국 파산했다.

트웨인의 작품 활동 시절은 빛났지만 그에게는 많은 고뇌가 있었다. 결혼 초기에 그와 리비는 갓난 아들인 랭던을 디프테리아(호흡기 감염병)로 잃었고, 1896년에는 사랑하는 딸 수지가 척추수막염으로 24살의 나이에 세상을 떠났다. 그 상실감은 그의 마음을 아프게 했고, 당시 그는 외국에 나가 있었기 때문에 슬픔은 더욱 컸다. 막내딸 장은 중증 간질 진단을 받았다. 1909년, 29살의 나이에 장은 심장마비로 사망했다. 수년 동안 트웨인과 딸 클라라와의 관계는 소원했고 다툼으로 가득했다.

1904년 6월, 트웨인이 여행하는 동안 리비는 오랜 투병 끝에 사망했다. 34년간의 결혼 생활 동안 트웨인은 아내를 진정으로 사랑했다.

마크 트웨인(Mark Twain)

약력: 작가, 조종사, 강연자, 발명가
출생: 1835년 11월 30일, 미국 미주리 플로리다
부모: 존 마셜 클레멘스(John Marshall Clemens), 제인 램프턴 클레멘스(Jane Lampton)
사망: 1910년 4월 21일 미국 코네티컷 레딩 스톰필드
배우자: 올리비아 랭던 클레멘스(Olivia Langdon)
자녀: 클라라(Clara) 클레멘스, 수지(Susy) 클레멘스, 장(Jean) 클레멘스, 랭던(Langdon) 클레멘스
학력: 미주리대학 법대
명언: 자신을 기분 좋게 하는 가장 좋은 방법은 다른 사람을 기분 좋게 하려고 노력하는 것입니다. (The best way to cheer yourself up is to try to cheer somebody else up.)

「그녀가 있는 곳은 어디든 에덴이었다(Wheresoever she was, there was Eden)」는 글을 아내에게 헌정하기 위해 썼다.

트웨인은 대중에게 다정한 모습을 보이면서도 말년에는 다소 비통한 모습을 보이기도 했다. 사적으로는 친구와 사랑하는 사람들에 대해 놀라울 정도로 무감각한 모습을 보였다. 인생의 마지막 10년을 지옥에서 살았다고 할 정도로 트웨인은 글쓰기를 마무리 하지 못했고 기억력도 쇠약해졌다. 화산 같은 분노와 지독한 편집증과 우울증에 시달렸다.

트웨인은 1910년 4월 21일 74세의 나이로 사망했다. 그는 뉴욕주 엘마이라에 묻혔다. 코네티컷 주 하트퍼드에 있는 마크 트웨인 하우스는 현재 인기 명소로 국립 역사 랜드마크로 지정되어 있다.

트웨인은 19세기와 20세기 초 미국 생활의 위대한 연대기 작가로 기억되고 있다. 톰 소여, 허클베리 핀, 미시시피 강에 관한 장대한 이야기를 쓴 트웨인은 재치, 유머, 진실에 대한 예리한 안목으로 미국인의 영혼을 탐구했다.

마틴 루터 킹(Martin Luther King, Jr.)

마틴 루터 킹 주니어 목사는 1950년대와 1960년대 미국 민권 운동의 카리스마 넘치는 지도자였다. 그는 1년에 걸친 몽고 고메리 버스 보이콧을 지휘하여 국가의 감시를 받았지만, 그의 리더십과 그 결과 버스 차별에 대한 대법원 판결로 명성을 얻게 되었다. 그는 남부 기독교 지도자 회의를 결성하여 비폭력 시위를 조성하고 인종차별에 대해 2,500회 이상의 연설을 했다. 1968년 암살범에 의해 생을 마감했다.

마틴 루터 킹 주니어는 1929년 1월 15일 조지아주 애틀랜타에서 에벤에셀 침례교회의 목사인 마이클 킹 시니어와 스펠만 대학을 졸업하고 학교 교사였던 앨버타 윌리엄스 사이에
서 태어났다. 킹은 외조부모의 집에서 부모, 여동생, 형제와 함께 살았다.

5살 때까지 마이클 루이스(Michael Lewis)라는 이름을 가진 마틴은 중산층 가정에서 학교를 다니고, 축구와 야구를 하고, 신문을 배달하고, 잡일을 하는 등 유복하게 자랐다. 아버지는 전국 유색인종 발전 협회의 지역 지부에서 활동하며 '백인과 흑인 애틀랜타 교사의 임금 동등화 캠페인'을 성공적으로 이끌었다. 1931년 마틴의 할아버지가 돌아가시자 마틴의 아버지는 에벤에셀 침례교회의 목사가 되어 44년 동안 시무했다.

마틴의 아버지 킹 목사는 1934년 베를린에서 열린 세계침례교연맹 총회에 참석한 후, 자신과 아들의 이름을 개신교 개혁주의자의 이름을 따 마이클 킹에서 마틴 루터 킹으로 바꿨다. 킹 목사는 제도화된 악에 맞선 마틴 루터의 용기에서 영감을 받았다.

킹 주니어는 15세에 모어하우스 대학에 입학했다. 킹은 성직자의 길을 가는 것에 혼란이 와 교회에서 일반적으로 용인되지 않는 행동을 한다. 그는 당구를 치고 맥주를 마셨으며 모어하우스에 입학한 첫 2년 동안 가장 낮은 학업 성적을 받았다.

킹은 사회학을 공부하고 로스쿨 진학을 고려하는 동시에 독서를 열심히 했다. 그는 헨리 데이비드 소로(Henry David Thoreau)의 에세이

『시민의 반항(On Civil Disobedience)』과 불의한 제도에 대한 비판적 사상에 매료되었다. 킹은 사회 운동이 자신의 소명이며 종교가 이를 위한 최선의 수단이라고 결심했다. 19살에 사회학 학위를 받고 졸업하던 해인 1948년 2월에 목사안수를 받았다.

1948년 9월, 킹은 펜실베이니아주 업랜드에 있는 화이트 크로저 신학교에 입학했다. 그는 위대한 신학자들의 책을 읽었지만 그 자체로 완전한 철학은 없다고 절망했다. 그러던 중 인도의 지도자 마하트마 간디에 대한 강의를 듣고 그의 비폭력 저항 개념에 매료되었다. 킹은 비폭력을 통해 작동하는 기독교의 사랑 교리가 자신의 민족에게 강력한 무기가 될 수 있다고 결론지었다.

1951년 킹은 신학 학사 학위를 수석으로 졸업했다. 그해 9월, 그는 보스턴 대학교 신학대학원에서 박사 과정에 입학했다.

보스턴에서 킹은 뉴잉글랜드 음악원에서 성악을 공부하던 가수 코레타 스콧을 만났다. 두 사람은 1953년 6월 18일에 결혼했다. 킹의 아버지는 앨라배마주 매리언에 있는 코레타의 고향집에서 결혼식을 집례했다. 두 사람은 학위를 마치기 위해 보스턴으로 돌아왔다.

킹은 앨라배마주 몽고메리에 있는 민권 운동의 역사가 있는 덱스터 애비뉴 침례교회에서 설교하도록 청빙받았다. 킹은 1954년 4월 그 교회의 담임목사가 되었다. 한편 코레타는 남편의 일에 헌신했지만 자신의 역할에 대해 갈등하고 있었다. 킹 목사는 그녀가 네 자녀와 함께 집에 머물기를 원했다. 그러나 코레타는 어릴 때부터 자신의 삶에 대한 소명을 느꼈고 세상에 기여할 수 있는 무언가가 있다는 것을 깨달았다. 그리고 킹은 아내를 시민권을 위한 투쟁뿐만 아니라 자신이 관여한 다른 모든 문제에 있어서도 파트너라고 생각한다고 말하며 어느 정도는 아내의 의견에 동의했다. 실제로 그는 자서전에서 다음과 같이 말했다.

저는 소통할 수 없는 아내를 원하지 않았습니다. 저만큼 헌신적인 아내가 있어야 했어요. 제가 아내를 이 길로 이끌었다고 말하고 싶지만, 아내가 지금처럼 적극적으로 참여하고 관심을 가져주었기 때문에 우리는 함께 이 길을 걸어왔다고 말해야 할 것 같습니다.

I didn't want a wife I couldn't communicate with. I had to have a wife who would be as dedicated as I was. I wish I could say that I led her down this path, but I must say we went down it together because she was as actively involved and concerned when we met as she is now.

하지만 코레타는 민권 운동에서 자신뿐만 아니라 일반적으로 여성의 역할이 오랫동안 소외되고 간과되어 왔다고 생각했다. 1966년 초, 코레타는 영국 여성 잡지 『뉴 레이디(New Lady)』에 기고한 글에서 이렇게 썼다.

투쟁에서 여성의 역할에 충분한 관심이 집중되지 않았습니다. … 여성들은 전체 시민권 운동의 중추였습니다. … 여성들은 이 운동이 대중 운동이 될 수 있게 한 장본인들이었습니다.

Not enough attention has been focused on the roles played by women in the struggle. … Women have been the backbone of the whole civil rights movement. … Women have been the ones who have made it possible for the movement to be a mass movement.

킹이 덱스터 애비뉴 교회에 합류하기 위해 몽고메리에 도착했을 때, 지역 NAACP 지부의 총무였던 로자 파크스는 버스 자리를 백인에게 양보하지 않았다는 이유로 체포된 상태였다. 지역 NAACP 지부장이었던 E.D. 닉슨(Nixon)과 킹의 절친한 친구인 랄프 애버나시 목사(Ralph Abernathy)는 킹과 다른 성직자들에게 연락하여 시 전역의 버스 보이콧을 계획했다. 이 단체는 요구안을 작성하고 12월 5일에는 흑인이 버스에 탑승하지 않도록 규정했다.

그날 2만 명에 가까운 흑인 시민들이·버스 탑승을 거부했다. 흑인이 승객의 90%를 차지했기 때문에 대부분의 버스는 텅 비어 있었다. 381일 후 보이콧이 끝났을 때 몽고메리의 대중교통 시스템은 거의 파산 상태였다. 또한 11월 23일, 미국 대법원은 게일 대 브로더(Gayle v. Browder) 사건에서 "정부가 시행하는 인종 분리 교통 시스템은 수정헌법 제14조의 평등 보호 조항을 위반했다"는 판결을 내렸고, 이 판결은 미국 연방 대법원 판례의 첫 번째 사례이다. 법원은 또한 1954년 "인종만을 기준으로 한 공교육 분리는 수정헌법 제14조의 평등 보호 조항에 위배된다"고 판결한 브라운 대 토피카(Brown v. Board of Education of Topeka) 교육위원회의 판결을 인용했다. 1956년 12월 20일, 몽고메리 개선협회는 보이콧을 중단하기로 결정했다.

성공을 계기로 더욱 고무된 운동의 지도자들은 1957년 1월 애틀랜타에서 만나 흑인 교회를 통한 비폭력 시위를 조율하기 위해 남부 기독교 지도자 회의를 결성했다. 킹은 회장으로 선출되어 사망할 때까지 회장직을 수행했다.

1958년 초, 몽고메리 버스 보이콧을 자세히 다룬 킹의 첫 번째 저서 『자유를 향한 도약』이 출간되었다. 간디의 운동과 가르침에 큰 영향을 받은 그는 이 책에서 비폭력을 설명하는 여섯 가지 원칙을 제시했다.

1. 겁쟁이를 위한 방법이 아니라 저항하는 것입니다.
2. 상대를 물리치거나 굴욕감을 주려는 것이 아니라 우정과 이해를 얻으려는 것입니다.
3. 악을 행하는 사람보다는 악의 세력에 대항하는 것입니다.
4. 보복하지 않고 고통을 기꺼이 받아들이고, 반격하지 않고 상대방의 타격을 받아들이는 것입니다.
5. 외부의 물리적 폭력뿐만 아니라 내부의 정신적 폭력도 피합니다.
6. 우주가 정의의 편에 있다는 신념을 바탕으로 합니다.

    1963년 4월, 킹 목사는 앨라배마 기독교 인권 운동의 프레드 셔틀스워스(Fred Shuttlesworth) 목사와 함께 앨라배마주 버밍엄의 기업들에게 흑인을 고용하도록 강제하는 비폭력 캠페인에 참여했다. 분리주의자였던 경찰 서장 불 코너(Bull Connor)는 자신의 부하 경찰관들을 시켜 시위대에 사나운 개를 풀어놓았고 평화롭게 행진하는 군중들(여성과 어린아이 포함)을 향해 물대포를 쏘았다. 킹은 감옥에 갇히게 되었다. 킹은 체포된 후 8일 동안 버밍엄 감옥에서 지냈지만, 그 시간을 이용해 자신의 평화 철학을 확증하는 「버밍엄 감옥에서 쓴 편지(Letter From a Birmingham Jail)」를 썼다.

    경찰 서장과 경찰관들의 잔인하고 무자비했던 대처는 전국을 뜨겁게 달궜다. 시위대를 지원하기 위한 기금이 쏟아졌고 백인 동맹국들도 시위에 동참했다. 여름이 되자 전국적으로 수천 개의 공공시설이 통합되었고, 기업들은 흑인을 고용하기 시작했다. 이러한 정치적 분위기는 민권 법안 통과를 촉진시켰다. 1963년 6월 11일, 존 F. 케네디 대통령(John F. Kennedy)은 1964년 민권법 초안을 작성했고, 케네디 암살 당한 이후 린든 존슨(Lyndon Johnson) 대통령이 이 법을 통과시켰다.

이 법은 공공장소에서의 인종 차별을 금지하고, '헌법상 투표권'을 보장하며, 직장에서의 차별을 금지하는 내용을 담고 있다.

그리고 1963년 8월 28일, 워싱턴 D.C.에서의 행진이 시작되었다. 거의 25만 명의 미국인이 대부분은 킹 목사의 연설을 듣기 위해 모였다. 예상을 훨씬 뛰어넘는 군중이 모였다. 많은 민권 운동가들은 연이어 연설했다. 열기는 점점 더 뜨거워졌고 킹 목사는 자리에서 일어섰다. 연설은 천천히 시작되었다. 이 연설에서 킹은 "나는 나의 네 자녀가 언젠가는 피부색이 아니라 인간 됨됨이로 평가받는 나라에서 살게 될 것이라는 꿈을 가지고 있습니다."라고 말한다.

킹 목사는 1963년 타임지의 '올해의 인물'로 선정되었다. 그는 이듬해 노벨 평화상을 수상하고 상금 5만 4,123달러를 시민권 신장을 위해 기부했다.

1964년 여름, 킹의 비폭력 개념은 북부에서 발생한 치명적인 폭동으로 인해 도전을 받는다. 킹은 빈곤과 차별의 연관성을 명확히 밝히고 미국의 베트남에 대한 개입 확대가 흑인뿐만 아니라 빈곤층 이하의 소득을 가진 사람들에 대한 부당하고 차별적인 처사라고 생각하여 이를 해결하기 위해 노력했다.

킹의 마지막 주요 활동인 빈민 캠페인은 1968년 4월 29일부터 다른 민권 단체들과 함께 내셔널 몰(the National Mall)의 텐트 캠프에서 빈곤층을 수용하기 위해 조직되었다.

그해 봄, 킹은 흑인 환경미화원들의 파업을 지지하는 행진에 참여하기 위해 테네시주 멤피스로 향했다. 행진이 시작된 후 폭동이 발생하여 60명이 부상당하고 1명이 사망하는 사건이 발생하여 행진이 중단되었다.

4월 3일, 킹 목사는 마지막 연설을 했다. 그는 멤피스에서 위험에 대한 경고를 받았지만 "산 정상에 가봤고", "약속의 땅"을 보았기 때문에 죽음은 중요하지 않다고 말했다.

1968년 4월 4일, 킹은 멤피스의 로레인 모텔 발코니에 발을 내디뎠다. 총알이 그의 얼굴을 관통했다. 그는 한 시간도 채 지나지 않아 세인트 조셉 병원에서 사망했다. 킹의 죽음은 폭력에 지친 미국 전역에 광범위한 슬픔을 가져왔다. 전국적으로 폭동이 폭발했다. 킹 목사의 시신은 애틀랜타로 옮겨져 아버지와 오랫동안 함께 목회했던 에벤에셀 침례교회에 안치되었다. 1968년 4월 9일 킹의 장례식에서는 에벤에셀 교회에서의 마지막 설교 녹음을 틀어 킹의 목소리를 들을 수 있었다.

> 내가 죽음을 맞이할 때 여러분 중 누군가가 곁에 있다면, 나는 긴 장례식을 원하지 않습니다. … 그날 누군가 마틴 루터 킹 주니어가 다른 사람들을 위해 자신의 삶을 바치려고 노력했다는 것을 언급해 주었으면 합니다. … 그리고 내가 인류를 사랑하고 봉사하려고 노력했다고 말해주었으면 합니다.
>
> If any of you are around when I meet my day, I don't want a long funeral. … I'd like someone to mention that day that Martin Luther King Jr. tried to give his life serving others. … And I want you to say that I tried to love and serve humanity.

킹은 11년이라는 짧은 기간 동안 많은 것을 성취했다. 누적 이동 거리가 600만 마일에 달한다. 이것은 달에 13번 왕복할 수 있는 거리이다. 킹은 전 세계를 여행하며 2,500회 이상의 연설을 하고, 5권의 책을 저술했으며, 사회 변화를 위한 8개의 주요 비폭력 활동을 주도했다.

남부의 도시에서 민권 운동을 하는 동안 29번 체포되어 수감되었다.

1983년, 로널드 레이건(Ronald Reagan) 대통령은 미국을 위해 많은 일을 한 킹 목사를 기념하기 위해 공휴일(1월 셋째 주 월요일)로 제정했다. 다음은 레이건 대통령이 마틴 루터 킹 목사에게 헌정하는 연설 중 일부분으로 킹 목사의 업적을 요약한 것이다.

매년 마틴 루터 킹의 날에는 킹 박사를 기억할 뿐만 아니라 그가 믿고 매일 실천하고자 했던 계명을 다시 한 번 되새겨 봅시다. 네 마음을 다하여 네 하나님을 사랑하고 네 이웃을 네 몸과 같이 사랑하라. 그리고 저는 우리 모두가, 남녀노소, 공화당원과 민주당원 모두가 그 계명에 따라 최선을 다한다면 킹 박사의 꿈이 실현되고 그의 말처럼 "하나님의 모든 자녀가 새로운 의미로 노래할 수 있는 날, 내 조상들이 죽었던 땅, 순례자의 자랑스러운 땅, 모든 산비탈에서 자유가 울리게 될 것"을 보게 될 것이라고 믿어야만 합니다.

So, each year on Martin Luther King Day, let us not only recall Dr. King, but rededicate ourselves to the Commandments he believed in and sought to live every day. Thou shall love thy God with all thy heart, and thou shall love thy neighbor as thyself. And I just have to believe that all of us—if all of us, young and old, Republicans and Democrats, do all we can to live up to those Commandments, then we will see the day when Dr. King's dream comes true, and in his words, "All of God's children will be able to sing with new meaning, … land where my fathers died, land of the pilgrim's pride, from every mountainside, let freedom ring."

백악관 기념식에 참석했던 코레타 스콧 킹은 남편의 유산이 이어지기를 바라는 희망을 담아 그의 삶을 가장 설득력 있게 요약하는 말을 남겼다.

그는 조건 없이 사랑했습니다. 그는 끊임없이 진실을 추구했고, 진실을 발견하면 그것을 포용했습니다. 그의 비폭력 캠페인은 구원과 화해, 정의를 가져왔습니다. 그는 평화로운 수단만이 평화로운 목적을 가져올 수 있으며, 우리의 목표는 사랑의 공동체를 만드는 것이라고 가르쳤습니다. 마틴 루터 킹 주니어가 탁월한 비폭력 지도자가 되었기 때문에 미국은 더 민주적인 국가, 더 정의로운 국가, 더 평화로운 국가가 되었습니다.

마틴 루터 킹(Martin Luther King, Jr.)

약력: 미국 시민권 운동의 지도자
이름: 마이클 루이스 킹 주니어
출생: 1929년 1월 15일 조지아주 애틀랜타
부모: 마이클 킹 시니어(Michael King Sr.), 앨버타 윌리엄스(Alberta Williams)
사망: 1968년 4월 4일 테네시 주 멤피스
학교: 보스턴 대학교 크로저 신학교
작품: 자유를 향한 도약(Stride Toward Freedom), 우리는 어디로 가야 할까: 혼돈인가 공동체인가?(Where Do We Go from Here: Chaos or Community?)
수상 및 영예: 노벨 평화상
배우자: 코레타 스콧(Coretta Scott)
자녀: 욜란다(Yolanda), 마틴(Martin,), 덱스터(Dexter), 버니스(Bernice)
명언: 나는 나의 네 자녀가 언젠가는 피부색이 아니라 인간 됨됨이로 평가받는 나라에서 살게 될 것이라는 꿈을 가지고 있습니다. (I have a dream that my four little children will one day live in a nation where they will not be judged by the color of their skin, but by the content of their character.)

He loved unconditionally. He was in constant pursuit of truth, and when he discovered it, he embraced it. His nonviolent campaigns brought about redemption, reconciliation, and justice. He taught us that only peaceful means can bring about peaceful ends, that our goal was to create the love community. America is a more democratic nation, a more just nation, a more peaceful nation because Martin Luther King, Jr., became her preeminent nonviolent commander.

무하마드 알리(Muhammad Ali)

무하마드 알리는 복서이자 자선가, 사회 운동가로서 20세기 최고의 운동선수 중 한 명으로 널리 알려진 인물이다. 알리는 1960년 올림픽 금메달리스트이자 1964년 세계 헤비급 복싱 챔피언이 되었다. 베트남 전쟁에서 병역 거부로 정학 처분을 받은 후 1970년대에 두 차례 더 헤비급 타이틀을 되찾은 알리는 조 프레이저(Joe Frazier), 조지 포먼(George Foreman)과의 유명한 시합에서 승리하며 명성을 떨쳤다. 알리는 1981년 권투에서 은퇴한 후 자선 활동에 많은 시간을 보냈다. 2005년에는 대통령 자유 훈장을 받았다.

무하마드 알리는 1942년 1월 17일 켄터키주 루이빌에서 태어났다. 그의 본명은 카시우스 마르셀러스 클레이 주니어이다. 어린 나이에 어린 클레이는 링 안팎에서 어떤 시합도 두려워하지 않는 모습을 보였다. 남부지역에서 자란 그는 인종적 편견과 차별을 직접 경험했다. 12살 때 클레이는 운명의 장난처럼 복싱에 대한 재능을 발견했다. 자전거를 도난당한 후 클레이는 경찰관 조 마틴(Joe Martin)에게 도둑을 잡고 싶다고 말했다. 당시 마틴은 "사람들에게 도전하기 전에 싸우는 법을 먼저 배우는 게 좋을 것(Well, you better learn how to fight before you start challenging people)"이라고 말했던 것으로 알려졌다. 마틴은 경찰관일 뿐만 아니라 지역 체육관에서 젊은 복서들을 훈련시키기도 했다.

클레이는 마틴에게 스파링을 배우기 시작했고 복싱 경력을 쌓기 시작했다. 1954년 첫 아마추어 시합에서 그는 판정승을 거두었다. 클레이는 1956년 라이트헤비급 초보자를 위한 골든 글러브스 토너먼트(the Golden Gloves Tournament)에서 우승했다. 3년 후에는 내셔널 골든 글러브스 토너먼트 오브 챔피언스 우승과 아마추어 체육 연맹 라이트헤비급 전국 타이틀을 획득했다.

클레이는 1956년부터 1960년까지 루이빌의 센트럴 고등학교를 비롯하여 대부분 흑인 공립학교에 다녔다. 당시 1960년 올림픽을 위해 훈련 중이던 클레이는 수업 시간에 공상을 하거나 복도에서 섀도우 복싱을 하곤 했는데, 성적이 너무 나빠 일부 교사들은 그를 유급시키려고 했다. 하지만 이 학교의 교장 앳우드 윌슨(Atwood Wilson)은 클레이의 잠재력을 보고 이를 반대한다.

1960년, 클레이는 미국 올림픽 복싱 대표팀에 선발되어 로마로 건너가 경기에 출전했다. 키가 6피트 3인치(대략 191cm)인 클레이는 링 위에서 위풍당당한 모습이었지만 번개처럼 빠른 스피드와 화려한 발기술로 유명해졌다. 첫 세 시합에서 승리한 클레이는 폴란드의 즈비그뉴 피에트르코프스키(Zbigniew Pietrzkowski)를 꺾고 라이트헤비급 올림픽 금메달을 획득했다.

  올림픽 우승 이후 클레이는 미국의 영웅으로 떠올랐다. 그는 곧 루이빌 후원 그룹의 후원을 받아 프로로 전향했고 링 위에서 모든 상대를 압도했다.

  클레이는 1962년 6월 디트로이트에서 열린 집회에서 카리스마 넘치는 미국 흑인 이슬람교 조직의 지도자인 말콤 엑스와 만났다. 연설가로서 두려움을 모르는 말콤 엑스의 모습에 반한 클레이는 말콤 엑스와 우정을 쌓았고, 클레이는 흑인 무슬림 단체에 더 많이 참여하게 되었다. 말콤 엑스는 클레이의 일상적인 업무를 관리할 직원 한 명을 배정하기도 했다.

  1964년 말콤 엑스는 2월 25일 소니 리스턴(Sonny Liston)과의 타이틀전을 위해 플로리다에서 훈련하는 클레이를 위해 가족을 데리고 그를 방문했다. 클레이는 리스턴을 상대로 승리를 거두며 첫 세계 헤비급 복싱 챔피언이 되었다. 우승 이후 두 사람은 짐 브라운(Jim Brown), 샘 쿡(Sam Cooke)과 함께 밤새 많은 이야기를 나누었고 이는 2020년 〈마이애미에서의 하룻밤(the One Night in Miami)〉 영화의 영감이 되었다.

  다음 날인 2월 26일 아침, 클레이는 미국 흑인 이슬람교 조직원이 되었다고 발표했다. 처음에는 자신을 카시우스 X(Cassius X)라고 부르다가 무하마드 알리라는 이름으로 개명을 한다. 놀랍게도 그의 충성심은 말콤 엑스가 아닌 최고 지도자 엘리야 무하마드에게 있었으며, 알리와 말콤의 우정은 금세 깨졌고 두 사람은 그해 봄에 각자의 길을 가게 된다. 알리는 1965년 2월 21일 말콤 엑스가 살해당했을 때를 회상하며 2005년 회고록 『나비의 영혼(Soul of a Butterfly)』에서 "말콤에게 등을 돌린 것은 내 인생에서 가장 후회되는 실수 중 하나였습니다."라고 고백한다. 결국 알리는 1970년대에 정통 이슬람교로 개종한다.

알리는 베트남 전쟁에 반대하는 노골적인 견해로 투쟁을 시작했다. 1967년 4월 군에 징집된 그는 종교적 신념으로 인해 전투에 참여할 수 없다는 이유로 군 복무를 거부했다. 그는 중범죄를 저지른 혐의로 체포되었고 즉시 세계 타이틀과 복싱 면허를 박탈당했다. 미국 법무부는 알리를 상대로 법적 소송을 진행했고 양심적 병역거부자 지위에 대한 그의 주장을 받아들이지 않았다. 그는 병역법 위반 혐의로 유죄 판결을 받고 1967년 6월 징역 5년형을 선고받았지만 항소하는 동안 자유의 몸이 되었다.

그 기간 동안 프로 선수로 활동할 수 없었던 알리는 선수 생활의 전성기 3년 이상을 놓쳤다. 선수 생활이 중단된 후 알리는 1960년대 중반부터 1970년대 후반까지 시카고 사우스 사이드로 피신해 살았다. 그는 훈련을 계속하고 아마추어 복싱 리그를 결성하여 지역 체육관에서 경기를 이어나갔다.

1970년 마침내 주 차원의 체육위원회가 없던 조지아주에서 복싱 면허를 취득한 알리는 10월 26일 애틀랜타의 시티 오디토리움에서 제리 쿼리(Jerry Quarry)에게 승리하며 링에 복귀했다. 몇 달 후, 미국 대법원은 1971년 6월 그의 유죄 판결을 뒤집고 알리가 정기적으로 경기를 치를 수 있도록 허용했다.

알리는 1981년 39세의 나이로 은퇴할 때까지 56승 5패 37KO의 통산 전적 기록을 세웠다. 종종 자신을 '최고'라고 불렀던 알리는 스스로를 칭찬하는 것을 두려워하지 않았다. 그는 시합 전에 자신의 실력을 자랑하고 화려한 묘사와 문구로 유명했다. 가장 유명한 명언 중 하나로, 알리는 복싱 링에서 "나비처럼 날아서 벌처럼 쏜다."라고 기자들에게 말했다.

1984년 알리는 퇴행성 신경 질환인 파킨슨병에 걸렸다고 발표했다.

파킨슨병의 진행과 척추관 협착증의 발병에도 불구하고 그는 여전히 사회생활을 활발히 이어갔다. 알리는 애리조나주 피닉스에 있는 무하마드 알리 파킨슨 센터를 위한 기금을 모금했다. 그리고 2009년 1월 버락 오바마가 취임 선서를 한 최초의 흑인 대통령 취임식을 축하하기 위해 참석하기도 했다.

은퇴 후 알리는 자선 활동에 많은 시간을 할애했다. 수년 동안 알리는 스페셜 올림픽과 메이크-어-위시 재단(the Make-A-Wish Foundation) 등 여러 단체를 지원했다. 1996년 애틀랜타 하계 올림픽에서는 스포츠 역사에 길이 남을 감동의 순간인 올림픽 성화대에 불을 붙였다.

알리는 멕시코와 모로코를 비롯한 여러 나라를 여행하며 도움이 필요한 사람들을 도왔다. 1998년에는 개발도상국에서의 활동 공로를 인정받아 유엔 평화의 사절로 선정되기도 했다.

2005년 알리는 조지 W. 부시 대통령으로부터 자유의 대통령 메달을 받았다. 알리는 또한 2009년에는 공익 활동의 공로를 인정받아 전미유색인종지위향상협회(NAACP)로부터 대통령 표창을 받았다.

알리는 2005년 고향인 루이빌에 자신의 삶과 유산을 기념하기위해 다문화 센터인 무하마드 알리 센터를 개관하며 다음과 같이 말했다.

저는 저에게 주어진 재능을 개발하기 위해 열심히 노력한 평범한 사람입니다. 많은 팬들이 저의 업적을 기리기 위해 박물관을 짓기를 원했습니다. 저는 저의 기념품을 보관할 건물 그 이상을 원했습니다. 저는 사람들이 자신이 선택한 일에서 최고가 될 수 있도록 영감을 주고 서로를 존중하도록 격려할 수 있는 공간을 원했습니다.

I am an ordinary man who worked hard to develop the talent I was given," he said. "Many fans wanted to build a museum to acknowledge my achievements. I wanted more than a building to house my memorabilia. I wanted a place that would inspire people to be the best that they could be at whatever they chose to do, and to encourage them to be respectful of one another."

알리는 애리조나주 파라다이스 밸리의 피닉스 교외에서 생의 마지막 10년을 보냈다. 사망하기 몇 년 전, 알리는 척추가 좁아지는 척추관 협착증으로 수술을 받았고, 이로 인해 거동과 의사소통 능력에 문제가 생겼다. 2015년 초에는 폐렴과 싸워야 했다. 알리는 2016년 6월 3일 애리조나주 스코츠데일에서 호흡기 질환으로 입원 치료를 받던 중 사망했다. 그의 나이는 74세였다.

가족 대변인에 따르면 알리는 세상을 떠나기 몇 년 전부터 "모든 사람을 포용하고, 나에게 경의를 표하고자 하는 많은 사람들에게 기회를 주고 싶다"며 자신만의 추모식을 계획했다.

알리의 고향인 루이빌에서 3일간 열린 행사에는 '나는 알리다(I Am Ali)' 공공 예술 축제, 시에서 후원하는 엔터테인먼트 및 교육 행사, 이슬람 기도 프로그램, 추모식 등이 포함되었다.

추모식에 앞서 수만 명의 팬들이 알리의 영구차에 꽃을 던지고 그의 이름을 연호하는 가운데 장례 행렬이 알리의 어린 시절 집과 고등학교, 그가 훈련했던 최초의 복싱 체육관을 지나 알리대로를 따라 루이빌을 20마일 동안 행진했다. 챔피언의 추모식은 약 2만 명이 참석한 가운데 KFC 얌 센터(KFC Yum Center) 경기장에서 열렸다. 추도식에는 다양한 종교의 종교 지도자들이 연사로 참여했다.

알리는 1977년 개봉한 영화 〈무하마드 알리(The Greatest)〉에서 복싱으로 명성을 얻게 된 과정, 이슬람교로의 개종, 베트남 참전 거부 등 그의 인생을 직접 연기했다. 1996년 다큐멘터리 영화 〈우리가 왕이었을 때(When We Were Kings)〉는 알리의 1974년 조지 포먼과의 경기를 위한 훈련 과정과 당시 아프리카의 정치 환경을 탐구했다. 레온 가스트(Leon Gast)가 감독한 이 영화는 아카데미 최우수 다큐멘터리 장편상을 수상했다.

무하마드 알리(Muhammad Ali)

약력: 권투 선수, 미국 시민권 운동가
이름: 캐시어스 마셀러스 클레이 주니어(Cassius Marcellus Clay Jr.)
출생: 1942년 1월 17일 미국 켄터키 주 루이빌
부모: 캐시어스 마르셀러스 클레이 시니어(Cassius Marcellus Clay Sr.), 오데사 그래디 클레이(Odessa Grady Clay)
사망: 2016년 6월 3일, 미국 애리조나 주 스코츠데일
수상 및 영예: WBA 헤비급 챔피언 4회, WBC 헤비급 챔피언 2회, The Ring 헤비급 챔피언 3회, NABF 헤비급 챔피언 3회
배우자: 손지 로이(Sonji Roi, 1964~1965), 벨린다 보이드(Belinda Boyd, 1967~1977), 베로니카 포르쉐(Veronica Porché, 1977~1986), 욜란다 윌리엄스(Yolanda Williams, 1986~2016)
자녀: 머라이엄(Maryum), 야밀라(Jamillah), 라세다(Rasheda), 무하마드 주니어(Muhammad Jr.), 미야(Miya), 칼리아(Khaliah), 하나(Hana), 라일라(Laila), 아사드(Asaad)
명언: 나비처럼 날아서 벌처럼 쏜다. (Float like a butterfly, sting like a bee.)

버락 오바마(Barack Obama)

버락 오바마는 미국의 정치인으로, 흑인 최초로 제44대 미국 대통령을 역임했다. 그 전에는 민권 변호사, 헌법학 교수, 일리노이주 출신의 미국 상원의원이었다. 대통령으로서 오바마는 건강보험개혁법(일명 오바마케어, Obamacare)과 2009년 미국 경기회복 및 재투자법 등 주목할 만한 여러 법안의 통과를 위해 노력했다.

버락 오바마는 1961년 8월 4일 하와이 호놀룰루에서 백인 어머니와 흑인 아버지 사이에서 태어났다. 어머니 앤 던햄은 인류학자였고 아버지 버락 오바마 주니어는 경제학자였다. 두 사람은 하와이 대학교에서 공부하던 중 만났다. 1964년 부부는 이혼했고 오바마 시니어는 고국인 케냐로 돌아가 정부에서 일했다. 그는 별거 후 아들을 거의 보지 않았다.

1967년 버락 오바마는 어머니와 함께 자카르타로 이주하여 4년 동안 살았다. 10살 때 하와이로 돌아와 외조부모 밑에서 자랐다. 고등학교를 졸업한 후 오바마는 옥시덴탈 대학에 진학하여 남아프리카공화국의 인종차별 정책에 항의하며 학교의 분리 독립을 촉구하는 첫 공개 연설을 했다. 1981년 오바마는 컬럼비아 대학교로 편입하여 정치학과 영문학 학위를 취득했다. 1988년 오바마는 하버드 로스쿨에서 공부를 시작했다. 1990년 하버드 로 리뷰(the Harvard Law Review)의 첫 흑인 회장이 되었고, 여름에는 시카고에 있는 로펌에서 일했다. 1991년 하버드 로스쿨에서 우등으로 졸업했다.

오바마는 1992년 10월 3일 시카고에서 근무하던 중 만난 시카고 출신 변호사 미셸 라본 로빈슨(Michelle LaVaughn Robinson)과 결혼했다. 두 사람 사이에는 말리아와 사샤라는 두 자녀가 있다. 미셸 오바마는 2018년 회고록 『비커밍(Becoming)』에서 두 사람의 결혼을 "가족의 행복이 어떤 의제나 목표보다 우선시되는 완전한 합병, 두 삶을 하나로 재구성한 것"이라고 표현했다. 버락은 미셸이 공직을 위해 회사를 그만두기로 결정했을 때 미셸을 지지했고, 미셸은 버락이 정계에 입문하기로 결정했을 때 그를 지지했다.

버락 오바마는 컬럼비아 대학교를 졸업한 후 비즈니스 인터내셔널 코퍼레이션(Business International Corporation)에서 근무한 후 초당파적 정치 단체인 뉴욕 공익 연구회(the New York Public Interest Research Group)에서 일했다. 그 후 시카고로 이주하여 지역사회 개발 프로젝트(the Developing Communities Project)의 책임자가 되었다. 로스쿨 졸업 후 오바마는 회고록 『내 아버지의 꿈(Dreams from My Father)』을 집필하여 노벨문학상 수상자인 토니 모리슨을 비롯한 비평가와 다른 작가들로부터 널리 호평을 받았다.

오바마는 지역사회를 위한 활동가로 일했으며 시카고 대학교 로스쿨에서 12년 동안 헌법을 가르쳤다. 같은 기간 동안 변호사로도 일했다. 1996년 오바마는 일리노이 주 상원의원으로 정계에 진출했다. 그는 의료 서비스를 개선하고 육아에 대한 세금 공제를 늘리기 위한 노력을 했다. 오바마는 1998년과 2002년에 주 상원의원에 재선되었다.

2004년 오바마는 미국 상원의원 선거에 출마했다. 그는 진보주의자이자 이라크 전쟁의 반대자로 자신을 선전했다. 오바마는 11월에 70%의 득표율로 결정적인 승리를 거두었고 2005년 1월에 미국 상원의원으로 취임했다. 상원의원이 된 오바마는 5개 위원회에서 활동했으며 유럽 문제 소위원회 의장을 맡았다. 그는 펠 보조금(Pell grants)[7] 확대, 허리케인 카트리나 피해자 지원, 소비자 제품의 안전 개선, 퇴역 군인의 노숙자 감소를 위한 법안을 지지했다.

2004년 민주당 전당대회에서 기조연설을 한 오바마는 전국적인 유명인사이자 민주당의 떠오르는 스타가 되었다. 2006년 오바마는 두 번째 저서인 『담대한 희망(The Audacity of Hope)』을 출간하여 뉴욕타임스 베스트셀러가 되었다.

오바마는 2007년 2월 미국 대통령 선거에 출마했다. 그는 뉴욕 출신의 전 미국 상원의원이자 빌 클린턴 전 대통령의 부인이자 미래의 미국 국무장관인 힐러리 클린턴과 매우 치열한 예비선거를 치른 끝에 후보로 지명되었다. 오바마는 당시 델라웨어주 상원의원이었던 조 바이든을 러닝메이트로 선택했다. 오바마는 이라크 전쟁 종식과 의료 보험 개혁 통과를 주요 이슈로 내세우며 희망과 변화의 플랫폼에서 선거운동을 펼쳤다. 그의 캠페인은 디지털 전략과 모금 활동으로 주목받았다. 전국의 소액 기부자와 활동가들의 지원으로 캠페인은 기록적인 7억 5천만 달러를 모금했다. 대선 레이스에서 오바마의 주요 상대는 공화당의 존 매케인 상원의원이었다. 결국 오바마는 선거인단 365명과 대중 투표에서 52.9%의 득표율로 승리했다.

오바마는 대통령 취임 100일 만에 대침체의 최악의 영향을 해결하기 위해 마련된 2009년 미국 회복 및 재투자 법안을 발의했다. 경기 회복법안(The Recovery Act)은 개인과 기업에 대한 세제 혜택, 인프라 투자, 저소득층 근로자 지원, 과학 연구 등을 통해 약 8,000억 달러를 경제에 투입하는 경기 부양책이었다. 주요 경제학자들은 이 경기 부

---

[7] 펠 보조금이란 미국 정부에서 제공하는 저소득층 학비 보조금이다.

양책이 실업률을 낮추고 추가적인 경제 문제를 방지하는 데 도움이 되었다는 데 대체로 동의했다.

오바마의 대표적인 업적인 환자 보호 및 건강보험법(일명 "오바마케어")은 2010년 3월 23일에 통과되었다. 이 법안은 특정 소득 요건을 충족하는 사람들에게 보조금을 지급하여 모든 미국인이 저렴한 의료보험에 가입할 수 있도록 하기 위해 고안되었다. 법안 통과 당시에는 상당한 논란이 있었다. 실제로 이 법안은 대법원까지 올라갔고, 대법원은 2012년에 위헌이 아니라고 판결했다.

2011년 5월 1일, 2001년 9월 11일 테러 공격의 주범인 오사마 빈 라덴이 파키스탄에서 네이비 실(미 해군에 소속된 특수 부대, the Navy SEAL)의 급습 작전으로 사살되었다. 이는 오바마에게 큰 승리를 안겨 주었고 당파를 초월한 찬사를 받았다. 오바마는 대국민 연설에서 "빈 라덴의 죽음은 알 카에다를 격퇴하기 위한 미국의 노력에서 지금까지 가장 중요한 성과(The death of bin Laden marks the most significant achievement to date in our nation's effort to defeat al Qaeda)"라고 말했다. "오늘의 성과는 미국의 위대함과 미국 국민의 결의를 보여주는 증거입니다(Today's achievement is a testament to the greatness of our country and the determination of the American people)"라고 덧붙였다.

오바마는 2011년에 재선을 위한 선거운동을 시작했다. 그의 주요 도전자는 전 매사추세츠 주지사였던 공화당 밋 롬니(Mitt Romney)였다. 오바마 선거 캠프는 페이스북과 트위터(현재는 X라 불린다) 같은 소셜 네트워크를 활용하여 선거 운동을 했다. 이번 선거는 의료보험과 사회보장을 비롯한 국내 이슈를 중심으로 진행되었으며, 여러 면에서 대침체에 대한 오바마 행정부의 대응에 대한 국민투표였다. 2012년 11월, 오바마는 332명의 선거인단과 51.1%의 득표율로 롬니를 물리쳤다. 오바마는 이 승리를 "평소와 같은 정치가 아닌 행동"에 대한 투표라고 말하며 미국 경제를 개선하기 위한 초당적인 제안을 위해 노력하겠다고 약속했다.

두 번째 대통령 임기 동안 오바마는 미국이 직면한 새로운 도전에 집중했다. 2013년에 그는 이란과의 협상을 시작하기 위한 그룹을 조직했다. 2015년에는 미국이 제재를 해제하고 이란의 핵무기 획득을 막기 위한 조치를 취한다는 합의에 도달했다.

2012년 12월 샌디훅(Sandy Hook) 초등학교 총격 사건[8] 이후 오바마는 총기 폭력을 줄이기 위한 일련의 행정 명령에 서명했다. 그는 또한 보다 포괄적인 신원 조회와 공격용 무기 금지에 대한 지지를 표명했다. 백악관에서 열린 기자회견에서 오바마는 "이 폭력을 줄이기 위해 우리가 할 수 있는 일이 하나라도 있다면, 구할 수 있는 생명이 하나라도 있다면 우리는 노력해야 할 의무가 있다."고 말했다.

2015년 6월, 미국 연방대법원은 오버지펠 대 호지스 사건(Obergefell v. Hodges)[9]에서 수정헌법 제14조의 평등 보호 조항에 따라 결혼 평등이 보호된다는 판결을 내렸다. 이는 성소수자 권리를 위한 투쟁에서 중요한 이정표가 되었다. 오바마는 이 판결을 '미국의 승리'라고 불렀다.

2013년 7월, 오바마는 미국이 쿠바와 외교 관계 회복을 위한 협상을 타결했다고 발표했다. 이듬해 그는 1928년 캘빈 쿨리지(Calvin Coolidge)

---

8) 2012년 12월 14일(현지시간) 미국 코네티컷주 뉴타운의 샌디 훅 초등학교에서 총기 난사 사건이 발생해 어린이 20명과 성인 6명이 숨졌다.

9) 오버거펠 대 호지스 사건(Obergefell v. Hodges)은 미국의 동성결혼이 미국 수정 헌법 제14조에 따른 기본권에 속하는지에 대한 미국 연방 대법원 랜드마크 판례이다. 제임스 오버거펠은 미국의 모든 주에서 동성결혼을 인정해야 하며, 다른 주에서 동성결혼을 한 사람에 대해서 미국의 모든 주가 이를 인정해야 한다고 주장했다.

이후 쿠바를 방문한 최초의 미국 대통령이 되었다. 쿠바 해빙이라고 불리는 미국-쿠바 관계의 회복은 전 세계 많은 정치 지도자들의 지지를 받았다.

오바마는 기후 변화와 환경주의 전반에 걸쳐 많은 업적을 남겼다. 환경 보호 기금은 오바마의 주요 업적을 다음과 같이 언급하고 있다.

1) 국가 기후에 진전
2) 국제 기후 협약 체결
3) 청정 자동차 및 트럭 의무화
4) 발전소에 대한 오염 제한을 의무화
5) 풍력 및 태양광 발전 기술 및 기업 등 청정 에너지에 투자
6) 지속 가능한 농업, 서부 수자원, 멸종 위기 종 보호를 위한 시스템을 구축
7) 남획을 줄이는 법을 시행하고 미국 수역에서 어업의 회복

2020년 11월에 출간된 768페이지 분량의 자서전인 『약속의 땅(A Promised Land)』에서 오바마는 어린 시절부터 대통령 첫 임기 대부분을 다루면서 미셸과 그의 딸들이 겪은 것을 제외하고는 성장기와 정치 경력 동안 개인적으로 겪은 인종 차별에 대해 거의 언급하지 않았다. 하지만 오바마는 대통령 임기 중 한 시점에 자신의 젊은 시절 경험을 되돌아보며 다음과 같이 썼다.

(컬럼비아 대학교) 캠퍼스 내 도서관에 가다가 학생증을 보여 달라는 요청을 여러 번 받았는데, 백인 동급생들에게는 전혀 일어나지 않는 일이었습니다. 시카고의 특정 좋은 동네를 방문했을 때 이유 없이 교통 체증이

발생했습니다. 크리스마스 쇼핑을 하는 동안 백화점 보안 요원들이 따라다니는 것. 대낮에 양복에 넥타이를 매고 길을 건너는데 차 자물쇠가 딸깍거리는 소리.

이런 순간은 흑인 친구, 지인, 이발소 직원들 사이에서 일상적인 일이었습니다. 가난하거나 노동자 계급이거나 거친 동네에 살거나 존경할 만한 흑인이라는 표시를 제대로 하지 않는다면 이야기는 보통 더 심해졌죠.

오바마가 대통령이 된 후 이 가족은 더 많은 인종차별과 위협을 겪어야 했다. 미셸 오바마는 버락 대통령 재임 기간 동안 가족이 직면한 인종차별과 위협의 격렬한 일상적 공세를 직접적으로 설명했다. 미셸과 버락은 자서전 『약속의 땅』에서 가족이 겪은 일상적인 위협과 인종차별적 모욕에 대해 잘 설명하고 있다.

오바마는 두 번의 대통령 임기 동안 여러 차례 중요한 연설을 했다.

승리 연설: 오바마는 2008년 11월 4일 시카고 그랜트 파크에서 선거일 밤 승리 연설에서 군중들에게 다음과 같이 말했다.

미국이 모든 것이 가능한 곳이라는 것을 아직도 의심하는 사람이 있다면… 오늘 밤이 바로 그 답입니다.

취임 연설: 오바마는 2009년 1월 20일 워싱턴 D.C.에 모인 180만 명의 청중에게 연설했다.

우리는 기독교인과 무슬림, 유대인과 힌두교인, 그리고 믿지 않는 사람들로 구성된 나라입니다. 우리는 이 땅의 모든 언어와 문화에 의해 형성되었습니다.

오사마 빈 라덴의 죽음에 대한 연설: 오바마는 2011년 5월 3일 백악관에서 빈 라덴의 사망을 발표하며 다음과 같이 말했다.

2001년 9월 11일, 슬픔의 시간 속에서 미국 국민은 하나가 되었습니다. 우리는 이웃에게 손을 내밀고 부상자에게 피를 바쳤습니다. … 그날 우리는 어디서 왔든, 어떤 신에게 기도하든, 인종이나 민족이 무엇이든, 우리는 하나의 미국 가족으로 단결했습니다. … 총격전 끝에 오사마 빈 라덴을 사살하고 그의 시신을 탈취했습니다.

오바마는 선거 기간 동안 변화를 모색해 왔다. 그러나 퇴임한지 그리 오랜 시간이 지나지 않았으므로 오바마의 업적을 완전히 논하기에는 이르다고 할 수 있다. 그러나 여러 역사학자가 언급하듯 오바마가 흑인 최초로 미국 대통령직을 맡았다는 사실 자체가 미국을 위한 거대한 문을 열었다는 점은 주목할 만 하다.

버락 오바마(Barack Obama)

약력: 미국의 44대 대통령
출생: 1961년 8월 4일 하와이 호놀룰루
부모: 버락 오바마 시니어(Barack Obama Sr.), 앤 던햄(Ann Dunham)
학력: 하버드 대학교 법학박사
수상 및 영예: 노벨 평화상
배우자: 미셸 로빈슨 오바마(Michelle Robinson)
자녀: 말리아(Malia), 사샤(Sasha)
명언: 흑인계 미국, 백인계 미국, 라틴계 미국, 아시아계 미국이 아니라 미합중국입니다. (There's not a black America and white America and Latino America and Asian America; there's the United States of America.)

베이브 루스(Babe Ruth)

베이브 루스는 종종 역사상 가장 위대한 야구 선수로 불린다. 루스는 22시즌 동안 714개의 홈런을 기록했다. 그가 세운 수많은 투구 및 타격 기록 중 상당수는 수십 년 동안 지속되었다.

루스는 메이저리그 올-센추리 팀(All-Century Team)과 메이저리그 올-타임 팀(All-Time Team)에 선정되는 등 야구 선수 생활 중과 후에 많은 영예를 얻었다. 1936년 루스는 야구 명예의 전당에 오른 최초의 5명 중 한 명이다.

조지 허먼 루스 주니어로 태어난 루스와 그의 여동생 메이미는 조지와 케이트 루스의 8남매 중 유일하게 살아남은 자녀이다. 조지의 부모님은 술집을 운영하며 오랜 시간 일했기 때문에 어린 조지는 메릴랜드주 볼티모어의 거리를 돌아다니며 사고를 치곤 했다.

루스가 7살이 되던 해, 그의 부모는 '문제아'였던 아들을 성모 마리아 소년 직업 학교(St. Mary's Industrial School for Boys)에 보냈다. 루스는 19세가 될 때까지 이 소년 직업학교에서 생활했다.

조지 루스가 훌륭한 야구 선수로 성장한 것은 성모 마리아 소년 직업 학교에서 였다. 루스는 야구장에 들어서자마자 타고난 재능을 보였지만, 조지의 실력을 다듬는 데 도움을 준 사람은 직업학교의 훈육 담당 마티아스(Matthias)였다.

조지 루스가 19살이 되었을 무렵, 그는 마이너리그 신병 모집책 잭 던(Jack Dunn)의 눈에 띄었다. 잭은 루스의 투구 방식이 마음에 들어

600달러에 볼티모어 오리올스(the Baltimore Orioles)와 계약했다. 루스는 자신이 좋아하는 야구로 돈을 벌 수 있다는 사실에 기뻐했다.

조지 루스가 '베이브(Babe)'라는 별명을 얻게 된 계기에 대해서는 여러 가지 이야기가 있다. 가장 널리 알려진 이야기는 던이 신인을 자주 발굴했는데, 조지 루스가 연습에 나타나자 다른 선수가 "그는 던의 어린애군!(he's one of Dunnie's babes)"라고 외쳤고, 결국 '베이브'로 줄여서 불렀다는 것이다. 베이브는 프로 선수 생활이 처음이기도 하고 촌티를 벗지 못하고 던 만 따라다닌 데서 생긴 별명이라고 할 수 있다.

잭 던은 재능 있는 야구 선수를 발굴하는 데는 뛰어났지만 손해를 보고 있었다. 오리올스에서 불과 5개월 만에 던은 1914년 7월 10일 루스를 보스턴 레드삭스에 입단시켰다.

지금은 메이저리그에 진출했지만 루스는 초기에는 많은 경기에 출전하지 못했다. 심지어 루스는 몇 달 동안 마이너리그 팀인 그레이즈(the Grays)에서 뛰기도 했다.

보스턴에서의 첫 시즌 동안 루스는 지역 커피숍에서 일하던 젊은 웨이트리스 헬렌 우드포드를 만나 사랑에 빠졌다. 두 사람은 1914년 10월에 결혼했다.

1915년 루스는 다시 레드삭스로 돌아와 투수로 활약했다. 그 후 몇 시즌 동안 루스의 투구는 훌륭함에서 비범함으로 발전했다. 1918년 루스는 월드시리즈에서 29번째 무실점 이닝을 던졌다. 이 기록은 43년 동안 유지되었다.

1919년 루스가 타격에 더 많은 시간을 할애하고 투구 시간을 줄여 달라고 요구하면서 상황이 바뀌었다. 그 시즌 루스는 29개의 홈런을 치며 신기록을 세웠다.

1920년 루스가 역대 선수 최고액인 125,000달러에 뉴욕 양키스로 트레이드되었다는 소식이 전해졌을 때 많은 사람들이 놀라움을 금치 못했다. 루스는 매우 인기 있는 야구 선수였고 그라운드에서 모든 면에서 성공하는 것처럼 보였다. 1920년에는 자신의 홈런 기록을 경신하며 한 시즌에 54개의 홈런을 치는 놀라운 기록을 세웠다. 다음 시즌에는 59홈런으로 자신의 기록을 넘어섰다.

팬들은 루스의 놀라운 활약을 보기 위해 몰려들었다. 루스는 1923년 양키 스타디움이 새로 지어졌을 때 많은 팬들이 '루스가 지은 집(The House That Ruth Built)'이라고 불렀을 정도로 루스는 많은 팬을 끌어모았다.

1927년, 루스는 많은 사람들이 역사상 최고의 야구팀으로 꼽는 뉴욕 양키스의 일원이 되었다. 그 해에 루스는 한 시즌에 60개의 홈런을 쳤는데, 이 기록은 34년 동안 유지되었다.

루스에 대한 이야기는 경기장 밖에서도 경기장 안만큼이나 많다. 어떤 사람들은 루스를 철이 들지 않은 소년으로 묘사하기도 하고, 어떤 사람들은 그를 천박하다고 생각하기도 한다.

루스는 농담을 좋아했다. 팀 통금 시간을 완전히 무시하고 자주 늦게까지 남아 있었다. 술을 좋아하고 음식을 많이 먹었으며 많은 여성들과 데이트했다. 욕설을 자주 사용했고 차를 빠르게 운전하는 것을 좋아했다. 루스는 몇 번이나 차를 추락시켰다. 그의 거친 생활은 많은 팀 동료들, 특히 팀 매니저와 갈등을 빚었다. 또한 아내 헬렌과의 관계에도 큰 영향을 미쳤다.

가톨릭 신자였던 루스와 헬렌은 이혼할 수 없다고 여겼기에, 1925년에 별거했고 입양한 딸은 헬렌과 함께 지냈다. 1929년 헬렌이 주택 화재로 사망하자 루스는 모델 클레어 메리트 호지슨과 결혼했고, 그녀는 루스의 나쁜 습관을 고치도록 도와주었다.

　루스에 관한 가장 유명한 이야기 중 하나는 병원에 입원한 소년과 관련된 이야기이다. 1926년, 루스는 사고로 병원에 입원 중인 조니 실베스터(Johnny Sylvester)라는 11세 소년의 이야기를 들었다. 의사들은 조니가 살아날 수 있을지 확신하지 못했다. 루스는 조니를 위해 홈런을 치겠다고 약속했다. 다음 경기에서 루스는 세 개의 홈런을 쳤다. 루스의 홈런 소식을 들은 조니는 기분이 나아지기 시작했다. 루스는 나중에 병원에 가서 조니를 직접 방문했다.

　1930년대는 루스가 나이가 들어가는 것을 보여주는 시기였다. 이미 35세가 된 루스는 여전히 좋은 활약을 펼치고 있었지만 젊은 선수들이 더 뛰어난 활약을 펼치고 있었다.

베이브 루스(Babe Ruth)

약력: 뉴욕 양키스 선수
출생: 1895년 2월 6일, 메릴랜드 주 볼티모어
부모: 조지 허먼 루스 주니어(George Herman Ruth Sr.), 캐서린(Katherine)
사망: 1948년 8월 16일 뉴욕 맨해튼
출판 작품: 게임하기-나의 야구 초창기(Playing the Game: My Early Years in Baseball), 베이브 루스 이야기(The Babe Ruth Story), 베이브 루스 자신의 야구 책(Babe Ruth's Own Book of Baseball)
수상 및 영예: 모뉴먼트 파크 수상자, 메이저리그 20세기 최고 선수팀, 메이저리그 올 타임 팀, 메이저리그 야구 명예의 전당 입성
배우자: 헬렌 우드포드(Helen Woodford), 클레어 메리트 호지슨(Claire Merritt Hodgson)
자녀: 도로시(Dorothy)
명언: 삼진 아웃에 대한 두려움에 사로잡히지 마십시오. (Never let the fear of striking out get in your way.)

루스가 하고 싶었던 것은 구단 관리였다. 하지만 불행히도 그의 거친 삶은 아무리 모험심이 강한 구단주라도 루스가 팀 전체를 관리하기에 부적합하다고 생각하게 만들었다. 1935년 루스는 부단장이 될 기회를 얻기 위해 팀을 옮겨 보스턴 브레이브스(the Boston Braves)에서 뛰기로 결심한다. 하지만 일이 잘 풀리지 않자 루스는 은퇴를 결심한다.

1935년 5월 25일, 루스는 통산 714번째 홈런을 쳤다. 5일 후, 그는 메이저리그 야구 선수로서 마지막 경기를 치렀다. 루스는 은퇴 후에도 활발히 활동했다. 여행을 다니고, 골프를 많이 치고, 볼링을 치고, 사냥을 하고, 병원의 아픈 아이들을 방문하고, 수많은 시범 경기에 출전했다. 1936년 루스는 새로 설립된 야구 명예의 전당에 처음 오른 5명 중 한 명으로 선정되었다.

1946년 11월, 루스는 몇 달 동안 왼쪽 눈 위에 극심한 통증을 느껴 병원에 입원했다. 의사들은 그에게 암이라는 진단을 내렸고 그는 수술을 받았지만 암을 모두 제거하지는 못했다. 루스는 1948년 8월 16일 53세의 나이로 사망했다.

벤자민 프랭클린(Benjamin Franklin)

벤자민 프랭클린은 독창적인 아이디어를 키울 수 있는 문화적, 상업적 제도가 부족했던 식민지 시절, 북미의 과학자, 출판인, 정치가였다. 그는 다양한 제도를 만들고 많은 사람들의 일상 생활을 개선하는 데 헌신하여 신생 국가에 깊은 족적을 남겼다.

벤자민 프랭클린은 1706년 1월 17일 매사추세츠주 보스턴에서 비누와 양초를 만드는 조사이어 프랭클린과 그의 두 번째 부인 아비아 폴저 사이에서 태어났다. 조사이어 프랭클린과 그의 첫 번째 부인 앤 차일드(Anne Child)는 1682년 영국 노샘프턴셔(Northamptonshire)에서 보스턴으로 이민을 왔다. 앤은 1689년에 사망했고, 7명의 자녀를 남겨 둔 조사이어는 곧 아비아 폴저라는 저명한 식민지 주민과 결혼했다.
　벤자민은 조사이어와 아비아의 여덟 번째 자녀이자 조사이어의 열 번째 아들이자 열다섯 번째 자녀로, 조사이어는 결국 17명의 자녀를 낳게 된다. 이렇게 많은 자녀를 둔 집안에는 사치스러운 것이 없었다. 프랭클린의 정규 학교 교육 기간은 2년이 채 되지 않았고, 그 후 10살에 아버지의 가게에서 일하게 되었다.
　프랭클린의 책에 대한 애정은 프랭클린이 직업을 결정하는데 매우 결정적이었다. 그의 형 제임스 프랭클린(1697~1735)은 식민지에서 네 번째로 발행된 신문인 뉴잉글랜드 코란트(the New England Courant)의 편집자이자 인쇄인이었다. 제임스는 견습생이 필요했고, 1718년 13살의 벤자민 프랭클린은 형을 위해 일하게 되었다. 얼마 지나지 않아 벤자민은 이 신문에 기사를 쓰기 시작했다. 1723년 2월 제임스가 명예훼손으로 간주되는 내용을 인쇄한 혐의로 감옥에 갇히자, 신문은 벤자민 프랭클린의 이름으로 발행되었다.
　한 달 후 제임스 프랭클린이 사실상 편집장직을 되찾았고 벤자민 프랭클린은 다시 열악한 대우를 받는 견습생으로 돌아갔다. 1723년 9월, 벤자민은 뉴욕을 거쳐 필라델피아로 항해하여 1723년 10월에 도착했다.
　필라델피아에서 벤자민 프랭클린은 이제 막 사업을 시작한 괴짜 인쇄업자 사무엘 카이머(Samuel Keimer)에게서 일자리를 얻었다. 그는 장인이 될 존 리드(John Read)의 집에 숙소를 잡았다. 이 젊은 인쇄업자는 곧 펜실베이니아 주지사 윌리엄 키스 경(Sir William Keith)의 눈에 띄었고, 그는 그를 자신의 사업에 참여시키겠다고 약속했다. 사업을 위해 벤자민은 인쇄기를 사기 위해 런던으로 가야 했다.

프랭클린은 1724년 11월 존 리드의 딸 데버러와 약혼한 상태로 런던으로 향했다. 키스 주지사는 런던에 신용장을 보내주겠다고 약속했지만, 런던에 도착한 프랭클린은 키스 주지사가 편지를 보내지 않았다는 사실을 알게 되었다. 벤자민 프랭클린은 2년 가까이 런던에 머물면서 고향으로 돌아가기 위해 일했다.

프랭클린은 사무엘 파머(Samuel Palmer)가 소유한 유명한 인쇄소에 취직하여 종교를 연구하는 가장 좋은 방법은 과학이라고 주장한 윌리엄 울러스턴(William Wollaston)의 『자연 종교의 설명(The Religion of Nature Delineated)』을 제작하는 데 도움을 주었다. 영감을 받은 프랭클린은 1725년 보수적인 종교를 공격하는 「자유와 필요, 쾌락과 고통에 관한 논문(A Dissertation on Liberty and Necessity, Pleasure and Pain)」이라는 팸플릿을 처음으로 출판했다. 파머스에서 1년을 보낸 후 프랭클린은 존 와트(John Watt)의 인쇄소에서 더 나은 보수를 받는 일자리를 찾았지만, 1726년 7월 런던에서 만난 현명한 멘토이자 아버지 같은 인물인 토마스 덴햄(Thomas Denham)과 함께 고향으로 항해에 나섰다.

11주간의 항해 동안 프랭클린은 자신이 배운 교훈과 함정을 피하기 위해 앞으로 무엇을 할 것인지에 대해 설명하는 많은 개인적 신조 중 첫 번째인 '향후 행동 계획(Plan for Future Conduct)'을 썼다.

1726년 말 필라델피아로 돌아온 프랭클린은 토마스 덴햄과 함께 잡화점을 열었고, 1727년 덴햄이 사망하자 인쇄업자 사무엘 카이머와 함께 다시 일하게 된다.

1727년에는 사업에 종사하며 지역 선술집에서 만나 도덕, 정치, 철학에 대해 토론하는 중산층 청년들로 구성된 소규모 모임인 '가죽 앞치마 클럽(Leather Apron Club)'으로 알려진 준토 소사이어티를 창립했다. 역사학자 월터 아이작슨은 준토를 "실용적이고 근면하며 호기심이 많고 유쾌하고 중도적인 철학을 가진, 시민의 미덕과 상호 이익, 자신과 사회의 개선, 그리고 열심히 일하는 시민은 선을 행함으로써 잘 될 수 있다는 명제를 기념하는 그룹"이라고 설명했다.

1728년, 프랭클린과 또 다른 견습생 이었던 휴 메러디스(Hugh Meredith)는 메러디스의 아버지로부터 자금을 지원받아 가게를 차렸다. 휴 메러디스는 곧 자신의 지분을 팔았고 벤자민 프랭클린은 24살의 나이에 자신의 사업을 시작하게 되었다. 그는 익명으로 '지폐의 본질과 필요성(The Nature and Necessity of a Paper Currency)'이라는 팸플릿을 인쇄하여 펜실베이니아에서 지폐의 필요성에 대한 관심을 촉구했다. 이 노력은 성공적이었고 그는 화폐 인쇄 계약을 따냈다.

경쟁심에 이끌린 프랭클린은 여러 필명으로 서명하여 필라델피아의 기존 신문과 인쇄소를 비판하는 익명의 편지 시리즈를 쓰기 시작했다. 케이머는 1729년 파산하고 구독자 90명을 보유한 신문을 프랭클린에게 팔았고, 프랭클린은 신문 이름을 『펜실베니아 가제트(The Pennsylvania Gazette)』로 바꿨다. 이후 이 신문은 『새터데이 이브닝 포스트(The Saturday Evening Post)』로 이름이 바뀌었다.

가제트에는 지역 뉴스, 런던 신문 『스펙테이터(Spectator)』에서 발췌한 기사, 농담, 시, 경쟁사인 앤드류 브래드포드(Andrew Bradford)의 『아메리칸 위클리 머큐리(American Weekly Mercury)』에 대한 유머러스한 공격, 도덕 에세이, 정교한 사기극, 정치 풍자 등이 실렸다. 프랭클린은 어떤 진실을 강조하거나 신화적이지만 전형적인 독자를 조롱하기 위해 종종 자신에게 편지를 쓰고 인쇄했다.

1730년에 프랭클린은 아내를 찾기 시작했다. 런던에 오래 머무는 동안 데버러 리드가 다른 남자와 결혼했기 때문에 프랭클린은 여러 여자들에게 구혼했고, 1730년 4월에서 1731년 4월 사이에 태어난 윌리엄이라는 사생아를 낳기도 했다. 데버러의 결혼이 실패하자 프랭클린은 1730년 9월부터 데버러와 부부로 살기 시작했다. 사실혼의 관계로 인정을 받아 간통 혐의는 자유로울 수 있었다.

1731년, 프랭클린은 '필라델피아 도서관 회사(the Library Company of Philadelphia, LCP)'라는 구독형 도서관을 설립하여 회비를 내고 책을 빌릴 수 있는 서비스를 제공했다. 처음 구입한 45권의 책에는 과학, 역사, 정치, 참고 문헌이 포함되어 있었다. 현재 이 도서관은 50만 권의 도서와 16만 권의 원고를 보유하고 있으며 미국에서 가장 오래된 문화 기관이다.

1732년 벤자민 프랭클린은 『가난한 리처드의 연감』을 출판했다. 세 가지 판본이 제작되어 몇 달 만에 매진되었다. 이 연감은 식민지에서 유머의 고전이 되었고, 몇 년 후 가장 인상적인 명언을 모아 책으로 출간되었다.

데버러는 1732년 프랜시스 폴저 프랭클린을 낳았다. '프랭키(Franky)'라는 별명을 가진 프랭클린은 예방 접종을 받기도 전에 4살 때 천연두로 사망했다.

1736년, 프랭클린은 '유니온 소방 회사(the Union Fire Company)'를 조직하고 설립했다. 그는 '대각성 종교 부흥 운동(the Great Awakening religious revival movement)'에 매료되어 사무엘 헴필을 변호(Samuel Hemphill)하고, 조지 화이트필드(George Whitefield)의 야간 야외 부흥회에 참석한다. 1739년부터 1741년까지 화이트필드의 일기를 출판하면서 기업에서 물러나기 전까지 열정을 불태웠다.

이 시기에 프랭클린은 다양한 상품을 판매하는 상점도 운영했다. 그는 검소한 생활을 하며 가게를 운영했고, 가게는 번창하였고 벤자민 프랭클린의 재산은 빠르게 증가했다.

1743년경, 프랭클린은 '준토 소사이어티'가 대륙을 아우를 수 있는 학회로 만들었다. 그 결과 '준토 소사이어티'는 '미국 철학회(the American Philosophical Society)'로 이름을 바꾸었다. 필라델피아에 본부를 둔 이 학회에는 전 세계에서 과학적 성취나 취향을 가진 많은 지도자들이 회원으로 가입했다. 1769년 프랭클린은 회장으로 선출되어 죽을 때까지 재임했다. 첫 번째 중요한 사업은 1769년 금성식(the transit of Venus)[10]을 성공적으로 관측한 것이었고, 이후 몇 가지 중요한 과학적 발견을 이루어냈다.

1747년, 프랭클린은 델라웨어 강을 습격하는 프랑스와 스페인의 사병으로부터 식민지를 보호하기 위해 펜실베니아 민병대를 창설할 것을 제안했다. 곧 10,000명의 남성이 지원하여 100개 이상의 중대로 조직되었다. 1748년에 해산되었지만 펜실베이니아 식민지의 지도자 토마스 펜(Thomas Penn)이 "반역에 조금 못 미치는 일"이라고 말한 내용이 영국 총독에게 전달되기 전에는 해산되지 않았다.

1748년 42세의 나이에 비교적 적은 가족들과 검소한 성격 덕분에 프랭클린은 현업에서 은퇴하고 철학과 과학 연구에 전념할 수 있었다.

프랭클린은 수학에 대한 정규 교육이나 기초 지식이 없었지만, 많은 발명을 했다. 그의 많은 발명품 중에는 연기와 외풍을 최소화하면서 열을 최대화하기 위해 벽난로에 설치할 수 있는 장작 난로인 '펜실

---

[10] 금성이 태양과 지구 사이를 통과해 검은 점으로 보이는 것을 의미한다.

베니아 벽난로'(1749)가 있다. 프랭클린 스토브는 엄청난 인기를 끌었고, 프랭클린은 수익성 높은 특허를 제안받았지만 거절했다. 프랭클린은 자서전에서 "우리가 다른 사람의 발명을 통해 큰 혜택을 누리고 있는 만큼, 우리의 발명으로 다른 사람에게 봉사할 수 있는 기회가 주어진다면 기꺼이 이를 자유롭고 관대하게 받아들여야 한다"고 썼다. 그는 자신의 발명품에 대해 특허를 신청한 적이 없다.

벤자민 프랭클린은 다양한 과학 분야를 공부했다. 그는 연기가 자욱한 굴뚝을 연구했고, 이중 초점 안경을 발명했으며, 기름이 물에 미치는 영향을 연구했고, 납 중독으로 복통이 발생할 수 있음을 밝혀냈으며, 밤에 창문을 꼭 닫고 환기할 것을 주장했고, 항상 환자와 함께했으며, 농업에서 비료를 연구했다. 그의 과학적 관찰은 그가 19세기의 위대한 발전에 일조했다.

그가 과학자로서 남긴 가장 중요한 업적은 전기를 발견한 것이다. 1746년 보스턴을 방문했을 때 그는 전기 실험을 보고 즉시 깊은 관심을 갖게 되었다. 런던의 친구 피터 콜린슨(Peter Collinson)은 프랭클린이 사용했던 당시의 조잡한 전기 장치와 보스턴에서 구입한 몇 가지 장비를 그에게 보내주었다. 소수의 친구들과 함께 실시한 실험은 뾰족한 물체가 전기를 끌어당기는 효과를 보여주었다. 프랭클린은 양전기와 음전기에 대한 이론, 즉 플러스와 마이너스 전기 이론을 개발했다.

프랭클린은 라이덴 항아리(the Leyden jar)로 실험을 계속했고, 전기 배터리를 만들고, 새를 죽여 전기로 돌린 침으로 구워 먹고, 물에 전류를 보내 알코올에 불을 붙이고, 화약에 불을 붙였다.

더 중요한 것은 번개와 전기의 정체와 철봉으로 건물을 보호할 수 있다는 이론을 개발하기 시작했다. 그는 철봉을 이용해 집에 전기를 끌어들였고, 전기가 종에 미치는 영향을 연구한 결과 구름은 일반적으로 음전기가 흐른다는 결론을 내렸다. 1752년 6월, 프랭클린은 구름에서 전기를 끌어내어 줄 끝에 달린 열쇠로 라이덴 병을 충전하는 연 실험을 했다.

피터 콜린슨은 벤자민 프랭클린의 편지를 모아 영국에서 팸플릿으로 출판하여 많은 관심을 끌었다. 왕립학회는 1753년 프랭클린을 회원으로 선출하고 그에게 코플리 메달(the Copley medal)을 수여했다.

1749년 프랭클린은 펜실베이니아의 청소년을 위한 교육 아카데미를 제안했다. 하버드, 예일, 프린스턴 등 기존 교육 기관과는 달리 종교와 무관하고 엘리트만을 위한 교육 기관이 되지 않도록 하고자 했다. 그는 글쓰기, 산술, 회계, 웅변, 역사, 비즈니스 기술 등 실용적인 교육에 중점을 두어야 한다고 주장했다. 1751년 미국 최초의 비종파적 대학으로 문을 연 대학교는 1791년에 펜실베니아 대학교로 알려지게 되었다.

프랭클린은 또한 병원 건립을 위한 기금을 모금하고 영국의 미국 내 제조업 제한에 반대하는 운동을 시작했다. 그는 1751년 아프리카계 미국인 부부를 직접 노예로 삼았다가 팔았고, 나중에 노예로 삼은 사람을 하인으로 부리기도 하는 등 노예제도에 대한 생각과 씨름했다. 그러나 그는 노예제도를 반대하고 1750년대 후반 필라델피아에 흑인 아이들을 위한 학교 설립을 도왔다. 이후 그는 열렬하고 적극적인 노예제 폐지론자가 되었다.

1751년, 프랭클린은 펜실베니아 주의회에 진출하여 청소차를 설치하고, 가로등을 설치하고, 도로를 포장하는 등 필라델피아의 거리를 말 그대로 '청소'했다.

1753년에는 델라웨어 인디언들의 영국에 대한 충성을 확보하기 위해 뉴욕 알바니에서 아메리카 원주민 지도자들이 모인 칼라일 회의

(the Carlisle Conference)의 위원 세 명 중 한 명으로 임명되었다. 이로쿼이 연맹의 6개 부족(모호크, 원이다, 오논다가, 카유가, 세네카, 투스카로라)의 지도자 100여 명이 참석했으며, 이로쿼이 부족의 지도자 스카로야디는 평화 계획을 제안했지만 거의 대부분 기각되었고, 결국 델라웨어 인디언들은 프랑스와 인도 전쟁의 마지막 투쟁에서 프랑스 편에 서서 싸웠다.

알바니에 있는 동안 식민지 대표들은 프랭클린의 지시에 따라 "식민지 연합을 위한 계획이나 계획을 준비하고 접수"하기 위한 위원회를 임명하는 두 번째 안건을 논의했다. 이들은 각 식민지 대표들로 구성된 전국 의회를 만들고, 왕이 임명하는 총독이 의회를 이끌었다. 일부 반대에도 불구하고 '알바니 계획(Albany Plan)'으로 알려진 법안은 통과되었다. 그러나 모든 식민지 의회가 자신들의 권한을 너무 많이 빼앗는다는 이유로 이 법안을 거부했다.

필라델피아로 돌아온 프랭클린은 영국 정부가 자신에게 식민지 부우체국장이라는 직책을 맡겼다는 사실을 알게 되었다. 부우체국장으로서 프랭클린은 식민지의 거의 모든 우체국을 방문하여 서비스를 개선하는 데 많은 노력을 기울였다. 그는 새로운 우편 경로를 개설하고 다른 우편 경로를 단축했다. 우편 배달원들은 이제 신문을 배달할 수 있게 되었고, 뉴욕과 필라델피아 간 우편 서비스는 여름에는 주 3회, 겨울에는 주 1회로 늘어났다.

프랭클린은 뉴잉글랜드 북부에서 조지아주 사바나까지 이어지는 주요 우편 도로를 따라 일정한 거리에 이정표를 세워 우체국 집배원들이 우편 요금을 계산할 수 있도록 했다. 교차로는 해안가에서 멀리 떨어진 일부 큰 지역과 주요 도로를 연결했다. 하지만 벤자민 프랭클린이 미국 우체국장을 역임한 후 사망했을 때 미국 전역에는 여전히

75개의 우체국만 존재했을 뿐이었다.

1757년 7월 런던에 도착한 프랭클린은 그때부터 유럽과 긴밀하게 연결되는 삶을 살게 된다. 6년 후 미국으로 돌아와 우편 업무를 점검하기 위해 1,600마일을 여행했지만, 1764년에는 아직 승인되지 않은 펜실베니아에 대한 왕실 정부 청원을 갱신하기 위해 다시 영국으로 파견되었다. 1765년 이 청원은 우표법에 의해 무효화되었고, 프랭클린은 조지 3세와 의회를 상대로 미국 식민지의 대표자가 되었다.

벤자민 프랭클린은 미국 독립혁명으로 이어질 분쟁을 피하기 위해 최선을 다했다. 그는 영국에서 많은 친구를 사귀고, 팸플릿과 기사를 작성하고, 코믹한 이야기와 우화를 들려주며 식민지의 상황과 정서를 영국 지배층에 계몽하기 위해 끊임없이 노력했다. 1766년 2월 하원에 출석한 그의 발언은 인지법 폐지를 앞당겼다. 벤자민 프랭클린은 9년 동안 영국에 더 머물렀지만 의회와 식민지의 상반된 주장을 조정하려는 그의 노력은 소용이 없었다. 그는 1775년 초 고향을 향해 항해했다.

프랭클린은 18개월 동안 미국에 머무는 동안 대륙의회에서 가장 중요한 위원회의 위원으로 활동했고, 식민지 연합을 위한 계획을 제출했으며, 우체국장 및 펜실베이니아 안전위원회 위원장을 역임했고, 캠브리지에 있는 조지 워싱턴을 방문했다. 캐나다 독립을 위해 할 수 있는 일을 하기 위해 몬트리올로 갔고, 펜실베이니아 헌법의 기초가 되는 대회를 주재했으며, 독립선언서 초안을 작성하도록 임명된 위원회의 일원이었다.

1776년 9월, 70세의 벤자민 프랭클린은 프랑스 특사로 임명되어 곧바로 출항했다. 프랑스 장관들은 처음에는 동맹 조약을 맺을 의향이 없었지만 프랭클린의 영향을 받아 어려움을 겪고 있는 식민지에 돈을 빌려주었다. 의회는 과세보다는 차입을 통해 지폐로 전쟁 자금을 조달하려고 했다. 의원들은 프랭클린에게 법안을 연이어 보냈고, 프랭클린은 프랑스 정부에 지속적으로 호소했다. 그는 사병들을 무장시키고 포로 문제에 관해 영국과 협상을 벌였다. 마침내 프랭클린은 프랑스로부터 미국에 대한 인정을 받아내고 동맹 조약을 체결했다.

의회는 1785년 프랭클린의 귀국을 허가했고, 그는 귀국한 후에도 계속 일할 수 있게 되었다. 그는 펜실베이니아 의회의 의장으로 선출되었고, 반대에도 불구하고 두 번이나 재선되었다. 그는 1787년 제헌의회에 파견되어 미국 헌법을 제정하는 데 기여했다. 그는 회의에서 거의 연설하지 않았지만 연설할 때는 항상 핵심을 짚었고, 헌법에 대한 그의 제안은 모두 받아들여졌다.

1790년 4월 17일, 벤자민 프랭클린은 필라델피아의 자택에서 84세의 나이로 사망했다.

벤자민 프랭클린(Benjamin Franklin)

출생: 1706년 1월 17일, 매사추세츠 주 보스턴
부모: 조사이어 프랭클린(Josiah Franklin), 아비아 폴저(Abiah Folger)
사망: 1790년 4월 17일 펜실베이니아주 필라델피아
학력: 정규 교육 2년
작품: 벤자민 프랭클린의 자서전(The Autobiography of Benjamin Franklin),
　　　가난한 리처드의 연감(Poor Richard's Almanackd)
배우자: 데버러 리드(Deborah Read)
자녀: 윌리엄(William), 프랜시스 폴저(Francis Folger), 사라 프랭클린 바체
　　　(Sarah Franklin Bache)
명언: 잃어버린 시간은 다시 찾을 수 없다. (Lost Time is never found again.)

소저너 트루스(Sojourner Truth)

소저너 트루스[11]는 미국의 유명한 흑인 노예제 폐지론자이자 여성 인권 운동가였다. 1827년 뉴욕 주법에 의해 노예에서 해방된 그녀는 노예제 반대 및 여성 인권 운동에 참여하기 전에는 순회 설교자로 활동했다. 1864년, 트루스는 백악관 집무실에서 에이브러햄 링컨을 만났다.

소저너 트루스라고 알려진 이 여성은 태어날 때부터 노예였다. 그녀는 1797년 뉴욕에서 이사벨라 바움프리(Isabella Baumfree, 아버지의 노예였던 바움프리의 이름에서 왔다)라는 이름으로 태어났다. 그녀의 부모는 제임스 바움프리와 엘리자베스 바움프리였다. 소저너는 울스터 카운티의 존 듀몬트(John Dumont) 가문에서 노예로 살던 중 듀몬트의 노예이자 몇 살 많은 토마스와 결혼했다. 이 부부는 다섯 자녀를 낳았다. 1827년, 뉴욕 법은 모든 노예를 해방시켰다. 그러나 이때 소저너는 이미 남편을 떠나 막내 아이를 데리고 아이작 반 와게넨(Isaac Van Wagenen)의 가족을 위해 일하러 갔다.

소저너는 반 와게넨 가문에서 일하던 중, 듀몬트 가문 사람이 자신의 자녀 한 명을 앨라배마에 노예로 보낸 사실을 알게 되었다. 이 아들은 뉴욕법에 따라 해방되었기 때문에 소저너는 법원에 소송을 제기하

---

[11] 원래 이름은 이사벨라 바움프리이며 소저너 트루스라는 이름은 1843년부터 사용하기 시작했다. 편의상 1843년 이전이라 하더라도 소저너라고 칭하겠다.

여 아들을 돌려받았다.

뉴욕에서 소저너는 하인으로 일하며 백인 감리교회와 아프리카 감리교회 성공회에 출석했고, 그곳에서 세 명의 형제와 잠시 재회했다.

소저너는 1832년 마티아스(Matthias)라는 종교적 선지자의 영향을 받았다. 그 후 그녀는 마티아스가 이끄는 감리교 완전주의 공동체로 이주했는데, 그곳에서 그녀는 유일한 흑인 회원이었으며 노동 계급 회원은 거의 없었다. 몇 년 후 이 공동체는 성추행과 살인 혐의가 제기되면서 무너졌다. 소저너 자신도 다른 회원을 독살한 혐의로 기소되었고, 1835년 명예훼손으로 소송을 제기했다. 그녀는 1843년까지 가사도우미로 계속 일했다.

천년왕국 예언자 윌리엄 밀러(William Miller)는 1837년의 공황 기간과 그 이후의 경제적 혼란 속에서 1843년에 그리스도가 재림할 것이라고 예언했다. 1843년 6월 1일, 이사벨라는 성령의 지시에 따른 것이

소저너 트루스(Sojourner Truth)

약력: 노예제 폐지론자, 여성 인권 운동가
출생: 1797년 뉴욕 스와르테킬
부모: 제임스 바움프리(James Baumfree), 엘리자베스 바움프리(Elizabeth Baumfree)
사망: 1883년 11월 26일 미시간주 배틀 크릭
작품: 소저너 트루스 이야기: 어느 북부 노예(The Narrative of Sojourner Truth: A Northern Slave)(1850)
명언: 성별이나 피부색에 관계없이 모든 참정권 운동가들이 이해해야 하는 것은 지구상의 모든 박탈당한 사람들이 공통의 대의를 가지고 있다는 것입니다. (This is what all suffragists must understand, whatever their sex or color—that all the disfranchised of the earth have a common cause.)

라고 믿고 소저너 트루스라는 이름을 갖게 되었다. 그녀는 밀러라이트 수용소를 순회하는 전도사가 되어 밀러라이트 수용소를 순회했다. 세상이 예상대로 끝나지 않았다는 대실망이 분명해지자 그녀는 1842년 노예제 폐지론과 여성 인권에 관심이 있는 사람들이 설립한 유토피아 공동체 노샘프턴 협회(the Northampton Association)에 가입했다.

노예제 폐지 운동에 참여한 후 트루스는 인기 순회 연설가가 되었다. 1845년 뉴욕에서 처음으로 노예제 반대 연설을 했다. 1846년 그녀는 뉴욕 파크 스트리트에 집을 샀다. 그녀는 여성 인권 운동가 올리브 길버트(Olive Gilbert)에게 자신이 살아온 이야기를 들려주었고 1850년 보스턴에서 자신의 자서전을 출판했다. 트루스는 『소저너 트루스 이야기: 어느 북부 노예』라는 책의 인세 수입으로 주택 대출금을 갚았다.

1850년에는 여성 참정권에 대해서도 연설하기 시작했다. 그녀의 가장 유명한 연설인 "나는 여자가 아닙니까?"는 1851년 오하이오에서 열린 여성 인권 대회에서 행해졌다. 흑인이자 여성이라는 이유로 트루스가 억압받았던 상황을 다룬 이 연설은 오늘날까지도 영향력을 발휘하고 있다.

이후 트루스는 해리엇 비처 스토(Harriet Beecher Stowe)[12]를 만났고, 트루스는 월간지『애틀랜틱(Atlantic)』에 해리엇 비처 스토에 대한 글을 기고하고 자신의 자서전에 대한 새로운 소개를 썼다.

이후 트루스는 미시간으로 이주하여 종교 공동체에 가입했다. 그녀는 한때 감리교에서 성장하여 나중에 제칠일안식일예수재림교회가 된 종교 운동인 밀러라이트에 우호적이었다.

남북전쟁 중 트루스는 흑인 부대를 위해 식량과 의복 기부금을 모

---

[12]『톰 아저씨의 오두막』 작가이다.

금했고, 1864년 백악관에서 에이브러햄 링컨을 만났다. 백악관을 방문하는 동안 그녀는 대중교통 이용에 있어서 인종별로 분리하는 차별적인 정책에 이의를 제기했다.

전쟁이 끝난 후 트루스는 다시 여행을 다니며 강연을 하면서 한동안 서부에 '흑인 국가'를 건설해야 한다고 주장했다. 주로 백인 청중을 대상으로 종교, 흑인과 여성의 권리, 절제에 대해 연설했지만, 남북전쟁 직후에는 전쟁으로 인한 흑인 난민에게 일자리를 제공하기 위한 노력을 했다.

트루스는 1875년까지 정치 활동을 계속했다. 이 후 그녀는 미시간으로 돌아왔지만 건강이 악화되었다. 1883년 배틀 크릭(Battle Creek) 요양원에서 다리 궤양 감염으로 사망했다. 트루스는 많은 사람들이 참석한 장례식을 치른 후 미시간주 배틀 크릭에 묻혔다.

트루스는 노예제 폐지 운동의 주요 인물이었으며, 그녀의 업적은 널리 알려져 있다. 1981년에는 미국 여성 명예의 전당에 올랐고, 1986년에는 미국 우정국에서 그녀를 기리는 우표를 발행했다. 2009년에는 미국 국회의사당에 흉상이 세워졌다. 그녀의 자서전은 미국 전역의 교실에서 읽히고 있다.

스콧 피츠제럴드(F. Scott Fitzgerald)

F. 프랜시스 스콧 키 피츠제럴드(Francis Scott Key Fitzgerald)는 재즈 시대(the Jazz Age)의 대명사가 된 미국 작가이다. 그는 당대의 주요 예술계에서 활동했지만 44세의 나이로 사망할 때까지 많은 비평가의 찬사를 얻지는 못했다.

스콧 피츠제럴드는 미네소타주 세인트 폴에서 부유한 중상류층 가정에서 태어났다. 그의 부모는 남북전쟁 이후 북쪽으로 이주한 메릴랜드 출신 에드워드 피츠제럴드와 식료품 업계에서 큰 부를 이룬 아일랜드 이민자의 딸 몰리 피츠제럴드였다. 피츠제럴드는 『성조기(The Star-Spangled Banner)』를 쓴 것으로 유명한 먼 친척인 프란시스 스콧 키의 이름을 따서 명명되었다. 그가 태어나기 불과 몇 달 전, 그의 누나 두 명이 갑자기 사망했다.

그러나 그의 가족은 미네소타에서 어린 시절을 보내지는 않았다. 에드워드 피츠제럴드는 비누 제조업체인 P&G(프록터 앤 갬블, Proctor and Gamble)에서 일했기 때문에 피츠제럴드 부부는 뉴욕 북부와 웨스트버지니아에서 대부분의 시간을 보냈다. 피츠제럴드의 가족은 부유한 이모와 몰리가 부유한 집안으로부터 물려받은 유산 덕분에 꽤 편안하게 살았다. 피츠제럴드는 가톨릭 학교를 다녔고 문학에 특별한 관심을 가진 영리한 학생으로 성장했다.

1908년, 에드워드 피츠제럴드는 직장을 잃고 가족은 미네소타로 돌아왔다. 스콧 피츠제럴드는 15세 때 뉴저지에 있는 명문 가톨릭 학교인 뉴먼 스쿨에 다니기 위해 집을 떠나게 된다.

1913년 뉴먼 대학을 졸업한 피츠제럴드는 미네소타로 돌아가지 않고 뉴저지에 남아 집필 활동을 계속하기로 결정했다. 프린스턴에 입학한 피츠제럴드는 여러 출판물에 글을 기고하고 연극단인 프린스턴 트라이앵글 클럽(the Princeton Triangle Club)에 가입하는 등 캠퍼스 내 문학계에 깊이 관여하게 된다.

1915년 세인트 폴을 다시 방문한 피츠제럴드는 시카고에서 온 데뷔한 지네브라 킹(Ginevra King)을 만나 2년간의 연애를 시작했다. 두 사람은 주로 편지를 통해 사랑을 이어갔으며, 그녀는 그의 작품『위대한 개츠비』의 데이지 뷰캐넌(Daisy Buchanan)을 비롯한 대표적 인물에 영감을 준 것으로 알려져 있다. 1917년 두 사람의 관계는 끝났지만 피츠제럴드는 그녀가 그에게 쓴 편지를 보관하고 있었다. 피츠제럴드가 죽은 후 그의 딸이 킹에게 보냈으며 킹은 편지를 보관하고 누구에게도 보여주지 않았다.

피츠제럴드는 글쓰기 관련 활동에 대부분의 시간을 할애했기 때문에 학사경고를 받을 정도로 실제 학업에는 소홀했다. 1917년, 미국이 제1차 세계 대전에 막 참전하던 시기였기 때문에 그는 프린스턴을 공식적으로 중퇴하고 군대에 입대했다. 그는 자신이 경멸하던 드와이트 D. 아이젠하워(Dwight D. Eisenhower)의 지휘 아래 주둔했고, 출판 작가가 되지도 못하고 전쟁에서 죽을까 봐 두려움에 떨었다. 전쟁은 피츠제럴드가 실제로 해외에 파병되기도 전인 1918년에 끝났다.

앨라배마에 주둔하던 피츠제럴드는 주 대법원 판사의 딸이자 몽고메리 사교계 인사로 알려진 젤다 세이어를 만났다. 두 사람은 사랑에 빠져 약혼했지만, 그녀는 피츠제럴드가 경제적으로 부양할 수 없을까

봐 걱정하며 약혼을 파기했다. 피츠제럴드는 첫 번째 소설을 수정하여 『낙원의 이편(This Side of Paradise)』을 발표했고, 1919년에 판매되어 1920년에 출판되어 큰 성공을 거두었다. 그 결과 그와 젤다는 약혼을 재개할 수 있었고, 같은 해 뉴욕의 성 패트릭 대성당에서 결혼식을 올렸다. 1921년 10월에 외동딸인 프란시스 스콧 피츠제럴드(스코티로 알려짐)가 태어났다.

피츠제럴드 부부는 뉴욕 사회는 물론 파리 주재 미국인 단체의 주요 인물이 되었다. 피츠제럴드는 어니스트 헤밍웨이(Ernest Hemingway)와 친밀한 우정을 쌓았지만, 헤밍웨이가 피츠제럴드의 경력을 방해한다고 믿었던 젤다라는 이 때문에 피츠제럴드와 갈등을 겪는다. 이 기간 동안 피츠제럴드는 단편 소설을 써서 생계를 유지했다. 1925년에 『위대한 개츠비』를 썼지만 그가 사망할 때까지는 인기를 끌지 못했다. 그의 작품 대부분은 1차 세계대전 후의 환멸을 묘사하기 위해 만들어진 문구인 '잃어버린 세대(the Lost Generation)'와 관련이 있으며, 피츠제럴드가 어울렸던 해외 예술가들과도 연관이 있다.

1926년, 피츠제럴드는 유나이티드 아티스트 스튜디오(the United Artists studio)에서 플래퍼 코미디 영화 시나리오를 써달라는 요청을 받는다. 피츠제럴드 부부는 할리우드로 이사했지만 피츠제럴드가 여배우 로이스 모란(Lois Moran)과 바람을 피운 후 결혼 생활의 어려움을 겪고 다시 뉴욕으로 돌아왔다. 그곳에서 피츠제럴드는 네 번째 소설 작업을 시작했지만 과음과 재정적 어려움, 젤다의 신체적, 정신적 건강 악화가 걸림돌이 되었다. 1930년 즈음 젤다는 정신분열증을 앓고 있었다. 피츠제럴드는 1932년 그녀를 입원시켰다. 1932년 젤다가 자신의 반자전적 소설인 『왈츠는 나와 함께(Save Me the Waltz)』를 출간했을 때 피츠제럴드는 이러한 소재는 자신만이 쓸수 있는 것이라고 주장하며 분노했고, 출판 전에 그녀의 원고를 수정하도록 요구하기도 했다.

1937년 젤다가 마지막으로 입원한 후, 피츠제럴드는 재정적으로 어려움을 겪는다. 메트로-골드윈-마이어(Metro Goldwyn Mayer, MGM)는 피츠제럴드에게 스튜디오를 위해 독점적으로 글을 써달라는 제안을 한다. 재정적 어려움을 겪고 있던 피츠제럴드는 이 제안을 거절할 수 없어 할리우드로 이주한다. 그 기간 동안 그는 가십 칼럼니스트 셰일라 그레이엄(Sheilah Graham)과 동거를 하며 유명세를 탔고, 자기 자신을 할리우드 해커로 조롱하는 단편 소설 시리즈를 썼다. 수십 년 동안 알코올 중독자였던 피츠제럴드는 자신의 삶을 더욱 피폐하게 만들었다. 결핵을 앓기도 심장이 마비가 되는 이상 증세도 한번 겪는다.

1940년 12월 21일, 피츠제럴드는 그레이엄과 함께 자택에서 또다시 심장마비를 겪었다. 그는 44세의 나이로 사망했다. 그의 시신은 메릴

스콧 피츠제럴드(F. Scott Fitzgerald)

전체 이름: 프랜시스 스콧 키 피츠제럴드
약력: 미국 작가
출생: 1896년 9월 24일 미네소타주 세인트폴
사망: 1940년 12월 21일 캘리포니아 할리우드
부모: 에드워드 피츠제럴드(Edward Fitzgerald), 몰리 매퀼런(Molly McQuillan)
배우자: 젤다 세이어(Zelda Sayr) 피츠제럴드
자녀: 프랜시스 스코티(Frances Scottie) 피츠제럴드
교육: 프린스턴 대학교
작품: 낙원의 이편(This Side of Paradise), 위대한 개츠비(The Great Gatsby), 밤은 정겨워(Tender Is the Night), 벤자민 버튼의 기이한 사건(The Curious Case of Benjamin Button)
명언: 한번의 실패와 영원한 실패를 혼동하지 마라. (Never confuse a single defeat with a final defeat.)

랜드로 옮겨졌고 비공개 장례식이 치러졌다. 오랜 기간 동안 가톨릭 신앙을 지키고 있지 않아 더 이상 가톨릭 신자가 아니었기에 교회는 그를 가톨릭 묘지에 매장하는 것을 거부했다. 대신에 그는 록빌 유니온 묘지(Rockville Union Cemetery)에 안장되었다. 젤다는 8년 후 그녀가 살던 정신병원에서 화재로 사망했고, 그녀도 그의 곁에 묻혔다. 두 사람은 1975년 딸 스코티가 가톨릭 가족 묘지로 유해를 이장해 달라는 청원에 성공할 때까지 그곳에 안장되어 있었다.

피츠제럴드는 미완성 소설인 『마지막 거물(The Last Tycoon)』을 비롯해 단편 소설과 네 권의 완성된 소설을 남겼다. 그가 죽은 후 몇 년 동안 그의 작품은 생전보다 더 많은 찬사와 인기를 얻었으며, 특히 『위대한 개츠비』는 그 어느 때보다 큰 인기를 얻었다. 오늘날 그는 20세기 최고의 미국 작가 중 한 명으로 꼽히고 있다.

시팅 불(Sitting Bull)

14세에 처음으로 전쟁에 참여한 시팅 불은 곧 전투에서 용맹하다는 명성을 얻게 된다. 1868년 수우족은 미국 정부와 평화를 유지하자는데 뜻을 같이 한다. 그러나 1870년대 중반 블랙 힐스(the Black Hills)에서 금이 발견되자 백인 탐험가들이 몰려들어 수우족의 땅을 침범했다. 시팅 불은 맞서 싸웠지만, 전투에서만 승리할 수 있었을 뿐 전쟁 전체에서는 이기지 못했다. 그는 1890년에 체포되

어 사살되었다.

아메리카 원주민 추장 중 가장 강력하고 유명한 인물인 시팅 불은 1831년 지금의 사우스다코타에서 태어났다. 리턴 어게인(Returns-Again)이라는 유명한 수우족 전사의 아들이었던 시팅 불은 아버지를 존경하고 아버지의 뒤를 따르고 싶어 했지만, 전쟁에 특별한 재능을 보이지는 않았다. 그는 실력이 부족해 '느림보'라는 별명을 얻었다.

하지만 10살 때 처음으로 버팔로를 죽였다. 4년 후, 그는 라이벌 부족과의 전투에서 명예롭게 싸웠다.

시팅 불의 삶은 땅을 넓혀가려는 미국인들과의 투쟁으로 이루어졌다. 시팅 불은 젊었을 때 스트롱 하트 소사이어티(the Strong Heart Society)의 리더로 선출되었다. 1863년 6월, 그는 처음으로 미국에 맞서 무기를 들었다. 그는 이듬해 킬디어 마운틴 전투(the Battle of Killdeer Mountain)에서 다시 미군과 싸웠다.

1865년에는 현재의 노스다코타에 새로 건설된 포트 라이스(Fort Rice) 요새를 공격하는 작전을 지휘했다. 전사로서의 기술과 부족의 지도자로서 얻은 존경을 바탕으로 그는 1868년 라코타 부족의 추장이 되었다.

1868년 포트 라라미 조약(the 1868 Fort Laramie Treaty)[13] 이후 블랙힐스에서 금이 발견되자 1870년대 중반부터 미군과의 대립이 격화되었다.

백인 탐험가들이 아메리카 원주민의 땅으로 확정된 이 지역으로 쳐들어왔다. 미국 정부는 금을 캐는 백인들을 방해하는 원주민 부족에게 전쟁을 선포했다.

---

13) 포트 라라미 조약은 라코타 부족민들과 미국사이에 맺은 협정이다. 블랙힐과 인근 영토에 백인이 침입하지 않겠다는 내용이 주를 이룬다.

시팅 불이 자신의 땅을 지키려는 것은 문화, 역사 그리고 조상들로부터 대대로 내려온 운명에 모두에 뿌리를 두고 있었다. 아메리카 원주민이 마을을 형성한 리틀 빅혼 강(the Little Bighorn River)에서 열린 선 댄스 의식(a Sun Dance ceremony)에서 시팅 불은 36시간 연속 춤을 추고 희생의 표시로 자신의 팔을 베었다. 이 영적인 의식이 끝나자 그는 미군이 패배하는 환상을 받았다고 마을 사람들에게 알렸다.

불과 며칠 후인 1876년 6월, 시팅 불은 로즈버드 전투(the Battle of the Rosebud)에서 미군을 상대로 성공적인 전투를 이끌었다. 일주일 후, 그는 다시 전투에 참여했는데, 이번에는 리틀 빅혼 전투에서 조지 암스트롱 커스터 장군(General George Armstrong Custer)을 상대로 전투를 벌였다. 그곳에서 시팅 불은 수천 명의 수우족과 샤이엔족 전사를 이끌고 커스터 장군의 부대에 맞서 미국 장군과 200명 이상의 병력을 전멸시켰다.

미국 정부로서는 당혹스러운 패배였고, 미 육군은 아메리카 원주민 부족으로부터 영토를 탈환하기 위한 끊임없는 노력을 했다. 분노를 피하기 위해 시팅 불은 부족을 이끌고 캐나다로 건너가 4년 동안 머물렀다.

1881년, 시팅 불은 다코타 지역으로 돌아왔고, 그곳에서 1883년까지 포로 신세로 지냈다. 1885년 애니 오클리(Annie Oakley)와 친구가 된 후 버팔로 빌 코디(Buffalo Bill Cody)의 와일드 웨스트 쇼(Wild West Show)에 합류했다.

공연 보수는 매우 후했다. 경기장을 한 바퀴 도는 대가로 주당 50달러를 받았지만 시팅 불은 공연과 유랑생활에 염증을 느꼈다. 도시에서 마주한 극심한 빈곤과 일부 관객이 자신에게 쏟아낸 증오에 충격을 받은 시팅 불은, 결국 자신의 부족에게 돌아가기로 결심했다. 그는 "백인으로 사느니 차라리 인디언으로 죽겠다(I would rather die an Indian than live a white man)"는 유명한 말을 남겼다.

고향으로 돌아와 자신이 태어난 곳에서 멀지 않은 그랜드 강의 오두막에서 시팅 불은 세상과 타협하지 않는 삶을 살았다.

1889년, 아메리카 원주민들은 백인들의 땅을 없애고 아메리카 원주민의 삶의 방식을 회복하기 위한 의식인 유령 댄스(the Ghost Dance)를 추기 시작했다. 곧 시팅 불도 이 의식에 동참했다. 유령 댄스는 일종의 종교 운동으로 백인을 없애고 과거 자신들의 전통을 회복시킬 아메리카 원주민 구세주가 나타난다는 예언을 담고 있다. 굶주림과 질병으로 동요하던 수우족에게 유령 댄스는 끊임없이 퍼져나갔다.

이 운동에 대한 시팅 불의 강력한 영향력을 두려워한 당국은 라코타 경찰에게 시팅 불을 체포하라고 지시했다. 1890년 12월 15일, 경찰은 시팅 불의 집에 쳐들어갔다. 경찰이 시팅 불을 오두막 밖으로 끌어낸 후 총격전이 벌어졌고, 시팅 불은 머리에 총을 맞고 사망했다. 그는 노스다코타의 포트 예이츠(Fort Yates)에 안장되었다. 1953년 그의 유해는 사우스다코타주 모브리지(Mobridge)로 옮겨졌다.

시팅 불(Sitting Bull)

약력: 미국 인디언 추장(수우족, Sioux)
이름: 타탕카 이오타케(Thatangka Iyothangka)
출생: 1831년 다코타 준주 그랜드 강 유역
부모: 타탕카 이오타케(아버지의 이름을 따서 시팅불의 이름이 지어졌다), 어머니 미상
사망: 1890년 12월 15일 스탠딩 락 인디언 보호구역
명언: 우리는 가난하기 때문에 자유롭다. 어떤 백인도 우리의 발걸음을 통제할 수 없다. (We are poor, but we are free. No white man controls our footsteps.)

아서 밀러(Arthur Miller)

아서 밀러는 미국에서 가장 기억에 남는 희곡을 창작한 20세기 최고의 극작가이다. 그는 1949년 퓰리처상 드라마 부문에서 수상한 『세일즈맨의 죽음』과 사회적 인식과 캐릭터의 내면에 대한 관심을 결합하는 것으로 유명한 『시련』의 작가이다.

아서 밀러는 1915년 10월 17일 뉴욕 할렘에서 폴란드와 유대인 조상을 둔 집안에서 태어났다. 오스트리아-헝가리(옛날의 연합 제국, 1867~1918)에서 미국으로 건너온 아버지 이시도르는 작은 코트 제조업을 운영했다. 밀러는 교사이자 소설을 열렬히 읽었던 어머니 오거스타 바넷 밀러와 더 가까웠다.

아버지의 회사는 대공황으로 인해 사업은 망해 갔다. 현대 생활의 불안정성은 젊은 밀러의 생각과 신념을 형성하기에 충분했다. 가난에 직면했음에도 불구하고 밀러는 이 시절을 최선을 다해 보냈다. 그는 축구와 야구를 좋아하고 활동적인 청년이었다.

밀러는 밖에서 놀지 않을 때는 모험 이야기를 읽는 것을 즐겼으며 여러 가지 일을 하며 바쁘게 지냈다. 아버지와 함께 일을 하기도 했고, 빵집에서 빵을 배달하거나 자동차 부품 창고에서 점원으로 일하기도 했다.

대학 학비를 마련하기 위해 여러 직장에서 일한 후 1934년 밀러는 미시간 대학교의 저널리즘 스쿨에 입학하기 위해 집을 떠났다. 그는 학생 신문에 글을 기고하고 첫 번째 희곡인 「악당은 없다(No Villain)」

를 완성하여 대학교에서 상을 받았다. 연극이나 극작을 공부한 적이 없는 젊은 극작가였던 아서 밀러에게는 인상적인 시작이었다. 게다가 그는 단 5일 만에 대본을 완성했다.

그는 극작가인 케네스 로우 교수의 강의를 여러 차례 들었다. 1938년 졸업 후 밀러는 로우의 연극 구성 방식에 영감을 받아 동부로 돌아와 극작가로서의 커리어를 시작했다.

밀러는 라디오 드라마뿐만 아니라 희곡도 썼다. 제2차 세계대전 동안 그의 작가 경력은 성공을 거두었다. 1940년 그는 1944년 브로드웨이에 진출한 『행운의 사나이(The Man Who Had All the Luck)』를 완성했지만, 단 4회 공연과 혹평만 남긴 채 막을 내렸다.

브로드웨이에 진출한 그의 다음 작품은 1947년 비평가와 대중의 찬사와 밀러의 첫 토니상 최우수 작가상을 받은 강력한 드라마는 「모두가 나의 아들」이다. 이때부터 그의 작품에 대한 수요가 급증했다.

밀러는 코네티컷 주 록스버리에 지은 작은 스튜디오에서 하루도 안 되어 『세일즈맨의 죽음』의 1막을 집필했다. 엘리아 카잔(Elia Kazan)이 연출한 이 연극은 1949년 2월 10일에 개막하여 큰 호평을 받았고 상징적인 작품이 되어 국제적인 명성을 얻게 되었다. 이 연극은 퓰리처상 외에도 뉴욕 드라마 비평가 협회상을 수상했으며, 최우수 연출상, 최우수 작가상, 최우수 희곡상 등 후보에 올랐던 토니상 6개 부문을 모두 휩쓸었다.

밀러가 주목받던 시절부터 그는 위스콘신 상원의원 조셉 매카시(Wisconsin Sen. Joseph McCarthy)가 이끄는 비미 활동 조사 위원회(the House Un-American Activities Committee, HUAC)의 주요 표적이었다. 반공주의에 열광하던 시대에 밀러의 자유주의적 정치적 신념은 일부 미국 정치인들에게 위협적으로 보였는데, 소련이 그의 연극을 금지한 것을 고려하면 이례적인 일이었다.

밀러는 HUAC에 소환되어 공산주의자로 알려진 동료들의 이름을 공개할 것으로 생각되었다. 하지만 밀러는 카잔이나 다른 예술가들과 달리 이름을 밝히기를 거부했다. 그는 "미국에서 자유롭게 예술 활동을 하기 위해 정보원이 될 필요는 없다고 생각한다"고 말했다. 그는 의회 모독 혐의로 기소되었지만 나중에 유죄 판결이 뒤집혔다.

당시의 히스테리에 대응하여 밀러는 그의 최고의 희곡 중 하나인 『세일럼의 마녀들』을 썼다. 이 작품은 세일럼에서 있었던 마녀 재판을 배경으로 하며 1950년대가 마녀재판이 성행하던 시기와 닮아 있다고 여겼다. 이 작품에는 당시 사회적, 정치적, 문화적 상황에 대한 통찰력 있는 비판을 담고 있다.

1950년대에 밀러는 세계에서 가장 인정받는 극작가가 되었지만, 그의 명성이 연극적 천재성 때문만은 아니었다. 1956년 밀러는 제인 엘렌과 로버트라는 두 자녀를 낳은 대학 시절 연인이었던 메리 슬래터리와 이혼했다. 한 달도 채 지나지 않아 1951년 할리우드 파티에서 만난 배우이자 할리우드의 섹스 심볼인 마릴린 먼로와 결혼했다.

그때부터 그는 더욱 각광을 받았다. 사진작가들은 이 유명한 커플을 쫓아다녔고 타블로이드지는 "세계에서 가장 아름다운 여성"이 왜 그런 "가정적인 작가"와 결혼했는지 의아해하며 잔인한 발언을 서슴치 않았다. 작가 노먼 메일러(Norman Mailer)는 이들의 결혼을 "위대한 미국인의 두뇌"와 "위대한 미국인의 몸"의 결합이라고 표현했다.

두 사람은 5년 동안 결혼 생활을 했다. 밀러는 그 기간 동안 먼로를 위한 선물로 영화 각본인 『부적격자들』을 제외하고는 거의 글을 쓰지 않았다. 1961년 존 휴스턴(John Huston)이 감독한 이 영화에는 먼로, 클락 게이블(Clark Gable), 몽고메리 클리프트(Montgomery Clift)가 주연을 맡았다. 영화가 개봉할 무렵 먼로와 밀러는 이혼했다. 먼로와 이혼한 지 1년 후(그녀는 이듬해 사망) 밀러는 세 번째 부인인 오스트리아 출신의 미국 사진작가 잉게 모라스와 결혼했다.

밀러는 80대에도 계속 글을 썼다. 그의 후기 희곡은 초기 작품만큼의 관심이나 찬사를 받지는 못했지만, 『세일즈맨의 죽음』과 『세일럼의 마녀들』을 영화화한 작품이 그의 명성을 유지해주었다. 그의 후기 희곡은 대부분 개인적인 경험을 다루었다. 그의 마지막 희곡 『영화를 끝내다(Finishing the Picture)』는 먼로와의 결혼 생활의 격동적인 마지막 날을 회상한다.

2002년 밀러의 세 번째 부인 모라스가 사망하고 곧이어 34세의 화가 아그네스 배리와 약혼했지만 결혼도 하기 전에 병에 걸렸다. 2005년 2월 10일, 〈세일즈맨의 죽음〉 브로드웨이 데뷔 56주년이 되는 날, 밀러는 록스버리에 있는 자택에서 배리와 가족, 친구들에게 둘러싸인 채 심부전으로 사망했다. 향년 89세였다.

밀러의 미국에 대한 암울한 시각은 대공황 당시 그와 그의 가족이 겪은 경험에 의해 형성되었다. 그의 연극 중 상당수는 자본주의가 일상적인 미국인의 삶에 영향을 미치는 방식을 다루고 있다. 그는 연극을 이러한 미국인들에게 말을 걸 수 있는 수단으로 생각했다.

> 연극의 사명은 결국 사람들의 의식을 변화시키고 인간적 가능성을 일깨우는 것입니다.
>
> The mission of the theater, after all, is to change, to raise the consciousness of people to their human possibilities

그는 젊은 예술가들을 돕기 위해 아서 밀러 재단을 설립했다. 그의 딸인 레베카 밀러는 그의 사후 뉴욕시 공립학교에서 예술 교육 프로그램을 확대하는 데 주력했다.

밀러는 퓰리처상 외에도 뉴욕 드라마 비평가 협회상 2회, 에미상 2회, 연극으로 토니상 3회, 토니상 평생 공로상 1회를 수상했다. 또한 존 F. 케네디 평생 공로상을 수상했다.

아서 밀러(Arthur Miller)

약력: 미국 극작가
출생: 1915년 10월 17일, 뉴욕시
부모: 이시도르(Isidore) 밀러, 오거스타 바넷(Augusta Barnett) 밀러
사망: 2005년 2월 10일 코네티컷 주 록스 베리
학력: 미시간 대학교
작품: 모두가 나의 아들(All My Sons), 세일즈맨의 죽음(Death of a Salesman), 세일럼의 마녀들(The Crucible), 다리 위에서 바라본 풍경(A View From the Bridge),
수상 및 영예: 퓰리처상, 뉴욕 드라마 비평가 서클상 2회, 에미상 2회, 토니상 3회 수상
배우자(들): 메리 슬래터리(Mary Slattery), 마릴린 먼로(Marilyn Monroe), 잉게 모라스(Inge Morath)
자녀: 제인 엘렌(Jane Ellen), 로버트(Robert), 레베카(Rebecca), 다니엘(Daniel)
명언: 내가 쓰려고 했던 희곡은 모두 관객의 멱살을 잡고 놓아주지 않는 희곡이었으며, 관객이 관찰하고 떠날 수 있는 감정을 제시하는 것이 아니라 관객의 감정을 잡고 놓아주지 않는 희곡이었다. (Well, all the plays that I was trying to write were plays that would grab an audience by the throat and not release them, rather than presenting an emotion which you could observe and walk away from.)

알 카포네(Al Capone)

알 카포네는 1920년대 금주법(the era of Prohibition)을 악용해 시카고에서 조직 범죄 조직을 운영한 악명 높은 갱스터였다. 카포네는 매력적이고 자선적이면서도 강력하고 악랄한 인물로, 성공한 미국 갱스터의 상징적인 인물이 되었다.

알 카포네(알폰스 카포네 Alphonse Capone, 스카페이스 Scarface)는 1899년 1월 17일 뉴욕 브루클린에서 이탈리아 이민자 가브리엘과 테레시나(테레사) 카포네의 9남매 중 넷째로 태어났다. 알려진 바에 따르면 카포네의 어린 시절은 평범했다. 아버지는 이발사였고 어머니는 집에서 아이들을 양육했다. 그들은 새로운 나라에서 성공하기 위해 노력하는 단란한 이탈리아 가족이었다.

당시 많은 이민자 가정과 마찬가지로 카포네의 자녀들도 가족을 위해 돈을 벌기 위해 학교를 일찍 그만두었다. 알 카포네는 14세까지 학교를 다닌 후 여러 가지 잡일을 하기 위해 학교를 떠났다.

비슷한 시기에 카포네는 사우스 브루클린 리퍼스(the South Brooklyn Rippers)라는 거리 갱단에 가입했고, 이후에는 파이브 포인트 주니어스(the Five Points Juniors)에 합류했다. 이들은 거리를 배회하며 라이벌 갱단으로부터 자신들의 영역을 보호하고 때로는 담배를 훔치는 등의 사소한 범죄를 저지르는 10대 청소년 집단이었다.

알 카포네가 잔인한 뉴욕 마피아 프랭키 예일(Frankie Yale)의 눈에 띄게 된 것은 파이브 포인트(the Five Points) 갱단을 통해서였다. 1917년, 18세의 카포네는 예일 소유의 하버드 여관에서 바텐더로 일하고 필요시 웨이터와 경비원으로 일했다. 카포네는 예일이 자신의 힘을 과시하고 자신의 조직을 통제하기 위해 폭력을 사용하는 것을 보고 배웠다.

어느 날 하버드 여관에서 일하던 중 카포네는 테이블에 앉아 있는 한 남자와 여자를 목격했다. 여성은 이쁘고 매력적이었다. 카포네가 다가가 말을 걸려했지만 무시당했다. 카포네는 포기하지 않고 그 여성에게 다가가 "아름다운 아가씨, 당신 엉덩이가 예쁘네요."라고 귀에 대고 속삭였다. 그녀와 함께 있던 남자는 그녀의 오빠인 프랭크 갈루치오(Frank Gallucio)였다.

갈루치오는 카포네에게 주먹을 날렸다. 하지만 카포네는 거기서 끝나지 않고 반격했다. 갈루치오는 칼을 꺼내 카포네의 얼굴을 베었고, 카포네의 왼쪽 뺨을 세 번이나 베었다(그 중 한 번은 귀에서 입까지 베이기도 했다). 이 공격으로 생긴 흉터 때문에 카포네는 '스카 페이스(Scarface)'라는 별명을 얻게 되었는데, 이는 그가 개인적으로 싫어하는 이름이었다.

이 사건 이후 얼마 지나지 않아 알 카포네는 예쁘고 금발에 중산층이며 존경받는 아일랜드 집안 출신인 메리 코플린을 만나게 된다. 데이트를 시작한 지 몇 달 후 메이는 임신을 한다. 알 카포네와 메이는 아들(소니)이 태어난 지 3주 후인 1918년 12월 30일에 결혼한다. 소니는 카포네의 외아들로 남게 된다.

알 카포네는 남은 생애 동안 가족과 사업적 이해관계를 완전히 분리했다. 카포네는 자상한 아버지이자 남편이었으며, 가족을 안전하게 보호하고 보살피며 스포트라이트를 받지 않도록 세심한 주의를 기울였다.

하지만 가족에 대한 사랑에도 불구하고 카포네는 수년 동안 수많은 내연녀를 거느리고 있었다. 당시에는 알려지지 않았지만 카포네는 메이를 만나기 전 매춘부로부터 매독에 감염되었다. 매독 증상은 금방 사라질 수 있기 때문에 카포네는 자신이 여전히 성병에 걸렸거나 나중에 건강에 큰 영향을 미칠 것이라는 사실을 전혀 몰랐다.

1920년경, 카포네는 동부 해안을 떠나 시카고로 향했다. 그는 시카고 범죄 조직의 보스 조니 토리오(Johnny Torrio) 밑에서 새로운 출발을 모색하고 있었다. 폭력으로 조직을 운영하던 예일과 달리 토리오는 협력과 협상을 통해 범죄 조직을 통치하는 것을 선호하는 세련된 신사였다. 카포네는 토리오에게 많은 것을 배웠다.

카포네는 시카고에서 아래층에서 술을 마시고 도박을 하거나 위층에서 매춘부를 만날 수 있는 '포 듀스(the Four Deuces)'의 매니저로 시작했다. 카포네는 이 직책을 잘 수행했고 토리오의 존경을 받기 위해 열심히 일했다. 곧 토리오는 카포네에게 점점 더 중요한 일을 맡겼고, 1922년에는 카포네를 조직에서 높은 지위로 올려주었다.

1923년 윌리엄 E. 데버(William E. Dever)가 시카고 시장으로 취임하자 토리오는 범죄를 억제하려는 시장의 시도를 피하기 위해 시카고 교외의 시세로(Cicero)로 본부를 옮기기로 결정했다. 이를 실현한 사람이 바로 카포네였다. 카포네는 술집, 매춘 업소, 도박장을 설립했다. 또한 카포네는 시 당국의 주요 관리들을 자신의 수하로 끌어들이기 위해 부지런히 노력했다. 카포네가 키케로를 소유하는 데는 그리 오랜 시간이 걸리지 않았다.

카포네는 토리오에게 자신의 가치를 입증했고, 얼마 지나지 않아 토리오는 조직 전체를 카포네에게 넘겨주었다.

1924년 11월, 토리오와 카포네의 동료였던 디온 오배니언(Dion O'Banion)이 살해된 후, 토리오와 카포네는 복수심에 불타는 오배니언의 친구에게 표적이 되었다.

생명의 위협을 느낀 카포네는 많은 경호원들과 함께 다녔고 방탄 캐딜락 세단을 주문하는 등 신변 안전에 관해 신경을 썼다.

반면 토리오는 일상을 크게 바꾸지 않았고, 1925년 1월 12일 집 밖에서 잔인한 공격을 받았다. 거의 죽을 뻔한 토리오는 은퇴를 결심하고 1925년 3월 자신의 조직 전체를 카포네에게 넘겼다.

카포네는 곧 매우 성공적인 범죄 조직 보스임을 증명했다. 26세에 불과했던 알 카포네는 이제 유흥업소, 나이트클럽, 댄스홀, 경마장, 도박장, 레스토랑, 술집, 양조장 등 대규모 범죄 조직을 이끌고 있었다. 시카고의 주요 범죄 조직 보스인 카포네는 대중의 눈에 띄게 되었다.

시카고에서 카포네는 기괴한 캐릭터가 되었다. 그는 화려한 정장을 입고 흰색 중절모를 쓰고 11.5캐럿짜리 다이아몬드 새끼손가락 반지를 자랑스럽게 드러냈으며 공공장소에서 거대한 지폐 뭉치를 꺼내 보이곤 했다. 알 카포네를 알아채지 못하는 것이 더 어려울 정도였다.

카포네는 관대하기로도 유명했다. 그는 종종 웨이터에게 100달러의 팁을 주었고, 추운 겨울에 가난한 사람들에게 석탄과 옷을 나눠주기도 했으며, 대공황 당시 최초의 무료 급식소를 열기도 했다. 가족을 부양하기 위해 매춘을 생각하는 여성이나 비싼 학비 때문에 대학에 진학하지 못하는 이들의 어려운 사연을 들으면 카포네가 직접 도와주었다. 카포네는 일반 시민들에게 너무나 관대해서 어떤 사람들은 그를 '현대판 로빈 후드'라고 부르기도 했다.

일반 시민들은 카포네를 관대한 후원자이자 지역 유명인사로 여겼지만, 카포네는 냉혈한 살인자이기도 했다. 정확한 숫자는 알 수 없지만, 카포네는 수십 명을 직접 살해하고 수백 명의 살인을 지시했다.

카포네가 직접 일을 처리한 한 가지 사례는 1929년 봄에 발생했다.

카포네는 동료 세 명이 자신을 배신할 계획을 세웠다는 사실을 알게 된 후 세 사람을 모두 성대한 연회에 초대했다. 의심하지 않았던 세 사람이 배불리 먹고 술을 마셨다. 카포네의 경호원들은 재빨리 그들을 의자에 묶었다. 그런 다음 카포네는 야구 방망이를 들고 그들을 때리기 시작하여 뼈를 부러뜨리기 시작했다. 카포네는 세 사람을 다 때린 후 머리에 총을 쏘고 시신을 마을 밖으로 버렸다.

카포네가 지시한 것으로 추정되는 가장 유명한 암살 사건은 '성 발렌타인데이 대학살'로 불리는 1929년 2월 14일의 암살 사건이다. 그날 카포네의 부하인 잭 맥건(Jack McGurn)은 라이벌 범죄 조직의 리더인 조지 벅스 모란(George Bugs Moran)을 차고로 유인하여 그를 죽이려고 시도했다. 잭 맥건은 총기를 난사하여 조지 벅스 모란의 조직원 6명과 길을 지난가던 보행자 1명을 사살했다.

수년간 살인 및 기타 범죄를 저질렀음에도 불구하고 카포네가 연방 정부의 주목을 받게 된 것은 '성 발렌타인데이 대학살 사건' 때문이었다. 허버트 후버 대통령(미국의 31대 대통령, Herbert Hoover)이 카포네에 대해 알게 되자 후버는 직접 카포네의 체포를 추진했다.

연방 정부는 두 가지 공격 계획을 세웠다. 하나는 금주법 위반에 대한 증거를 수집하고 카포네의 불법 사업을 폐쇄시키는 것이었다. 법무 수사관인 엘리엇 네스(Eliot Ness)와 그의 '언터처블(The Untouchables)' 그룹은 카포네의 양조장과 술집을 자주 급습하여 이 계획을 실행했다. 엘리엇 네스는 카포네의 양조장과 술집을 강제 폐쇄를 함과 동시에 발견된 모든 물품을 몰수했다. 이로인해 카포네의 사업은 엄청난 타격을 입었다.

정부 계획의 두 번째 부분은 카포네가 막대한 수입에 대해 세금을 내지 않았다는 증거를 찾는 것이었다. 카포네는 수년 동안 현금으로만 또는 제 3자를 통해 사업을 운영하기 위해 신중을 기했다. 하지만

2. 미국을 빛낸 사람들

국세청은 카포네에게 불리한 증언을 할 수 있는 장부와 몇몇 증인을 찾아냈다.

1931년 10월 6일, 카포네는 재판에 회부되었다. 그는 22건의 탈세 혐의와 5,000건의 볼스테드법(주요 금지법, the Volstead Act)[14] 위반 혐의로 기소되었다. 첫 재판은 탈세 혐의에만 초점을 맞추었다. 10월 17일, 카포네는 22개 탈세 혐의 중 5개 혐의에 대해서만 유죄 판결을 받았다. 판사는 카포네가 쉽게 풀려나는 것을 원치 않았던지 카포네에게 징역 11년과 벌금 5만 달러, 총 3만 달러의 법정 비용을 선고했다.

카포네는 완전히 충격을 받았다. 그는 다른 수십 명의 범죄자들과 마찬가지로 배심원들에게 뇌물을 주고 혐의를 벗을 수 있다고 생각했었기 때문이다. 하지만 이것이 범죄 조직의 보스로서의 그의 통치가 끝날 줄은 상상도 못했다. 그는 겨우 32세였다.

대부분의 고위 갱스터들은 감옥에 갈 때 보통 교도소장과 교도관에게 뇌물을 줘서 감옥에서 호화로운 생활을 할 수 있도록 했다. 카포네는 운이 좋지 않았다. 정부는 그를 본보기로 삼고 싶어했기 때문이다.

항소가 기각된 후 카포네는 1932년 5월 4일 조지아주 애틀랜타 교도소로 이송되었다. 그곳에서 카포네가 특별한 대우를 받고 있다는 소문이 퍼지자, 그는 샌프란시스코의 앨카트래즈에 새로 지어진 최고 보안 교도소의 수감자로 선정되었다.

1934년 8월 앨카트래즈에 도착한 카포네는 85번 수감자가 되었다. 앨카트래즈에는 뇌물도 없었고 편의시설도 없었다. 카포네는 가장

---

[14] 1919년에, 미국에서 수정 헌법 제18조가 통과되면서 전국적으로 시행된 주류 단속법이다. 1차 세계 대전 때 양조업에 종사하던 독일 이민자들에 대한 반감이 금주법의 법이 통과되는데 일조했다. 주류 제조·판매·교환·운송·수출입을 전면 금지했다. 1933년 수정 헌법 제21조에 의해 폐지되었다.

폭력적인 범죄자들과 함께 새로운 감옥에 갇혔고, 그들 중 다수는 시카고 출신의 거친 갱스터에게 도전하고 싶어 했다. 폭력과 권력으로 점철된 그의 삶은 점점 더 잔혹해졌고, 결국 그는 매독의 후유증으로 건강이 악화되었다.

그 후 몇 년 동안 카포네는 점점 방향 감각을 잃고 경련이 일어났으며 말이 어눌해지고 비틀거리며 걷는 증상을 보이기 시작했다. 그의 증세는 빠르게 악화되었다.

앨카트래즈에서 4년 반을 보낸 카포네는 1939년 1월 6일 로스앤젤레스에 있는 연방 교도소 병원으로 이송되었다. 그로부터 몇 달 후 카포네는 펜실베이니아 루이스버그의 교도소로 이송되었고 1939년 11월 16일 가석방되었다.

카포네는 치료할 수 없는 3차 매독에 걸렸다. 하지만 카포네의 아내 메이는 그를 여러 의사에게 데려갔다. 여러 가지 새로운 치료법이 시도되었지만 카포네의 증상은 나아지지 않았다.

카포네는 건강이 서서히 악화되는 동안 플로리다 마이애미에 있는 자신의 저택에서 조용히 은퇴 후의 여생을 보냈다.

1947년 1월 19일, 카포네는 뇌졸중으로 쓰러졌다. 카포네는 1947년 1월 25일 심장마비로 사망했다.

앤드류 잭슨(Andrew Jackson)

'올드 히코리(Old Hickory)'로도 알려진 앤드류 잭슨은 아일랜드 이민자의 아들이자 군인, 변호사, 입법자로 미국의 7대 대통령이 된 인물이다. 최초의 '시민 대통령'으로 알려진 잭슨은 엘리트 출신이 아닌 사람이 대통령직을 맡은 최초의 인물이었다.

앤드류 잭슨은 1767년 3월 15일 노스캐롤라이나와 사우스캐롤라이나 경계에 있는 트웰브 마일 크릭(Twelve Mile Creek)의 왁쇼 커뮤니티(the Waxhaw community)에서 태어났다. 그는 아일랜드 이민자 부모인 리넨 직공 앤드류와 엘리자베스 허친슨의 셋째이자 아메리카 대륙에서 태어난 첫 번째 아이였다. 그의 아버지는 그가 태어나기도 전에 갑작스럽게 쓰러지는 나무에 깔려 사망했다. 어머니는 그와 두 형제를 혼자서 키웠다.

왁쇼 커뮤니티는 스코틀랜드계 아일랜드인 정착민들로 구성되어 있었다. 엘리자베스의 결혼한 여동생 다섯 명이 근처에 살고 있었기 때문에 엘리자베스와 아들들은 여동생 제인의 남편 제임스 크로포드(James Crawford)와 함께 살았다. 제인이 8명의 자녀를 키우는 데 제인과 크로포드의 도움을 많이 받았다. 앤드류 잭슨의 형제들 모두 미국 독립 혁명에 참여했다. 앤드류의 형 휴는 1779년 스토노 페리 전투(the Battle of Stono Ferry) 이후 사망했다. 로버트와 앤드류는 행잉 록 전투(the Battle of Hanging Rock)를 목격하고 영국군에 체포되어 캠든 감옥(Camden jail)에 갇혀 천연두에 걸리게 된다.

두 사람의 체포 사실을 알게 된 엘리자베스는 캠든으로 가서 포로로 잡힌 영국 병사 몇 명과 교환하는 조건으로 석방을 주선했다. 로버트가 사망하고 앤드류가 혼수상태에 빠진 사이 엘리자베스는 찰스턴 항구에 있는 배를 타고 격리된 왁스호 공동체 사람들을 찾아갔다. 그러나 그곳에서 엘리자베스는 콜레라에 감염되어 사망했다. 앤드류는 왁쇼로 돌아왔지만 더 이상 친척들과 어울리지 못했다. 그는 다소 거칠었고, 유산을 모두 탕진한 후 1784년 왁쇼를 떠나 노스캐롤라이나 주 솔즈베리로 떠났다. 그곳에서 다른 변호사들과 함께 법을 공부하고 1787년 변호사 자격을 취득했다. 1788년 테네시 중부의 검사로 임명되었고, 그곳으로 가는 도중에 첫 결투를 벌여 한 여성을 노예로 삼았다.

잭슨은 내슈빌의 시민이 되었고 1791년 결혼한 경험이 있는 레이첼 도넬슨과 결혼했다. 1793년, 부부는 그녀의 이혼이 아직 확정되지 않았다는 사실을 알게 되어 다시 서약을 반복했다. 잭슨이 대통령 선거 운동을 하는 동안 중혼 혐의가 그들을 괴롭혔다.

잭슨 부부는 슬하에 자녀가 없었지만 세 명을 입양했다. 앤드류 잭슨 주니어(레이첼의 동생 세번 도넬슨의 아들), 탈루샤치 전투 이후 잭슨이 입양한 크릭족 고아 린코야, 레이첼의 누이의 손자 앤드류 잭슨 허칭스이다. 잭슨 부부는 그 외에도 친척 및 비친척 자녀 몇 명의 후견인을 맡았다.

앤드류 잭슨은 노스캐롤라이나에서 변호사로 일하다가 테네시에서 변호사로 활동했다. 1796년에는 테네시 헌법을 제정한 대회에서 활동했다. 1796년 테네시주의 첫 번째 미국 대표로 선출된 후 1797년 미국 상원의원으로 선출되었으나 8개월 만에 사임했다. 1798년부터 1804년까지 테네시주 대법원 판사로 재직했다. 판사 시절에는 자신의 신용을 관리하고, 노예를 해방하고, 새로운 땅을 구입하고, 평생을 살게 될 허미티지(The Hermitage)를 건설했다.

1812년 전쟁 중 잭슨은 테네시 자원봉사자의 소장으로 복무했다. 그는 1814년 3월 말굽 협곡(Horseshoe Bend)에서 크릭족을 상대로 군대를 이끌고 승리를 거두었다. 1814년 5월 육군 소장이 되었고, 1815년

1월 8일에는 뉴올리언스에서 영국군을 격파하여 전쟁 영웅으로 칭송 받았다. 잭슨은 또한 제1차 세미놀 전쟁(1817~1819)에도 참전하여 플로리다의 스페인 총독을 전복시켰다. 군 복무 후 1821년 플로리다 주지사를 지낸 잭슨은 1823~1825년 다시 상원의원으로 활동했다.

1824년 잭슨은 존 퀸시 애덤스(John Quincy Adams), 윌리엄 H. 크로퍼드(William Harris Crawford), 헨리 클레이(Henry Clay)와 대통령 선거에 출마했다. 그러나 크로퍼드는 건강상의 이유로 선거전은 잭슨과 애덤스의 경합이라 할 수 있었다. 잭슨은 대중 투표에서 승리했지만 선거인단 과반수 부족으로 하원에서 애덤스의 당선이 결정되었다. 애덤스가 당선된 후 국무장관직을 클레이에게 임명한다. 잭슨의 지지자들은 애덤스와 클레이 사이에 '부정한 거래'가 있었다는 것을 강하게 주장한다. 이 선거의 반발로 민주-공화당은 둘로 나뉘었다.

새로운 민주당은 다음 선거 3년 전인 1825년 잭슨을 대통령 후보로 지명하고 존 C. 캘훈(John C. Calhoun)을 러닝메이트로 지명했다. 잭슨과 캘훈은 현직 공화당의 존 퀸시 애덤스와 맞붙었는데, 이슈보다는 후보자 자체에 초점을 맞춘 선거 운동으로 엘리트에 대한 서민층의 승리로 특징지어졌다. 잭슨은 대중 투표에서 54%, 선거인단 261명 중 178표를 얻어 제7대 미국 대통령이 되었다.

1832년 대통령 선거는 최초로 전당대회를 사용한 선거였다. 잭슨은 마틴 밴 뷰런(Martin Van Buren)을 러닝메이트로 내세워 현직 대통령으로 다시 출마했다. 그의 상대는 헨리 클레이(Henry Clay)였다. 주요 선거 쟁점은 미국 은행, 잭슨의 전리품 제도 사용, 거부권 사용 등이었다. 잭슨은 55%의 득표율과 286명의 선거인단 중 219명의 지지를 얻었다.

잭슨은 역대 대통령 중 가장 많은 법안에 거부권을 행사한 적극적인 행정가였다. 그는 대중의 충성심에 보답하고 대중에게 호소하는 것을 중요하게 생각했다. 그는 실제 내각 대신 '키친 캐비닛(Kitchen Cabinet)'이라는 비공식 자문 그룹에 의존하여 정책을 수립했다.

잭슨의 대통령 재임 기간 동안 지역 문제가 발생하기 시작했다. 관세에 화가 난 많은 남부 주들은 연방 정부를 무시할 수 있는 주의 권리를 보존하기를 원했고, 1932년 잭슨이 적당한 관세에 서명하자 사우스 캐롤라이나는 '무효화'를 통해 이를 무시할 권리가 있다고 생각했다. 잭슨은 필요한 경우 군대를 동원해 관세를 집행할 준비가 되어 있는 사우스캐롤라이나에 맞서 강경하게 맞섰다. 1833년에 타협 관세가 제정되어 한동안 부분적인 차이를 완화하는 데 도움이 되었다.

1832년 잭슨은 미합중국은행에 대한 거부권(the Second Bank of the United States' charter)을 행사했다. 그는 정부가 헌법적으로 그러한 은행을 설립할 수 없으며 서민보다 부유층을 선호한다고 믿었다. 이 조치로 인해 연방 자금이 주립 은행에 투입되었고, 주립 은행은 이를 자유롭게 대출하여 인플레이션을 초래했다. 잭슨은 1837년에 모든 토지 구매를 금이나 은으로 하도록 요구했다.

잭슨은 조지아주 당국이 아메리카 원주민을 자신의 땅에서 서부의 보호 구역으로 추방하는 것을 지지했다. 그는 1830년 「인디언 강제 이주법」을 이용해 원주민을 강제로 이주시켰으며, 심지어 원주민을 강제로 이주시킬 수 없다는 대법원 판결(1832년 우스터 대 조지아)을 무시했다. 1838~1839년, 군대는 조지아에서 15,000명이 넘는 체로키족을 이끌고 '눈물의 길(Trail of Tears)'이라고 불리는 행진을 벌였다. 체로키 족, 머스코지 족, 세미놀 족, 치카소 족, 촉토 족은 조상 대대로 살아오던 미국 남동부의 고향지역을 떠나야만 했다.

잭슨은 1835년 암살 될 뻔 했으나 그를 겨눈 두 발의 총알이 발사되지 않아 살아남았다. 충격범인 리처드 로렌스(Richard Lawrence)는 심신미약으로 무죄 판결을 받았다.

국민적 영웅으로 불리는 잭슨 전장에서 "오래된 히코리 나무처럼 강인하다(as tough as old hickory wood)"는 평가를 받으며 '올드 히코리'라는 별명을 얻었을 정도로 부하들 사이에서도 인기가 높았다.

앤드류 잭슨은 테네시주 내슈빌 근처의 고향인 허미티지로 돌아갔다. 1845년 6월 8일 사망한다.

앤드류 잭슨은 미국 역사상 가장 위대한 대통령 중 한 명으로 손꼽힌다. 그는 노동조합을 지키고 부유층의 과도한 권력을 막아야 한다고 굳게 믿었던 서민을 대변하는 최초의 '시민 대통령'이었다. 미국 내 민주주의의 확장과 원주민 강제 이주법등의 정책을 실행한 인물이었다. 미국 역사에서 긍정적인 측면과 부정적인 측면으로 영향을 끼

앤드류 잭슨(Andrew Jackson)

약력: 제7대 미국 대통령
출생: 1767년 3월 15일 노스캐롤라이나와 사우스캐롤라이나 경계에 있는 트웰브 마일 크릭
부모: 앤드류 잭슨(Andrew Jackson), 엘리자베스 허친슨(Elizabeth Hutchinson)
사망: 1845년 6월 8일 테네시 주 내슈빌
배우자: 레이첼 도넬슨(Rachel Donelson)
자녀: 앤드류 잭슨 주니어(Andrew Jackson, Jr.), 린코야(Lyncoya), 앤드류 잭슨 허칭스(Andrew Jackson Hutchings)
명언: 모든 사람은 평등하게 법의 보호를 받을 권리가 있다. (Every man is equally entitled to protection by law.)

친 인물로 여러 관점에서 논란의 대상이 되고 있기도 하다.

앨리스 워커(Alice Walker)

앨리스 워커는 작가이자 활동가이며, 『컬러 퍼플(The Color Purple)』을 비롯한 20여 권의 책과 시집의 저자로 잘 알려져 있다. 또한 조라 닐 허스턴(Zora Neale Hurston)15)의 작품을 복원하고 여성 할례에 반대하는 활동을 펼친 것으로도 유명하다. 그녀는 1983년 퓰리처상과 1984년 전미도서상을 수상했다.

워커는 1944년 2월 9일 조지아주 이튼튼(Eatonton)에서 미니 탈룰라 그랜트(Minnie Tallulah Grant)와 윌리 리 워커(Willie Lee Walker)의 8남매 중 막내로 태어났다. 그녀의 부모님은 짐 크로우 시대에 대규모 목화 농장에서 일하던 소작농이었다. 아주 어린 나이에 워커의 능력을 알아본 어머니는 4살짜리 워커를 이스트 퍼트남 통합 초등학교(East Putnam Consolidated) 1학년으로 입학시켰고, 워커는 단숨에 스타 학생이 되었다. 1952년, 어린 시절 사고로 한쪽 눈을 실명하게 된다. 짐 크로우 시대의 남부 지역은 열악한 의료 환경이었다. 워커는 어린 시절의 사고 6년 후 보스턴에 있는 오빠를 방문할 때까지 제대로 된

---

15) 미국의 흑인 민속학자이자 작가이다. 남부 시골 흑인 거주 지역의 목소리로 흑인 문화를 찬양한 '할렘 르네상스'가 부흥할 수 있도록 기여했다.

치료를 받지 못했다. 그럼에도 불구하고 그녀는 버틀러-베이커(Butler-Baker) 고등학교의 졸업생 대표가 되었다.

17세에 워커는 장학금을 받아 애틀랜타의 스펠만 대학(Spelman College)에 입학했고, 그곳에서 러시아 문학과 급성장하는 민권 운동에 관심을 갖게 되었다. 1963년에는 사라 로렌스 대학(Sarah Lawrence College)으로부터 장학금을 제안받았고, 활동가 멘토였던 하워드 진(Howard Zinn)이 스펠만에서 해고된 후 워커는 사라 로렌스로 편입했다. 그곳에서 그녀는 1968년 첫 시집인 『언젠가(Once)』를 출판하는 데 도움을 준 뮤리엘 루키서(Once)에게서 시를 배울 수 있었다. 4학년 때 워커는 교환학생으로 동아프리카에서 공부했다. 그녀는 1965년에 졸업했다.

대학 졸업 후 워커는 뉴욕시 복지부에서 잠시 일한 후 남부로 돌아와 미시시피주 잭슨으로 이사했다. 그곳에서 유권자 등록 운동에 자원봉사를 하고 NAACP의 법률 방어 기금(the Legal Defense Fund)에서 일했다. 1965년 동료 민권 운동가이자 유대인 인권 변호사인 멜빈 레벤탈(Melvyn R. Leventhal)을 만나 1967년 3월 17일 뉴욕에서 결혼했다. 두 사람은 인종간 결혼이 불법이었던 1967년 미시시피에서 반인종주의 활동을 벌였다. 이 부부는 잭슨으로 다시 이사했고, 그곳에서 이 도시 최초의 합법적인 혼혈 커플이 되었다. 1969년 11월 17일에 태어난 딸 레베카가 있다. 결혼 생활은 1976년 이혼으로 끝나게 된다.

워커는 잭슨 주립대학(Jackson State University)과 투갈루 대학(Tougaloo College)에서 전문 작가로서의 경력을 쌓기 시작했다. 그녀의 첫 소설은 3대에 걸친 소작농의 이야기를 다룬 『그레인지 코플랜드의 세 번째 인생(The Third Life of Grange Copeland)』으로 1970년에 출간되었다. 1972년에는 보스턴에 있는 매사추세츠 대학교에서 흑인 여성 작가 강좌를 가르쳤다. 이 기간 동안 그녀는 꾸준히 글을 썼다.

1970년대 중반, 워커는 20세기 초 할렘 르네상스(the Harlem Renaissance) 시대에서 영감을 얻었다. 1974년 워커는 시인 랭스턴 휴즈(Langston Hughes)의 전기를 썼고, 이듬해에는 샬롯 헌트(Charlotte Hunt)와 함께 연구한 내용을 담은 「조라 닐 허스턴을 찾아서(In Search of Zora Neale Hurston)」를 미스 매거진(Ms. magazine)에 발표했다. 워커는 작가이자 인류학자인 닐 허스턴에 대한 관심을 되살린 공로를 인정받았다. 그녀의 소설 『자오선(Meridian)』은 1976년에 발표되었으며, 남부의 민권 운동을 주제로 삼았다. 그녀의 다음 소설인 『컬러 퍼플』은 그녀의 인생을 바꿔놓았다. 워커의 시, 소설, 단편 소설은 강간, 폭력, 고립, 어려운 관계, 양성애, 다세대 관점, 성차별, 인종차별 등 개인적인 경험을 통해 익숙한 주제들을 솔직하게 다루고 있다.

1982년 〈컬러 퍼플〉이 개봉하면서 워커는 더 많은 독자를 확보했다. 퓰리처상과 스티븐 스필버그가 감독한 이 영화는 명성과 논란을 동시에 불러일으켰다. 영화 〈컬러 퍼플〉에서 남성의 부정적인 묘사로 인해 많은 비판을 받았다.

이 책은 폭력, 특히 강간에 대한 생생한 묘사, 모욕적인 언어, 레즈비언의 사랑 장면을 포함한 성적인 내용, 인종 차별에 대한 인식으로 인해 출판 이후 미국 전역의 교육위원회에서 금지되기도 했다. 고등학교와 대학교의 독서 목록에 흑인 여성 작가가 거의 없는 상황에서, 특히 '인종 차별'이라는 지적과 함께 이 책이 금지된 것은 문제가 있다고 보는 시각도 있었다.

워커의 작품은 흑인 여성의 삶을 묘사하는 것으로 유명하다. 그녀는 종종 그 삶을 힘들게 만드는 성차별, 인종차별, 빈곤을 생생하게 묘사한다. 그러나 그녀는 또한 그녀의 삶의 일부로서 가족, 공동체,

자존감, 영성의 강점도 잘 보여준다. 그녀의 소설은 우리 역사가 아닌 다른 시대의 여성을 묘사하는 경우가 많다. 논픽션 여성사 서술과 마찬가지로, 이러한 묘사는 현재와 다른 시대의 여성 상황의 차이점과 유사점을 보여주고 있다.

워커는 글쓰기뿐만 아니라 환경, 페미니스트/여성주의, 경제 정의 문제에도 적극적으로 참여하고 있다. 그녀의 작품과 활동은 특히 시민권 및 여성 문제 분야의 사회 운동에서 영감을 받았고, 영감을 주는 역할을 했다. 그녀는 『워리어 마크: 여성 할례와 여성의 성적 구속 (Warrior Marks: Female Genital Mutilation and the Sexual Binding of Women)』을 1993년에 출간했는데, 이 책은 아프리카의 여성 할례를 기록한 다큐멘터리 〈워리어 마크〉의 부록으로 피해자, 여성 할례 반대 운동가, 할례 시술자들과의 인터뷰를 수록했다. 2008년 워커는 조지아주 애틀랜타의 에모리(Emory) 대학교에서 자신의 아카이브 보관소 지정을 기념하기 위해 낭독회를 열기도 했다. 또한 그해 버락 오바마의 첫 대선 출마를 지지하고 자신의 웹사이트인 alicewalkersgarden.com을 개설했다. 이 웹사이트에는 워커의 시, 이야기, 인터뷰, 블로그 게시물, 사회 상황과 인종 정의를 위한 싸움을 계속해야 할 필요성에 대한 생각 등이 담겨 있다. 2008년 워커는 이스라엘과 국경을 접하고 있는 지중해 동부 해안의 팔레스타인 자치령인 가자 지구를 방문했다고 기록되어 있다. 워커는 이 여행에 대해 이렇게 말했다.

가자지구 방문은 가자지구 주민들과 우리 자신이 같은 세계, 즉 슬픔을 인정할 뿐만 아니라 공유하는 세계, 불의를 보고 그 이름을 부르는 세계, 고통을 보고 서서 보는 사람도 피해를 입지만, 서서 보고 말만 하고 아무것도 하지 않는 사람만큼은 아니라는 것을 아는 세계에 속해 있음을 상기시키는 기회였다.

2010년에는 남아프리카공화국 케이프타운(Cape Town) 대학교에서 열린 제11회 연례 스티브 비코 강연회(the 11th Annual Steve Biko Lecture)에서 기조연설을 맡았는데, 이 강연회에서 그녀는 살해당한 남아프리카공화국 운동가를 추모하고 비코의 아들들을 만났다. 같은 해 아이슬란드 레이캬비크(Reykjavik)에서 레논/오노 평화 기금을 수상하기도 했다. 이 행사에서 그녀는 존 레논(John Lennon)과 오노 요코(Yoko Ono)의 아들인 숀 레논(Sean Lennon)을 만났다.

워커는 평생을 활동가로 살아왔으며, 연민의 범위를 넓히는 것을 배우는 것이 모든 사람이 할 수 있는 활동이자 일이라고 믿었다. 그녀는 인권뿐만 아니라 모든 생명체의 권리에 대한 확고한 수호자이다.

앨리스 워커(Alice Walker)

약력: 작가, 페미니스트, 활동가
출생: 1944년 2월 9일, 조지아주 이튼튼 출생
부모: 윌리 리 워커(Willie Lee Walker), 미니 탈룰라 그랜트(Minnie Tallulah Grant)
학력: 스펠만 대학(Spelman College), 사라 로렌스 대학(Sarah Lawrence College)
작품: 컬러 퍼플(The Color Purple), 내 친구의 사원(The Temple of My Familiar), 은밀한 기쁨 중에(Possessing the Secret of Joy)
배우자: 멜빈 R. 레벤탈(Melvyn R. Leventhal)
자녀: 레베카 레벤탈(Rebecca Leventhal)
명언: 사람들이 자신의 힘을 포기하는 가장 일반적인 방법은 자신에게 힘이 없다고 생각하는 것이다. (The most common way people give up their power is by thinking they don't have any.)

에이브러햄 링컨(Abraham Lincoln)

에이브러햄 링컨은 미국의 제16대 대통령으로 1861년부터 1865년까지 재임했다. 그의 재임 기간 동안 미국은 수십만 명의 목숨을 앗아간 남북전쟁을 치렀다. 링컨의 가장 큰 업적 중 하나는 1864년 노예제를 폐지한 것이다.

에이브러햄 링컨은 1809년 2월 12일 켄터키주 하딘 카운티(Hardin County)에서 태어났다. 1816년 인디애나로 이주하여 그곳에서 어린 시절을 보냈다. 그의 어머니 낸시는 그가 9살 때 돌아가셨지만, 그는 새어머니 사라와 매우 가까웠고 사라는 그에게 독서를 권유했다. 링컨 자신은 정규 교육을 1년 정도 밖에 못 받았으나 다양한 사람들에게서 가르침을 받았다. 그는 손에 넣을 수 있는 책이라면 무엇이든 읽고 배우는 것을 좋아했다.

1842년 11월 4일, 링컨은 메리 토드와 결혼했다. 그녀는 비교적 부유한 가정에서 자랐으나 그녀는 정신적으로 불균형했으며, 평생 동안 정신 건강 문제로 고생했고 조울증을 앓았다. 링컨 부부 사이에는 네 명의 자녀가 있었지만 한 명을 제외하고는 모두 어릴 때 사망했다. 에드워드는 1850년 3살에 사망했다. 로버트 토드는 정치인, 변호사, 외교관으로 성장했다. 윌리엄 윌리스는 12세에 사망했으며 백악관에서 사망한 대통령의 유일한 자녀였다. 토마스 타드는 18세에 사망했다.

1832년 링컨은 블랙 호크 전쟁(the Black Hawk War)에 참전하기 위해 입대했다. 그는 곧 자원병으로 구성된 중대의 대장으로 선출되었다. 그의 중대는 재커리 테일러(Zachary Taylor) 대령의 지휘 아래 정규군에 합류했다. 링컨은 이 직책으로 30일만 복무한 후 기마 레인저(the Mounted Rangers)의 일병으로 입대했다. 그 후 그는 독립 스파이 부대에 합류했다. 링컨은 짧은 군 복무 기간 동안 실제 전투를 경험하지 못했다.

링컨은 군에 입대하기 전 서기로 일했다. 일리노이 주 의회에 출마했지만 1832년 낙선했다. 앤드류 잭슨에 의해 일리노이주 뉴살렘의 우체국장으로 임명되었고, 이후 휘그당 소속으로 주 의회에 선출되어 1834년부터 1842년까지 재임했다. 링컨은 법학을 공부하고 1836년 변호사 자격을 취득했다. 1847년부터 1849년까지 미국 하원의원으로 활동했으며 1854년 주 하원의원에 선출되었지만 미국 상원의원에 출마하기 위해 사임했다. 그는 후보로 지명된 후 유명한 '분열된 집(house divided)' 연설을 했다.

링컨은 상원의원 자리를 놓고 상대 후보였던 스티븐 더글러스(Stephen Douglas)와 '링컨-더글러스 토론'으로 알려진 7번의 토론을 벌였다. 두 사람은 많은 이슈에 대해 동의했지만 노예제도의 도덕성에 대해서는 의견이 달랐다. 링컨은 노예제가 더 이상 미국 전역으로 확산되어서는 안 된다고 생각한 반면, 더글러스는 국민의 자율적 주권을 주장했다. 링컨은 '독립선언문'에서 모든 미국인에게 부여된 권리인 생명, 자유, 행복추구권을 아프리카계 미국인에게도 부여해야 한다고 설명했다. 링컨은 선거에서 더글러스에게 패한다.

1860년 링컨은 공화당의 대통령 후보로 지명되어 해니벌 햄린(Hannibal Hamlin)과 러닝메이트로 함께 선거에 나섰다. 링컨은 남북 분열을 비난하고 남부 지역의 노예제 폐지를 촉구하는 공약을 내세워 출마했다. 민주당은 분열되어 스티븐 더글러스가 민주당을 대표하고 존 브레킨리지(John Breckinridge)가 전국(남부) 민주당 후보로 출마했다. 존 벨(John Bell)은 헌법연합당 후보로 출마하여 더글러스 후보의 표를 빼앗았다. 결국 링컨은 대중 투표에서 40%, 선거인단 303명 중 180표를 획득했다. 링컨의 승리였다.

링컨 대통령 재임 기간의 주요 사건은 1861년부터 1865년까지 지속된 남북전쟁이다. 11개 주가 연방에서 탈퇴했고 링컨은 남부 동맹을 물리치는 것뿐만 아니라 연방을 지키기 위해 남북이 재결합하는 것이 중요하다고 굳게 믿었다.

1862년 9월, 링컨은 '노예 해방 선언(the Emancipation Proclamation)'을 발표했다. 이 선언으로 모든 남부 주에서 노예가 된 미국인들이 해방되었다. 1864년 링컨은 율리시즈 그랜트(Ulysses S. Grant)를 모든 연합군의 사령관으로 승진시켰다.

당시 국민연합당이라고 불렸던 공화당은 링컨이 승리하지 못할 것을 우려했지만 앤드류 존슨을 부통령으로 지명하여 재선에 성공했다. 공화당의 강령은 무조건 항복과 노예제도의 공식적인 종식을 요구했다. 도전자 조지 맥클렐런(George McClellan)은 링컨에 의해 연합군의 수장직을 맡게 되었다. 그는 전쟁은 실패했고 링컨이 너무 많은 시민의 자유를 빼앗았다고 주장했다. 링컨은 전쟁이 북부의 승리로 돌아선 후 재선에 성공했다.

1865년 4월, 리치몬드(Richmond)는 함락되었고 남부군 장군 로버트 리(Robert E. Lee)는 애포매톡스 법원(Appomattox Courthouse)에서 항복했다. 결국 이 전쟁은 미국 역사상 가장 많은 비용이 들었고 수십만 명의 사상자를 낸 가장 유혈이 낭비된 전쟁이었다. 노예제도는 수정

헌법 제13조가 통과되면서 영원히 종식되었다.

  1865년 4월 14일, 링컨은 워싱턴 D.C.의 포드 극장에서 연극을 관람하던 중 배우 존 윌크스 부스(John Wilkes Booth)가 쏜 총에 암살당했다. 부스는 메릴랜드로 도주했고 링컨은 4월 15일에 사망하여 일리노이주 스프링필드에 묻혔다.

  같은 해 4월 26일, 부스는 불이 난 헛간에 숨어 있는 것이 발견되었고, 총에 맞아 사망했다. 대통령 암살 음모에 가담한 8명의 공모자가 처벌을 받았다.

  많은 학자들은 링컨을 미국 역사상 가장 성취적이고 성공적인 대통령 중 한 명이라 여긴다. 그는 연방을 하나로 묶고 남북전쟁에서 북부

에이브러햄 링컨(Abraham Lincoln)

약력: 미국 대통령, 프로레슬링 챔피언, 변호사, 하원의원
출생: 1809년 2월 12일 켄터키주 싱킹 스프링 농장
사망: 1865 년 4 월 15 일 워싱턴 D.C.
부모: 토마스 링컨(Thomas Lincoln), 낸시 링컨(친어머니 Nancy Lincoln Hanks), 사라 부시 링컨(새 어머니, Sarah Bush)
배우자: 메리 토드 링컨(Mary Todd)
자녀: 로버트(Robert), 에드워드(Edward), 윌리(Willie), 타드(Tad)
명언: 다른 사람들에게 자유를 부정하는 사람들은 그들 자신을 위해 자유를 누릴 자격이 없습니다. 그리고 정의로운 신 아래서 자유를 오래 유지할 수 없습니다. (Those who deny freedom to others, deserve it not for themselves; and, under a just God, can not long retain it.)
누군가가 노예제를 주장하는 것을 들을 때마다, 나는 그 사람에게 직접 노예제가 시행되는 것을 보고 싶은 강한 충동을 느낀다. (Whenever I hear anyone arguing for slavery, I feel a strong impulse to see it tried on him personally.)

를 승리로 이끈 공로를 인정받고 있다. 또한, 그는 아프리카계 미국인들이 노예의 굴레에서 해방되는 계기를 마련해 주었다.

엘비스 프레슬리(Elvis Presley)

엘비스 프레슬리는 20세기의 가수이자 배우, 문화 아이콘이었다. 프레슬리는 10억 장 이상의 음반을 판매하고 33편의 영화를 제작했으며 그의 문화적 영향력은 엄청났다.

엘비스 프레슬리는 미시시피주 투펄로(Tupelo, Mississippi)에 있는 방 두 개짜리 집에서 글래디스(Gladys)와 버논(Vernon) 프레슬리 사이에서 태어났다. 프레슬리의 쌍둥이 동생인 제시 가론(Jessie Garon)은 사산되었고, 글래디스는 출산으로 인해 몸이 너무 아파 병원으로 이송되었다. 결국 그녀는 더 이상 아이를 가질 수 없었다.

글래디스 프레슬리는 모래색 머리에 파란 눈을 가진 아들을 사랑하며 가족을 지키기 위해 열심히 노력했다. 그러던 중 남편이 수표 금액을 변경한 후 위조한 혐의로 미시시피 주 교도소(일명 파치만 농장, Parchman Farm)에서 3년 형을 선고받으면서 어려움을 겪게 된다. 남편이 감옥에 있는 동안 글래디스는 집을 유지할 만큼 충분한 수입이 없어서 친척집으로 이사를 해야만 했다.

프레슬리는 어린 시절부터 이사를 자주 다녔기 때문에 부모님과 음악, 이 두 가지가 늘 함께였다. 부모님은 주로 일터에서 일하셨고 프레슬리는 어디서든 음악을 들었다. 그는 교회에서 음악을 듣고 교회 피아노를 독학했다. 프레슬리가 8살이었을 때는 지역 라디오 방송국에서 자주 놀았다. 그의 11번째 생일에 부모님은 그에게 기타를 선물했다.

고등학교에 진학할 무렵 그의 가족은 테네시주 멤피스로 이사했다. 프레슬리는 R.O.T.C.에 가입하고 풋볼을 하고 영화관에서 안내원으로 일했다. 프레슬리는 남달랐다. 그는 머리를 검게 염색하고 만화책 캐릭터처럼 보이는 스타일로 학교의 다른 아이들보다 더 멋지게 꾸몄다.

그는 라디오를 듣고 레코드를 사면서 음악으로 자신을 둘러싸고 살았다. 가족이 아파트 단지인 로더데일 코트(Lauderdale Courts)로 이사한 후, 그는 그곳에 사는 다른 음악가 지망생들과 함께 자주 연주했다. 남부에서는 여전히 인종 차별이 존재했지만 프레슬리는 인종 구분을 넘어 B.B. 킹과 같은 아프리카계 미국인 아티스트의 음악에 귀를 기울였다. 그는 흑인 거주 지역인 빌 스트리트(Beale Street)를 자주 방문해 흑인 뮤지션들의 연주를 관람하기도 했다.

프레슬리는 고등학교를 졸업할 무렵 컨트리 음악부터 가스펠까지 다양한 스타일로 노래할 수 있었다. 또한 그는 자신만의 노래와 춤 스타일도 가지고 있었다. 그는 자신이 보고 들은 것을 결합하여 독특하고 새로운 사운드를 만들어 냈다. 이를 가장 먼저 깨달은 사람은 선 레코드사(Sun Records)의 샘 필립스(Sam Phillips)였다.

고등학교 졸업 후 낮에는 일하고 밤에는 작은 클럽에서 연주하며 지내던 프레슬리는 1954년 6월 6일 선 레코드로부터 한 통의 전화를 받았다. 필립스는 프레슬리에게 새 노래를 불러주길 원했다. 하지만 잘 되지 않자, 필립스는 기타리스트 스코티 무어(Scotty Moore)와 베이시스트 빌 블랙(Bill Black)과 함께 프레슬리를 섭외했다. 한 달간의 연습 끝에 그들은 〈괜찮아요, 엄마(That's All Right Mama)〉를 녹음했다. 필립스는 친구에게 이 곡을 라디오에서 틀어보라고 설득했고, 이 곡은 즉각적인 히트를 기록했다. 무어, 블랙, 드러머 D.J. 폰타나(Fontana)는 이후 10년 동안 수십 곡의 전설적인 로큰롤 곡으로 프레슬리를 지원했다.

프레슬리는 빠르게 팬층을 구축했다. 1954년 8월 15일, 그는 선 레코드와 네 장의 앨범을 계약했다. 그 후 '그랜드 올 오프리(Grand Ole Opry)'와 '루이지애나 헤이라이드(Louisiana Hayride)'와 같은 인기 라디오 쇼에 출연하기 시작했다. 프레슬리는 '헤이라이드'에서 큰 성공을 거둔 후 1년 동안 매주 토요일마다 공연하도록 고용되었다. 그는 직장을 그만두고 주중에는 남부를 순회하며 유료 관객이 있는 곳이면 어디든 가서 공연을 하고, 매주 토요일에는 루이지애나주 슈리브포트(Shreveport)로 돌아와 '헤이라이드'에서 공연했다.

고등학생과 대학생들은 프레슬리에게 열광하여 소리를 지르고 환호했다. 그는 모든 공연에 혼을 불어넣고 몸을 많이 움직였다. 프레슬리는 엉덩이를 흔들고 다리를 흔들고 바닥에 무릎을 꿇기도 했다. 어른들은 그를 음란하고 선정적이라고 생각했지만 10대들은 그를 사랑했다.

프레슬리의 인기가 치솟자 그는 커널 톰 파커(Colonel Tom Parker)를 매니저로 고용했다. 파커는 수익금의 일부를 가져가는 등 어떤 면에서는 프레슬리를 이용했지만, 프레슬리를 메가 스타덤으로 이끈 장본인이기도 했다.

프레슬리의 인기는 곧 선 레코드가 감당할 수 없을 정도로 높아졌고, 필립스는 프레슬리의 계약을 RCA 빅터(Victor)에 3만 5천 달러에 팔았는데, 이는 그 어떤 음반사도 가수에게 지불해 본 적이 없는 엄청난 금액이었다.

프레슬리의 인기를 더욱 높이기 위해 파커는 그를 텔레비전에 출연시켰다. 1956년 1월 28일, 프레슬리는 '스테이지 쇼(Stage Show)'에 처음 출연한 데 이어 '밀턴 벌 쇼(The Milton Berle Show)', '스티브 앨런 쇼(The Steve Allen Show)', '에드 설리번 쇼(The Ed Sullivan Show)'에도 출연했다.

1956년 3월, 파커는 파라마운트 스튜디오에서 프레슬리의 오디션을 주선했다. 스튜디오 경영진은 프레슬리가 너무 마음에 들어했다. 프레슬리는 그의 첫 번째 영화인 〈러브 미 텐더〉(1956)에 출연하기로 계약했고, 6편의 영화에 출연할 수 있는 옵션도 받았다. 오디션 2주 후, 프레슬리는 100만 장이 팔린 '하트브레이크 호텔'로 첫 골드 레코드를 받았다.

프레슬리의 인기는 치솟고 있었고 돈도 넘쳐났다. 그는 어머니에게 약속했던 집을 사드렸고, 1957년 3월에는 13에이커의 대지를 가진 저택인 그레이스랜드를 102,500달러에 구입했다. 그리고 저택 전체를 자신의 취향에 맞게 리모델링했다.

프레슬리가 만지는 모든 것이 금으로 변하는 것처럼 보였던 1957년 12월 20일, 그는 징집 통지서를 받았다. 프레슬리는 병역 면제를 받을 수도 있었지만 정규 군인으로 입대하기로 결정했다. 그는 독일에 배치되었다.

2년 가까이 경력이 단절되자 프레슬리를 포함한 많은 사람들은 세상이 그를 잊어버릴까 걱정했다. 하지만 파커는 프레슬리의 이름과 이미지를 대중에게 각인시키기 위해 열심히 노력했고, 그 결과 프레슬리는 군대 경험 이전만큼이나 군 복무 후에도 인기가 높았다고 말할 정도로 성공을 거두었다.

프레슬리가 군대에 있는 동안 두 가지 사건이 발생했다. 첫 번째는 어머니의 죽음으로 큰 충격을 받은 일이었다. 두 번째는 아버지가 독일에 주둔하고 있던 14살의 프리실라 보리유(Priscilla Beaulieu)를 만나 사귀게 된 것이었다. 두 사람은 8년 후인 1967년 5월 1일에 결혼했고, 1968년 2월 1일에 딸 리사 마리 프레슬리를 낳았다.

1960년 제대 후 프레슬리는 노래 녹음과 영화 제작에 뛰어들었다. 파커와 다른 사람들은 프레슬리의 이름이 들어간 영화라면 무엇이든 돈을 벌 수 있을 것이라는 확신이 있었기 때문에 프레슬리는 질보다는 양적으로 영화를 제작하는 데 몰두했다. 그의 가장 성공적인 영화인 〈블루 하와이(Blue Hawaii)〉(1961)는 이후 많은 영화 제작의 표본이 되었다. 프레슬리는 자신의 영화와 노래의 질이 떨어지는 것에 점점 더 화가 나기 시작했다.

1960년부터 1968년까지 프레슬리는 대중 앞에 거의 모습을 드러내지 않고 영화 제작에 집중했다. 그는 총 33편의 영화를 제작했다.

프레슬리가 영화 제작에 몰두하는 동안 비틀즈를 비롯한 다른 뮤지션들이 무대에 올랐고, 그 중 일부는 많은 음반을 판매하며 프레슬리에게 '로큰롤의 왕'이라는 타이틀을 빼앗으려 했다. 프레슬리는 왕관을 지키기 위해 무언가를 해야만 했다.

1968년 12월, 그는 검은 가죽 옷을 입고 "엘비스"라는 제목의 1시간짜리 텔레비전 스페셜을 제작했다. 차분하고 섹시하며 유머러스한 그는 관중을 열광시켰다. 이 '컴백 스페셜'은 프레슬리에게 활력을 불어넣었다. 그는 다시 노래를 녹음하고 라이브 공연을 시작했다. 1969년 7월, 파커는 라스베가스에서 가장 큰 공연장인 새로운 인터내셔널 호텔에 프레슬리의 공연을 예약했다. 그의 공연은 큰 성공을 거두었고 호텔은 1974년까지 1년에 4주 동안 프레슬리의 공연을 예약했다. 나머지 한 해 동안 그는 투어를 다녔다.

프레슬리는 인기를 얻은 이후 거의 쉬지 않고 노래를 녹음하고, 영화를 만들고, 콘서트를 여는 등 엄청난 속도로 일했다. 그 속도를 유지하기 위해 그는 약물을 복용하기 시작했다.

1970년대 초에 이르러 지속적인 약물 복용은 문제를 일으키기 시작했다. 프레슬리는 공격적이고 불규칙한 행동과 함께 심한 기분 변화를 겪기 시작했고, 체중이 많이 늘었다. 프레슬리와 프리실라는 사이가 멀어졌고 1973년 1월에 이혼했다. 약물 중독은 더욱 심해져 약물 과다 복용과 기타 건강 문제로 여러 차례 입원했다. 공연 실력도 떨어

엘비스 프레슬리(Elvis Presley)

약력: 가수
별명: 로큰롤 아이콘, 로큰롤의 왕
출생: 1935년 1월 8일, 미시시피주 투펄로
부모: 버논 프레슬리(Vernon Presley), 글래디스(Gladys)
사망: 1977년 8월 16일 테네시 주 멤피스
노래: 러브 미 텐더(Love Me Tender), 하운드 독(Hound Dog), 하트브레이크 호텔(Heartbreak Hotel), 자일하우스 락(Jailhouse Rock), 캔트 헬프 폴링 인 러브(Can't Help Falling in Love)
영화: 키드 갈라하드(Kid Galahad), 블루 하와이(Blue Hawaii), 자일하우스 락(Jailhouse Rock), 킹 크리올(King Creole)
배우자: 프리실라 보리유 프레슬리(Priscilla Beaulieu Presley)
자녀: 리사 마리 프레슬리(Lisa Marie Presley)
명언: 로큰롤 음악은 마음에 들면, 느낌이 들면, 어쩔 수 없이 그 음악에 맞춰 움직이게 됩니다. 그게 저에게 일어나는 일입니다. 어쩔 수 없죠. (Rock 'n' roll music, if you like it, if you feel it, you can't help but move to it. That's what happens to me. I can't help it.)

지기 시작했고, 여러 번 노래를 중얼거리며 부르기도 했다.

1977년 8월 16일, 프레슬리의 여자 친구 진저 앨든(Ginger Alden)이 그레이스 랜드(Graceland)의 화장실 바닥에서 그를 발견했다. 그는 숨을 쉬지 않았다. 병원으로 이송되었지만 의사들은 그를 소생시킬 수 없었고 42세의 나이로 사망 선고를 받았다. 그의 사망 원인은 처음에는 '심장 부정맥'으로 알려졌다. 그리고 세월이 한참 지난 후, 그의 사망 원인이 약물 중독이었다는 사실이 밝혀졌다.

엘비스 프레슬리는 이름만으로 전 세계적으로 유명해진 몇 안 되는 아티스트 중 한 명으로, 뛰어난 재능과 업적으로 대중문화의 아이콘이 되었다. 그의 명성은 지속되었다.

그가 사망한 지 25년 후, RCA는 그의 1위 음반을 모은 앨범인 〈ELV1S: 30 #1 Hits〉를 발매했다. 이 앨범은 첫 주에 50만 장이 판매되며 차트 1위에 데뷔했다. 미국 차트 1위에 데뷔한 앨범은 프레슬리가 생전에 이루지 못한 일이었다. 캐나다, 프랑스, 영국, 아르헨티나, 아랍에미리트 등 16개 국가에서도 1위를 차지했다.

워싱턴 어빙(Washington Irving)

워싱턴 어빙은 단편소설 『립 밴 윙클(Rip Van Winkle)』과 『슬리피 할로의 전설(The Legend of Sleepy Hollow)』로 가장 유명한 작가, 수필가, 역사가, 전기 작가, 외교관이다. 이 두 작품은 모두 단편소설 모음집인 『스케치북』에 수록되어 국제적인 명성을 얻게 된 작품이다. 워싱턴 어빙은 '미국 단편소설의 아버지'라고 불리는데, 그 이유는 이 형식에 대한 그의 초기의 독특한 공헌 때문이다.

워싱턴 어빙은 1783년 4월 3일 뉴욕에서 태어났다. 아버지 윌리엄은 스코틀랜드계 미국인 상인이었고 어머니 사라 샌더스는 영국 성직자의 딸이었다. 그가 태어났을 당시에는 미국 독립혁명이 막 끝나던 시기였다.

그의 부모는 애국자였다. 그의 어머니는 열한 번째 아이가 태어났을 때 이렇게 말했다.

> 워싱턴의 업적은 끝났으니 아이 이름은 그의 이름을 따서 지어야 한다.
> General Washington's work is ended and the child shall be named after him.

워싱턴 어빙은 어렸을 때 『로빈슨 크루소』, 『신드밧드』 등 많은 책을 읽었다. 정규 교육은 16세까지 초등학교를 다닌 것이 전부였다. 어빙은 19세 때 조나단 올드스타일(Jonathan Oldstyle)이라는 필명으로 저널리스트로서 글을 쓰기 시작했다. 동생 피터의 신문사인 『모닝 크로니클(The Morning Chronicle)』의 기자로 일하면서 아론 버(Aaron Burr)의 반역 재판을 취재했다.

어빙은 1804년부터 1806년까지 가족들이 비용을 부담하는 '그랜드 투어'를 통해 유럽을 광범위하게 여행했다. 귀국 후 디트리히 니커보커(Dietrich Knickerbocker)는 가명을 사용한 어빙은 1809년 뉴욕의 네덜란드인 생활에 대한 만화 역사서인 『뉴욕의 역사』를 출간했다. 일부 문학 학자들은 이 희극 소설을 그의 가장 위대한 책으로 꼽는다. 그 후 법학을 공부하여 1807년 변호사 시험에 합격했다.

워싱턴 어빙은 지역 명문가의 딸인 마틸다 호프만과 약혼했다. 그녀는 1809년 4월 26일, 17세의 나이에 병으로 사망했다. 어빙은 이 비극 이후 누구와도 약혼하거나 결혼하지 않았다.

이 상실감은 그의 인생에 큰 상처를 남겼다. 어빙은 왜 결혼을 하지 않았느냐는 질문에 대한 답으로 편지를 써서 이렇게 답했다.

> 수년 동안 나는 이 절망적인 후회의 주제에 대해 말할 수 없었고, 그녀의 이름조차 언급할 수 없었지만 그녀의 이미지는 끊임없이 내 앞에 있었고, 나는 끊임없이 그녀를 꿈꿨다.

어빙은 1815년 유럽으로 돌아와 17년 동안 그곳에서 살았다. 1820년에는 그의 가장 유명한 작품인 『립 밴 윙클』과 『슬리피 할로의 전설』을 포함한 이야기 모음집 『신사 제프리 크레용의 스케치북(The Sketch Book of Geoffrey Crayon, Gent)』을 출간했다. 이 이야기들은 단편 소설이라는 장르의 첫 사례로 여겨지며, 고딕적이면서도 유머러스하다.

스페인에 거주하던 1832년, 어빙은 무어-스페인(Moorish Spain)의 역사와 이야기를 담은 『알함브라』를 출간했다. 몇 년 후 미국으로 돌아온 어빙은 스페인으로 돌아와 1842~1845년 존 타일러(John Tyler) 대통령 밑에서 스페인 주재 미국 장관을 역임했다.

어빙은 1846년 미국으로 돌아와 뉴욕 태리타운의 서니사이드(Sunnyside, Tarrytown)에 있는 자신의 집으로 다시 이사했다. 말년에는 소설을 덜 썼다. 그의 작품에는 에세이, 시, 여행기, 전기 등이 있다. 평생 동안 시인 올리버 골드스미스, 예언자 무함마드, 크리스토퍼 콜럼버스의 전기를 출간했다.

어빙은 뉴욕시의 별칭으로 '고섬(Gotham)'이라는 단어를 만든 것을

워싱턴 어빙(Washington Irving)

약력: 미국 단편 소설의 아버지, 전기 작가, 역사가, 외교관
별명: 디트리히 니커보커(Dietrich Knickerbocker), 조나단 올드스타일(Jonathan Oldstyle), 제프리 크레용(Geoffrey Crayon)
출생: 1783년 4월 3일, 뉴욕시
부모: 윌리엄 어빙(William Irving), 사라 샌더스(Sarah Sanders)
사망: 1859년 11월 28일 뉴욕 주 태리 타운
학력: 로스쿨
작품: 뉴욕의 역사(A History of New York), 스케치북(The Sketch Book), 브레이스 브리지 홀(Bracebridge Hall), 알함브라 궁전(The Alhambra), 조지 워싱턴의 생애(The Life of George Washington)
약혼녀: 마틸다 호프만(Matilda Hoffmann)
명언: 비록 그것이 나쁜 것에서 더 나쁜 것으로의 변화일지라도 변화에는 어떤 안도감이 있다. 무대 위를 달리는 마차를 타고 여행하면서 느낀 것처럼, 새로운 곳에서 위치를 바꾸고 멍이 드는 것은 종종 위안이 된다. (There is a certain relief in change, even though it be from bad to worse; as I have found in travelling in a stage-coach, that it is often a comfort to shift one's position and be bruised in a new place.)

비롯해 미국 관용어에 기여한 바가 많다. 어빙은 또한 "전지전능한 달러(the almighty dollar)"라는 표현을 최초로 사용하기도 했다.

어빙은 인기가 높아지면서 70대까지 일과 서신을 계속 이어갔다. 그는 자신의 이름을 딴 조지 워싱턴에 대한 5권짜리 전기를 사망 8개월 전에 완성했다.

워싱턴 어빙은 1859년 11월 28일 뉴욕의 태리타운(Tarrytown)에서 심장마비로 사망했다. 그는 잠자리에 들기 전 이렇게 말하며 자신의 죽음을 예견한 듯했다. 어빙은 슬리피 할로 공동묘지(Sleepy Hollow Cemetery)에 묻혔다.

또 다른 피곤한 밤을 위해 베개를 준비해야겠군! 이게 끝날 수만 있다면!
Well, I must arrange my pillows for another weary night! If this could only end!

미국의 문학 학자 프레드 루이스 패티(Fred Lewis Pattee)는 어빙의 공헌을 다음과 같이 요약했다.

그는 단편 소설을 대중화했고, 산문에서 교훈적인 요소를 제거하고 오로지 오락을 위한 문학적 형식으로 만들었다. 풍부한 분위기와 어조의 통일성을 더했고, 확실한 지역성과 실제 미국 풍경과 사람들을 추가했다. 독특한 실행력과 인내심 있는 솜씨를 가져왔고, 유머와 경쾌함을 더했으며, 독창적이었고, 항상 확실한 개인인 캐릭터를 창조했다. 완벽하고 아름다운 스타일을 단편 소설에 부여했다.

1940년, 어빙은 '유명한 미국인' 시리즈 우표에 처음으로 등장한다.

월트 디즈니(Walt Disney)

월트 디즈니는 미국의 영화 및 텔레비전 제작자이자 쇼맨으로, 미키 마우스를 비롯한 만화 영화의 선구자이자 놀이공원 디즈니랜드와 디즈니월드의 창시자로 유명하다.

월터 엘리아스 월트 디즈니(Walter Elias Walt Disney)는 동생 로이(Roy)와 함께 월트 디즈니 프로덕션을 공동 설립하여 세계에서 가장 유명한 영화 제작사가 되었다. 디즈니는 혁신적인 애니메이터로 만화 캐릭터 미키 마우스를 만들었다. 생전에 22개의 아카데미상을 수상했으며 테마파크인 디즈니랜드와 월트 디즈니월드의 설립자이다.

디즈니는 1901년 12월 5일 일리노이주 시카고의 헤르모사(Hermosa) 지역에서 태어났다. 그는 어린 시절의 대부분을 미주리주 마르셀린(Marceline)에서 살면서 이웃과 가족 친구들에게 그림을 그려서 팔기 시작했다.

1911년 그의 가족은 캔자스시티로 이사했고, 그곳에서 디즈니는 기차에 대한 애정을 키웠다. 그의 삼촌인 마이크 마틴(Mike Martin)은 아이오(Iowa)와 포트 매디슨(Fort Madison)과 마르셀린 사이의 노선을 운행하는 기차 기관사였다. 나중에 디즈니는 철도에서 여름철 아르바이트를 하며 여행객들에게 스낵과 신문을 판매했다.

디즈니는 시카고에 있는 맥킨리(McKinley) 고등학교에 다니며 그림과 사진 수업을 들었고 학교 신문에 만화가로 기고하기도 했다. 밤에는 시카고 아트 인스티튜트(the Art Institute of Chicago)에서 수업을 들었다.

디즈니는 16세 때 군대에 입대하기 위해 학교를 그만두었지만 미성년자라는 이유로 입대를 거부당했다. 대신 적십자사에 입대하여 1년 동안 프랑스에 파견되어 구급차 운전사로 일했다. 1919년 미국으로 돌아왔다.

1919년, 디즈니는 신문 삽화가로 일하기 위해 캔자스시티로 이사했다. 그의 형인 로이는 그를 페스멘-루빈 아트 스튜디오(the Pesmen-Rubin Art Studio)에 취직시켰고, 그곳에서 만화가 우베 에르트 이워크(Ubbe Eert Iwwerks)로 더 잘 알려진 만화가 우베 이워크를 만났다. 이후 디즈니는 캔자스시티 필름 광고 회사에서 일하며 컷아웃 애니메이션[16]을 기반으로 한 광고를 제작했다.

이 무렵 디즈니는 손으로 그린 셀 애니메이션[17]을 만들면서 카메라로 실험을 시작했다. 그는 자신의 애니메이션 사업을 시작하기로 결심했다. 광고 회사에서 그는 프레드 하먼(Fred Harman)을 첫 직원으로 채용했다.

디즈니와 하먼은 캔자스시티 지역 극장과 계약을 맺고 〈래프 오 그램(Laugh-O-Gram)〉이라는 이름의 만화를 상영했다. 만화는 큰 인기를 끌었고 디즈니는 스튜디오를 인수해 '래프 오 그램'이라는 이름을 붙였다.

'래프 오 그램'은 아이웍스와 하먼의 동생 휴(Hugh)를 비롯한 여러 직원을 고용했다. 이들은 실사와 애니메이션을 결합한 7분짜리 동화

---

[16] 종이 위에 형태를 그리고 잘라낸 다음 각각의 종이를 한 장면씩 움직여 가면서 촬영하여 연속 동작을 만드는 기법이다.
[17] 셀 위에 그려진 연속적인 그림을 한 프레임씩 끊어서 촬영한 후 정상 속도로 재생하여 연속적인 움직임을 창조하는 방식이다.

시리즈를 제작했는데, 이를 〈만화 나라의 앨리스(Alice in Cartoonland)〉, 〈이상한 나라의 앨리스〉라고 불렀다.

하지만 1923년, 스튜디오는 빚더미에 앉게 되었고 디즈니는 파산을 선언할 수밖에 없었다.

디즈니와 그의 동생 로이는 1923년 만화가 우브 아이웍스와 함께 할리우드로 이주했고, 세 사람은 그곳에서 디즈니 브라더스 카툰 스튜디오를 시작했다. 곧 로이의 제안에 따라 회사 이름을 월트 디즈니 스튜디오로 변경했다.

월트 디즈니 스튜디오의 첫 번째 계약은 뉴욕의 배급사 마가렛 윙클러(Margaret Winkler)와 앨리스 만화를 배급하는 것이었다. 또한 행운의 토끼 오스왈드(Oswald)라는 캐릭터를 개발하여 단편 애니메이션을 개당 1,500달러에 계약했다. 1920년대 후반, 스튜디오는 배급사와 계약을 끊고 미키 마우스와 그의 친구들이 등장하는 만화를 제작했다.

1939년 12월, 버뱅크에 월트 디즈니 애니메이션 스튜디오의 새 캠퍼스가 문을 열었다. 1941년 디즈니 애니메이터들이 파업에 돌입하면서 회사에 차질이 생겼다. 그들 중 다수가 사임했다. 회사가 완전히 회복되기까지는 몇 년이 걸렸다.

디즈니 스튜디오의 가장 인기 있는 만화 중 하나인 〈꽃과 나무(Flowers and Trees)〉(1932)는 최초로 칼러로 제작되어 오스카상을 수상했다. 1933년에는 〈아기 돼지 삼형제〉와 그 타이틀 곡 〈누가 크고 나쁜 늑대를 무서워하지?(Who's Afraid of the Big Bad Wolf?)〉가 대공황의 한가운데서 미국 전역의 테마가 되었다.

미키 마우스가 주연을 맡은 디즈니의 첫 번째 성공작은 사운드와 음악을 갖춘 단편 애니메이션 〈증기선 윌리(Steamboat Willie)〉였다. 이 영화는 1928년 11월 18일 뉴욕의 콜로니 극장(the Colony Theater)에서 개봉했다. 사운드가 막 영화에 도입되던 시기였고, 디즈니는 자신이 개발하고 수석 애니메이터인 우브 아이웍스가 그린 캐릭터인 미키의 목소리를 맡았다. 이 만화는 즉각적인 센세이션을 일으켰다.

디즈니 형제와 아내, 아이웍스는 필요에 의해 미키 마우스가 출연한 두 편의 무성 단편 애니메이션인 〈정신 나간 비행기(Plane Crazy)〉와 〈질주하는 가우초(The Gallopin' Gaucho)〉를 제작했다. 제작팀은 디즈니의 뉴욕 배급사인 마가렛 윙클러와 그녀의 남편인 찰스 민츠(Charles Mintz)가 오스왈드 캐릭터와 아이웍스를 제외한 모든 디즈니 애니메이터의 권리를 훔쳐갔다는 사실을 알게 되었다. 초창기 미키 마우스 영화 두 편은 배급에 실패했는데, 이미 사운드 기술이 영화 산업에 혁명을 일으키고 있었기 때문이었다.

1929년 디즈니는 미키의 새로운 친구들인 미니 마우스, 도널드 덕, 구피, 플루토가 등장하는 〈바보 같은 심포니(Silly Symphonies)〉를 제작했다.

디즈니는 100편이 넘는 장편 영화를 제작했다. 그의 첫 장편 애니메이션 영화는 1937년 12월 21일 로스앤젤레스에서 개봉한 「백설공주와 일곱 난쟁이」였다. 이 영화는 대공황에도 불구하고 상상할 수 없는 149만 달러의 수익을 올렸고 오스카상 8개를 수상했다. 이를 계기로 월트 디즈니 스튜디오는 이후 5년 동안 또 다른 장편 애니메이션 영화를 잇달아 완성했다.

1940년대 중반, 디즈니는 단편들을 장편 길이로 묶은 '패키지 장편'을 제작했다. 1950년에는 다시 한 번 장편 애니메이션에 집중했다. 디즈니가 직접 제작한 마지막 주요 성공작은 1964년에 개봉한 실사와 애니메이션을 혼합한 영화 〈메리 포핀스(Mary Poppins)〉였다.

디즈니의 가장 유명한 다른 영화는 다음과 같다.

피노키오(1940)

판타지아(1940)

덤보(1941)

밤비(1942)

신데렐라(1950)

보물섬(1950)

이상한 나라의 앨리스(1951)

피터 팬(1953)

레이디와 트램프(1955)

잠자는 숲속의 공주(1959)

101 달마시안(1961)

디즈니는 텔레비전을 엔터테인먼트 매체로 활용한 최초의 기업이다. 조로와 데이비 크로켓 시리즈(The Zorro and Davy Crockett)는 어린이들에게 큰 인기를 끌었고, 미키 마우스 클럽은 마우스케티어스(the Mouseketeers)라는 10대 출연진이 등장하는 버라이어티 쇼였다. 월트 디즈니의 '원더풀 월드 오브 컬러(Walt Disney's Wonderful World of Color)'는 디즈니가 새로운 테마파크를 홍보하는 데 사용한 인기 일요일 밤 엔터테인먼트 쇼였다.

월트 디즈니 파크는 다음과 같다. 이는 여전히 대중들에게 많은 사랑을 받고 있다.

디즈니랜드

디즈니의 1,700만 달러 규모의 디즈니랜드 테마파크는 1955년 7월

17일 캘리포니아 애너하임에 오렌지 과수원이었던 곳에 문을 열었다. 배우이자 미래의 미국 대통령이었던 로널드 레이건(Ronald Reagan)이 개장식을 주재했다. 수천 장의 위조 초대장 배포 등 여러 가지 사고로 소란스러웠으나 개장일 이후, 디즈니랜드는 어린이와 가족들이 놀이기구를 즐기고, 디즈니 캐릭터를 만날 수 있는 장소로 알려지게 되었다.

원래의 디즈니랜드는 수년에 걸쳐 방문객 수에 기복이 있었다. 디즈니랜드는 시간이 지남에 따라 놀이기구를 확장하고 플로리다주 올랜도 근처의 월트 디즈니 월드와 도쿄, 파리, 홍콩, 상하이를 통해

월트 디즈니(Walt Disney)

약력: 미국 애니메이터
본명: 월트 엘리아스 월트 디즈니(Walt Elias Disney)
출생: 1901년 12월 5일 일리노이주 시카고
부모: 엘리아스 디즈니(Elias Disney), 플로라 콜 디즈니(Flora Call Disney)
사망: 1966년 12월 15일 캘리포니아주 버뱅크
학력: 캔자스시티 아트 인스티튜트 디자인 스쿨(Kansas City Art Institute and School of Design)
작품: 피노키오(1940), 판타지아(1940), 덤보(1941), 밤비(1942), 신데렐라(1950), 보물섬(1950), 이상한 나라의 앨리스(1951), 피터 팬(1953), 레이디와 트램프(1955), 잠자는 숲속의 공주(1959), 101 달마시안(1961)
배우자: 릴리안 디즈니(Lillian Marie Disney)
자녀: 다이앤 디즈니 밀러(Diane Disney Miller), 샤론 메이 디즈니(Sharon Disney)
월트 디즈니에 대한 재미있는 사실: 디즈니는 10대였던 1918년 적십자에 가입한 후 1년간 프랑스에 파견되어 구급차를 운전하며 전쟁을 도왔다.
명언: 꿈을 꾸면 실현할 수 있습니다. (If you can dream it, you can do it.)

전 세계로 뻗어 나갔다. 자매 시설인 캘리포니아 어드벤처는 2001년에 로스앤젤레스에 개장했다.

월트 디즈니 월드

디즈니는 1955년 디즈니랜드가 개장한 지 몇 년 만에 새로운 테마파크를 계획하고 플로리다에 내일의 실험적 프로토타입 커뮤니티(Experimental Prototype Community of Tomorrow, EPCOT)를 개발하기 시작했다. 1966년 디즈니가 사망했을 때 이 테마파크는 건설 중이었다. 디즈니가 사망한 후 그의 동생인 로이가 플로리다 테마파크 완공 계획을 이어받아 1971년 '월트 디즈니 월드'라는 이름으로 개장했다.

디즈니는 1966년 폐암 진단을 받고 1966년 12월 15일 65세의 나이로 사망했다. 디즈니는 화장되었고 그의 유골은 캘리포니아주 로스앤젤레스의 포레스트 론 묘지(Forest Lawn Cemetery)에 안장되었다.

윌리엄 포크너(William Faulkner)

윌리엄 포크너의 초기 작품 대부분은 시였지만, 그는 미국 남부를 배경으로 한 소설로 『음향과 분노(The Sound and the Fury)』, 『죽음의 기간(As I Lay Dying)』, 『압살롬, 압살롬(Absalom, Absalom!)』 등의 작품으로 유명해졌다. 1931년 논란이 되었던 그의 소설 『성역(Sanctuary)』은 1933년

영화 〈진실(The Story of Temple Drake)〉과 1961년 두 편의 영화로 제작되었다. 포크너는 1949년 노벨 문학상을 수상했으며, 퓰리처상과 전미도서상도 두 차례나 수상했다.

남부 출신의 작가인 윌리엄 커스버트 포크너(William Cuthbert Falkner)는 1897년 9월 25일 미시시피주의 작은 마을 뉴올버니(New Albany)에서 태어났다. 그의 부모인 머리 포크너와 모드 버틀러는 7년 전 미시시피주 리플리(Ripley) 마을 광장에서 총에 맞아 숨진 모험적이고 영리한 인물인 그의 증조부 윌리엄 클라크 포크너(William Clark Falkner)의 이름을 따서 포크너라는 이름을 지었다. 윌리엄 클라크 포크너는 평생 동안 철도 금융가, 정치인, 군인, 농부, 사업가, 변호사로 일했으며, 황혼기에는 베스트셀러 작가로도 활동했다.

윌리엄 포크너는 미국 남부를 배경으로 한 초기 소설에서 증조부에 대한 이야기를 쓰며 증조부의 유산을 소중히 간직했다. 포크너의 어머니 모드와 할머니 렐리아 버틀러는 열렬한 독서가이자 훌륭한 화가이자 사진작가였으며, 선과 색채의 아름다움을 포크너에게 가르쳤다. 포크너가 '엄마(mammy)'라고 불렀던 한 여성이 있었다. 그녀는 캐롤라인 바(Caroline Barr)라는 흑인 여성이었다. 그녀는 포크너가 태어날 때부터 집을 떠날 때까지 그를 키웠고 그의 성장에 큰 영향을 미쳤다. 그녀의 장례식에서 포크너는 애도하는 사람들에게 그녀는 자신에게 옳고 그름을 가르쳐 주었고, 포크너의 가족에게 충성했다고 말했다.

10대 시절 포크너는 그림 그리기에 푹 빠졌다. 또한 시를 읽고 쓰는 것을 매우 즐겼다. 실제로 12세 무렵에는 스코틀랜드의 낭만주의 시인, 특히 로버트 번즈(Robert Burns)와 영국의 낭만주의 시인 A. E. 하우스만(A. E. Housman)과 A. C. 스윈번(A. C. Swinburne)을 의도적으로 모방하기 시작했다. 그러나 그의 뛰어난 지능에도 불구하고, 학교 생활이 너무나 지루해 고등학교를 중퇴한다. 중퇴 이후 포크너는 목공 일을 하고 할아버지의 은행에서 간헐적으로 점원으로 일했다.

이 기간 동안 포크너는 에스텔 올드햄을 만났다. 두 사람이 만났을 당시 그녀는 인기도 많고 발랄한 매력으로 포크너의 마음을 단숨에 사로잡았다. 두 사람은 한동안 데이트를 했지만 코넬 프랭클린(Cornell Franklin)이라는 다른 남자가 포크너보다 먼저 그녀에게 청혼했다. 에스텔은 프랭클린이 하와이 영토군 소령으로 임관한 지 얼마 되지 않았고 곧 근무를 위해 떠날 예정이었기 때문에 프러포즈를 가볍게 받아들였다. 에스텔은 자연스럽게 무마되기를 바랐지만 몇 달 후 프랭클린은 약혼 반지를 우편으로 보냈다. 프랭클린은 미시시피 대학교 법학과를 졸업하고 명망 높은 집안 출신이었기 때문에 에스텔의 부모님은 그녀에게 청혼을 수락하라고 권유했다.

에스텔의 약혼에 괴로워하던 포크너는 그의 시에 감명을 받은 지역 변호사 필 스톤(Phil Stone)을 새로운 스승으로 삼았다. 스톤은 포크너를 코네티컷 주 뉴헤이븐(New Haven)으로 초대해 함께 살게 했다. 그곳에서 스톤은 포크너의 글쓰기에 대한 열정을 키워주었다. 포크너는 산문에 몰두하는 동안 저명한 소총 제조업체인 윈체스터사(the Winchester Repeating Arms Company)에서 일했다. 유럽에서 벌어진 전쟁에 이끌려 1918년 영국 왕립 비행단에 입대하여 캐나다 왕립 공군에서 조종사 훈련을 받았다. 그는 이전에 미군에 입대하려 했으나 키가 작다는 이유로 입대를 거부당했다(키가 5피트 6인치, 168cm에 약간 못 미쳤다). 영국 공군에 입대하고 싶었던 포크너는 영국인처럼 보이기 위해 출생지와 성을 포크너(Falkner)에서 포크너(Faulkner)로 바꾸는 등 몇 가지 사실에 대해 거짓말을 했다.

포크너는 영국과 캐나다 기지에서 훈련을 받았고, 전쟁이 끝나기 직전 토론토에서 복무를 마쳤으나 위험에 처한 적은 없었다. 포크너는 과장하는 데 능숙한 사람으로, 고향에 있는 친구들을 위해 자신의 경험을 꾸미고 때로는 완전히 조작된 전쟁 이야기를 들려주기도 했다. 그는 자신의 명성을 높이기 위해 미시시피로 돌아갈 때까지 중위 제복을 입었다.

1919년 포크너는 미시시피 대학교에 입학했다. 그는 학생 신문인 『미시시피안(the Mississippian)』에 글을 기고하면서 시와 단편 소설등을 썼다. 하지만 세 학기 동안 학업에 소홀한 학생으로 지내다 중퇴했다. 그는 뉴욕에서 서점 조수로 잠시 일하고 대학 우체국장으로 2년간 일했으며, 지역 부대의 스카우트 대장으로 잠시 근무하기도 했다.

1924년, 필 스톤(Phil Stone)은 포크너의 시집인 『대리석의 목신상(The Marble Faun)』을 출판사에 가져다주었다. 1,000부가 발행된 직후 포크너는 뉴올리언스로 이주했다. 그곳에서 그는 도시의 문인들을 단결시키고 육성하는 데 기여한 지역 잡지 『더 더블 딜러(The Double Dealer)』에 여러 편의 에세이를 발표했다. 1926년 포크너는 첫 소설인 『군인의 월급(Soldiers' Pay)』을 출간하는 데 성공했다. 1925년 출간이 승인되자마자 그는 뉴올리언스에서 유럽으로 건너가 파리에 몇 달간 살았다. 머무는 동안 그는 아파트에서 가까운 도보 거리에 있던 룩셈부르크 정원에 대해 글을 썼다.

루이지애나에서 친구가 된 미국 작가 셔우드 앤더슨(Sherwood Anderson)은 포크너에게 몇 가지 조언을 해주었다. 앤더슨은 포크너에게 고향인 미시시피에 대해 글을 써보라고 말했다. 이 콘셉트에서 영감을 받은 포크너는 어린 시절의 장소와 사람들에 대해 글을 쓰기 시작했고, 증조부인 윌리엄 클라크 포크너를 비롯해 그가 함께 자랐거나 들어본 실제 인물들을 바탕으로 다채로운 캐릭터를 생각해 냈다.

1929년에 발표한 유명한 소설 『음향과 분노』를 위해 그는 미시시피주 옥스포드가 위치한 라파예트 카운티(Lafayette County)와 거의 동일한 가상의 요크나파타우파 카운티를 만들어 냈다. 1년 후인 1930년 포크너는 『죽음의 기간』을 발표했다.

포크너는 남부 연설을 충실하고 정확하게 받아쓰는 것으로 유명해졌다. 또한 노예제와 남부 귀족 등 많은 미국 작가들이 어둠 속에 남겨둔 사회 문제를 대담하게 조명했다. 1931년 포크너는 많은 고민 끝에 올레 미스 대학(Ole Miss)에서 일어난 한 젊은 여성의 강간과 납치에 초점을 맞춘 이야기인 『성역』을 출간했다. 일부 독자들은 충격과 경악을 금치 못했지만 이 작품은 상업적으로 성공했고 그의 경력에 중요한 돌파구가 되었다. 몇 년 후인 1950년에는 전통적인 산문과 희곡 형식을 혼합한 속편인 『한 수녀를 위한 진혼곡(Requiem for a Nun)』을 출간했다.

개인적으로 포크너는 이 시기에 환희와 영혼을 뒤흔드는 슬픔을 동시에 경험했다. 『음향과 분노』와 『성역』 출간 사이에 그의 오랜 연인 에스텔 올드햄은 코넬 프랭클린과 헤어졌다. 여전히 그녀를 깊이 사랑했던 포크너는 즉시 자신의 감정을 드러냈고, 두 사람은 6개월 만에 결혼했다. 에스텔은 임신을 했고 1931년 1월에 딸을 낳았는데, 그 이름을 앨라배마라고 지었다. 안타깝게도 아기는 미숙아로 태어나 일주일 남짓밖에 살지 못했다. 포크너의 단편 소설집인 이 13편의 제목은 '에스텔과 앨라배마(Estelle and Alabama)'로 아내와 딸에게 헌정되었다.

포크너의 다음 소설인 『8월의 양광(Light in August)』(1932)은 요크나파타우파 카운티의 추방자들의 이야기를 다루고 있다. 이 소설에서 포크너는 인종이 불분명한 남성 조 크리스마스(Joe Christmas), 흑인의 투표권을 지지하다 잔인하게 살해당한 여성 조안나 버든(Joanna Burden), 아기의 아버지를 찾는 기민하고 단호한 젊은 여성 레나 그로브(Lena Grove), 환각에 사로잡힌 게일 하이타워 목사(Gail Hightower)를 독자들에게 소개한다.

타임지는 1923년부터 2005년까지 최고의 영어 소설 100편을 선정했다. 『음향과 분노』와 『8월의 양광』이 선정된 목록에 있다.

포크너는 여러 권의 주목할 만한 책을 출간한 후 시나리오 작가로 전향했다. 메트로 골드윈 마이어(Metro-Goldwyn-Mayer)와 6주 계약을 시작으로 그는 조안 크로포드(Joan Crawford), 게리 쿠퍼(Gary Cooper) 주연의 1933년 작 『오늘 우리는 살고 있다(Today We Live)』를 공동 집필했다. 포크너의 아버지가 돌아가시고 돈이 필요해진 그는 나중에 〈진실〉(1933)의 영화 판권을 팔기로 결정했다. 같은 해 에스텔은 부부의 유일한 생존 자녀인 질을 낳았다. 1932년부터 1945년까지 포크너는 할리우드를 수십 차례 방문하여 시나리오 작가로 일하며 수많은 영화에 참여하거나 각본을 썼다. 그러나 포크너는 이 일에 영감을 받은 것이 아니라 순전히 금전적 이득을 위해 이 일을 했다.

이 기간 동안 포크너는 서사시적인 가족 이야기인 〈압살롬, 압살롬!〉(1936), 풍자극 〈햄릿〉(1940), 〈가라, 모세여(Go Down, Moses)〉(1942) 등을 발표했다.

1946년 말콤 카울리(Malcolm Cowley)가 『포크너 모음집(The Portable Faulkner)』을 출간하면서 포크너의 작품에 대한 관심이 되살아났다. 2년 후 포크너는 살인 누명을 쓴 흑인 남자의 이야기인 『사막의 침입자(Intruder in the Dust)』를 출간했다. 그는 영화 판권을 5만 달러에 MGM에 판매할 수 있었다.

포크너의 가장 위대한 직업적 순간 중 하나는 1949년 노벨 문학상을 수상하고 이듬해에 상을 받았을 때였다. 위원회는 그를 미국 문학을 대표하는 가장 중요한 작가로 선정했다. 이러한 관심으로 그는 전미 도서상 소설 부문과 뉴올리언즈 명예 작가등 많은 상을 수상했다. 또한 1951년에는 『윌리엄 포크너의 이야기 모음집(The Collected Stories of William Faulkner)』으로 전미 도서상을 수상하기도 했다. 몇 년 후 포크너는 1차 세계대전 당시 프랑스를 배경으로 한 소설 『우화(A Fable)』로 1955년 퓰리처상 소설 부문 수상과 함께 또 다른 문학상인 내셔널 북 어워드를 수상했다.

1961년 1월, 포크너는 버지니아 대학교의 윌리엄 포크너 재단에 자신의 주요 원고와 개인 논문 다수를 기증했다. 1962년 7월 6일, 공교롭게도 포크너의 생일과 같은 날 포크너는 심장마비로 사망했다. 포크너는 1963년 『리버스(The Reivers)』로 두 번째 퓰리처상을 사후에 수상했다.

윌리엄 포크너(William Faulkner)

약력: 소설가
출생: 1897년 9월 25일 미시시피주 뉴 알바니
부모: 머리 포크너(Murry Falkner) 모드 버틀러(Maud Butler)
사망: 1962년 7월 6일 미시시피주 비할리아
학력: 미시시피대학교
작품: 음향과 분노, 죽음의 기간, 8월의 빛, 압살롬, 압살롬
배우자: 에스텔 올드햄(Estelle Oldham)
자녀: 질 폴크너(Jill Faulkner)
명언: 동료나 전임자들을 이기려고 노력할 필요가 없다. 자신을 이기려고 노력하자. (Don't bother just to be better than your contemporaries or predecessors. Try to be better than yourself.)

포크너는 인상적인 문학적 유산을 남겼으며, 미국 남부 지방의 아름다움과 어두운 과거가 지닌 엄청난 복잡성을 전문적으로 포착하여 미국 남부의 존경받는 작가로 남아 있다.

오프라 윈프리(Oprah Winfrey)

오프라 윈프리는 에미상(미국 텔레비전계 최고의 상) 수상 경력이 있는 토크쇼 진행자이자 미디어 경영자, 아카데미상 후보에 오른 배우, 자선사업가이다. 1986년부터 2011년까지 25시즌 동안 방영된 인기 프로그램인 '오프라 윈프리 쇼'의 진행자로 가장 잘 알려져 있다. 이 프로그램의 성공으로 그녀는 2003년에 세계 최초의 흑인 여성 억만장자가 되었다. 윈프리의 미디어 제국은 TV 네트워크, 오프라 윈프리 네트워크, 라이프스타일 잡지 브랜드를 포함하는 규모로 성장했다. 1994년에는 텔레비전 아카데미 명예의 전당에 헌액되었으며, 2018년에는 엔터테인먼트에 대한 탁월한 공로를 인정받아 흑인 여성 최초로 골든 글로브에서 세실 B. 드밀상(the Cecil B. DeMille Award)을 수상했다.

오프라 게일 윈프리는 1954년 1월 29일 미시시피주 코시우스코(Kosciusko)의 시골 마을에서 태어났다. 이모 아이다는 성경 속 인물인 오르파(Orpah)의 이름을 따서 이름을 지었지만, 곧 가족들은 발음하기 쉬운 오프라(Oprah)라는 철자를 썼다. 작은 농촌 마을에서 어머니 버니타 리의 친척과 친구들에게 성적 학대를 당하는 등 힘든 청소년기를 보낸 윈프리는 이발사이자 사업가인 아버지 버논 윈프리와 함께 살기 위해 내슈빌로 이사했다.

윈프리는 이스트 내슈빌 고등학교(East Nashville High School)에 다녔다. 1972년 미스 블랙 내슈빌 대회에서 우승했다. 이후 미스 블랙 테네시, 미스 블랙 아메리카에 출전하게 된다.

1971년 윈프리는 테네시 주립대학교에 입학하여 연설 커뮤니케이션과 공연 예술을 전공했다. 내슈빌에서 라디오와 텔레비전 방송 일을 시작했고, 1975년 학위 취득에 1학점이 모자라 대학을 중퇴했다. 몇 년 후, 그녀는 학업을 재개하여 1986년 테네시 주립대를 졸업했다.

1976년, 윈프리는 메릴랜드주 볼티모어로 이주하여 TV 토크쇼 'People Are Talking'을 진행했다. 이 쇼가 인기를 끌자 윈프리는 8년 동안 이 쇼를 진행했고, 그 후 시카고 TV 방송국에서 자신의 모닝쇼인 'A.M. Chicago'의 진행자로 영입되었다.

이 시간대의 주요 경쟁자는 필 도나휴(Phil Donahue)였다. 몇 달 만에 윈프리의 개방적이고 따뜻한 개인적 스타일은 도나휴보다 10만 명의 시청자를 더 확보했고, 그녀의 쇼는 시청률 꼴찌에서 1위로 올라섰다.

윈프리는 1986년 오프라 윈프리 쇼를 시작해 첫 흑인 여성 진행자가 되었다. 이 프로그램은 2011년까지 25년 동안 운영되었다.

120개 채널에 배치되고 1,000만 명의 시청자를 확보한 이 쇼는 첫해 말까지 총 1억 2,500만 달러의 수익을 올렸으며, 이 중 윈프리가 받은 수익은 3,000만 달러에 달했다. 그녀는 곧 ABC로부터 프로그램의 소유권을 획득하여 새로운 제작사인 하포(Harpo)프로덕션('오프라'의 철자를 거꾸로 쓴 것)을 만들고 자신의 프로그램을 이곳에서 관리하도록 했다. 그녀는 많은 돈을 벌었다.

1994년, 토크쇼가 점점 더 자극적이고 선정적으로 변해가는 가운데 윈프리는 자신의 쇼에서 선정적인 주제를 다루지 않겠다고 약속했다. 처음에는 시청률이 떨어졌지만 시청자들의 존경을 받았고 곧 인기 급상승으로 보답을 받았다.

2004년에 윈프리는 2010-11시즌까지 '오프라 윈프리 쇼'를 계속 진행하기로 새로운 계약을 체결했다. 당시 이 쇼는 미국 전역의 약 212개 방송국과 전 세계 100개국 이상에서 시청되었다. 2009년, 윈프리는 ABC와의 계약이 종료되는 2011년에 프로그램을 종료한다고 발표했다.

방송이 끝날 때까지 오프라 윈프리 쇼는 뛰어난 토크쇼 부문에서 9개, 윈프리가 뛰어난 토크쇼 진행자 부문에서 7개 등 수십 개의 주간 에미상을 수상했다. 이 토크쇼는 '오프라의 북 클럽', '오프라가 가장 좋아하는 것들' 등 인기 시리즈의 발판이 되어 주었다.

윈프리는 1996년 9월 토크쇼의 한 코너로 오프라의 북클럽을 시작하여 출판계에 큰 기여를 했다. 그녀의 첫 번째 선정 도서는 재클린 미처드(Jacquelyn Mitchard)의 『사랑이 지난간 자리(The Deep End of the Ocean)』였다. 그 외에도 토니 모리슨(Toni Morrison)의 『솔로몬의 노래 (Song of Solomon)』, 미셸 오바마의 2018년 회고록 『비커밍』 등이 선정되었다.

이 프로그램을 통해 많은 무명 작가들이 베스트셀러 목록의 상위권에 올랐다. 오프라 윈프리 쇼가 종영한 이후 북클럽은 O, 오프라 매거진, Apple TV+ 시리즈, 팟캐스트 등을 통해 계속되고 있다.

토크쇼의 마지막 시즌에서 윈프리는 패트리샤(Patricia)라는 이복 여동생이 있다는 가족 비밀을 공개하면서 시청률이 치솟았다.

윈프리의 어머니인 버니타 리는 1963년에 딸을 낳았다. 당시 윈프리는 9살이었으며 아버지와 함께 살고 있었다. 리는 돌봐야 할 아이가 또 생기면 생활 보호 대상자의 상황에서 벗어날 수 없을 거라 생각하여 아이를 입양 보냈다. 패트리샤는 7살 때까지 여러 위탁 가정에서 살았다.

패트리샤는 성인이 된 후 입양 기관을 통해 생모와 연락을 시도했지만 리는 만나기를 원하지 않았다. 패트리샤는 수소문 끝에 윈프리의 조카와 연락이 닿았고, 두 사람은 DNA 검사를 통해 서로 가족 관계임을 확인했다.

윈프리는 1999년에 여성용 케이블 및 온라인 프로그램 제작을 위해 공동 설립한 '옥시즌 미디어(Oxygen Media)'라는 회사를 설립했다.

2011년 오프라 윈프리 쇼가 종영한 직후, 윈프리는 자신이 투자한 오프라 윈프리 네트워크에 합류했다.

재정적으로 불안정한 출발이었지만, 2013년 1월에 윈프리와 '프랑스 일주 국제 사이클 대회(Tour de France)' 7회 우승자인 랜스 암스트롱(Lance Armstrong)의 인터뷰를 방영하면서 OWN은 화제를 모았다. 2012년 도핑으로 인해 투르 타이틀(Tour titles)을 박탈당한 미국 사이클리스트 암스트롱은 경기력 향상 약물을 선수 생활 내내 사용했다고 인정했다. 이 인터뷰로 인해 해당 네트워크는 수백만 달러의 수익을 올린 것으로 알려졌다.

2015년 3월, 윈프리는 시카고에 본사를 둔 하포 스튜디오를 연말에 폐쇄하고 로스앤젤레스에 본사를 둔 OWN으로 프로덕션 운영을 통합할 것이라고 발표했다.

2017년 12월, '디스커버리(Discovery)'는 창업자로부터 회사의 지분 24.5%를 7000만 달러에 인수하여 OWN의 대주주가 되었다. 윈프리는 계약 조건에 따라 OWN의 지분 25.5%를 유지하며 최고 경영자 자리를 유지했다. 2020년 12월, 윈프리는 네트워크 지분의 20.5%를 디스커버리에 추가로 매각했다.

윈프리의 매우 성공적인 월간지 『오: 오프라 매거진(O: The Oprah Magazine)』은 2000년에 첫 출발을 했다. 2021년에 윈프리는 '사려 깊은 디지털 스토리텔링, 분기별 인쇄판, 특별 회원 전용 커뮤니티'를 특징으로 하는 『오프라 데일리(Oprah Daily)』를 발표했다.

이 간행물을 통해 윈프리는 토크쇼에서 처음 소개한 최고의 연말 선물 목록인 「오프라가 가장 좋아하는 것들」을 계속해서 공유해 왔다. 20번째 에디션은 2017년에 아마존에 소개되었다.

2018년 6월, 윈프리는 Apple을 위한 오리지널 콘텐츠를 제작하는 다년간의 계약에 동의했다. 2019년 9월, 윈프리는 오프라의 북클럽을 Apple TV+ 스트리밍 서비스에 선보이며 첫 번째 에피소드에 타네히시 코츠(Ta-Nehisi Coate)의 '더 워터 댄서(The Water Dancer)'가 등장할 예정이라고 발표했다.

Apple과의 파트너십의 일환으로 윈프리는 음악 프로듀서 러셀 시몬스(Russell Simmons)를 성추행 혐의로 고발한 여러 여성에 관한 다큐멘터리 '온 더 레코드(On the Record)'의 총괄 프로듀서로 참여했다. 그러나 윈프리는 이 다큐멘터리가 2020년 선댄스 영화제에서 상영되기 직전에 갑자기 지원을 철회했다.

2020년부터 Apple TV+는 영화, 음악 등 다양한 분야의 스타들과의 인터뷰 시리즈인 '오프라의 대화(The Oprah Conversation)'를 방영하기 시작했다. 윌 스미스(Will Smith), 돌리 파튼(Dolly Parton), 스티비 원더(Stevie Wonder), 버락 오바마 전 대통령 등이 오프라 윈프리의 게스트로 출연했다.

윈프리는 퓰리처상을 수상한 앨리스 워커의 소설을 원작으로 한 스티븐 스필버그의 1985년 영화 〈컬러 퍼플〉에서 획기적인 연기를 선보였다. 주인공 셀리(Celie)의 친구 소피아 존슨(Sofia Johnson) 역을 맡아 아카데미 여우조연상 후보에 올랐다.

2005년, 윈프리는 토니상 후보에 11번이나 오른 뮤지컬 '컬러 퍼플'의 프로듀서 중 한 명으로서 2008년까지 이 작품에 새로운 생명을 불어넣는 데 도움을 주었다. 2015년 윈프리가 공동 프로듀서로 참여한 이 뮤지컬의 리바이벌 공연은 토니상을 수상했다.

영화 〈컬러 퍼플〉 이후 윈프리는 TV 프로그램과 영화에 출연했지만, 그 다음으로 큰 역할은 1998년 영화 〈빌러비드(Beloved)〉에 출연한 것 이었다. 윈프리가 제작을 도운 이 영화는 토니 모리슨의 퓰리처상 수상 소설을 원작으로 했다.

2013년에는 리 다니엘스(Lee Daniels) 감독의 역사 드라마 〈더 버틀러(The Butler)〉에서 주인공 세실 게인스(Cecil Gaines)의 아내 글로리아 게인스(Gloria Gaines) 역을 맡았다. 그녀의 연기는 스크린 배우 조합상 후보에 오르는 등 호평을 받았다.

윈프리는 〈샬롯의 거미줄〉(2006), 〈공주와 개구리〉(2009), 〈셀마〉(2014), 〈시간의 주름〉(2018)에도 출연했다.

포브스지에 따르면 윈프리는 20세기 가장 부유한 아프리카계 미국인이었다. 그녀는 2003년에 세계 유일의 흑인 억만장자가 되었고, 3년 연속으로 그 자리를 지켰다. 라이프 잡지는 그녀를 당대 가장 영향력 있는 여성으로 칭송했다.

2005년 '비즈니스 위크(Business Week)'는 윈프리를 미국 역사상 가장 위대한 흑인 자선사업가로 선정했다. 그녀는 수년에 걸쳐 오프라의 천사 네트워크, 오프라 윈프리 재단, 오프라 윈프리 자선 재단 등 여러 자선 단체를 설립했다. 1998년부터 운영을 중단한 2010년 9월까지 오프라의 천사 네트워크는 전 세계 학교와 허리케인 카트리나 피해자 등을 지원하기 위해 8천만 달러 이상을 모금했다.

윈프리는 전 세계 청소년을 위한 헌신적인 후원자이며 아동의 권리를 옹호하는 활동에도 앞장서고 있다. 그녀는 남아프리카공화국에 '남아프리카공화국의 차세대 리더'를 교육하고 영감을 주는 안전한 공간으로 '오프라 윈프리 소녀 리더십 아카데미'를 설립했다. 이 학교는 2007년에 문을 열었다. 1994년 당시 빌 클린턴 대통령은 윈프리가 의회에 제안한 법안에 서명하여 전국적으로 유죄 판결을 받은 아동학대범의 데이터베이스를 구축하는 법안을 통과시켰다.

2018년 2월 플로리다의 마조리 스톤맨 더글러스 고등학교(Florida's Marjory Stoneman Douglas High School)에서 총격 사건이 발생해 17명이 사망한 후 윈프리는 조지 클루니와 아말 클루니(Amal Clooney)의 모범을 따라 다음 달에 예정된 '우리의 생명을 위한 행진(the March for Our Lives)' 시위에 50만 달러를 기부하겠다고 발표했다.

2007년 12월, 윈프리는 당시 민주당 대통령 후보였던 버락 오바마를 위해 선거운동을 펼쳤고 당시 예비선거 시즌 중 가장 많은 관중을 끌어 모았다. 버락 오바마의 선거 유세 현장에 윈프리가 동행했다. 윈프리가 정치 후보를 위해 선거운동을 한 것은 이번이 처음이었다.

1999년에 도널드 트럼프는 래리 킹 라이브에서 자신이 대통령에 출마한다면 윈프리를 러닝메이트로 삼고 싶다고 말했다. 2016년 대통령에 당선된 후 트럼프는 자신이 출마하기 전까지 윈프리와 친구였다고 말했다. 2018년 골든글로브 연설에서 윈프리는 미국의 인종차별적 환경을 비판했고, 이후 팬들은 그녀가 2020년에 대통령 선거에 출마할 것이라고 추측했다. 그러나 윈프리는 대통령 선거에 출마할 의사가 없다고 밝혔다.

윈프리는 스크린 안팎에서 활동한 공로를 인정받아 수많은 상과 영예를 안았다.

그녀는 '오프라 윈프리 쇼'로 주간 에미상 우수 토크쇼 진행자상을 7회 수상했으며 1994년 텔레비전 아카데미 명예의 전당에 올랐다. 2002년 9월, 윈프리는 텔레비전 예술 과학 아카데미의 밥 호프 인도주의상 첫 수상자로 선정되었다.

1994년, 윈프리는 미국 여성 명예의 전당에 선정되었고 6년 후인 2000년에 윈프리는 NAACP가 수여하는 최고 영예인 스피닝건 메달을 받았다. 이 단체는 매년 아프리카계 미국 시민권을 가진 남성 또는 여성에게 공로와 업적을 인정해 이 메달을 수여한다.

윈프리는 미국 예술과 문화에 기여한 공로를 인정받아 2010년 '케네디 센터 어너스(Kennedy Center Honors)'에 선정되었다. 그리고 2013년 11월, 윈프리는 국가에 기여한 공로를 인정받아 오바마 대통령으로부터 미국 최고의 민간인 영예인 대통령 자유 훈장을 받았다.

2018년 1월, 윈프리는 골든 글로브의 세실 B. 드밀 상(the Golden

오프라 윈프리(Oprah Winfrey)

약력: 방송인, CEO, 영화감독
이름: 오프라 게일 윈프리(Oprah Gail Winfrey)
출생: 1954년 1월 29일 미시시피주 코지어스코
부모: 버논 윈프리(Vernon Winfrey), 버니타 리(Vernita Lee)
학력: 테네시 주립대학교, 하버드 대학교(명예 박사)
작품: 음향과 분노, 죽음의 기간, 8월의 빛, 압살롬, 압살롬
배우자: 스테드먼 그레이엄(Stedman Graham)
자녀: 웬디 그레이엄(Wendy Graham)
명언: 과거는 과거일 뿐, 그러니 이제 놓아줍시다. (Past is just past, so let it go.)

Globes' Cecil B. DeMille Award)을 받았다. 그녀는 이 상을 수상한 최초의 흑인 여성이다. 수락 연설에서 그녀는 자유 언론의 중요성을 강조하고 여성에 대한 학대와 폭행의 구조적 문제에 대해 이야기했다.

조지 워싱턴(George Washington)

조지 워싱턴은 미국의 초대 대통령이다. 그는 미국 독립 혁명 당시 식민지 군대의 총사령관을 역임하며 패트리어트 군대(the Patriot forces)를 이끌고 영국을 상대로 승리를 이끌었다. 1787년 미국 새 정부의 구조를 결정하는 제헌회의를 주재했고, 1789년 대통령으로 선출되었다.

조지 워싱턴은 1732년 2월 22일 버지니아주 웨스트모어랜드 카운티(Westmoreland County)에서 어거스틴 워싱턴과 메리 볼 사이에서 태어났다. 이 부부는 어거스틴의 첫 번째 결혼에서 얻은 세 명의 자녀를 포함해 여섯 명의 자녀를 두었다. 조지의 어린 시절, 1만 에이커가 넘는 땅을 소유한 부유한 농부였던 아버지는 버지니아에 소유하고 있던 집으로 이사했다. 아버지는 조지가 11살 때 돌아가셨다. 그의 이복형 로렌스가 조지와 다른 형제들의 아버지 역할을 했다.

조지 워싱턴은 간섭이 심하고 완고한 어머니 메리의 반대로 인해 영국 해군에 입대하지 못했다. 조지는 식민지 시대 버지니아에서 집에서 교육을 받았으며 대학에 진학하지 않았다. 그는 수학을 잘했고 지리학, 라틴어, 영어 고전도 공부했다. 그는 오지 개척자들과 농장주로부터 자신에게 진정으로 필요한 것이 무엇인지 배웠다.

워싱턴은 16세 때인 1748년 측량 일행과 함께 버지니아 서부 지역의 토지를 측량하는 여행을 떠났다. 이듬해 이복형인 로렌스의 아내의 친척인 페어팩스 경(Lord Fairfax)의 도움으로 워싱턴은 버지니아주 컬퍼 카운티(Culpeper County)의 공식 측량사로 임명되었다. 로렌스는 1752년 결핵으로 사망했다.

이복형이 사망한 같은 해 워싱턴은 버지니아 민병대에 입대했다. 그는 타고난 리더의 기질을 보였고 버지니아 주지사 로버트 딘위디(Robert Dinwiddie)는 워싱턴을 부관으로 임명하고 그를 소령으로 임명했다.

1753년 10월 31일, 딘위디는 워싱턴을 나중에 펜실베이니아 주 워터포드에 있는 르보프 요새(Fort LeBoeuf)로 보내 프랑스에 영국이 점령한 땅을 떠나라고 경고했다. 프랑스가 이를 거부하자 워싱턴은 급히 후퇴해야 했다. 딘위디는 군대와 함께 그를 다시 보냈고 워싱턴의 소규모 부대는 프랑스 초소를 공격하여 10명을 사살하고 나머지는 포로로 잡았다. 이 전투는 영국과 프랑스 간의 7년 전쟁으로 알려진 전 세계적 분쟁의 일부인 프랑스와 인도 전쟁의 시작을 알렸다.

워싱턴은 명예 대령 계급을 받고 버지니아 주 전체 군대의 사령관이 될 때까지 여러 전투에 참전하여 일부 전투에서 승리하고 일부 전투에서 패배했다. 그의 나이는 겨우 23세였다. 이후 이질에 걸려 잠시 귀국했다가 영국군 사령관 제의를 거절당한 뒤 버지니아 사령부에서 은퇴하고 마운트 버논으로 돌아왔다. 그는 식민지 입법부의 열악한 지원, 제대로 훈련되지 않은 신병, 상급자의 느린 의사 결정으로 인해 좌절했다.

제대 한 달 후인 1759년 1월 6일, 워싱턴은 두 자녀를 둔 미망인 마사 댄드리지 커스티스와 결혼했다. 둘 사이에는 자녀가 없었다. 그는 상속받은 땅과 아내가 결혼할 때 가져온 재산, 군 복무로 받은 땅을 합쳐 버지니아에서 가장 부유한 지주 중 한 명이었다. 은퇴 후 그는 자신의 재산을 관리하면서 종종 노동자들과 함께 일했다. 그는 정계에도 진출하여 1758년 버지니아주 하원의원으로 선출되었다.

워싱턴은 1763년의 영국 선포법과 1765년의 인지법 등 식민지에 대한 영국의 조치에 반대했지만, 영국으로부터 독립을 선언하려는 움직임에는 계속 저항했다. 1769년 워싱턴은 버지니아 주 하원에 이 법이 폐지될 때까지 영국산 제품 보이콧을 촉구하는 결의안을 제출했다. 그는 1767년 타운센드법(the Townshend Acts) 이후 영국에 대한 식민지 저항에서 주도적인 역할을 맡기 시작했다.

1774년 워싱턴은 자신이 대의원이 된 대륙 회의 소집을 촉구하고 최후의 수단으로 무장 저항을 사용할 것을 요구하는 회의를 주재했다. 1775년 4월 렉싱턴과 콩코드 전투(Lexington and Concord) 이후 정치적 분쟁은 무력 충돌로 번졌다.

6월 15일, 워싱턴은 대륙군 총사령관으로 임명되었다. 여러 가지 측면에서 워싱턴과 그의 군대는 영국군의 상대가 되지 못했다. 그러나 워싱턴은 고위급 군사 지휘 경험이 거의 없었지만 명성, 카리스마, 용기, 정보력이 있었다. 그는 또한 영국 최대 식민지였던 버지니아를 대표하기도 했다. 그는 군대를 이끌고 보스턴을 탈환하고 트렌턴(Trenton)과 프린스턴(Princeton)에서 큰 승리를 거두었지만, 뉴욕을 잃는 등 큰 패배를 겪었다.

1777년 밸리 포지(Valley Forge)에서 혹독한 겨울을 보낸 후, 프랑스는 미국의 독립을 인정하고 대규모 프랑스 군대와 해군 함대를 파견했다. 이후 미국의 승리가 이어져 1781년 요크타운에서 영국의 항복으로 이어졌다. 워싱턴은 군대와 공식적으로 작별을 고하고 1783년 12월 23일 총사령관직을 사임하고 마운트 버논으로 돌아갔다.

4년 동안 농장주의 삶을 살아온 워싱턴과 다른 지도자들은 신생 국가를 통치하던 연방 헌법이 주에 너무 많은 권한을 맡겨 국가를 통합하는 데 실패했다는 결론을 내렸다. 1786년, 의회는 펜실베이니아 주 필라델피아에서 열린 제헌회의에서 연방 헌법 개정을 승인했다. 워싱턴은 만장일치로 대회 회장으로 선출되었다.

그와 제임스 매디슨(James Madison), 알렉산더 해밀턴(Alexander Hamilton) 등 다른 지도자들은 헌법 개정 대신 새로운 헌법이 필요하다고 결론을 내렸다. 패트릭 헨리(Patrick Henry), 샘 애덤스(Sam Adams) 등 미국의 많은 주요 인사들이 권력 장악이라며 이 헌법에 반대했지만, 이 문서는 승인되었다.

워싱턴은 1789년 선거인단의 만장일치로 미국 최초의 대통령으로 선출되었다. 2위를 차지한 존 애덤스(John Adams)는 부통령이 되었다. 1792년 선거인단의 또 다른 만장일치 투표로 워싱턴은 두 번째 임기를 시작했다. 1794년에는 펜실베이니아 농부들이 증류주에 대한 연방세 납부를 거부한 위스키 반란을 군대를 보내 저지함으로써 연방 권위에 대한 첫 번째 도전인 위스키 반란을 막았다.

워싱턴은 세 번째 임기에 출마하지 않고 마운트 버논으로 은퇴했다. 그는 미국이 XYZ 사건으로 프랑스와 전쟁을 벌일 경우 미국 사령관이 되어 달라는 요청을 다시 받았지만 전쟁은 발발하지 않았다. 그는 1799년 12월 14일에 네 차례 피를 흘리며 연쇄상구균 감염이 악화되어 사망했다.

워싱턴이 미국 역사에 끼친 영향은 엄청났다. 그는 대륙군을 이끌고 영국을 상대로 승리를 거두었다. 그는 미국 최초의 대통령을 역임했다. 그는 강력한 연방 정부를 믿었으며, 이는 그가 주도한 제헌 대회를 통해 실현되었다. 그는 능력주의 원칙을 장려하고 실천했다. 그는 외국의 개입을 경계했는데, 이는 후대 대통령들이 귀담아 들었던 경고였다. 그는 세 번째 임기를 거부하여 수정헌법 22조에 명문화된 2선 연임 제한의 선례를 남겼다.

외교 문제에서 워싱턴은 중립을 지지하여 1793년 중립 선언을 통해 미국은 전쟁에서 교전국에 대해 공평할 것이라고 선언했다. 그는 1796년 고별 연설에서도 외국의 개입에 대한 반대를 거듭 강조했다.

조지 워싱턴은 가장 중요하고 영향력 있는 미국 대통령이었다.

조지 워싱턴(George Washington)

약력: 독립전쟁 영웅이자 미국 초대 대통령
별명: 조국의 아버지
출생: 1732년 2월 22일, 버지니아주 웨스트모어랜드 카운티
부모: 어거스틴 워싱턴(Augustine Washington), 메리 볼(Mary Ball)
사망: 1799년 12월 14일 버지니아 주 마운트 버논
배우자: 마사 댄드리지 커스티스(Martha Dandridge Custis, 마사 워싱턴)
명언: 전쟁에 대비하는 것은 평화를 지키는 가장 효과적인 수단 중 하나다.
(To be prepared for war is one of the most effective means of preserving peace.)

크레이지 호스(Crazy Horse)

크레이지 호스는 오글랄라 수우족(Oglala Sioux) 인디언 추장으로 블랙 힐스(the Black Hills) 보호구역으로의 이주에 반대하며 싸웠다. 1876년 샤이엔 군대와 합류해 조지 크룩(George Crook) 장군을 기습 공격했고, 리틀 빅혼 전투에서 앉은 시팅 불과 연합했다. 1877년 크레이지 호스는 투항했고 군인들과의 난투극에서 전사했다.

타협하지 않고 두려움을 모르는 라코타 부족의 지도자로 부족의 삶의 방식을 지키기 위해 헌신했던 크레이지 호스는 1840년경 현재의 사우스다코타주 래피드 스프링스(Rapid Springs) 근처에서 타순카 위트코(Tashunka Witco)라는 아메리카 원주민 이름으로 태어났다.

그가 어떻게 크레이지 호스라는 이름을 얻게 되었는지에 대한 자세한 내용은 논란의 여지가 있으나 크레이지 호스라는 이름을 가진 그의 아버지가 아들이 전사로서 실력을 발휘한 후 그에게 이름을 물려줬다고 하는 이야기가 가장 유명하다.

어린 시절에도 크레이지 호스는 눈에 띄었다. 그는 피부가 하얗고 갈색 곱슬머리를 가졌기 때문에 또래의 다른 소년들과는 눈에 띄게 다른 외모를 가졌다. 이러한 신체적 차이는 같은 민족 사이에서도 그를 다소 다른 사람과 거리를 두는 성격으로 만들었다.

크레이지 호스가 태어난 시기는 라코타족에게 매우 중요한 시기였다. 수우족의 한 부족인 라코타족은 부족 중 가장 큰 부족이었다. 그들의 영역에는 미주리 강에서 서쪽의 빅혼 산맥에 이르는 광대한 땅이 포함되어 있었다. 백인과의 접촉은 거의 없었으며 1840년대에는 라코타 부족의 세력이 절정에 달했다.

하지만 1850년대에 들어서면서 라코타족의 삶은 크게 변화하기 시작했다. 백인 정착민들이 금과 개척지의 새로운 삶을 찾아 서부로 밀려들기 시작하면서 새로운 이민자들과 라코타족 간의 자원 경쟁은 긴장감을 조성했다. 대평원의 일부 지역에는 군사 요새가 세워져 더 많은 백인 정착민이 들어왔고, 질병이 유입되어 인디언 원주민에게 큰 피해를 입혔다.

1854년 8월, '그라탄 대학살(The Grattan Massacre)'로 알려진 사건으로 모든 것이 끓어올랐다. 이 사건은 존 그래탄 중위가 이끄는 한 무리의 백인들이 이주민의 소를 죽인 사람들을 포로로 잡기 위해 쳐들어왔을 때 시작되었다. 추장이 그들의 요구를 거부하자 폭력이 발생했다. 백인 병사 중 한 명이 추장을 총으로 쏴 죽이자 수용소의 전사들은 반격에 나서 그라탄과 그의 부하 30명을 사살했다.

그라탄 대학살은 미국과 라코타족 간의 1차 수우 전쟁을 촉발한 분쟁으로 널리 알려져 있다. 아직 어린 크레이지 호스에게 이 사건은 백인들에 대한 평생의 불신을 심어주는 계기가 되기도 했다.

라코타와 미국 간의 갈등이 고조되는 가운데 크레이지 호스는 여러 주요 전투의 중심에 있었다.

한 중요한 전투에서 크레이지 호스는 윌리엄 J. 페터만(William J. Fetterman) 대위와 80명으로 구성된 그의 여단을 공격하여 승리를 거두었다. 페터만 학살은 미군에게 큰 수치심을 안겨주었다.

1868년 포트 래러미 조약(the Fort Laramie Treaty)이 체결되어 라코타가 탐내던 블랙 힐스 영토를 포함한 중요한 땅을 보장받은 후에도 크레이지 호스는 계속 싸웠다.

크레이지 호스는 전장에서 부상이나 죽음을 피하는 신비로운 능력 외에도 백인 적들과 타협하지 않는 모습을 보여주었다. 그는 사진 촬영을 거부하고 어떤 문서에도 서명을 하지 않았다. 그의 싸움의 목표는 어릴 적 라코타 부족이 대평원을 누비던 시절의 삶을 되찾는 것이었다.

블랙 힐스에서 금이 발견되고 미국 정부가 백인 탐험가들을 지원하자 전쟁부는 모든 라코타족에게 보호구역으로 이동하라는 명령을 내렸다.

크레이지 호스와 시팅 불은 이를 거부했다. 1876년 6월 17일, 크레이지 호스는 1,200명의 오글랄라와 샤이엔 전사들로 구성된 부대를 이끌고 조지 크룩 장군과 그의 여단에 맞서 리틀 빅혼 강에 있는 시팅 불의 야영지로 진격하려는 병사들을 성공적으로 되돌려보냈다.

일주일 후 크레이지 호스는 리틀 빅혼 전투에서 조지 암스트롱 커스터 중령과 그의 존경받는 제7기병대를 격파하여 아메리카 원주민이 미군을 상대로 거둔 사상 최대의 승리를 거두었다.

커스터의 패배 이후 미 육군은 라코타족을 상대로 강력한 반격을 가하며 완전한 항복을 이끌어내는 것을 목표로 초토화 정책을 추진했다. 시팅 불이 추종자들을 이끌고 군대의 분노를 피해 캐나다로 피신하는 동안 크레이지 호스는 계속 싸웠다.

하지만 1877년 겨울이 시작되고 식량 공급이 줄어들기 시작하자 크레이지 호스의 추종자들은 그를 버리기 시작했다. 1877년 5월 6일, 그는 네브라스카의 포트 로빈슨(Fort Robinson)으로 가서 항복했다. 보호구역에 남으라는 지시를 받은 그는 그해 여름 병든 아내를 부모님에게 맡기라는 명령을 거부했다.

체포된 후 크레이지 호스는 포트 로빈슨으로 송환되었고, 그곳에서 경찰과 몸싸움을 벌이다 신장에 총검을 맞았다. 그는 1877년 9월 5일 아버지를 곁에 두고 세상을 떠났다.

그가 죽은 지 수년이 지난 지금도 크레이지 호스는 자신의 민족의 전통과 삶의 방식을 지키기 위해 열심히 싸운 선구적인 지도자로 존경받고 있다.

크레이지 호스 기념관은 사우스다코타의 블랙힐스에 위치해 있다. 1948년에 시작된 이 기념비적인 조각품은 썬더헤드(Thunderhead) 산에서 조각되었으며 러시모어 산에서 약 17마일 떨어진 곳에 위치해 있다. 이 조각상은 아메리카 원주민을 기리는 박물관 및 문화 센터의 일부가 되었다.

크레이지 호스(Crazy Horse)

약력: 추장, 지도자, 장군
본명: 타슝카 위트코(TaSunko-Witko)
출생: 1840년 사우스다코타 래피드 강 근처
부모: 크레이지 호스, 래틀링 블랭킷 우먼(Rattling Blanket Woman)
사망: 1877년 9월 5일 미국 네브래스카 주 포트 로빈슨
배우자: 블랙 숄(Black Shawl)
명언: 죽기 좋은 날이군!(It is a good day to die!)

토니 모리슨(Toni Morrison)

토니 모리슨은 미국의 소설가이자 편집자, 교육자로, 특히 불공정한 사회에서 흑인 여성의 경험과 문화적 정체성 찾기에 중점을 둔 소설을 주로 썼다. 그녀는 글을 쓰면서 인종, 성별, 계급 갈등을 사실적으로 묘사하는 동시에 판타지와 신화적 요소를 교묘하게 사용했다. 1993년, 그녀는 미국 흑인 여성 최초로 노벨 문학상을 수상했다.

모리슨은 노벨상 수상과 함께 1987년 출간한 소설 『빌러비드(Beloved)』로 1988년 퓰리처상과 미국 도서상을 수상했으며, 1996년에는 미국 정부가 인문학 분야 업적에 수여하는 최고 영예인 제퍼슨 강연상 수상자로 선정되기도 했다. 2012년 5월 29일에는 버락 오바마 대통령으로부터 대통령 자유 훈장을 수여받았다.

토니 모리슨은 1931년 2월 18일 오하이오주 로레인(Lorain)에서 라마와 조지 워포드 사이에서 클로이 앤서니 워포드라는 이름으로 태어났다. 대공황의 경제적 어려움 속에서 자란 모리슨의 아버지는 소작농이었다. 그는 가족을 부양하기 위해 여러 가지 직업을 전전했다.

모리슨은 1952년 하워드 대학교에서 문학 학사 학위를, 1955년 코넬 대학교에서 석사 학위를 받았다. 대학 졸업 후에는 이름을 토니로 바꾸고 1957년까지 텍사스 서던 대학교에서 가르쳤다. 1957년부터 1964년까지 하워드 대학교에서 가르치던 중 자메이카 출신의 건축가 해롤드 모리슨과 결혼했다. 1964년 이혼하기 전까지 두 사람 사이에는 해롤드 포드 모리슨과 슬레이드 모리슨이라는 두 아들이 있었다.

1965년 토니 모리슨은 도서출판 랜덤하우스(Random House)에서 편집자로 일하게 되었고, 1967년 흑인 여성 최초로 소설 부서의 수석 편집자가 되었다. 1984년부터 1989년까지 뉴욕주립대 알바니 캠퍼스에서 교수로 복귀한 후 2006년 은퇴할 때까지 프린스턴 대학교에서 강의했다.

모리슨은 랜덤하우스에서 선임 편집자로 일하면서 자신의 원고를 출판사에 보내기 시작했다. 모리슨이 39세였던 1970년에 첫 소설인 『가장 푸른 눈(The Bluest Eye)』이 출간되었다. 이 작품은 백인의 아름다움에 대한 강박관념으로 인해 파란 눈을 동경하게 된 희생당한 흑인 소녀의 이야기를 다루었다. 1973년에는 뉴욕주립대학교에서 강의하던 중 두 흑인 여성의 우정을 그린 두 번째 소설 『술라(Sula)』가 출간되었다.

1977년 예일대에서 강의하던 중 모리슨의 세 번째 소설인 『솔로몬의 노래(Song of Solomon)』가 출간되었다. 이 책은 비평가와 대중의 찬사를 받으며 1977년 전미도서비평가협회상 소설 부문을 수상했다. 인종, 계급, 성별의 갈등을 다룬 다음 소설 『타르 베이비(Tar Baby)』는 1981년에 출간되어 미국 예술 및 문학 아카데미 회원으로 가입하게 된다. 모리슨의 첫 번째 희곡인 『꿈꾸는 에멧(Dreaming Emmett)』은 1955년 흑인 10대 에멧 틸(Emmett Till)의 린치 사건을 다룬 작품으로 1986년에 초연되었다.

1987년에 출간된 모리슨의 가장 유명한 소설인 『빌러비드』는 노예였던 흑인 여성 마가렛 가너(Margaret Garner)의 인생 이야기에서 영감을 받아 집필되었다. 25주 동안 뉴욕타임스 베스트셀러 목록에 머물렀던 『빌러비드』는 1987년 퓰리처상 소설 부문을 수상했다. 1998년에는 오프라 윈프리와 대니 글로버(Danny Glover) 주연의 장편 영화로 제작되기도 했다.

모리슨이 '빌러비드 삼부작(Beloved trilogy)'이라고 부르는 두 번째 책인 『재즈(Jazz)』는 1992년에 출간되었다. 재즈 음악의 리듬을 모방한 스타일로 쓰여진 『재즈』는 1920년대 뉴욕 할렘 르네상스 시대의 삼각관계를 묘사한다. 재즈의 비평가들의 호평 덕분에 모리슨은 1993년 흑인 여성 최초로 노벨 문학상을 수상하게 되었다. 1997년에 출간된 모리슨의 '빌러비드 삼부작' 중 세 번째 책인 『파라다이스(Paradise)』는 가상의 흑인 마을의 시민들에게 초점을 맞추고 있다.

모리슨은 『빌러비드』, 『재즈』, 『파라다이스』는 3부작으로 함께 읽어야 한다고 제안하면서 "개념적 연결은 사랑하는 사람, 즉 당신이고 당신을 사랑하며 항상 당신을 위해 존재하는 자아의 일부에 대한 탐색"이라고 설명했다.

1993년 노벨상 수락 연설에서 모리슨은 "우리 삶에는 맥락이 없나요?"라고 묻는 흑인 청소년들과 마주한 늙은 시각장애인 흑인 여성의 이야기를 통해 흑인의 경험을 묘사하는 영감의 원천을 설명했다.

> 노래도 없고, 문학도 없고, 비타민이 가득한 시도 없고, 우리가 강하게 시작할 수 있도록 전해줄 수 있는 경험과 관련된 역사도 없나요? … 우리의 삶을 생각해보고 당신의 특별한 세계를 들려주세요. 이야기를 만들어 보세요.

말년에 모리슨은 화가이자 음악가인 어린 아들 슬레이드(Slade) 모리슨과 함께 동화책을 썼다. 2010년 12월 슬레이드가 췌장암으로 사망했을 때, 모리슨의 마지막 소설 중 하나인 『집(Home)』은 반쯤 완성된 상태였다. 당시 모리슨은 죽어가는 아들을 보며 글을 쓸 수가 없었다. 그러나 그의 아들이 계속 글을 써달라고 하는 것 같은 느낌을 받았다.

모리슨은 『집』의 집필을 완성하고 슬레이드에게 헌정했다. 2012년에 개봉한 영화 『집』은 1950년대 인종 분리된 미국에 살던 흑인 한국전 참전 용사가 인종차별적인 백인 의사의 잔인한 의학 실험으로부터 여동생을 구하기 위해 싸우는 이야기를 담고 있다.

토니 모리슨은 2019년 8월 5일 뉴욕 브롱크스에 있는 몬테피오레(Montefiore) 메디컬 센터에서 폐렴 합병증으로 88세의 나이로 사망했다.

토니 모리슨(Toni Morrison)

약력: 미국 소설가, 편집자, 교육자
다른 이름: 클로이 앤서니 워포드(Chloe Anthony Wofford, 출생 시 이름)
출생: 1931년 2월 18일 오하이오주 로레인
사망: 2019년 8월 5일 뉴욕시 브롱크스
부모: 조지 워포드(George Wofford), 라마 워포드(Ramah Wofford)
학력: 하워드 대학교(학사), 코넬 대학교(석사)
작품: 가장 푸른 눈(The Bluest Eye), 솔로몬의 노래(Song of Solomon), 술라(Sula), 빌러비드(Beloved), 재즈(Jazz), 집(Home), 파라다이스(Paradise)
주요 수상 경력: 퓰리처상 소설 부문(1987), 노벨 문학상(1993), 대통령 자유훈장(2012)
배우자: 해롤드 모리슨
자녀: 해롤드 포드 모리슨(Harold Ford Morrison), 슬레이드 모리슨(Slade Morrison)
주목할 만한 명언: 자유는 다른 사람을 자유롭게 하는 것이다. (The function of freedom is to free someone else.)

토마스 제퍼슨(Thomas Jefferson)

토머스 제퍼슨은 조지 워싱턴과 존 애덤스에 이어 미국의 세 번째 대통령이다. 그는 미국 영토의 크기를 두 배로 늘일 수 있었던 루이지애나 매입으로 가장 잘 알려져 있다. 제퍼슨은 대규모 중앙 정부를 경계하고 연방 권한보다 주정부의 권리를 선호한 반연방주의자였다.

토머스 제퍼슨은 1743년 4월 13일 버지니아 식민지에서 태어났다. 그는 농장주이자 공무원이었던 피터 제퍼슨 대령과 제인 랜돌프의 아들이었다. 제퍼슨은 버지니아에서 자랐으며 아버지의 친구인 윌리엄 랜돌프의 고아 자녀들과 함께 자랐다. 그는 9세부터 14세까지 윌리엄 더글러스라는 성직자로부터 그리스어, 라틴어, 프랑스어를 배웠다. 그 후 제임스 모리(James Maury) 목사의 학교에 다니다가 윌리엄 앤 메리 대학(the College of William and Mary)에 입학했다. 제퍼슨은 미국 최초의 법학 교수인 조지 와이스(George Wythe)에게 법학을 배웠다. 1767년 변호사 자격을 취득했다.

제퍼슨은 1760년대 후반에 정계에 입문했다. 그는 1769년부터 1774년까지 버지니아주의 입법부인 버지스(the House of Burgesses) 하원에서 활동했다. 1772년 1월 1일, 제퍼슨은 마사 웨일즈 스켈턴과 결혼했다. 두 사람 사이에는 두 딸이 있었다. 제퍼슨이 노예 여성인 샐리 헤밍스(Sally Hemings)와의 사이에서 여러 명의 자녀를 낳았을 것이라는 추측도 있다.

버지니아의 대표로서 제퍼슨은 영국의 조치에 반대하며 13개 미국 식민지 간의 연합을 구성한 위원회에서 활동했다. 제퍼슨은 대륙 의회 의원으로 활동했으며 이후 버지니아 하원의원이 되었다. 독립전쟁 중 일부 기간 동안 버지니아 주지사를 역임했다. 전쟁이 끝난 후 그는 프랑스로 파견되어 외무장관으로 활동했다.

1790년 워싱턴 대통령은 제퍼슨을 미국 최초의 공식 국무장관으로 임명했다. 제퍼슨은 재무부 장관 알렉산더 해밀턴과 새로운 국가가 프랑스와 영국을 어떻게 다뤄야 하는지에 대해 충돌했다. 해밀턴 역시 제퍼슨보다 더 강력한 연방 정부를 원했다. 제퍼슨은 결국 워싱턴이 자신보다 해밀턴의 영향을 더 강하게 받는다는 것을 알고 사임했다. 제퍼슨은 이후 1797년부터 1801년까지 존 애덤스 밑에서 부통령을 역임했다.

1800년 제퍼슨은 공화당 대통령 후보로 출마했고, 부통령으로는 애런 버(Aaron Burr)가 출마했다. 제퍼슨은 이전에 대통령을 지냈던 존 애덤스를 상대로 매우 치열한 선거 운동을 펼쳤다. 제퍼슨과 버는 선거인단 투표에서 동률을 기록했고, 결국 하원에서 표결로 제퍼슨에게 유리하게 결정되는 선거 논란으로 이어졌다. 제퍼슨은 1801년 2월 17일 미국의 세 번째 대통령으로 취임했다.

토머스 제퍼슨은 1800년 선거를 '1800년의 혁명'이라고 불렀는데, 이는 미국에서 대통령직이 한 정당에서 다른 정당으로 넘어간 최초의 사건이었기 때문이다. 이 선거는 오늘날까지 계속되고 있는 평화적인 권력 이양을 상징한다.

제퍼슨의 첫 임기 중 중요한 초기 사건은 연방 법률의 합헌성을 판결하는 대법원의 권한을 확립한 '마버리 대 매디슨 사건(Marbury v. Madison)'이다.

1801년부터 1805년까지 미국은 북아프리카의 바바리(Barbary) 국가와 전쟁을 벌였다. 미국은 미국 선박에 대한 공격을 막기 위해 이 지역의 해적들에게 조공을 바치고 있었다. 해적들이 더 많은 돈을 요구하자 제퍼슨은 이를 거부하고 트리폴리(Tripoli)는 전쟁을 선포했다. 이 전쟁은 성공적으로 끝났고 미국은 더 이상 트리폴리에 조공을 바치지 않아도 되었다. 하지만 미국은 나머지 바바리 주에 대한 조공은 계속 지불했다.

1803년 제퍼슨은 프랑스에서 루이지애나 영토를 1,500만 달러에 매입했다. 많은 역사가들은 이 매입으로 미국의 영토가 두 배로 늘어났기 때문에 이를 그의 행정부에서 가장 중요한 업적으로 꼽는다. 1804년, 제퍼슨은 메리웨더 루이스(Meriwether Lewis)와 윌리엄 클라크(William Clark)가 이끄는 탐험대로 유명한 탐험대를 파견하여 새로운 영토를 탐험했다.

1804년 제퍼슨은 조지 클린턴을 부통령으로 내세워 대통령 후보로 재선되었다. 제퍼슨은 사우스캐롤라이나 출신의 찰스 핀크니(Charles Pinckney)와 맞붙어 손쉽게 연임에 성공했다. 연방주의자들은 급진적인 요소로 인해 분열되었고 당의 몰락으로 이어졌다. 제퍼슨은 162명의 선거인단을 얻었고 핀크니는 14명에 불과했다.

1807년 제퍼슨의 두 번째 임기 동안 의회는 노예 무역에 대한 미국의 개입을 종식시키는 법을 통과시켰다. 1808년 1월 1일 발효된 이 법으로 인해 아프리카에서 노예를 수입하는 행위는 중단되었지만, 미국 내에서 노예를 판매하는 행위는 중단되지 않았다.

제퍼슨의 두 번째 임기가 끝날 무렵에는 프랑스와 영국이 전쟁 중이었고 미국 무역선이 종종 표적이 되었다. 영국은 미국 호위함 체서피크 호(Chesapeake)에 승선한 군인 3명을 강제로 배에서 일하게 하고

1명을 반역죄로 사살했다. 제퍼슨은 이에 대응하여 1807년 통상금지법(the Embargo Act of 1807)에 서명했다. 이 법은 미국이 외국 상품을 수출하고 수입하는 것을 막았다. 제퍼슨은 이것이 프랑스와 영국의 무역에 타격을 주는 효과가 있을 것이라고 생각했다. 하지만 결국 정반대의 효과를 가져왔고 미국에 더 큰 피해를 입혔다.

두 번째 임기를 마친 제퍼슨은 버지니아에 있는 자택으로 은퇴하여 버지니아 대학교를 설계하는 데 많은 시간을 보냈다. 제퍼슨은 독립선언 50주년이 되는 1826년 7월 4일에 사망했다.

제퍼슨의 당선은 연방주의와 연방주의당의 몰락의 시작을 알렸다. 제퍼슨이 연방주의자 존 애덤스로부터 대통령직을 인수하면서 질서정연하게 권력이 이양되어 향후 정치 전환의 선례가 되었다. 제퍼슨은 당 지도자로서 자신의 역할을 매우 진지하게 받아들였다. 그의 가장 큰 업적은 미국의 영토를 두 배 이상 늘린 루이지애나 매입이다.

토마스 제퍼슨(Thomas Jefferson)

약력: 미국 3대 대통령, 건국의 아버지, 독립 선언서 초안 작성자
출생: 1743년 4월 13일 버지니아 식민지
부모: 피터 제퍼슨(Peter Jefferson), 제인 랜돌프(Jane Randolph)
사망: 1826년 7월 4일 버지니아주 샬롯츠빌
학력: 윌리엄 앤 메리 대학(College of William and Mary)
배우자: 마사 웨일즈(Martha Wayles)
자녀: 마사(Martha), 제인 랜돌프(Jane Randolph), 마리아(Maria), 루시 엘리자베스(Lucy Elizabeth), 엘리자베스, 사산된 아들
명언: 정부는 가장 적게 통치하는 것이 최선이다. (The government is best that governs least.)

프레더릭 더글러스(Frederick Douglass)

노예제 폐지 운동의 지도자 프레드릭 더글러스는 1818년경 메릴랜드주 탈봇 카운티(Talbot County)에서 노예로 태어났다. 그는 당대 가장 유명한 지식인 중 한 명이 되어 대통령에게 자문을 제공하고 여성의 권리 등 다양한 주제에 대해 수천 명에게 강연을 했다. 더글러스의 저서 중에는 노예 생활에서의 경험과 남북전쟁 이후의 삶을 설득력 있게 묘사한 여러 자서전이 있으며, 그 중에는 잘 알려진 작품인『미국 노예 프레드릭 더글러스의 생애 이야기(Narrative of the Life of Frederick Douglass)』가 있다.

프레드릭 더글러스의 전기는 노예였던 미국인과 노예였던 적이 있는 미국인의 삶을 상징적으로 보여준다. 자유를 위한 그의 투쟁, 노예제 폐지 운동에 대한 헌신, 그리고 미국의 평등을 위한 평생의 투쟁은 그를 19세기 가장 중요한 미국 흑인 지도자 중 한 명으로 자리매김하게 했다.

프레드릭 어거스터스 워싱턴 베일리(Frederick Augustus Washington Bailey)는 1818년경 메릴랜드주 탈봇 카운티에서 노예로 태어났다. 노예가 종종 그랬던 것처럼 더글러스의 정확한 출생 연도와 날짜는 알려지지 않았지만, 나중에 그는 2월 14일을 기념일로 선택했다.

더글러스는 처음에 외할머니인 베티 베일리(Betty Bailey)와 함께 살았다. 어린 나이에 더글러스는 농장 주인의 집에서 살게 되었는데, 그 중 한 명이 그의 아버지였을 수도 있다. 그의 어머니는 그가 10살 무렵에 사망했다.

노예에게 읽고 쓰는 법을 가르치는 것이 금지되어 있던 당시, 볼티모어의 노예 소유주 휴 얼드(Hugh Auld)의 아내 소피아는 더글러스가 12살 무렵에 그에게 알파벳을 가르쳤다. 더글러스는 소피아에게서 글자의 기초를 배운 후, 백인 아이들과 이웃 주민들을 통해 계속해서 읽기와 쓰기를 익혀 나갔다.

더글러스의 노예제에 대한 이념적 반대가 구체화되기 시작한 것은 독서를 통해서였다. 그는 신문을 열렬히 읽고 정치 관련 글과 문학 작품을 가능한 한 많이 찾아 읽었다. 훗날 더글러스는 『콜롬비아 연설가(The Columbian Orato)』가 인권에 대한 자신의 견해를 명확히 하고 정의하는 데 큰 도움이 되었다고 말했다.

더글러스는 자신이 새로 발견한 지식을 다른 노예들과 공유했다. 윌리엄 프리랜드(William Freeland)에게 고용된 그는 농장의 다른 노예들에게 매주 교회 예배에서 신약 성경을 읽도록 가르쳤다. 관심이 너무 커져서 어떤 주에는 40명 이상의 노예가 수업에 참석했다. 프리랜드는 수업을 방해하지 않았지만 다른 노예 주인들은 이해심이 부족했다. 몽둥이와 돌로 무장한 그들은 그 교인들을 해산시켰다.

더글러스는 '노예 해방자'로 명성이 자자했던 에드워드 코비(Edward Covey) 밑에서 일하게 되었다. 코비의 지속적인 학대는 16살의 더글러스를 심리적으로 거의 망가뜨렸다. 그러나 더글러스는 반격에 나섰다. 더글러스와의 신체적 대결에서 패배한 후 코비는 다시는 더글러스를 때리지 않았다. 더글러스는 두 번이나 노예에서 탈출을 시도했지만 결국 성공하지 못했다.

더글러스는 1838년 9월 15일에 자유 흑인 여성인 애나 머레이(Anna Murray)와 결혼했다. 더글러스는 볼티모어에서 마지막 노예 탈출을 시도할 때 자신을 도와준 머레이와 사랑에 빠졌다.

1838년 9월 3일, 더글러스는 메릴랜드주 '하브르 드 그레이스(Havre de Grace)'행 기차에 몸을 실었다. 머레이는 그에게 저축한 돈과 선원 유니폼을 제공했다. 그는 자유 흑인 선원에게서 얻은 신분증을 가지고 있었다. 더글러스는 24시간도 채 되지 않아 뉴욕에 있는 노예제 폐지론자 데이비드 러글스(David Ruggles)의 은신처로 향했다.

뉴욕에 도착한 더글러스는 머레이를 불러 뉴욕에서 만나게 했고, 두 사람은 더글러스의 신분을 숨기기 위해 결혼하고 존슨이라는 이름을 썼다. 이후 애나와 프레드릭은 흑인 자유 커뮤니티가 번성하던 매사추세츠주 뉴 베드포드(New Bedford)에 정착했다. 그곳에서 그들은 더글러스를 자신들이 평생 사용할 성으로 선택했다.

더글러스와 애나 사이에는 다섯 명의 자녀가 있었다. 찰스와 로제타는 아버지의 신문인 『북극성(The North Star)』 제작을 도왔다. 애나는 다른 여러 여성과의 관계로 인한 부부 갈등에도 불구하고 더글러스의 공적 활동에 대한 충실한 지지자로 남아 있었다.

애나가 사망한 후 더글러스는 뉴욕 호노예(Honeoye) 출신의 페미니스트인 헬렌 피츠와 결혼했다. 피츠는 노예제 폐지 운동가인 기드온 피츠 주니어(Gideon Pitts Jr.)의 딸이었다. 마운트 홀리요크 대학(Mount Holyoke College)을 졸업한 피츠는 급진적인 페미니스트 출판물 제작에 참여했으며 더글러스의 도덕적 원칙을 공유했다.

피츠는 백인이었고 더글러스보다 20살 가까이 어렸기 때문에 두 사람의 결혼은 상당한 논란을 불러일으켰다. 더글러스의 자녀들은 특히 두 사람의 관계를 불쾌하게 여겼다. 그럼에도 불구하고 더글러스와 피츠는 11년 후 그가 사망할 때까지 결혼 생활을 유지했다.

1838년 뉴 베드포드에서 아내 애나와 함께 자유인으로 정착한 더글러스는 노예제 폐지 모임에서 자신의 이야기를 들려달라는 요청을 받았고, 이후 노예제 반대 강연자로 활동하게 되었다.

주간지 『리버레이터(The Liberator)』의 창간자인 윌리엄 로이드 개리슨(William Lloyd Garrison)은 더글러스의 삶과 노력에 감명을 받아 신문에 그에 대한 글을 실었다. 기사가 나간 지 며칠 후, 더글러스는 매사추세츠 노예제 반대 협회의 연례 대회에서 첫 연설을 했다. 관중들이 항상 더글러스에게 호의적이었던 것은 아니었다. 1843년 중서부를 순회하는 강연 투어에 참가하던 더글러스는 성난 군중에게 쫓기고 구타를 당하다가 지역 퀘이커교도 가족에 의해 구출되었다.

1845년 첫 자서전을 출간한 후 더글러스는 재수사를 피하기 위해 해외로 떠났다. 1845년 8월 16일 리버풀로 출항한 그는 감자 기근이 시작될 무렵 아일랜드에 도착했다. 그는 2년 동안 아일랜드와 영국에 머물며 많은 군중에게 노예제의 폐해에 대해 연설했다. 이 기간 동안 더글러스의 영국 지지자들은 그의 법적 자유를 위해 기금을 모았다. 1847년, 유명한 작가이자 연설가였던 더글러스는 자유인이 되어 미국으로 돌아왔다.

더글러스는 귀국 후 노예제 폐지 신문 『북극성』을 제작했다. 『북극성』의 모토는 다음과 같다.

> 옳음은 성별이 없고 진실은 색깔이 없다. 하나님은 우리 모두의 아버지이며 우리는 모두 형제다.
>
> Right is of no Sex – Truth is of no Color – God is the Father of us all, and we are all brethren.

매사추세츠 주 뉴 베드포드에서 더글러스는 흑인 교회에 가입하고 노예제 폐지 운동 모임에 정기적으로 참석했다. 또한 개리슨의 「리버레이터」를 구독했다. 개리슨의 권유로 더글러스는 1845년 자신의 첫 자서전인 『미국 노예 프레드릭 더글러스의 생애 이야기』를 집필하여 출판했다. 이 책은 미국에서 베스트셀러가 되었고 여러 유럽 언어로 번역되었다. 『미국 노예 프레드릭 더글러스의 생애 이야기』는 더글러스에게 많은 팬을 확보했지만, 일부 비평가들은 정규 교육을 받지 못한 노예 출신이 어떻게 그런 우아한 산문을 쓸 수 있었을지 의문을 표하기도 했다.

더글러스는 생전에 세 가지 버전의 자서전을 출간했으며, 그때마다 자신의 작품을 수정하고 확장했다. 『나의 속박과 나의 자유(My Bondage and My Freedom)』는 1855년에 출간되었다.

1881년 더글러스는 1892년에 『프레드릭 더글러스의 삶과 시간(Life and Times of Frederick Douglass)』을 출간했으며, 1892년에 개정판을 출간했다.

더글러스는 노예제 폐지 외에도 여성 인권에 대한 지지자가 되었다. 1848년, 그는 세네카 폴스(Seneca Falls)에서 열린 여성 인권 대회에 참석한 유일한 아프리카계 미국인이었다. 엘리자베스 캐디 스탠튼(Elizabeth Cady Stanton)은 여성 참정권의 목표를 명시한 결의안을 통과시켜 달라고 의회에 요청했다. 많은 참석자들이 이를 반대했다.

그러나 더글러스는 여성도 투표권을 주장할 수 없다면 흑인 남성으로서 투표권을 인정할 수 없다고 주장하며 찬성 의견을 설득력 있게 피력했다. 결의안은 통과되었다.

그러나 더글러스는 나중에 인종에 따른 참정권 차별을 금지하는 수정헌법 제15조를 지지하면서 성별에 따른 제한을 옹호하는 여성 인권 운동가들과 갈등을 빚게 된다.

남북전쟁 당시 더글러스는 미국에서 가장 유명한 흑인 남성 이었다. 그는 자신의 지위를 이용해 전쟁에서 아프리카계 미국인의 역할과 미국 내 지위에 영향을 미쳤다. 1863년 더글러스는 에이브러햄 링컨 대통령과 흑인 병사 처우에 관해 논의했고, 이후에는 앤드루 존슨 대통령과 흑인 참정권 문제에 관해 논의했다.

1863년 1월 1일에 발효된 링컨 대통령의 노예 해방 선언은 남부 동맹 영토 내 노예들의 자유를 선언했다. 이러한 승리에도 불구하고 더글러스는 1864년 선거에서 링컨이 흑인 노예의 참정권을 공개적으로 지지하지 않은 것에 실망하여 링컨 대신 존 C. 프레몬트(John C. Frémont)를 지지했다. 이후 미국 헌법 제13차 수정헌법의 비준으로 미국 전역의 노예제도가 불법화되었다.

더글러스는 전쟁이 끝난 후 여러 정치 직책에 임명되었다. 그는 프리드먼스 저축은행(Freedman's Savings Bank) 회장과 도미니카 공화국의 법무장관을 역임했다.

2년 후, 그는 미국 정부 정책의 세부 사항에 대한 이의를 제기하며 대사직에서 사임했다. 이후 그는 1889년부터 1891년까지 아이티 공화국의 장관 겸 총영사로 임명되어 근무했다.

1877년, 더글러스는 전 소유주 중 한 명인 토마스 얼드(Thomas Auld)를 방문했다. 더글러스는 몇 년 전에 얼드의 딸인 아만다 어울드 시어스(Amanda Auld Sears)를 만난 적이 있었다. 이 방문은 더글러스에게 개인적인 의미가 있었지만, 일부에서는 화해에 대해 비판하기도 했다.

더글러스는 1872년 빅토리아 우드헐(Victoria Woodhull)의 러닝메이트로 미국 부통령 후보로 지명된 최초의 아프리카계 미국인으로서 국가 평등권리당(the Equal Rights Party) 티켓을 받았다.

본인도 모르게 지명되거나 동의 없이 지명된 더글러스는 선거운동을 하지 않았다. 그럼에도 불구하고 그의 지명은 아프리카계 미국인이 대통령 투표용지에 등장한 최초의 사례로 기록되었다.

더글러스는 1895년 2월 20일 워싱턴 DC에서 열린 전국여성위원회 회의에서 돌아온 직후 심장마비 및 뇌졸중으로 사망했으며 뉴욕 로체스터(Rochester)의 마운트 호프 묘지에 묻혔다.

프레더릭 더글러스(Frederick Douglass)

약력: 노예제 폐지 운동의 지도자, 여성 인권 옹호자, 작가
출생: 1818년 2월 14일 메릴랜드주 터카호
부모: 애런 앤서니(Aaron Anthony)로 추측, 해리엇 베일리(Harriet Bailey)
작품: 미국 노예 프레드릭 더글러스의 생애 이야기, 나의 속박과 나의 자유, 프레드릭 더글러스의 삶과 시간
사망: 1895년 2월 20일 워싱턴 D.C.
배우자: 애나 머레이(Anna Murray), 헬렌 피츠(Helen Pitts)
자녀: 로제타 더글러스(Rosetta Douglass), 루이스 헨리 더글러스(Lewis Henry Douglass), 프레더릭 더글러스 주니어(Frederick Douglass Jr.), 찰스 레먼드 더글러스(Charles Remond Douglass), 애니 더글러스(Annie Douglass)
명언: 읽는 법을 배운다면, 영원히 자유할 것이다. (Once you learn to read, you will be forever free.)

해리엇 터브먼(Harriet Tubman)

해리엇 터브먼은 노예 출신 여성이자 자유를 찾아 나선 사람, 지하 철도 기관사, 19세기 북미 흑인 운동가, 스파이, 군인, 간호사로 남북전쟁에 참전하고 시민권과 여성 참정권을 옹호한 것으로 유명한 인물이다.

터브먼은 역사상 가장 영감을 준 아프리카계 미국인 중 한 명으로 남아 있으며, 그녀에 대한 어린이 이야기는 많이 있다. 주로 그녀의 어린 시절, 노예 생활에서의 탈출, 지하 철도에서의 활동 등을 강조한다. 터브먼의 남북전쟁 참전과 전쟁 이후 50여 년 동안의 다른 활동은 많이 알려져 있지 않다.

터브먼은 1820년 또는 1821년 메릴랜드주 도체스터 카운티의 에드워드 브로다스(Edward Brodas) 또는 브로데스(Brodess)의 농장에서 태어날 때부터 노예로 살았다. 터브먼의 본명은 아라민타였으며, 10대 초반에 어머니의 이름을 따서 해리엇으로 개명하기 전까지는 민티로 불렸다. 그녀의 부모인 벤자민 로스와 해리엇 그린은 11명의 자녀 중 상당수가 노예로 팔려간 아프리카계 미국인이었다.

5살 때 아라민타는 이웃에게 집안일을 하도록 '임대'되었다. 그녀는 집안일을 잘 하지 못했고 노예 주인들과 "임차인"들에게 구타를 당했다. 그녀는 읽거나 쓸 줄 아는 교육을 받지 못했다. 결국 그녀는 집안일보다는 현장 일꾼으로 일하게 되었다. 15세 때 그녀는 비협조적인 노예를 쫓는 감독관의 길을 막다가 머리에 부상을 입었다. 감독관은 돌을 던져 터브먼을 때렸고, 터브먼은 심한 뇌진탕을 입었다. 그녀는 오랫동안 아팠고 완전히 회복되지 못했다.

1844년 또는 1845년에 터브먼은 자유 흑인 남성인 존 터브먼과 결혼했다. 결혼 직후 그녀는 변호사를 고용해 자신의 법적 이력을 조사했고, 그녀의 어머니가 전 노예였던 사람이 사망해서 풀려났다는 사실을 알게 되었다. 변호사는 법원에서 소송을 심리하지 않을 것이라고 조언했고, 그녀는 소송을 취하했다. 하지만 자신이 자유인으로 태어났어야 했다는 사실을 알게 된 터브먼은 자유에 대해 고민하고 자신의 상황을 원망하게 되었다.

1849년 터브먼은 두 명의 오빠가 곧 딥 사우스로 팔려갈 것이라는 소식을 들었고, 남편도 터브먼을 팔아넘기겠다고 협박했다. 그녀는 오빠들을 설득해 함께 탈출하려 했지만 결국 혼자서 필라델피아로 떠나 자유를 찾아 떠났다. 이듬해 터브먼은 동생과 동생의 가족을 해방시키기 위해 메릴랜드로 돌아가기로 결심했다. 그 후 12년 동안 그녀는 18~19차례에 걸쳐 300명 이상의 사람들을 노예 상태에서 벗어나게 했다.

터브먼의 조직 능력은 노예제도에 반대하는 사람들의 네트워크인 '지하 철도(Underground Railroad)'에서 그 능력을 발휘했다. 터브먼은 자유를 찾는 사람들의 탈출을 도왔다. 터브먼은 영리하고 강인했으며 소총을 들고 다녔다. 그녀는 소총을 노예제도에 찬성하는 사람들을 위협하는 데 사용했을 뿐만 아니라 노예가 된 사람들이 물러서지 못하도록 막는 데도 사용했다. 그녀는 '지하 철도'를 떠날 준비가 된 것처럼 보이는 사람들에게 "죽은 흑인은 아무 말도 하지 않는다(dead Negroes tell no tales)"라고 말하기도 했다.

터브먼이 처음 필라델피아에 도착했을 때 당시 법에 따라 그녀는 자유인이었지만, 1850년 도망 노예법(the Fugitive Slave Act)이 통과되면서 다시 자유를 찾아야만 하는 사람이 되었다. 터브먼은 잡히지 않기 위해 조용히 활동을 하려 했으나 19세기 북미 흑인 운동계와 자유민 커뮤니티에 이름이 알려졌다.

도망 노예법이 통과된 후 터브먼은 지하철 승객들을 진정한 자유를 누릴 수 있는 캐나다로 안내하기 시작했다. 1851년부터 1857년까지 그녀는 19세기 북미 흑인 운동가들이 많이 살았던 캐나다의 세인트 캐서린스(St. Catherines)와 뉴욕의 오번(Auburn)에서 살기도 했다.

터브먼은 자유를 찾는 사람들의 탈출을 돕기 위해 1년에 두 번 메릴랜드로 여행하는 것 외에도 웅변 기술을 연마하여 노예제 반대 모임과 10년 말에는 여성 인권 모임에서 공개적으로 연설하기 시작했다. 한때는 4만 달러에 달하는 몸값이 터브먼의 목에 걸렸지만 그 어느 누구도 그녀를 배신하지 않았다.

터브먼은 1854년 그녀의 형제 세 명을 석방하여 세인트 캐서린스로 데려왔다. 1857년 터브먼은 아버지와 어머니를 자유의 품으로 데려왔다. 그들은 캐나다의 기후를 견디지 못해 19세기 북미 흑인 운동가들의 도움을 받아 오번에서 구입한 땅에 정착했다. 그보다 앞서 그녀는 남편 존 터브먼을 구하기 위해 돌아왔지만, 그가 재혼한 후 떠날 생각이 없다는 사실을 알게 되었다.

터브먼은 요리사와 세탁업으로 돈을 벌었지만, 19세기 북미의 주요 흑인 운동가들을 비롯한 뉴잉글랜드의 유명 인사들로부터도 지원을 받았다. 수잔 B 앤서니(Susan B Anthony), 윌리엄 H. 수워드(William H. Seward), 랄프 왈도 에머슨, 호레이스 만(Horace Mann), 교육자 브론슨 알콧(Bronson Alcott)과 작가 루이자 메이 알콧(Louisa May Alcott)을 포함한 알콧 가족, 필라델피아의 윌리엄 스틸(William Still), 델라웨어주 윌밍턴의 토마스 가라트(Thomas Garratt) 등이 그녀를 지지했다. 일부 지지자들은 자신의 집을 '지하 철도' 모임 장소로 제공하기도 했다.

1859년 존 브라운(John Brown)은 노예제도를 종식시킬 수 있다고 믿었던 반란을 조직할 때 터브먼에게 자문을 구했다. 터브먼은 하퍼스 페리에서 그의 계획을 지원하고 캐나다에서 자금을 모금하고 병사를 모집했다. 그녀는 터브먼이 버지니아 주 하퍼스 페리의 무기고에서 노예가 된 사람들에게 총을 공급하여 반란을 일으킬 것이라고 믿었던 노예들에게 총을 공급하도록 돕고자 했다. 그러나 그녀는 병에 걸려 그곳에 없었다.

브라운의 급습은 실패로 돌아갔고 그의 지지자들은 살해되거나 체포되었다. 그녀는 친구들의 죽음을 애도하며 브라운을 계속 영웅으로 여겼다.

터브먼이 '모세'라는 이름으로 남부를 여행하며 국민을 자유로 이끈 것은 남부 주들이 분리 독립하고 미국 정부가 전쟁을 준비하면서 끝이 났다. 전쟁이 시작되자 터브먼은 남부로 가서 연합군에 소속된 자유를 찾는 '밀수꾼'들을 지원했다. 이듬해, 연합군은 터브먼에게 흑인 남성 정찰대와 스파이 네트워크를 조직해 달라고 요청했다. 터브먼은 정보를 수집하고 노예들이 노예를 떠나도록 설득하는 활동을 주도했다. 많은 사람들이 흑인 병사 연대에 합류했다.

1863년 7월 터브먼은 제임스 몽고메리(James Montgomery) 대령이 지휘하는 부대를 이끌고 콤바히(Combahee) 강 원정에서 다리와 철도를 파괴하여 남부 보급선을 교란하고 750명 이상의 노예를 해방시켰다. 에드윈 스탠튼(Edwin Stanton) 전쟁 장관에게 이 기습을 보고한 루퍼스 색스턴(Rufus Saxton) 장군은 이렇게 말했다.

미국 역사상 흑인이든 백인이든 여성이 기습을 주도하고 그 영감으로 기습을 계획하고 수행한 유일한 군사 작전이다.

This is the only military command in American history wherein a woman, Black or White, led the raid and under whose inspiration it was originated and conducted.

터브먼은 백인에게 고용된 이후 첫 월급을 해방된 흑인 여성들이 군인들의 빨래를 하며 생계를 유지할 수 있는 공간을 만드는 데 썼다. 그러나 그녀는 정기적으로 급여를 받거나 마땅히 받아야 할 배급을 받지 못했다. 그녀는 정규 임무를 마친 후 직접 만든 제과류와 루트비어를 팔아 생계를 유지하며 3년 동안 겨우 200달러를 받았다.

전쟁이 끝난 후 터브먼은 군인 수당을 받지 못했다. 윌리엄 수워드 국무장관, T. W. 히긴슨 대령, 루퍼스 대령의 지원을 받아 연금을 신청했지만 신청은 거부당했다. 그녀의 복무와 명성에도 불구하고 전쟁에 참전했음을 증명할 공식 문서가 없었기 때문이다.

전쟁이 끝난 후 터브먼은 사우스캐롤라이나에 자유민을 위한 학교를 설립했다. 그녀는 읽고 쓰는 법을 배우지는 못했지만 교육의 가치를 높이 평가하고 노예였던 사람들을 교육하기 위한 노력을 지원했다.

이후 터브먼은 뉴욕주 오번의 집으로 돌아와 남은 생애의 터전을 마련했다. 그녀는 부모님을 재정적으로 지원했고, 오빠와 그 가족들도 오번으로 이주했다. 그녀의 첫 남편은 1867년 백인 남성과의 싸움에서 사망했다. 1869년 그녀는 노스캐롤라이나에서 노예로 살았지만 연합군 병사로 복무했던 넬슨 데이비스(Nelson Davis)와 결혼했다. 그는 결핵으로 자주 아팠고 일을 할 수 없는 경우가 많았다.

터브먼은 여러 명의 아이들을 자신의 집으로 데려와 친자식처럼 키웠고, 기부금과 대출을 통해 가난한 노예 출신 사람들을 지원했다.

1874년, 그녀는 데이비스와 함께 거티라는 이름의 여아를 입양했다.

자신의 삶과 다른 사람들을 지원하기 위해 1869년 역사학자 사라 홉킨스 브래드포드(Sarah Hopkins Bradford)와 함께 『해리엇 터브먼의 삶의 장면들(Scenes in the Life of Harriet Tubman)』을 출판했다. 이 책은 처음에는 웬델 필립스(Wendell Phillips)와 존 브라운의 지지자이자 참정권 운동가 엘리자베스 캐디 스탠튼의 사촌인 게릿 스미스(Gerrit Smith) 등 북미의 19세기 흑인 운동가들이 자금을 지원했다. 터브먼은 '모세'로서 자신의 경험에 대해 이야기하기 위해 순회 연설을 했다.

1886년, 브래드포드는 터브먼의 도움을 받아 터브먼의 본격적인 전기인 『해리엇 터브먼: 민족의 모세(Harriet Tubman: Moses of Her People)』라는 제목의 전기를 썼다. 1890년대에 마침내 그녀는 데이비스의 미망인으로서 월 8달러의 연금을 받을 수 있게 되었다.

터브먼은 수잔 B. 앤서니와 함께 여성 참정권 운동에도 참여했다. 그녀는 여성 인권 대회에 참석하여 흑인 여성의 권리를 옹호하며 여성 운동을 대변했다. 1896년 터브먼은 전국 유색인종 여성 협회의 첫 회의에서 연설했다.

터브먼은 나이 들고 가난한 아프리카계 미국인들을 계속 지원하기 위해 오번의 집 옆 25에이커 부지에 집을 짓고 AME 교회와 지역 은행의 도움을 받아 기금을 모금했다. 1908년에 문을 연 이 집은 처음에는 '존 브라운 노인 및 빈곤층 유색인들을 위한 집(the John Brown Home for Aged and Indigent Colored People)'으로 불렸지만 나중에 그녀의 이름을 따서 지어졌다. 그녀는 이 집을 노인들을 위한 주택으로 유지한다는 조건으로 AME 시온 교회에 기부했다. 그녀는 1911년에 이 집으로 이사했고 1913년 3월 10일 폐렴으로 사망했다.

터브먼은 사망 후 이름이 더 알려졌다. 제2차 세계대전 당시 리버티

(Liberty) 함 이름을 터브먼의 이름을 따서 지었고, 1978년에는 기념 우표에 그녀의 이름이 등장하기도 했다. 터브먼의 집은 국가 역사적 랜드마크로 지정되었다.

노예 출신, 19세기 북미 흑인 운동가이자 '지하철도' 모임의 리더, 남북전쟁 군인, 간호사, 스파이, 정찰병, 사회 개혁가 등 터브먼의 삶은 그녀의 헌신적인 봉사를 보여주는 중요한 측면이다. 학교와 박물관에는 그녀의 이름이 새겨져 있으며 책, 영화, 다큐멘터리 등 다양한 매체를 통해 그녀의 역사가 전해지고 있다.

2016년 4월, 제이콥 J. 루 재무장관(Jacob J. Lew)은 2020년까지 20달러 지폐에 앤드루 잭슨 대통령 대신 터브먼으로 대체할 것이라고 발표했지만 계획은 연기되었다.

해리엇 터브먼(Harriet Tubman)

약력: 19세기 북미 흑인 운동가, 남북전쟁 활동가, 시민 활동가, 간호사, 여성 참정권론자
다른 이름: 아라 민타 로스(Araminta Ross), 아라 민타 그린(Araminta Green), 해리엇 로스(Harriet Ross), 해리엇 로스 터 브먼(Harriet Ross Tubman), 모세(Moses)
출생: 1820년 메릴랜드주 도체스터 카운티
부모: 벤자민 로스(Benjamin Ross), 해리엇 그린 로스(Harriet Green Ross)
사망: 1913년 3월 10일 뉴욕 주 오번
배우자: 존 터 브먼(John Tubman), 넬슨 데이비스(Nelson Davis)
자녀: 거티(Gertie)
명언: 모든 위대한 꿈은 몽상가로부터 시작됩니다. 여러분 안에는 세상을 바꿀 수 있는 힘과 인내심, 열정이 있다는 것을 항상 기억하세요. (Every great dream begins with a dreamer. Always remember, you have within you the strength, the patience, and the passion to reach for the stars to change the world.)

3. 나가며

   오늘날 미국은 과거의 영광과 미래에 대한 불안이 공존하는 경계에 서 있다. 트럼프 대통령의 재집권은 미국을 아이러니로 가득한 현실과 마주하게 한다. 미국 내부의 분열과 혼란은 단순히 정치적 갈등이 아닌 오랜 세월 동안 쌓아온 자유, 평등, 정의라는 가치가 어떻게 도전받고 재해석되고 있는지를 보여준다.
   그러나 이러한 불안의 시대는 오히려 새로운 성찰의 기회를 제공한다. 인종, 젠더, 계층의 경계를 넘고자 하는 시도는 미국 문학, 역사, 인문학을 통해 더 깊이 있게 이해될 수 있다.
   이 책에서 다룬 33인의 미국 인물들은 단순한 역사적 위인이 아니다. 이들은 각자의 시대와 위치에서 미국이란 무엇인가를 새롭게 정의한 이들이다. 33인의 미국 인물들은 당면한 혼란스러움 속에서 진정한 미국이 무엇인가를 알려준다. 이들의 삶을 오늘날 우리가 마주한 질문인 '미국은 누구를 위한 나라인가?'에 대한 응답이자 증언이라 할 수 있겠다.

   미국은 여전히 전 세계에서 가장 영향력 있는 나라 중 하나이다. 그 영향력은 단순히 군사력, 경제력만으로 결정되는 것이 아니라 '사람'과 '생각'에서 비롯된다. 따라서 미국을 이해하기 위해 끊임없이 그들의 이야기를 듣고, 맥락을 읽어내야 한다. 역사 속 인물들이 남긴 발자취는 과거가 아니라 현재를 살아나가는 나침반인 것이다. 이 책이 독자에게 단순한 정보 전달을 넘어, 미국이라는 나라를 다시 바라보게 되는 계기가 되기를 바란다. '미국을 만든 사람들'을 통해 우리는 결국 '인간이 만든 역사'의 진실과 마주할 수 있다.

4. 참고자료

W.E.B. Du Bois American sociologist and social reformer
 (https://lrl.kr/wROR)

National Association for the Advancement of Colored People, American
 organization (https://lrl.kr/Fn9r)

Dred Scott v. Sandford(1857) (https://lrl.kr/Ff6X)

Dred Scott Case (https://lrl.kr/gdhm)

Ralph Waldo Emerson (https://lrl.kr/NEo2)

About Emerson (https://lrl.kr/gd0z)

Langston Hughes (https://lrl.kr/sFFU)

Langston Hughes (https://lrl.kr/FoSI)

Rosa Parks (https://lrl.kr/otwV)

Rosa Parks (https://lrl.kr/oCiB)

Massasoit Ousemequin (https://lrl.kr/A3X3)

Massasoit, Wampanoag chief (https://lrl.kr/oCiE)

Maya Angelou (https://lrl.kr/wRO3)

Maya Angelou (https://lrl.kr/oCiF)

Malcolm X (https://lrl.kr/khn0)

Nebraska approves Malcolm X Day, honoring civil rights leader born in Omaha 99 years ago (https://lrl.kr/NNaX)

A Life Lived in a Rapidly Changing World: Samuel L. Clemens, 1835-1910 (https://lrl.kr/otw4)

Mark Twain (https://lrl.kr/oCiN)

Martin Luther King Jr. Biographical (https://lrl.kr/otw5)

Who was Martin Luther King, Jr.? (https://lrl.kr/gd0K)

Muhammad Ali (https://lrl.kr/otw7)

Why Muhammad Ali Matters to Everyone (https://lrl.kr/NNa4)

Barack Obama (https://lrl.kr/f5e4)

Barack Obama (https://lrl.kr/sOrV)

BABE RUTH: HIS LIFE AND LEGEND (https://lrl.kr/wRPe)

BABE RUTH'S STORY (https://lrl.kr/oCiV)

Benjamin Franklin summary (https://lrl.kr/Ff7j)

Benjamin Franklin (https://lrl.kr/NNa9)

Sojourner Truth (https://lrl.kr/f5fa)

Sojourner Truth: Ain't I A Woman? (https://lrl.kr/gd01)

F. SCOTT FITZGERALD 1896-1940 (https://lrl.kr/f5fc)

Get To Know F. Scott Fitzgerald, the Legendary Author Responsible for 'The Great Gatsby' (https://lrl.kr/gd05)

10 Things You May Not Know About Sitting Bull (https://lrl.kr/otxl)

Sitting Bull (https://lrl.kr/NNbm)

Arthur Miller: Private Conversations (https://lrl.kr/sFGq)

Arthur Miller Biography (https://lrl.kr/oCjc)

Al Capone (https://lrl.kr/Ff7y)

Al Capone (https://lrl.kr/w0Bk)

Andrew Jackson (https://lrl.kr/wRPw)

Knowing the Presidents: Andrew Jackson (https://lrl.kr/w0Bl)

Alice Walker (https://lrl.kr/NEpH)

Alice Walker (https://lrl.kr/NEpH)

Abraham Lincoln (https://lrl.kr/khov)

ABRAHAM LINCOLN — FACTS, INFORMATION AND HISTORY ON THE LIFE OF THE 16TH U.S. PRESIDENT (https://lrl.kr/sOsn)

Elvis Presley (https://lrl.kr/khoA)

How did Elvis Presley die? A look inside the rock legend's death and health. (https://lrl.kr/w0Bt)

Washington Irving (https://lrl.kr/f5fB)

Washington Irving (https://lrl.kr/w0BA)

Walt Disney (https://lrl.kr/wRPM)

7 Things You May Not Know About Walt Disney (https://lrl.kr/sOsB)

William Faulkner (https://lrl.kr/khoI)

William Faulkner Biographical (https://lrl.kr/gd1D)

Oprah Winfrey's Official Biography (https://lrl.kr/Ff7V)

Oprah Winfrey (https://lrl.kr/gd1J)

George Washington (https://lrl.kr/f5fK)

George Washington Biography (https://lrl.kr/gd1L)

Crazy Horse (https://lrl.kr/otxR)

Crazy Horse (https://lrl.kr/oCjT)

Toni Morrison (https://lrl.kr/A3YY)

Profile of Toni Morrison, Nobel Prize Winning Novelist (https://lrl.kr/sOs0)

Thomas Jefferson Biography (https://lrl.kr/khoT)

Thomas Jefferson (https://lrl.kr/gd1Y)

Frederick Douglass (https://lrl.kr/f5fZ)

Frederick Douglass (https://lrl.kr/gd16)

Harriet Tubman (https://lrl.kr/NEqb)

Why Harriet Tubman risked it all for enslaved Americans (https://lrl.kr/FoUk)

제2부
천년 대륙의 지혜
: 중국을 형성한 33인

1. 들어가며

　역사는 많은 사람들의 피와 땀으로 이루어졌다. 이름은 있지만 후대에 남기지 못하였거나, 아예 처음부터 이름이 없었던 사람들도 있었다. 이름이 기록이나 구전으로 남아 있으면 후세 사람들은 기억할 수 있다. 하지만 많은 사람들은 이름을 남기지 못하고 자신들이 일구어 놓은 역사만 남겨 놓았다.

　인물 중에는 사람들의 입을 통해 전해지면서 민간의 신으로 자리매김하기도 하고, 문학작품에 남아 있기도 한다. 후세 사람들은 구전으로 전해진 이야기들이 사실인지 아닌지 알 수 없다. 후세 사람의 입으로 입으로 전해지면서 조금씩 변형되기도 하고, 새로운 이야기가 추가되기도 한다. 어쩌면 변형되었거나 더해진 이야기들도 그 시대상을 반영한 것이라 할 수 있다.

　역사서에 남아 있는 인물의 이야기도 모두 사실로 믿기는 어렵다.

누가 어떻게 기록하느냐에 따라 사람들의 이야기가 달라질 수 있기 때문이다. 그래서 역사서에 남아 있는 사람들에 대한 평가도 시대에 따라 달라지기도 한다. 다만 후세 사람들은 기록을 통해 그들이 어떻게 살았는지를 단편적으로는 알 수 있다.

오늘날 시대성을 반영하여 특정 인물이 필요하다고 제기되면 그 사람에 대한 평가도 달라질 수 있다. 중국에서 평가가 달라진 대표적인 인물은 공자이다. 1915년부터 시작된 신문화운동 시기와 1966년에 발생하였던 문화대혁명 시기의 공자에 대한 평가와 2000년대 이후 공자학원을 통해 되살아난 공자에 대한 평가는 완전히 다르다. 이렇게 한 인물에 대해 극과 극을 이루는 것도 드문 일이다.

중국에서는 1911년 이후 중국에 공헌을 한 10대 인물을 선정하였는데, 이때 "손중산(孫中山, 쑨원), 루쉰(魯迅), 레이펑(雷鋒), 쟈오위루(焦裕祿), 왕진시(王進喜), 리시광(李四光), 마오쩌둥(毛澤東), 덩쟈셴(鄧稼先), 덩샤오핑(鄧小平), 위안룽핑(袁隆平)"이 포함되었다. 이 중 대중에게 널리 알려진 인물은 손중산, 루쉰, 마오쩌둥, 덩샤오핑이다. 그 외 인물은 중국 전공자라 하더라도 잘 알지 못하는 경우가 있다. 그나마 레이펑이나 쟈오위루는 중국정치를 공부하다 보면 접하게 되는 인물이다.

이글에서는 중국의 역사, 문화, 철학, 문학, 정치, 대중문화 등에서 당대와 후대에 자신들의 이야기와 역사를 남긴 인물을 선정하였다. 인물을 선정하는 과정에서 여성의 비율이 남성보다 다소 낮다. 중국 역사에서 여성의 역할은 매우 중요하게 나타났고, 신화전설 상에도 많이 등장한다. 하지만 한나라 때 남성 중심의 역사서술이 진행되다 보니, 역사 기록에는 남성들이 많이 등장하게 되었고, 여성에 대한 시각이 편향적으로 기록되었다.

이러한 시각은 청이 망하고도 한참 동안 진행 되었다. 역사에 등장하는 많은 여성 중에서 부정적인 시각으로 접근된 인물이 많이 있다. 그들의 '공(功)'과 '과(過)'를 두고 얘기를 할 때 '공'보다는 '과'를 더 많이 이야기하면서 자연스럽게 부정적인 이미지를 만들었다. 2020년대에도 최고지도자인 시진핑도 여성의 역할에 대한 시대착오적인 발언을 하면서 중국 사회가 퇴보하는 듯한 느낌을 주었다. 중국 사회에서는 여성에 대한 인식이 매우 편협적이라는 것을 알 수 있다.

중국 역사에서 상나라 부호(婦好)를 비롯하여 중요한 역할을 한 여성은 매우 많다. 대표적인 인물로는 여치(呂雉), 화목란(花木蘭), 측천무후(則天武后), 마조(媽祖), 목계영(穆桂英), 소태후(睿智皇后 蕭氏), 소르칵타니 베키 카툰(唆魯合貼尼妃 可敦), 엄영춘(嚴詠春), 추근(秋瑾), 샹징위(向警予) 등이 있다. 이 책 '중국편'에서 맨 처음에 소개하는 인물은 최초의 여성 정치가이자 군사가인 부호(婦好)이다.

2. 33인의 중국 역사 인물

부호(婦好, B.C.1278?~B.C.1245?)

한국 TV 프로그램 중에 역사를 재구성하여 방영하는 〈천일야사〉가 있다. 이 프로그램의 제92회에 상나라(B.C.1600~B.C.1046) 무정(武丁, 재위 B.C.1250~B.C.1192)[1]의 부인인 부호가 등장한다. 부호는 중국 역사상 문자로 기록되어 있는 최초의 여성 정치가이자 군사가이다.

---

[1] 무정은 59간 재위하였으며, 묘호는 고종(高宗)이다. 무정의 재위시기를 역사적으로 '무정중흥(武丁中興)'이라 일컫는다.

부호는 무정의 배우자 3명 중의 한 명인데, 산서성 북부 일대에 있던 토방(土方)의 공주였다. 부호의 이름은 '추자(帚子)'이고, 시호는 '신(辛)'이다. 부호는 '모신(母辛)', '후모신(后母辛)', '을신(乙辛)', '비신(妣辛)'으로도 불린다. 부호의 키는 175cm 정도이고 박학다식하였을 뿐만 아니라 매우 용맹하였던 것으로 보인다. 무정은 부호에게 봉토를 주기도 하였다.

현존하는 자료를 통해 보면, 부호는 적어도 4개의 신분을 갖고 있었다. 즉, '왕후, 장군, 제사(祭司), 제후'였다. 부호는 주변 국가와 전쟁을 치를 때 수차례 군을 통솔하여 출정하였다. 그리고 제사를 맡아 제천(祭天), 제선조(祭先祖), 제신천(祭神泉) 등 각종 제전(祭典)을 담당하였다.

부호는 33세에 세상을 떠났다. 당시 나이로는 빨리 죽은 것은 아니지만, 무정이 59년간 집권한 것에 비하면 빨리 사망하였다고 볼 수 있다. '부호'는 갑골복사에 많이 등장하였다. 갑골복사란 상나라의 국왕이나 무인(巫人)이 거북 등에 나라와 대소사의 길흉을 점친 뒤 그 점복의 내용을 기록한 것을 뜻한다. 이를 갑골문(甲骨文)이라 부른다.2)

갑골복사를 통해 부호의 정벌 전쟁, 부호가 앓았던 병, 아이 낳는 것, 부호가 무정보다 먼저 죽었다는 정보를 알 수 있다. 하지만 부호가 어떻게 죽었는지에 대한 구체적인 사망 원인은 명확하게 남아 있지 않다. 다만 갑골복사에 기록되어 있는 자료를 통해 추측할 수 있다. 부호는 난산으로 사망하였을 수도 있고, 전장에서 전투를 하다 사망

---

2) 갑골문은 상나라 때 거북의 껍질이나 소의 견갑골(肩胛骨)에 새겨 넣은 문자로 도문(陶文)의 글자 만드는 방법을 계승하였다. 상대 왕실에서 점을 칠 때 동물의 뼈에 새기거나 써넣었던 문자다. 지금까지 발견된 갑골문은 약 15만여 점이며, 4,500여 자가 발견되었다. 갑골문을 통해, 당시의 정치·군사·경제·과학·문화 등을 알 수 있다. 특히 노예와 평민·귀족·관리·군대·공납·농업·상업·교통·천문·역법·기상·건축·제사·길흉 등 사회 전반에 관한 내용을 알 수 있다.

하였을 수도 있다. 또 전투 중 부상을 입었다가 재발하여 사망하였거나 과로로 인한 질병으로 사망하였을 수도 있다.

부호가 죽은 뒤 무정은 깊은 슬픔에 잠겼고, 부호를 자신이 군사와 정사를 보는 궁실 옆에 묻었다. 무정은 부호에게 '신(辛)'이라는 시호를 주었다. 상나라 후손들은 부호를 존칭하여 '모신(母辛)' 혹은 '후모신(后母辛)'이라 불렀다. '후모신'이라 적힌 동기명문(銅器銘文)이 발견되었는데, 이를 부호라고 여긴다. 왜냐하면 부호의 묘호(廟號)가 '신(辛)'이기 때문이다. 갑골기록을 보면 '은국대치(殷國大治)'를 이룬 무정의 처는 64명에 이른다. 무정에게는 비무(妃戊)·비신(妃辛)·비계(妃癸) 등 3명의 왕비가 있었다. 이 중 '비신'은 부호가 죽은 뒤 받은 시호이다. 부호묘 출토 청동기 중에 '사모신(司母辛)'이라는 명문 청동기가 나왔다. '사모신'은 '비신', 즉 '부호'를 뜻한다. 그리고 부호묘에서 발굴된 삼련언(三聯

甗)청동기(3개의 시루를 이어 만든 청동기)에는 '부호'라고 새긴 상형문자가 있다.

1976년 5월 16일, 안양(安陽) 은허(殷墟) 유적을 발굴하는 과정에서 많은 청동기 등 다양한 유물을 발견하였다. 발굴에 참여한 정전샹(鄭振香)은 확인된 명문 청동기 190점 가운데 반이 넘는 109점에서 무덤의 주인 이름인 '부호'라는 상형문자를 발견하였다. 이를 통해 무덤의 주인이 '부호'임을 알게 되었다. 이때 발견된 것을 은허박물관에 전시하고 있는데, 갑골문을 전시한 곳을 지나가면 부호묘(墓)가 나온다. 무덤은 수직 우물 형이며, 청동기, 옥기, 골기, 상아 조각, 조개 화폐 등 1928점의 문물이 출토되었다. 부호의 묘에서는 개와 사람이 함께 순장된 채 발견되었다.

부호의 군사업적은 매우 유명하다. 무정 초기에는 국가기반이 확고하지 않아 적의 침략이 잦았다. 북방의 오랑캐인 토방이 도읍(안양) 근처까지 쳐들어와 수도권 마을 2곳이 피해를 입었다는 기록이 있다. 무정은 귀방(鬼方)과 토방, 강방(羌方), 파방(巴方, 서남 민족) 등 주변국들과의 정복 전쟁을 승리로 이끌었다. 부호는 지알·사반 등 대장군들을 이끌고 맹활약하였다.

무정시기 정벌 전쟁에서 가장 중요하였던 것은 서방의 강자인 강방과의 싸움이었다. 강방은 오늘날 소수민족 중 하나인 강족(羌族)의 선조이다. 광활하고 비옥한 지역에 터전을 둔 강방은 끊임없이 상나라를 괴롭혔다. 이때 강방 정벌에 앞장선 인물이 부호였다. 갑골복사에 "부호에게 군사 3000명을 징집하게 하고, 또 1만 명을 징집하여 강방을 정벌하라고 할까요?"라는 내용이 있다. 부호가 상나라 전쟁 역사에서 최다 병력인 1만 3000명의 대군을 이끌고 강방을 정벌하였음을 알려 준다.

안양 박물관에는 갑골복사에서 부호가 토방을 정벌하는 내용을 설명하고 있다. 몇 가지를 살펴보면 다음과 같다.

갑골복사 중 "이번에 왕이 부호에게 명을 내려 토방을 정벌하려고 하는데 신의 보호가 있을까요?"라는 내용이 있다. 이것은 토방 정벌에 '부호'를 지휘관으로 파견하면서 점을 친 내용이다. 부호는 갑옷을 입고 청동꺾창3)을 들고 출전하여, 한 번의 정벌로 토방을 격퇴시켰다. 부호는 토방을 추격하여 전멸시켰다.

갑골복사에 "부호가 지알과 연합해서 파방을 치게 하고, 대왕은

---

3) 청동으로 만든 창이다. 찍거나 베는 데 쓰는 무기의 하나이다. 긴 자루가 옆으로 직각이 되도록 끼워서 사용한다.

친히 동쪽으로 파방에 진격하면 적군은 부호의 매복지로 쳐들어올까요?"라는 내용이 있다. 상나라가 파방과의 전쟁을 치르면서 양동작전을 펼 예정인데, 성공할 것인지를 묻는 내용이다. 부호가 지알 장군과 연합하여 매복하면, 무정왕은 정예병을 이끌고 파방의 정면을 공격한다는 작전을 펼친 것이다.

한편, 갑골복사에는 무정왕이 부호의 임신과 출산에 신경을 쓰고 있는 내용이 있다. "부호에게 출산능력이 있을까요." "부호에게 아이가 있다는 소식이 있을까요? 3월에?" "부호가 아이를 갖겠습니까? 4월에?"라는 내용을 보면, 무정이 부호의 임신 여부를 월 단위로 묻고 있다.

갑골복사에 부호가 임신하여 출산일이 다가오면, 무정이 아들인지 묻는 내용이 있다. "부호(왕비)가 아이를 낳으려 합니다. 아들일까요?" "신(申)일에 낳으면 길(吉)하니 아들일 것이다." "(하지만) 갑인일에 아이를 낳았다. 길하지 않았다. 딸이었다."라는 내용이 있다. 이 내용을 보면, "출산 날짜를 맞추지 못하였고, 딸을 낳았으며, 길하지 않았다"라는 내용이 나온다. 즉, 아들을 낳으면 길하고, 기쁘다는 표현을 하였고, 딸을 낳으면 불길하고 기쁘지 않다고 적고 있다. 상나라 말기에는 아들이 왕위를 계승하였기 때문에 아들을 낳아야만 왕비의 자격을 얻을 수 있다고 해석하고 있다.

갑골복사에 "각(殼, 점을 친 관리이름)이 점을 치며 물었다. '부호가 출산하는데 불길하겠습니까.' 왕이 점괘를 보고 길흉을 판단해서 말했다. '길할 것 같기도, 불길할 것 같기도 하다.' 결과는 불길했는데, 과연 아이가 죽었다."라는 내용이 있다. 부호의 출산을 앞두고 점괘가 불길했는데, 결국 그 점괘대로 아이가 죽었다는 이야기다.

갑골복사에는 부호의 병과 죽음에 관한 내용도 기록되어 있다. 갑골문에 부호는 복통과 귓병 등을 앓았을 뿐만 아니라 악몽에 시달렸음을 알 수 있다. 부호의 병세가 나빠지자, 무정은 불안하여 잇달아 점을 쳤다. 갑골복사에 "부호가 감기(혹은 신경통)에 걸릴까요?" "부호의 질병에 재앙이 있을까요?" "부호가 죽을까요?" "부호가 병으로 죽지 않겠지요?"라는 내용이 있다.

무정은 '돈(敦)'이라는 사냥터에서 부호의 사망 소식을 듣고 그곳에서 곡제(哭祭)를 지냈다. 부호가 죽은 뒤 무정은 악몽을 꾸었다. 이에 점을 치는데, 갑골복사에 "왕이 불길한 꿈을 꾸었는데 부호의 혼령에 해를 끼치지는 않겠습니까?"라는 내용이 있다. 무정은 부호의 혼령을 달래기 위해 제사를 지낸다. 이때 잡아 온 여자 노예를 제물로 바치는 제사도 있다.

부호는 규모가 큰 독립된 무덤을 갖고 있었고, 성대한 제사 물품이 있었다. 이는 상나라 시기에는 매우 드문 것으로, 부호가 어떤 인물이었는지를 알 수 있게 한다.

부열(傅說, B.C.1335?~B.C.1246)

"신분이 아닌 능력에 따라 인재를 등용"하는 것을 얘기할 때 항상 언급되는 인물이 상나라 무정 시기의 재상 부열이다. 부열은 '고요(皐陶), 기(夔), 백익(伯益), 이윤(伊尹), 여상(呂尙), 주공(周公), 소공(召公)'처럼 나라를 올바르게 한 사람으로 거론된다. 부열은 상나라 '무정중흥' 시기의

부열판축

인물로, '중국 역사상 최초의 성인'이라 불린다. 부열 동상에는 "중국 최초의 성인 부열, 갑골문과 '판축(版築)' 공법의 창시인"이라고 적혀 있는 설명비가 있다.

오늘날 자주 쓰는 '유비무환(有備無患)'이라는 말도 부열이 한 말이다. 그리고 '성을 쌓는다'는 뜻의 '판축'은 "미천한 곳에서 인재를 발탁한다"는 뜻과 같은 의미로 사용되었다.

무정은 노예 신분이었던 부열을 등용하였다. 왕에게 간언하는 부열과 이를 받아들인 무정은 상나라를 강한 국가로 만들었고 태평성세를 이루게 하였다.

부열은 공자보다 약 800년 정도 앞서는 인물이다. 부열에 관한 이야기는 『천자문』, 『상서(尚書, 서경)』, 『묵자』, 『국어』, 『여씨춘추』에 나온다. 부열을 재상으로 등용하는 과정은 널리 알려져 있다.

『천자문』에 "기회한혜 열감무정(綺回漢惠 說感武丁)"이라는 구절이 나온다. 이는 "기리계(綺里季)는 한나라 혜제(惠帝)를 돌이켜 놓았고, 부열은 무정을 감동시켰다."라는 의미이다. 즉, "기리계 등은 한나라 혜제의 태자 자리를 회복하고 부열은 무정의 꿈에 나타나 무정을 감동시켰다."라는 내용이다.

『상서』에 "임금이 글을 지어 고하여 말하기를, 나로 하여금 천하를 다스리게 하였으나 나의 덕이 옛 성군들에 미치지 못하므로 두려움에 말을 못하고 공경하며 묵묵하게 가야 할 길을 생각하고 있었다. 내 꿈에 하늘은 나를 보필할 사람을 보였으니, 그가 나를 대신하여 말하리라."라는 내용이 나온다.

송나라 진덕수(眞德秀)가 저술한 『대학연의(大學衍義)』에도 부열은 등장한다. 책에 "옛날에 부열(傅說)은 고종에게 아뢰기를 '생각건대 배움은 뜻을 공손히 하는 것입니다(遜志)'라고 했습니다. 엎드려 바라옵건대 하늘이 내려준 자질의 밝음(天資之明)만 믿지 마시고 유신(儒臣)들이 고루하다고 말하지 마시고 날마다 경연에 나오시어 마음을 비우고 뜻을 공손히 하여 힘써 깊이 읽고 밝히시어 감히 하루라도 혹 빠트리지 마시고 혹시 다른 연유가 있어 정강해야 하는 날에도 마땅히 강관(講官)을 불러 보시고 얼굴을 마주하여 일깨워 주신 다음에 끝내도록 하소서"라는 내용이 나온다.

부열의 치국방침에 대한 내용은 『상서』「열명(說命)」[4])에 나와 있다. 「열명」은 상중하로 되어 있어서, 「열명삼편」이라고도 불린다.

'상편'은 부열이 무정을 처음 만난 과정과 무정에게 허심탄회하게 간언을 받아들이라고 권하는 내용이 있다. 가장 대표적인 말은 "나무는 먹줄에 따르면 바르게 되고, 군주는 간언하는 말을 잘 들으면 성인이 된다."라는 것이다.

'중편'은 부열이 무정에게 치국방략(治國方略)을 얘기하는 것이다.

---

4) 『상서』「열명」은 오랫동안 학술계에서는 동진 시대의 매색(梅賾)이 조정에 바친 『고문상서(古文尚書)』라고 단정하였고, 송대부터 학자들은 동진 시기에 위조되었다고 의심을 하기 시작하였다.

오늘날까지도 전해지는 유명한 말은 "아는 게 어려운 것이 아니라, 행하는 것이 어렵다"이다. '중편'에 "벼슬은 사사로이 친한 사람에게 주어서는 안 되고 능력 있는 이에게 주시고, 작위는 나쁜 덕을 가진 사람에게 주시지 말고 오직 현명한 이에게만 주십시오."라고 하였다. 부열은 무정에게 나라가 잘 다스려지고 어지러워지는 것은 모두 관리들의 손에 달려 있다고 간언하였다.

'하편'에서 부열은 "가르침은 배움의 반이니 처음부터 끝까지 배움을 잊지 않고 시종 배움에 힘쓰면 덕은 자신도 모르는 사이에 갖추어질 것"이라고 말했다. 부열은 왕과 신하가 함께 노력해야 함을 강조하였다.

무정은 부열을 재상으로 임명하면서 "약이 아찔하도록 독하지 않으면 병이 낫지 않고, 맨발이 땅을 살피지 않으면 발이 다친다. … 만약 큰 강을 건너면 그대를 배와 노로 삼을 것이며, 만약 큰 가뭄이 들면 그대를 임우(霖雨, 단비)로 삼을 것이다."라고 하였다. 또 무정은 또 부열에게 "아침저녁을 가르침을 올리어 나의 덕을 도와주오. 내

가 만일 쇠라면 당신은 숫돌이 되어 잘 갈아서 날카롭게 하여주오."라고 말하였다.

'임우(霖雨)'는 '장마'라는 뜻 이외에도 '적절한 때 내리는 '시우(時雨)', 또는 단비인 '감우(甘雨)'를 의미한다. '임우'는 이후 많은 동양 고전에서 세상을 구하고 백성을 윤택하게 하는 인재 혹은 임금이 나라를 잘 다스릴 수 있도록 보필하는 재상 등을 비유하는 말로 사용됐다.

부열이 무정에게 진언한 정견은 상나라를 부강하게 하였다. 주요 내용은 "첫째 정치는 하늘의 도를 따라 행해져야 한다. 둘째 국가지도자는 근면과 노력의 습성을 길러야 한다. 셋째 군비는 철저히 하되 전쟁을 함부로 일으켜서는 안 된다. 넷째 공이 있으면 반드시 상을 주고 공이 없는 자에게는 함부로 은혜와 상을 베풀어서는 안 된다. 다섯째 인재 등용에 있어서는 정실을 배제하고 어질고 덕 있는 유능한 사람을 가려 써야 한다. 여섯째 매사에 일마다 준비가 있으면 근심이 없을 것이다(有備無患). 일곱째 국가지도자는 사사로이 한 인물만을 총애하지 말고, 자신이 과실을 범했을 때에는 즉시 밝히고 고쳐서 행하여야 한다. 여덟째 예의를 존중하며 솔선수범해야 한다. 아홉째 옛 성왕의 남기신 가르침을 겸손하게 배우며 실행해야 한다."는 등이다.

군주가 간절하게 인재를 찾는 것을 '공묵사도(恭默思道)'라고 하는데, 이에 관한 이야기는 『서경』「열명」상 첫머리에 나온다. 그 내용은 다음과 같다.

상나라 고종(高宗)은 선왕이 세상을 떠나자 정사를 신하들에게 맡기고 여막에서 3년 상을 치렀다. 3년 상을 치르고도 아무 말도 하지 않으셨다. 여러 신하들이 다 같이 임금에게 "아아, 아는 것을 밝고 어질다 하고 밝고 어질면 실로 법을 만들게 되는 것입니다. 천자는 온 나라를 다스리는 분이시니 여러 관리들이 법을 받들어서 왕의 말씀을 명령으로 삼으니 왕께서 말씀을 하시지 않으시면 신하들은 명령을 받을 수 없게 됩니다."라고 간하였다.

왕은 "나로 하여금 온 세상을 바로잡도록 하였으나 나는 덕이 훌륭하지 못한 것을 두려워하여 이 때문에 말하지 않고서 공경하고 침묵하며 나라 다스리는 도를 생각하고 있었는데 꿈에 하느님이 나에게 훌륭한 보조자를 내려주셨으니 그가 나를 대신하여 말하게 될 것이요."라고 말하였다.

왕은 꿈에서 본 그의 형상을 말하며 그리게 한 뒤 그를 찾게 하였다. 부열이 부암의 들에서 흙을 다지고 있었는데 비슷하였다. 이에 왕은 부열을 재상으로 삼고 곁에 두었다.

무정과 부열의 만남은 '부열축암(傅說築巖)'이라는 제목으로 후대 화가들이 즐겨 그리는 단골 소재가 되었다. '부열축암'은 "부열이 바위를 쌓는다."라는 뜻이다. 조선시대 진재해(1691~1769)가 그렸다는 '부열축암'은 『만고기관첩(萬古奇觀帖)』에 들어 있다.

맹자는 "순임금은 밭두둑 가운데서 몸을 일으켰고, 부열은 공사판에서 등용되었으며, 교격은 물고기와 소금을 파는 가운데서 등용되었다. 관이오는 옥에 갇혀 있다가 등용되었으며, 손숙오는 바닷가에서 등용되었고, 백리해는 저잣거리에서 등용되었다."라고 하였다.

오늘날 부열이라는 이름은 익숙하지는 않지만, 적어도 조선시대 지식인들은 잘 알고 있던 인물이었을 것으로 보인다. 부열의 사례는 『조선왕조실록』에도 자주 등장한다. 대부분 임금에게 쓴소리를 하는 인물로 많이 등장한다.

『태조실록』 4년(1395) 5월 간관(諫官) 이고(李皐) 등이 "은나라 부열이 고종에게 고하기를 '간쟁하는 말을 따르면 성군(聖君)이 된다'고 했다면서 임금은 신하들의 간쟁, 즉 쓴 소리를 잘 들어야 한다."라고 하였다. 『정종실록』 2권에도 부열이 등장한다. "부열이 고종에게 말하기를 후(后)는 간하는 것을 좇으면 성스러워진다"고 하였다. 조선시대 과거 시험의 답안에도 '부열'은 등장한다. 또 시조라든가 사액제문(賜額祭文), 정창손 신도비명(鄭昌孫神道碑銘) 등에도 등장한다. 조선시대 학자들이 '꿈'을 논할 때 가장 많이 거론한 것은 무정(고종)의

'부열 꿈'과 공자의 '주공(周公) 꿈'이었다. 무정은 어느 날 꿈속에서 '열'이라는 이름의 한 성인을 보았다. 무정은 꿈에 하늘이 그를 보필할 자를 보여주자 초상화로 그리도록 하여 부열을 찾았다. 마침내 부암 땅 벽돌 쌓는 노역장에서 그를 찾아냈다. 무정은 담장을 쌓는 노예 출신 부열을 발탁하여 재상으로 삼고 충언을 귀담아들었다. 부암에서 얻었다 해서 그에게 부씨 성을 하사하고 '부열'이라 했다. 무정은 부열에게 정치를 맡겨 기울어가는 나라를 바로 잡았다. 부열은 명재상이 되었다.

1558년(명종 13) 이이(李珥)가 별시해(別試解)에 장원하였을 때의 답안인 천도책(天道策)에도 "부열이 죽어서 별이 된 것과 같은 따위는 산과 물이 있는 큰 땅이 그림자를 푸른 하늘에 보낸다는 말과 무엇이 다르겠습니까?"라는 내용이 등장한다.

『동문선』제81권 「경회루기(慶會樓記)」에 "경회라는 것은 군신 간에 서로 덕으로써 만나는 것을 의미한 것이다. … 옛일 상고하건대, 요순 우탕 고종 문왕 무왕 같은 이가 임금이 되고, 고요(皐陶) 기(蘷) 백익(伯益) 이윤(伊尹) 부열 여상(呂尙) 주공(周公) 소공(召公) 같은 이가 보좌가 되면 참으로 '경회'라 이를 것이다."라고 하였다. 정조가 상나라에서 성 쌓다가 발탁된 부열과 주나라 때 낚시질하다 발탁된 여상에 대해 자주 언급한 것은 신분이 아니라 능력에 따라 인재를 등용하려는 구상을 내비친 것이었다.

부열과 관련된 단어는 매우 많다. 몇 가지를 살펴보면 다음과 같다.
'기미정(箕尾精)'은 "뛰어난 인물의 죽음"을 뜻하는 말이다. 이 이야기는 『장자』 「대종사(大宗師)」에 나온다. 상나라 고종의 재상 부열이 죽은 뒤에 기미성(箕尾星)을 타고 앉아 부열성이 되었다는 전설이 있다.

'부열기기(傅說騎箕)'라는 말이 있다. 이와 관련된 이야기는 『장자』

「대종사」에 나온다. "부열이 도를 얻어 죽은 뒤에 기미성에 올라탔다."는 내용이 나온다.

'부열조갱(傅說調羹)'이라는 말이 있다. 이 이야기는 『서경』「열명」하편에 나온다. 고종이 부열을 명하는 말에 "단술을 만들면 네가 누룩이 되고 국을 조화하면 네가 염매(鹽梅, 음식의 양념이 되는 소금과 매실)가 되어 달라"라고 하였다. 염매의 의미는 "신하가 임금을 도와서 정사를 바르게 하도록 함"을 의미하게 되었다.

'부열성'이라는 말은 『장자』에 나오는 말로, "재상 부열이 죽어서 하늘에 별이 되었다"라는 의미이다. 부열이 별이 된 이야기인 '부열위열성(傅說爲列星)'은 『장자』에 나온다. 천문학에도 '부열성'이라는 것이 있다. 이익이 지은 『성호사설』 제1권에는 "부열은 별 하나로 되어 있는데, 미성의 뒤에 위치한다. 임금의 후궁, 무당 또는 기도드리는 축관을 상징한다. 신에게 제사를 올리며 아들을 낳게 해달라는 것을 축원하는 대상의 별이다."라고 적혀 있다.

부열림(傅說霖)이라는 말은 『사기』「은본기」와 『서경』「열명」에 나오는 이야기에서 기원한다. 고종은 부열에게 "만약 크게 가물면 네가 장맛비가 되어라."라고 하였다.

안영(晏嬰, ?~B.C.500)

'안영'이라는 사람의 이름은 적게 들었을 수도 있으나, '귤이 탱자가 되다'라는 말은 익히 아는 이야기이다. 여기서 '귤이 탱자가 되다'는 '귤화위지(橘化爲枳)'로 "귤이 회수를 건너면 탱자가 된다(橘生淮南則爲橘 生于淮北爲枳)"라는 말에서 나왔다. 현대 중국정치와 외교에서 거론되고 있는 '귤화위지'는 춘추시대 제(齊)나라의 명신인 안영과 관련이 있다.

안영은 춘추시대 후기의 사상가이자 외교가이다. 중국 정치에 관심이 있는 사람은 시진핑 국가주석이 언급한 '탱자론'을 떠오르게 될 것이다. 2014년 4월 1일 시진핑 국가주석은 유럽 순방 마지막 나라인 벨기에의 유럽대학교 강연에서 "중국은 다른 나라의 정치제도나 발전 방식을 그대로 옮겨 적용할 순 없다. 이는 중국의 상황에 맞지 않을뿐더러 재앙적 결과를 불러올 수도 있다."라며 "이미 2000년 전 중국인들은 이런 도리를 깨치고 '귤이 회수를 건너면 탱자가 된다'는 격언을 남겼다."라고 강조하였다. 2014년 시진핑은 '중국특색 사회주의'의 길을 걷겠다는 의지를 밝히며 '귤화위지'를 인용하였다. 서구 사회에서 요구하는 중국의 정치 민주화 요구와 2017년 홍콩 행정장관 직선제 갈등에 대한 시진핑의 답이라고 할 수 있다. 시진핑의 '탱자론'은 서방 국가가 중국의 민주화를 촉구하는 것에 대해 반발하여 나온 말이다.

안영은 산동성 고밀(高密) 사람이며, 제나라의 상대부(上大夫) 안약(晏弱)의 아들이다. 자는 평중(平仲)이고, 안자(晏子)라고 불린다. 안자의 언행을 모아 펴낸 책이 『안자춘추(晏子春秋)』이다. 제나라 영공(靈公)·장공(莊公)·경공(景公)을 섬겼으며, 경공 때에 재상으로 등용되어 명재상으로 이름을 떨쳤다. 안영은 한 벌의 여우 가죽옷을 30년이나 입었다고 할 정도로 생활이 검소하였던 것으로 알려졌다. 안자는 키가 작고 외모가 볼품없었지만, 안자를 만나본 사람은 안자의 지혜로운 통찰과 충성스러운 간언에 탄복했다고 전해진다.

혼란한 시대였던 춘추시대는 제후들이 난립하여 전쟁이 끊임없이 일어났다. 이때 강국이었던 진(晉)나라가 제나라를 공격할 준비를 하고 있었다. 공격에 앞서 진 평공(平公)은 제나라의 정세를 파악하기 위해 범소(范昭)를 사신으로 보냈다.

제 경공은 성대한 연회를 열어 범소를 접대하였다. 범소는 경공에게 "친히 술을 한 잔 내려주신다면 영광이겠습니다."라고 하였다. 경공은 주위의 신하를 돌아보며 "과인의 잔으로 손님에게 한잔 권해드려라."라고 말하였다. 범소는 신하가 건네주는 경공의 잔을 받아들고는 단숨에 마셨고, 이를 본 안영은 술잔을 건네준 신하에게 "주군을 위해 다른 술잔으로 바꾸어라."라고 말하였다.

당시 법도로는 연회에서 군신은 각각 자기의 술잔으로 술을 마셔야 되는데, 범소가 법도에 어긋난 일을 저질렀고, 이는 제 경공에 대한 불경의 표시였다. 범소는 이를 알면서도 일부러 제나라를 시험해 본 것이었다. 하지만 안영은 예리하게 간파하고 범소의 무례를 용서하지 않았다.

범소는 귀국한 후 곧 평공에게 "지금은 아직 제나라에 공격을 감행할 시기가 아니옵니다. 신은 경공을 시험해 보았습니다만 안영에게 간파당하고 말았습니다."라고 보고하였다. 즉, 제나라에는 안영과 같은 현신(賢臣)이 있으니 지금 공격을 감행하더라도 이길 가망이 별로 없다는 뜻이었다. 이에 진 평공은 제나라를 공격할 계획을 취소하였다.

『안자춘추』에는 다음과 같은 이야기가 전해지고 있다. 안영이 초(楚)나라에 사신으로 갔다. 초 영왕(靈王)은 안영이 온다는 얘기를 듣고 안영을 시험해 보기 위해 신하들과 상의하였다. 영왕은 "안영은 키가 5척에도 미치지 못하지만 제후들 사이에 그 명성이 자자합니다. 과인의 생각으로는 초나라는 강하고 제나라는 약하니 이번 기회에 제나라에 치욕을 안겨주어 초나라의 위엄을 떨치는 것이 어떻겠소?"라고 하였다.

안영이 초나라 도성 동문에 도착하였지만 성문이 열려 있지 않았다. 안영은 문지기에게 성문을 열라고 하였다. 위로부터 안영을 놀리기 위한 계책을 명령받은 문지기는 안영을 성문 옆의 작은 문으로 안내하면서, "재상께서는 이 개구멍으로 들어가십시오! 이 구멍만으로도 당신이 출입하기에는 충분한데 무엇 때문에 귀찮게 성문으로 출입할 필요가 있겠습니까?"라고 하였다.

이에 안영은 크게 웃으며, "이것은 개가 출입하는 문이지 사람이 출입하는 문이 아니지요. 개 나라에 사신으로 온 사람은 개문으로 출입해야 하고, 사람 나라에 사신으로 온 사람은 사람문으로 출입해야 하는데, 내가 사람 나라에 왔는지 개 나라에 왔는지 모르겠군요. 설마 초나라가 개 나라는 아닐 테지요!"라고 하였다.

이 말을 들은 문지기는 영왕에게 전하였고, 영왕은 잠시 생각을 한 후 어쩔 수 없이 성문을 열도록 명령하였다. 안영은 당당하게 초나라 도성의 성문으로 들어갈 수 있었다. 안영을 마주한 영왕은 "제나라에는 인재가 그렇게도 없는가? 어찌하여 그대와 같이 작은 사람을 초나라에 사신으로 보냈는가?"라고 말하였다. 이에 안영은 "대왕, 저의 제나라에는 사람이 매우 많습니다. 수도 임치(臨淄)에는 인구가 백만이나 되는데, 사람들이 한꺼번에 숨을 내쉬면 그 입김으로 구름을 만들 수 있고, 사람들이 한꺼번에 땀을 흘려 그 땀을 훔치면 마치 비가 오듯 하며, 행인들이 끊임없이 지나다녀 발을 디딜 틈도 없습니다. 그런데 어찌 인재가 없을 수 있겠습니까? 다만 저의 나라에는 한 가지 규칙이 있습니다. 사신을 파견할 때에, 현자(賢者)는 현명한 나라에 파견하고, 불현자(不賢者)는 현명하지 못한 나라에 파견하며, 대인은 대국에 파견하고 소인은 소국에 파견합니다. 지금 저는 무능하고 부덕하면서도 가장 현명하지 못하기 때문에 초나라로 파견될 수밖에 없었으니 대왕께서는 이를 양해해주시기 바랍니다."라고 하였다.

이 말을 들은 초 영왕은 어떤 말도 할 수 없었다. 이때 두 명의 무사가 죄인 한 사람을 끌고 지나가고 있었다. 초 영왕은 무사에게 "그 사람은 무슨 죄를 지었느냐?"라고 물었다. 무사는 "그는 제나라 사람으로 절도죄를 지었습니다."라고 답하였다. 이에 초 영왕은 안영에게 "제나라 사람은 모두 물건을 훔치는 버릇이 있소?"라고 말하였다.

안영은 초 영왕이 조금 전에 당한 수치를 만회하기 위해 의도적으로 이러한 질문을 던진 것을 알고 있었다.

안영은 "소신이 듣기에 귤을 회수(淮水) 이남에 심으면 그것은 귤이 되어 달콤하기 이를 데 없지만, 만약 그것을 회수 이북에 심는다면 작고 시면서 떫고 쓰서 먹을 수 없게 됩니다. 이렇게 완전히 상반된 상황이 발생하게 되는 까닭은 바로 토질 때문입니다. 지금 이 사람이 제나라에 있을 때는 결코 도적이 아니라 양민이었는데 어찌하여 초나라로 온 이후에는 도적이 되었겠습니까? 이것은 초나라가 그를 이렇게 변하도록 만든 것입니다. 제나라 사람이 초나라에 있는 것은 마치 귤이 회수 이북에 있는 것과 같으니, 이것이 제나라와 무슨 관계가 있단 말입니까?"라고 답하였다.

초 영왕은 한참 동안 묵묵히 있다가 탄식하며, "과인은 본래 그대에게 창피를 주려고 하였으나, 오히려 내가 그대에게 조롱거리가 될 줄 미처 생각하지 못했군요. 이는 과인의 잘못이니 그대는 나를 너그럽게 용서해주시기 바라오."라고 말하였다.

영왕은 안영을 잘 접대하였고, 안영은 임무를 원만하게 수행한 뒤 제나라로 돌아갔다. 안영은 강국이라고 오만하게 굴었던 초 영왕을 대면하면서, 조금도 굴하지 않고 의연히 반론을 폈다. 이로써 안영은 개인의 명예뿐만 아니라 제나라의 명예도 지켜낼 수 있었다.

오늘날 강대국 중 몇몇 국가들이 상대적으로 약한 국가들에게 주는 치욕스러운 외교 행위들이 자주 일어난다. 안영의 이야기는 상대적으로 약한 국가에 굴욕을 안기려는 강대국에게 주는 교훈이라 할 수 있다.

『안자춘추』에 안영에 대한 공자의 비평이 몇 군데 보인다. 하지만 대체적으로 공자는 안영에게 공경을 표하고 있음을 알 수 있다. 『논어』에서 공자는 "안영은 사람들과의 교제에 뛰어났으니, 아무리 상대방과 오래 사귀어도 그를 공경하였다."라고 평하였다. 공자는 여러 제자들에게 "불법(不法)의 예는 안자(晏子, 안영)가 능히 이를 행한다."라고 말하였다. 여기서 '불법의 예'는 "예를 넘어선 예"라는 의미로 최상의 찬사라 할 수 있다.

공자가 36세 때 제나라에 갔었다. 공자는 제 경공을 설득하여 될 수 있으면 자신의 이상적인 정치를 제나라에서 실현시키고 싶다는 뜻이 있었던 것이다. 이때 제나라 재상이 바로 안영이었다. 이와 관련된 이야기가 『사기』「공자세가(孔子世家)」에 적혀 있다.

경공은 이계(尼谿)의 땅을 공자에게 봉읍(封邑)으로 주고 공자를 임용하려 하였으나 안영이 반대하여 무산되었다.

안영은 "유자는 말을 잘합니다. 그렇지만 그들이 말하는 것을 그대로 실행에 옮기면 어처구니없는 일이 될 것입니다. 그들은 오만하고 자만하는 자들이므로 아랫사람으로 쓸 수가 없습니다. 또 그들은 복상(服喪)의 예를 중시하고 가산을 기울여서라도 장례를 성대하게 치르는데, 만약 그것을 백성들이 본받게 된다면 이 또한 걷잡을 수 없는 일이 될 것입니다. 게다가 그들은 여러 나라를 유세하면서 거지와 다름없는 짓을 하고 다닙니다. 그런 작자들에게 나라의 정치를 맡겨서는 안 됩니다. 주나라의 문왕(文王)은 이미 가셨고, 주나라 왕실까지 이미 쇠퇴하여 예악도 쇠퇴한 지 오래되었습니다. 그런데도 지금 공자는 의례(儀禮)를 성대히 꾸미고 번잡하게 했습니다. 그렇지만 지금 세상에 옛날의 예를 부활하려고 하더라도 헛수고에 끝날 것은 명백합니다. 군주께서 이러한 인물을 임용한다면 결코 인민을 위한 일이 아닙니다."라고 하였다.

후세 일부 유가들은 『사기』 「공자세가」에 적혀 있는 이야기는 사실무근이라고 하며 부정하기도 한다.

공자(孔子, 공부자(孔夫子, B.C.551~B.C.479))

'만세사표(萬世師表)'라고 불리는 공자는 시대에 따라 존칭과 평가가 다르다. 청나라 강희제는 공자를 '만세사표'라 칭하였는데, 이는 '만세가 되도록 표상이 되는 스승'이라는 뜻으로, '영원한 스승'에 대한 추앙이다. 베트남 하노이에 있는 하노이 문묘에도 '만세사표' 현판을 볼 수 있다.

공자는 한나라 이후 '지성(至聖)→소왕(素王)→문선왕(文宣王)→대성문선왕(大成文宣王)→대성지성문선왕(大成至聖文宣王)'으로 시간이 흐를수록 격이 올라갔다.

공자는 B.C.551년 추읍(陬邑)에서 노나라 대부의 아들로 태어났다. 사마천이 지은 『사기』의 공자세가(孔子世家)에 의하면 추읍은 오늘날 산동성 곡부(曲阜)의 동남쪽 외곽으로 알려져 있다. 곡부는 노나라5)의 도읍이었다. 곡부에는 1994년에 세계문화유산으로 등재된 '삼공(三孔)'이 있다. 공자를 모신 사당인 '공묘(孔廟)', 공자 후손이 살던 저택 '공부(孔府)', 공동묘지인 '공림(孔林)'을 합쳐 부르는 말이다. 공묘 동쪽 담장에는 궐리(闕里) 패방이 있다는 것은 궁궐로 대우하였음을 의미한다.

공자는 춘추시대의 교육자이면서 철학자이다. 유교의 개조(開祖)로 불리는 공자는 '공부자(孔夫子)'라고도 불린다. 공자의 이름은 공구(孔丘)이고, 자는 중니(仲尼)이다. 공자는 자신을 '옛것을 살려 새로운 것을 알게 하는(溫故而知新)' 전수자로 여겼다. 공자가 음력 8월 27일에 태어났다고 알려져 있고, 양력 9월 28일은 동아시아에서 '공자탄신일'로 봉축되고 있다. 대만에서는 이날을 '스승의 날'로 지정하여 국정 공휴일로 삼았다. 공자는 세 살 때 아버지가 돌아가셨고, 이후 처음에는 어머니 안징재(顔徵在)에게 가르침을 받았다. 공자는 말년에 "나이 15세에 학문에 뜻을 두었다."라고 회상하였다.

---

5) 노나라는 주나라의 건국 공신인 주공 단(旦)의 아들이 개국한 나라였다.

공자는 창고를 관장하는 위리(委吏), 나라의 가축을 기르는 승전리(乘田吏) 등의 말단관리를 지냈다. 공자는 40대 말과 50대 초에 이르러 중도(中都)의 장관으로 발탁되었고, 이어 노나라의 재판관이며 최고위직인 대사구(大司寇)가 되었다. 노나라의 군주 정공(定公)을 수행하여 참가한 노나라와 제나라 사이에 벌어진 평화회의에서 외교적 수완을 발휘하기도 했다. 이와 관련된 이야기는 2015년에 상영되었던 주윤발 주연의 〈공자: 춘추전국시대〉에서 알 수 있다.

공자는 교직을 직업으로 삼은 첫 번째 교사로 알려져 있다. 공자는 교육을 모든 사람에게 개방하기를 원하였다. 공자 이전의 시대에는 귀족 가문에서 가정교사를 고용하여 특정 분야에서 자식들의 교육을 담당시켰다. 그리고 정부 관리들은 하급관리들에게 필요한 기술을 가르쳐주었다. 공자는 고전을 바탕으로 제자들을 가르쳤으며,『역경(易經)』,『서경(書經)』,『시경(詩經)』,『예기(禮記)』,『춘추(春秋)』,『악기(樂記)』 등을 정리하였다.

공자는 혼란스러웠던 사회를 바꾸고 백성들이 평안하게 살 수 있게 한다는 목적으로 한평생을 배우고 가르치는 일에 전념하였다. 공자 사상의 내용은『논어(論語)』에 잘 나타난다.『논어』는 B.C.450년경에 만들어진 책으로, 공자의 언행록이다. 공자를 중심으로 그의 제자들과 제후와의 문답 등을 기록하였다. 공자와 그 제자들의 말과 행동이 약 500개에 이르는 문장으로 묘사되어 있다. 공자는 모든 사람에게 교육의 문호를 개방하였으며, 배움이란 지식을 얻기 위한 것일 뿐만 아니라 인격의 도야까지도 포함한다고 정의하였다.

공자의 핵심사상은 '인(仁)'과 '예(禮)'라 할 수 있다. 그리고 공자 사상의 핵심 중의 핵심은 '인'이다. '인'은 '남을 사랑하는 마음'이다. 공자가 말하는 "남을 정말로 사랑하는 사람"은 "사회에서 자기의 의

무를 다할 수 있는 사람"을 가리킨다. 공자는 현생의 삶에만 관심을 가졌다. 공자는 '인'과 '예'를 통해 사람이 사람답게 살 수 있는 세상을 만들고자 하였다. 공자는 '인애(仁愛)'와 '예악(禮樂)'으로 천하의 혼란을 바로잡을 수 있다고 생각하였다. 인애는 자신에게 가까운 혈육에서 시작해 주변 그리고 타인으로 '사랑'을 점차 확산해나가는 것이다. 예는 사람과 사람 사이의 질서이고, 악은 사람과 사람 사이의 감정을 소통시키는 것이다. 예의 근본은 진실한 마음이다.

공자는 6예(六藝), 즉 '예(禮)·악(樂)·사(射, 활쏘기)·어(御, 마차술)·서(書, 서예)·수(數, 수학)'에 능통하였고, 고전(古典), 특히 역사와 시(詩)에 밝았다. 『사기』에 따르면 공자의 제자 중 72명이 '6예'를 통달했고 제자로 자처하는 사람의 수가 3,000명을 넘었다고 한다. 공자는 '제자 3천 명, 현인 72명'이라는 별칭도 얻었다. 공자는 10명의 제자를 가장 뛰어나다고 평가하였다. 이들을 일컬어 '공문십철(孔門十哲)'이라 한다. 또 이들이 '덕행·언어·정사·문학', 즉 '사과(四科)'에 능통하다고 하여 '사과십철(四科十哲)'이라고도 한다. 10명의 제자들은 공자가 진채절량(陳蔡絶糧, 천하를 주유하던 중에 진나라와 채나라 사이의 들판에서 어려움에 처한 상황)의 난관을 당했을 때 고난을 함께 겪었던 제자들이다. 덕행에서는 '안회, 민자건, 염백우, 중궁', 언어에서는 '재아, 자공', 정사에는 '염유, 자로', 고대 문헌에서는 '자유, 자하'가 뛰어난 재능을 보였다고 한다. 이들은 공자가 죽고 난 후 모두 여덟 개의 파로 나누어졌다.

공자는 배움이라는 것은 자기 자신을 위한 것에서 출발하여, 사회와 국가를 위한 것이라고 하였다. 이는 '수신제가치국평천하(修身齊家治國平天下)'에서 잘 나타난다. 공자는 배움(교육)을 통해 선한 인간 본성을 함양할 수 있다고 보았다. 공자가 제자들에게 무엇을 하고 싶으

냐고 물었을 때 증점(曾點)이 "늦은 봄날, 봄옷을 갖춰 입고 관(冠)을 쓴 벗 대여섯, 아이들 육칠 명과 같이 기수(沂水)에서 목욕을 하고 무우(舞雩)에서 바람을 쐬고, 노래하며 돌아오고 싶습니다."라고 말했다. 이에 공자는 탄식하며 "나도 점(點, 증점)과 같다"라고 하였다.

노나라 대부 계강자가 공자에게 정치의 요체를 물었을 때, 공자는 "정자정야(政者正也)라. 자솔이정(子帥以正)이면 숙감부정(孰敢不正)"이라고 하였다. 즉, "다스릴 정(政)은 바르게 할 정(正)이다. 그대가 솔선해 스스로를 바르게 한다면 누가 감히 바르지 않겠는가?"라는 뜻이다. 이 이야기는 『논어』「안연」편에 나온다. 공자에게 정치란 "바르게 하는 것"이다. 즉, 자신을 바르게 하고, 그 덕이 온 백성(국민)에 미쳐 천하가 바르게 되는 것이다.

'정치'라는 단어는 『서경』에 보인다. 『서경』에 '도흡정치 택윤생민(道洽政治, 澤潤生民)'이라는 말이 나온다. '도(道)에 부합하는 정치는, 백성 삶을 윤택하게 한다.'라는 뜻이다. 여기에서 '정치'라는 단어가 처음 나온다. '정치(政治)'에서 '정(政)'은 '바르다'의 '正(정)'과 '일을 하다' 또는 '회초리로 치다'의 의미인 攵(칠복, 등글월 문, 攴)이 합쳐져서 이루어진 말이다. 즉, "바르게 하기 위해 일을 하거나 회초리로 치는 것"을 뜻한다. 또 『서경』에는 "오직 백성이 나라의 근본이니 근본이 공고해야 나라가 평안하다(民惟邦本 本固邦寧)"라는 말이 나오는데, 이는 민본사상과 상통한다. 『서경』에서 말하는 망국의 첫 번째 징조는 군주가 덕을 잃는 것(실덕, 失德)이라고 하였다. 『서경』에서 향락을 일삼지 말고 직분을 다하는 군주가 되라고 충고하였다.

공자는 제(齊) 경공(景公)과 함께 음악을 논하는 한편, 정치를 묻는 경공에게 정명주의(正名主義)를 강조하였다. 정명주의는 각자가 자신의 신분에 맞게 행동해야 한다는 주장으로, "임금은 임금답고, 신하는 신하다우며, 아버지는 아버지답고, 아들은 아들다워야 한다."는 것이다. 정명이란 이름을 바르게 하는 것이다. 이는 각각의 사람들에게 욕심을 없애도록 유도할 때 가능한 일이다. 정명사상의 내용은 제자인 자로(子路)와의 문답에서 나온다. 자로가 공자에게, "정치할 때 가장 먼저 해야 할 것이 무엇입니까"라고 묻자, 공자는 "반드시 이름을 바르게 할 것이다."라고 답했다. 그러자 자로가 "그런 것뿐입니까? 왜 핵심을 말씀하시지 않고 이렇게 곁도는 이야기만 하십니까? 어찌 바로잡는 일을 하시는 것입니까?"라고 말했다. 이에 공자는 "자로야 네가 왜 이렇게 촌스러운가! 군자는 자기가 잘 모르는 것에 대해서는 언급하지 않는 법이다. 이름이 바르게 되지 않으면 말이 순조롭지 않고, 말이 순조롭지 않으면 일이 제대로 진행되지 않으며, 일이 순조롭게 진행되지 않으면 도덕적 삶과 법질서가 유지되지 않는다. 도덕적인 삶과 법질서가 유지되지 않으면 형벌이 정확하게 시행되지 않고, 형벌이 정확하게 시행되지 않으면 백성들이 손발도 제대로 움직일 수 없게 된다. 그러므로 군자가 이름을 정확하게 하여, 사람들이 각자의 역할을 제대로 할 수 있게 만들어놓으면, 말이 알맞게 나오는 법. 알맞게 나온 말에는 반드시 실천이 따른다. 그래서 군자는 말을 구차스럽게 하는 법이 없다"라고 말했다. 공자는 서주 시대의 질서 회복을 목표로 정명을 내세웠고 이를 위해서는 인(仁)이 기초가 되어야 한다고 여겼다.

한편, 송나라 나대경(羅大經)의 『학림옥로(鶴林玉露)』에 송나라 재상 조보(趙普)의 이야기가 나온다. '반보논어(半部論語)'라고 하는데, 조보는 '반부논어치천하(半部論語治天下)'라 하여 "논어를 반만 알아도 천하를 다스릴 수 있다"라고 하였다. 조보는 태종에게 "신에게 논어 1권이 있사온데 그 반으로 폐하(태조)를 도와 천하를 도모할 수 있었고 그

반으로 폐하(태종)를 도와 천하를 다스릴 수 있었습니다."라고 하였다.

『논어』는 17세기 이후 서양에도 영향을 주었다. 프랑스에서 '계몽주의의 아버지'라 불리는 볼테르(1694~1778)는 저서 『풍습론』에서 "공자는 지극히 순수할 뿐 기적을 말하지 않았으며, 공허한 말도 없다."라며, "인류의 지혜가 공자보다 위대할 수는 없다."라고 극찬한 바 있다. 볼테르는 "공자는 어떤 종교도 가르치지 않았고, 어떤 종교적 기만도 쓰지 않았다. 나는 그의 경전 안에서 가장 순수한 도덕을 보았다."라고 하였다.

21세기 현재 공자는 중국 문화의 상징으로 자리매김하였다. 하지만 신해혁명 이후 중국에서 일어났던 신문화운동 시기와 1970년대 문화대혁명 시기에는 온갖 박해를 받았다. 1919년 5·4 신문화 운동기에 '타도공가점(打倒孔家店)'의 기치를 이끌었던 오우(吳虞)는 "도척의 해로움은 한 시대에 그쳤지만, 도둑 공자의 재앙은 만세에 미쳤다."라고 하였다. 그리고 1973~1974년 비림비공(批林批孔) 운동이 전개되었을 때, 마오쩌둥(毛澤東)과 홍위병들은 '공가점(孔家店)을 4대 악의 원흉'으로 타도하면서 공자를 '천하의 몹쓸 놈(頭號大混蛋)'이라고 비난하였다.

이처럼 봉건사회의 상징성으로서 타도의 대상이 되었던 공자는 21세기에 들어오면서 소강(小康)사회를 이루고, 중화민족의 위대한 부흥을 이루는 중국의 국가목표 중심에 서 있다. 시진핑 국가주석은 2013년 11월 26일 공자의 고향인 산동서 곡부시 공부(孔府, 공자의 후손들이 살고 있는 저택) 내 공자연구원에 들러 연구 성과를 담은 책과 간행물을 두루 살펴보았다. 신화망(新華網)은 시진핑이 『공자가어통해(孔子家語通解)』와 『논어전해(論語詮解)』라는 공자 철학 해설서 두 권을 차례로 훑어보더니 "이 두 권의 책은 자세히 읽어보고 싶다."고 말했다고 보도하였다. 시진핑은 관련 전문가들과의 간담회에서도 "공자와 유가

사상을 연구해 역사 유물주의 입장을 견지하는 가운데 오늘의 현실에 맞게 받아들여야 한다."라며 "훌륭한 것, 진실한 것을 취하고 심도 있게 연구해 새로운 시대 여건에서 긍정적인 작용을 할 수 있도록 해야 한다."고 강조하였다. 시진핑은 "중화민족은 역사가 유구한 전통 문화를 갖고 있고 반드시 중화문화의 새로운 번영을 창조할 수 있을 것"이라고 역설하였다.

시진핑은 『논어』에 나오는 이야기를 외교 석상에서 인용하기도 하였다. 2016년 미·중 제8차 전략경제대화 개막식에서 시진핑은 『논어』에 나오는 "인이무신 부지기가야(人而無信 不知其可也, 사람이 되어서 신의가 없다면 그래도 되는지 모르겠다)"를 말하며 중국의 부상을 견제하는 미국에 일침을 가하는 표현으로 사용하였다.

오늘날 중국은 전 세계에 중화문명을 알리는 주요 상징성에 공자를 두었다. 중국 정부는 공자를 전면에 내세우며, 공자학원(孔子學院)을 세계 여러 나라에 설립하여 중국어와 중국문화를 전파하고 있다. 공자학원은 중국 해외 선전부 역할을 수행하면서 중국 역사와 문화를 상징하는 곳이 되었다.

2004년 서울 강남구 역삼동에 세계 최초의 '서울공자아카데미'라고 하는 공자학원이 세워졌다. 2024년까지 전 세계에 499개의 공자학원

이 개설되어 있다. 2019년까지 전 세계에 550개까지 증가하였으나, 이후 여러 국가에서 공자학원을 취소하면서 줄어들었다.

미국은 자국 안보 위협 등을 이유로 중국 문화 전파의 첨병 역할을 하는 공자학원 퇴출에 박차를 가하고 있다. 패트릭 라이더 미국 국방부 대변인은 2023년 7월 6일 "2021년 개정된 국방수권법(NDAA)에 따라 오는 10월부터 국방부는 공자학원과 관계된 어떤 연구 기관도 지원할 수 없다."고 밝혔다. 라이더 대변인은 "국무부는 2020년 8월 미국 대학에 악의적 영향을 미치는 중국 정부의 글로벌 선전·선동의 사례로 공자학원을 지목한 바 있다."라고 덧붙였다. 또 2023년 상반기에 미국 상·하원에 공자학원을 유치하는 국제 고등교육기관에 대한 자금 지원을 금지하는 내용의 법안 6건이 접수되었다. 미국 의회조사국(CRS)에 따르면 미국 내 공자학원은 2017년 118곳에서 2022년 말 기준 7곳으로 94% 급감하였다. 미국의 공자학원에 대한 이런 대응은 중국 정부가 자국의 대학을 통해 안보에 영향을 줄 수 있는 연구에 참여한 뒤 우회적으로 첨단기술을 빼내 가는 것을 차단하기 위한 의도라는 분석이 나왔다. 2021년 세계 여러 나라에서 '첩보 활동'을 벌이고 있다는 의혹을 받는 중국어 교육기관 '공자학원'을 다룬 다큐멘터리 영화 〈공자라는 미명하(下)에(In the name of Confucius)〉가 한국에서 상영되었다.

공자의 사상을 제대로 이해하지 못하고, 이어가지 못한 위정자들 때문에, 공자는 봉건적 인물로 낙인이 찍혔었다. 하지만 공자의 본질적인 교육관과 정치관을 알게 되면 이러한 사고에서 벗어나게 될 것이다. 중국의 작가이자 역사가인 이중톈(易中天)에 따르면 유가의 핵심적인 가치관은 '인애(仁愛)·정의(正義)·자강(自彊)'라고 하였다. 이중톈은 유가의 정신을 "안되는 줄 알면서도 행하는 정신"이라고 말하였다.

손무(孫武, B.C.544경~B.C.496경)

일반 사람들이 "지피지기 백전백승"으로 알고 있는 말은 본래 "지피지기 백전불태(知彼知己 百戰不殆)"이다. 즉, "적을 알고 나를 알면 백 번 싸워도 위태롭지 않다."라는 말이다. 이 글귀는 손무의 『손자병법(孫子兵法)』에 나온다. 『손자병법』은 13편으로 구성되어 있는데, 13편은 "시계편(始計篇), 작전편(作戰篇), 모공편(謀攻篇), 군형편(軍形篇), 병세편(兵勢篇), 허실편(虛實篇), 군쟁편(軍爭篇), 구변편(九變篇), 행군편(行軍篇), 지형편(地形篇), 구지편(九地篇), 화공편(火攻篇), 용간편(用間篇)"이다.

『손자병법』은 세계 지도자들이 추천한 필독서 중의 하나이다. 나폴레옹과 마오쩌둥은 늘 『손자병법』을 가까이하였고, 빌 게이츠는 "오늘의 나를 만든 병법서"라고 말할 정도였다. 단순히 병법에 그치지 않고 인생의 경영철학이라고도 불린다. 오늘날 많은 기업에서 리더십 특강에 자주 등장하는 책이기도 하다.

손무는 춘추시대 말 사람으로, 자는 장경(長卿)이고, 손자(孫子)는 경칭이다. 사마천은 손무를 '손자'라 칭하였다. 손무는 "병법이란 속이는 이치이며, 전쟁에서는 모략으로 공격하는 모공(謀攻)이 중요하고, 성벽을 공격하는 공성(攻城)은 최하위다."라고 말하였다.

『손자병법』은 『손자』, 『오손자병법(吳孫子兵法)』, 『손무병법(孫武兵法)』 등으로도 불린다. 『손자병법』은 『한서(漢書)』 「예문지(藝文志)」에는 82편, 도록 9권이라고 기록되어 있으나, 지금 남아 있는 『송본(宋本)』에는 계(計)·작전(作戰)·모공(謨攻)·형(形)·세(勢)·허실(虛實)·군쟁(軍爭)·구변(九變)·행군(行軍)·지형(地形)·구지(九地)·화공(火攻)·용간(用間) 등의 13편만이 전해진다. 1972년 산동성 임기현(臨沂縣) 은작산(銀雀山)에 있는 전한시대 묘에서 죽간(竹簡)으로 된 『손자병법』 13편이 출토되었다. 기본적으로 『송본』과 같다. 그밖에 『오문(吳問)』·『황제벌적제(黃帝伐赤帝)』 등의 중요한 유실문이 있다. 산동성 임기(臨沂)시에 '손무기념원(孫武紀念園)'이 있다.

조조(曹操)를 포함한 11명이 주를 달았으며, 영어·일어·프랑스어·독일어·러시아어·한국어 등으로 번역되었다. 조조의 『손자병법』 주석본이 나오면서 손무의 병법은 수많은 이론에 인용되고 실전에 응용되었다.

『손자병법』을 지어졌을 때, 많은 군왕이 『손자병법』을 접한 것으로 보인다. 오왕(吳王) 합려(闔閭)도 손무가 지은 『손자병법』을 읽은 것으로 보이는데, 합려는 손무가 실제적으로 지휘 능력이 있는지 의심하였다. 『손자병법』의 운용과 관련한 후궁 2명의 이야기는 매우 유명하다. 이 이야기는 사마천의 「손자오기열전」에 전해지고 있다.

오왕 합려가 궁녀 180명을 손무에게 내주며 지휘해 보라고 하면서 손무의 능력을 시험하고자 하였다. 손무는 주저하지 않고 후궁 2명과 궁녀를 두 편으로 나누었다. 합려가 총애하는 후궁을 각 편의 대장으로 삼았다. 손무는 모두에게 창을 들게 하였다. 손무는 줄을 맞춰 늘어선 180명의 궁녀에게 "여러분은 자신의 가슴, 왼손, 오른손을 알고 있는가."라고 하였다. 궁녀들은 "알고 있습니다."라고 하였다. 손무는

"앞으로! 하면 가슴 쪽을 바라보고, 좌로! 하면 왼손 쪽을 바라보며, 우로! 하면 오른손 쪽을 바라보고, 뒤로! 하면 등 뒤쪽을 보도록 하라."라고 하였다. 그런데 실제로 훈련에 들어가자 궁녀들은 구령에 맞춰 움직이지 않았고, 키득거리며 딴전을 피우고 장난을 쳤다. 이에 손무는 군법으로 사람을 죽일 때 쓰는 도끼 부월(斧鉞)을 움켜쥐고 "군령이 분명하지 않고 명령에 숙달되지 않은 것은 장수의 죄다."라고 하며, 여러 차례 군령을 되풀이해서 외우도록 하였다. 하지만, 궁녀들은 여전히 군령대로 하지 않았다.

이에 손무는 "군령이 이미 정확해졌는데도 규정에 따르지 않는 것은 사졸들의 죄다"라며 합려가 아끼는 후궁의 목을 베려 하였다. 깜짝 놀란 합려는 사람을 내보내어 "과인은 이미 장군이 용병에 뛰어나다는 것을 알았소. 과인은 이 두 후궁이 없으면 밥을 먹어도 단맛을 모르니 부디 목숨만은 살려주시오."라고 하였다. 하지만 손무는 "저는 이미 왕명을 받아 장수가 되었습니다. 장수가 군에 있을 때에는 왕명이라도 받들지 않는 경우가 있습니다."라고 말하고는 후궁의 목을 베어버렸다. 그러자 궁녀들은 손무가 명령하는 대로 일사불란하게 움직이기 시작했다.

이러한 내용은 『손자병법』을 소재로 한 영화나 드라마에서 자주 등장한다. 『손자병법』을 소재로 한 영화와 드라마는 중국에서 많이 제작되었다. 영화와 드라마에는 중화민족을 연관 지은 내용이 많이 포함되어 있다. 손무와 더불어 오자서의 이야기와 오나라와 월나라 등의 얘기를 함께 소개하고 있다.

묵자(墨子, B.C.476 혹은 B.C.480~B.C.390 혹은 B.C.420?)

묵자는 묵가사상의 개조라 불린다. 묵자의 본명은 묵적(墨翟)이다. 묵자는 학식이 뛰어났으며 실천을 매우 중시 여겼던 사람으로, 보편적 사랑, 즉 '겸애(兼愛)'를 기본 이념으로 삼았다. 묵자는 참사랑이 부족하여 세상이 혼란스럽다고 판단하고 사람들이 평등하게 서로 사랑하고 남에게 이롭게 하면 하늘의 뜻과 일치하여 평화롭게 된다는 겸애를 주창했다. 묵자는 침략전쟁을 반대하였으며, 적극적인 방어 군사사상을 제안하였고, 직접 반전에 참여하였다.

묵자는 노동자 혹은 농민 출신으로, '평민성인(平民聖人)'이라 불린다. 묵자의 '묵'은 '검다'는 뜻이다. 여기서 '묵'은 두 가지로 해석된다. 첫 번째는 '묵자의 피부색이 검었다'는 것이고, 두 번째는 '묵자가 이마에 먹을 새기는 형벌인 묵형을 받았다'는 것이다. 피부가 검다는 것은 햇볕에 살이 탔다는 것으로, 묵자는 노동하는 위치, 즉 노동자나 농민이라는 것이다. 묵형을 받았다는 것으로 해석하더라도 당시 묵형을 받은 범죄자들은 하층민이거나 하층민으로 떨어졌다는 것을 생각할 때 묵자는 하층민의 신분으로서 살았다고 볼 수 있다. 즉, 묵자는 직접 노동을 하는 하층민의 위치에 있었다고 볼 수 있다. 기록에 '묵씨'는 '여성 강씨'로 되어 있지만, 묵자와의 관련성은 알 수 없다.

산동성에 '묵자기념관(墨子紀念館)'이 있다. 기념관 1층에 묵자 조각상이 있다. 『사기』의 기록으로 보면 묵자가 태어난 곳은 지금의 하남성 동쪽 상구(商丘)다. 『여씨춘추』의 동한 시대 각주에 따르면 노나라 사람이라 했다. 바이두에는 춘추 말기 전국 초기 송나라 사람이라고 적고 있다. 그리고 노양인(魯陽人), 등국인(滕國人)이라는 설도 있다. 송나라 귀족 목이(目夷)의 후예이며, 일찍이 송나라 대부(大夫)를 지냈다.

묵자와 제자들은 역학(力學), 수학, 광학(光學) 등에서 뛰어났다. 『묵자』는 전국시대 중기에서 후기에 걸쳐 묵가 집단에 의하여 집대성된 것으로, 원래 71편이 있었으나 현존하는 것은 53편이다. 『묵자』에는 묵자 사상이 포함되어 있고, 묵가 사상가들의 사유와 논쟁이 적혀 있다. 후대 사람들은 묵자를 존칭하여, '과성(科聖)'이라고도 부른다.

묵자는 "천하의 이익을 흥하게 하고, 천하의 해로움을 없앤다."라는 목표로 사회정치와 윤리사상 방면에서 10가지 '상현(尚賢), 상동(尚同), 겸애(兼愛), 비공(非攻), 절용(節用), 절장(節葬), 천지(天志), 명귀(明鬼), 비악(非樂), 비명(非命)'을 주장하였다.

상현은 현명한 사람을 숭상해야 한다는 것으로, 유가의 주장을 반박하여 관리의 임용에는 신분이나 직업에 구애하지 않고 문호를 넓게 개방하여 등용하라는 것이다. 상동은 윗사람을 높이 받들며 따라야 한다는 것으로, 나라의 상하가 일치돼야 하며 천자가 행하는 것이 하늘의 뜻과 부합되어야 한다는 것이다.

겸애는 모든 사람을 차별 없이 사랑해야 한다는 것으로, 자국과 타국, 자가와 타가의 차별을 없애고 사람은 널리 서로 사랑하라는 것이다. 비공은 전쟁을 금지해야 한다는 것으로, 전쟁은 불의이고 백성을 해친다는 것을 의미한다.

절용은 재정 지출을 절제해야 한다는 것이고, 절장은 장례를 간소

화해야 한다는 것으로, 절용과 절장은 군주의 의례적인 사치에 반대한 것이다. 천지는 하늘의 뜻을 따라야 한다는 것으로, 하늘이 뜻하는 것은 인간사회의 정의가 되며, 모든 사람이 본받고 따라야 할 규범이 된다는 것이다.

명귀는 귀신이 존재한다는 것을 알아야 한다는 것으로, 사람의 사후 영혼의 실재를 강조하여 그 상벌을 두려워하라고 말한 것이다. 비악은 사치의 상징인 음악을 금지해야 한다는 것으로, 궁정 음악이 백성의 이익에 반한다는 것이다. 비명은 주체적 노력에 반하는 숙명론을 거부해야 한다는 것으로, 숙명관을 배제하여 사람의 근면한 영위에 대하여 귀신은 반드시 보상을 준다고 말하였다.

묵가사상은 중국 위정자들로부터 오랫동안 중용받지 못하였다. 많은 부분이 유실된 채 도교 경전 속에서 전해졌다. 명나라 때 이지(李贄, 이탁오)가「묵자」의 가치를 새롭게 조명하기도 하였다. 청나라 시기에 고증학이 등장하면서 묵가사상은 재인식되기 시작하였다.

청말 손이양(孫詒讓)은『묵자간고(墨子閒詁)』라는 주석서를 만들었다. 손이양은 유월(俞樾), 황이주(黃以周)와 함께 '청말 삼선생(淸末三先生)'으로 일컬어지고 있다. 묵가사상은 청말 시기에 완전히 재평가되기 시작하였다. 서양의 과학기술을 접한 학자들은 중국 고대의 논리학과 과학기술 등의 내용을 담고 있는『묵자』에 주목하기 시작하였다.

2007년에 상영되었던 유덕화와 안성기 주연의 〈묵공(墨攻)〉은 묵가사상을 소재로 한 영화이다. 〈묵공〉에서 묵가사상의 '겸애(兼愛)'와 '비공(非攻)'이 잘 나타나 있다. '묵공'이라는 말은 '묵수(墨守)'에 반대되는 의미를 지니는 듯하지만, 서로 통하는 말이라 할 수 있다. '묵공'이라는 말은 소설에서 처음 사용하였다. '묵공'은 보다 공격적인 지략을 사용하여 적극적으로 수비를 하는 것을 의미한다고 할 수 있다. 여기서

'묵수'는 '묵가의 정신을 지키다'라고 해석할 수 있다. 오늘날 '묵수'라는 말은 "자기의 의견이나 주장을 굽히지 않고 굳게 지킴"을 의미한다.

상앙(商鞅, B.C.395?~B.C.338)

상앙은 전국시대 정치가이며 법가를 대표하는 인물로, 전국시대 위(衛)나라의 몰락한 귀족의 후예이다. 상앙은 왕실의 혈통을 이어받았다고 해서 '공손앙(公孫鞅)'이라 부르기도 하고, 위나라에서 태어났기 때문에 '위앙(衛鞅)'이라고도 한다. 또 상읍(商邑)에 봉해졌기 때문에 '상앙' 혹은 '상군(商君)'이라 불렸다. 상앙은 B.C.338년 진(秦)나라에서 거열(車裂, 죄인의 사지를 다섯 대의 수레에 묶어서 찢어버리는 혹형)이라는 극형에 처해졌다.

상앙은 젊은 시절에 위(魏)나라에서 법가사상을 깊이 연구하여 이회(李悝, B.C.455?~B.C.395)와 오기(吳起, B.C.440년~B.C.381)의 변법을 종합하여 자신의 법가 이론을 완성하였다. 상앙의 주요 사상은 후세인들에 의해『상군서(商君書)』29편으로 편집 정리되었다.『한서』「예문지」에 기록이 있지만, 현재는 24편만이 남아 있다.

상앙은 어릴 때부터 형명학(刑名學)을 좋아하였다. '형명학'이란 '법으로 나라를 다스려야 한다'는 학문이다. B.C.361년에 진(秦) 효공이 '초현령(招賢令)'을 반포하여 널리 인재를 구한다는 말을 듣고 진나라로 들어갔다.

효공의 측근 환관 경감(景監)의 주선으로 효공을 만났다. 상앙은 효공에게 먼저 '제도(帝道)'에 대해서 이야기했다. 그러나 효공이 별 흥미를 보이지 않자 '왕도(王道)'에 대해 말하였다. 그래도 효공은 관심을 보이는 기색이 없었다. 이에 상앙은 '패도(覇道)'를 말하였는데, 효공은 관심을 보이기 시작하였고 매우 기뻐하였다. 당시 효공에게 가장 급선무는 부국강병이었다. 이때 상앙이 주장한 변법(變法)은 크게 두 가지로 정리할 수 있다. 하나는 봉건영주제를 폐지하고 중앙집권국가를 건설해야 한다는 것이다. 다른 하나는 농전(農戰)정책을 추진하여 진나라의 농업생산을 발전시키고 군사력을 증강해야 한다는 것이다. 여기서 '농전'이란 백성들에게 평상시에는 농업에 종사하게 하고, 전시에는 모든 백성이 군사가 되어 전쟁을 수행하는 것이다.

진 효공은 B.C.356년에 상앙을 좌서장(左庶長, 재상에 해당하는 지위)에 발탁하였다. 상앙은 법치, 부세 및 병법 등의 변법을 실시하였다. 상앙의 변법 내용은 효공이 바라는 진의 경제발전과 군사 확장을 모두 충족시키는 것이었다. 진나라는 상앙이 변법을 시작한 지 10년도 채 되지 않아, 막강한 군사력과 부를 갖춘 국가로 성장할 수 있었다. 상앙의 변법은 두 단계로 시행되었다.

제1차 변법은 진 효공 6년(B.C.356)부터 시작되었다. 먼저, 호적을 작성하고 '십오(什五)연좌제'를 시행하였다. '십오연좌제'란 다섯 가구를 오(伍, 5인조), 열 가구를 십(什, 10인조)으로 하는 제도를 정하고 인민을 서로 감시 고발케 하여 조(組)끼리 연좌제를 실시하는 것이다. 범죄인임을 알면서도 고발하지 않는 자는 '요참형(腰斬刑)'에 처하고, 고발한 자에게는 적의 목을 벤 것과 같은 상을 내리기로 하였다. 또 범죄자를 숨기면 그 집에 속하는 '십오(什伍)'는 똑같이 죄에 연좌하고 적에 항복한 것과 같은 벌을 내리기로 하였다. 또 여관에 숙박할 경우에는 누구든 증명서가 있어야 했다. 이 규정은 상앙이 이후 도망을 갈 때 증명서가 없어 여관에 숙박할 수 없었고, 다른 나라를 갈 수 없게 되어 붙잡히게 되는 결과를 초래하였다.

둘째는 신상필벌(信賞必罰) 제도를 반포하였다. 전공을 올린 자에게는 그 정도에 따라 작위를 부여하고, 개인적인 다툼에는 정도에 따라 형을 부과하였다. 공족이나 귀족과 같은 명문집안일지라도 전공이 없는 자는 신분을 박탈하였다. 모든 작위의 등급을 전공에 따라 규정하고 등급에 따라 전답과 가옥의 넓이나 가신, 노비의 수, 의복 등도 단계적으로 정하였다. 이는 기존의 귀족계급이 갖고 있던 세습 특권을 박탈하여 전공을 기준으로 새로운 등급 제도를 확립하는 것이었다. 셋째는 농경(農耕)을 장려하고 황무지 개간에 관한 법령 등을 제정하였다.

개혁을 좀 더 완성하기 위해 효공 12년(B.C.350)부터 제2차 변법을 시행하였다. 제2차 변법내용을 살펴보면 다음과 같다.

첫째는 봉건 영주의 토지 소유제를 폐지하였다. 농지개혁을 단행하여 정전제(井田制)를 폐지하고 원전제(轅田制)를 채용하였다. 정전제는 사방 1리의 토지를 '정(井)'자로 9등분하여 그 경계에 논두렁을 만들어 구분한 것이다. 한가운데의 1구획은 공전(公田)으로 수확을 왕후에게 헌납하고, 주위의 8구획은 전부 노예주 귀족계급이 영유하는 것이었다. 원전제는 서민들이 직접 경지를 소유하고 자유 매매도 가능한 것이었다.

둘째는 현제(縣制)를 시행하여 군왕 직속의 현급 행정기구를 설치하였다. 종래의 향(鄕), 읍(邑), 취(聚: 촌락) 등의 지방 행정단위는 각각 노예주인 귀족계급이 영유하여 그들의 자의적인 통치에 맡겨져 왔다. 상앙은 현급 행정기구를 신설함으로써 중앙집권을 강화하였다.

그밖에도 조세를 직접 징수하고 호구에 따라 병역세를 징수하였고, 도량형을 통일하였으며 풍속을 개혁하였다. 특히 서쪽 민족의 풍속인 부자형제의 동실 거주를 금지하였다.

두 차례에 걸친 변법의 시행으로 진나라는 중앙집권 국가로 변하였다. 봉건 영주의 경제력은 약화된 반면에 중앙권력은 강화되었다. 상앙은 농본주의와 법치주의를 중심으로 삼아 부국강병을 할 수 있었다. 상앙의 변법이 지향하는 바는 중앙집권체제의 확립에 의한 부국강병이었다.

신상필벌 정책은 법가사상의 가장 기본적인 주장이다. 오늘날 시진핑 정부가 강조하는 '법치중국'은 법가사상의 투영이라 할 수 있다. 법으로 다스려 법을 지키는 사람에게는 상을 주고 법을 어기는 사람에게는 벌을 준다는 원칙을 공평하게 견지해야 한다는 것이다.

상앙의 법집행과 관련된 사자성어 '이목입신(移木立信)'이 있다. "나무를 옮겨 믿음을 세우다."라는 의미이다.

상앙은 법을 시행하기 전에 먼저 높이 30척의 나무를 함양의 남문에 걸어두고, 그 옆에 만약 누구든지 목패를 북문에다 옮기면 상금으로 금 열 돈을 준다는 방을 붙였다. 아무 영문도 모르는 백성들은 모두 이상하게 여길 뿐 선뜻 나서서 그 목패를 옮기려는 사람이 없었다. 이에 관에서는 다시 상금을 금 50돈으로 올렸다. 그러자 어떤 사람이 그 나무를 북문으로 옮겼고, 상앙은 많은 사람들이 지켜보는 가운데, 그 사람에게 금 50돈을 상금으로 주었다. 이 소식은 빠르게 전국으로 퍼졌다. 진나라 백성들은 조정이 거짓말을 하지 않는다는 것을 믿게 되었다.

상앙은 법 집행에 있어서 엄격하였다. 법 앞에서는 신분과 관계없이 누구나 평등해야 한다고 주장하였다. 한 번은 태자가 사형 판결을 받은 공족 한 사람을 숨겨주었다. 범인을 숨긴 자는 범인과 같은 죄라고 하는 신법에 의하면 태자가 사형을 면하기 어려운 상황이었다. 이에 상앙은 태자를 법에 따라 처리하려고 하였으나 왕위를 계승할 태자를 죽일 수는 없었다. 상앙은 효공과 상의하여 태자의 시종장(侍從長)인 공자(公子) 건(虔)에게 대신 형벌을 내렸다. 공자 건의 코를 깎았고, 교육을 맡고 있던 공손가(公孫賈)를 문신의 형으로 다스렸다. 진나라의 전통 규범에서는 대부(大夫) 이상의 귀족에게 형벌을 내리지 않았다. 상앙은 진의 전통적인 규범을 깨고 법 앞에 귀족이든 서민이든 모든 적용된다는 것을 명확하게 보여주었다. 이를 계기로 백성들은 법을 준수하기 시작하였고, 아무도 법에 어긋나는 일을 하지 못했다.

상앙은 효공에게 세력이 약해진 위(魏)나라를 정벌할 것을 건의하였다. 상앙이 군대를 인솔하여 위나라를 공격하자 위나라는 공자 앙(央)이 5만 명의 군사를 거느리고 오성(吳城)에 주둔하고 있었다. 이때 상앙은 공자 앙에게 화의를 청하는 거짓 편지를 보낸 다음 방심한 틈을 타서 그들을 공격하여 일거에 오성을 점령하였다. 이 공로로 상앙은 열후(列侯)로 봉해져 상군(商君)으로 칭해지고, 옛날 위나라 영토였던 하남성 상읍(商邑)을 비롯한 15개의 읍을 봉토로 받았다.

상앙의 개혁에 진나라는 안정되어 갔지만, 상앙의 개혁으로 인해 왕족이나 귀족들은 피해를 입었고, 많은 사람들이 상앙을 원망하였다. 게다가 상앙이 법 집행이 가혹했기 때문에 사람들의 불만도 커졌다. 사마천이 상앙을 "그 천성이 각박하여 복이 적다."고 평한 것도 이러한 이유 때문이다.

B.C.338년 진나라 효공이 병으로 죽고, 태자가 혜왕(惠王)으로 즉위하였다. 이때 변법으로 피해를 입은 많은 왕족과 귀족 대신들은 상앙이 반란을 도모한다고 비판하기 시작하였다. 혜왕도 상앙에 대해 반

감을 가지고 있었기 때문에 상앙을 파면하였다.

상앙이 사직하고 상읍으로 돌아가는데 혜왕은 군대를 보내어 상앙을 체포하라는 명령을 내렸다. 이 소식을 들은 상앙은 국외로의 탈출을 시도하였다. 상앙이 국경의 함곡관(函谷關)에 이르러 여관에 들어갔다. 여관 주인은 "상앙 어른께서 정하신 법률에 따라 증명서가 없는 사람은 재울 수가 없습니다. 저까지 죄책을 면할 수 없습니다."라고 말하였다.

상앙은 위나라로 도망가려고 하였으나, 위나라 사람들은 상앙이 공자 앙을 속임수로 격파한 사실을 잊지 않고 있었기 때문에 상앙을 받아들이지 않았다. 결국 상앙은 봉토인 상(商)으로 가서 세력을 규합하여 재기하려 했으나 추격해 온 공손가에게 잡히고 말았다. 진 혜왕은 상앙을 법률에 따라 거리에서 사지를 찢는 거열(車裂)이라는 극형에 처하고 구족(九族)을

멸하였다. 백성들은 개혁을 따르면 이익을 본다는 믿음을 가질 수 있었다. 상앙은 "내가 만든 법 때문에 내가 죽는구나(作法自斃, 작법자폐)"라며 최후를 맞았다.

중국은 '중화민족의 위대한 부흥'과 '부강한 중국'을 꿈꾸고 있다. 이때 중국이 전면에 내세운 중국 역대 왕조 중 하나가 진(秦)나라이다. 약소국이었던 진나라가 시황제에 이르러 전국을 통일하였던 시기를 드라마로 제작하였다. 2009년에 〈대진제국 시리즈〉 1편이 방영되었다. 제1부의 제목은 〈대진제국지열변(大秦帝國之裂變)〉이다. 진(秦)나라 효공(孝公, 재위 B.C.361~338) 시기의 내용으로, 상앙의 변법이 소개된

다. 제2부는 〈대진제국지종횡(大秦帝國之縱橫)〉이고, 제3부는 〈대진제국지굴기(大秦帝國之崛起)〉이고, 제4부는 〈대진부(大秦賦)〉인데 원명은 〈대진제국지천하(大秦帝國之天下)〉이다.

중국은 드라마를 통해 약소국에서 강대국으로 변모하는 진나라에 투영시켰다. 중국은 1978년 개혁개방을 한 지 45년이 지나가는 동안 'G2'라는 이름을 얻으면서 미국과 어깨를 나란히 하고 있다. 2049년에 사회주의 현대화 국가를 완성하는 꿈을 꾸면서 부강한 중국과 강대한 군을 완성하고자 한다.

동중서(董仲舒, B.C.179~B.C.104)

동중서는 '전한 시기의 공자'라고 불린다. 동중서는 유교를 정치 이념으로 만든 사람이기도 하다. 동중서는 B.C.136년 유교를 국교이자 정치 철학의 토대로 삼는 데 중요한 역할을 하였다. 그 뒤로 유교는 약 2,000년 동안 국교 지위를 유지하였다.

동중서는 재상이 된 후 유학자가 아닌 학자들을 모조리 쫓아낼 것을 한무제에게 건의하였다. 동중서는 『대책(對策), 현량대책(賢良對策)을 말함』이란 글에서 "백가를 축출하고, 오직 유가만을 섬길 것"을 한무제에게 건의하였다. 동중서는 유교를 한나라의 지배 이데올로기로 삼도록 건의한 것이다. 한나라가 오경박사(五經博士)를 두게 하여 유교사상으로 통일하도록 하였다.

동중서가 건의한 유가는 공자 시대로의 회귀를 의미하지 않았다.

동중서가 주장한 유교사상은 통일을 강조하고 군주권 확립에 초점을 맞추었다. 동중서는 천하통일이란 "하늘과 땅의 이치이며, 고금의 원리"라고 주장하였다. 동중서는 통일을 위해 가장 중요한 것은 군주를 '나라의 근본'으로 받드는 태도라는 논리를 펼쳤다.

동중서는 유교의 종교성을 부각시켰다. 동중서는 하늘을 자연과 인간사회를 주관하는 존재로 파악하여 인간의 일에 대해 감응하는 능력과 의지를 갖춘 인격신으로 설정하였다. 이른바 '천인감응론(天人感應論)'을 강조하였다. 하늘에 의해 자연과 사회의 모든 변화나 국가의 흥망, 인간의 재앙과 복이 결정된다고 주장했다.

동중서의 고향인 하북성 광천(廣川) 대동고장촌(大董故莊村)은 형수(衡水)의 남동쪽에 위치하고 있다. 이곳은 제(齊)나라와 노(魯)나라와 인접해 있으며, 북쪽으로는 연(燕)나라와 조(趙)나라, 서쪽으로는 삼진(三晋)과 접하고 있다. 동중서는 장서가 풍부한 지주 집안에서 태어났다. 30세가 된 동중서는 많은 제자를 모집하여 가르쳤다. 학생들을 가르칠 때 막을 쳐서 자신은 막 안에서 강의를 하고, 학생들은 막 밖에서 들었다. 동시에 동중서는 문하생인 여보서(呂步舒) 등에게 자주 가르침을 요청하였다.

동중서의 주요 저서에는 『천인삼책(天人三策)』, 『춘추번로(春秋繁露)』, 『동자문집(董子文集)』 등이 있다. 이 중 『춘추번로』는 『춘추』를 해석한 책이다. 『춘추』는 노나라에서 B.C.722~B.C.481년 사이에 일어난 사건들을 기술한 연대기이다.

동중서는 학생들을 가르치는 교육기관인 태학(太學)을 세울 것을 주장했다. B.C.134년 한무제는 동중서는 군주와 국가에 효도하고 정직한 관리와 덕망있는 사람을 선발하도록 명하였다. 이때 동중서가 제시한 『천인삼책』과 『춘추번로』에서 유가학설을 기초로 하여 새로운 유학사상 체계를 만들었다. 동중서의 『천인삼책』 중에 "태학을 세우고, 현명한 선생을 두어, 천하의 선비를 양성하라(立太學 置明師 以養天下之士)"는 제안이 채택되었다. 동중서의 교육방법은 매우 독특했다. 동중서는 "제자가 스승으로부터 직접 배우기보다 상호 간에 학문을 전수하는" 방법을 제시하였다. 즉 제자가 입문하면 스승으로부터 직접 학문을 배우기보다 기존의 학생으로부터 스승의 학문을 전수받는 형태를 취했던 것이다. 이러한 교육방법 때문에 많은 사람들이 동중서에게 배우려고 몰려들었다.

동중서는 삼강(三綱)과 오상(五常)을 도덕적 규범으로 제시하였다. 동중서는 인간관계의 차별화를 "임금은 신하의 근본(君爲臣綱), 아버지는 아들의 근본(父爲子綱), 남편은 부인의 근본(夫爲婦綱)"이라는 '삼강'이라는 지배와 종속의 관계 설정으로 발전시켰다. 오상은 "'어짐'은 인(仁), '의로움'은 의(義), '바름'은 예(禮), '지혜'는 지(智), '믿음'은 신(信)"이다. 동중서는 '오상'이라는 덕목을 갖추어야 서로의 관계를 올바르게 유지할 수 있다고 강조했던 것이다.

'해현경장(解弦更張)'은 동중서가 무제에게 '변화와 개혁'을 강조하며 올린 건의문에서 유래되었다. 해현경장은 "거문고 줄을 고쳐 맨다"는 뜻으로, 느슨해진 것을 긴장하도록 다시 고치거나 사회적, 정치적으로 제도를 개혁하는 것을 비유하는 말이다.

한무제가 동중서에게 정치에 관한 자문을 구하였다. 동중서는 "한나라는 진(秦)나라에 이어서 세워졌지만, 진나라의 구제도는 적용할 수 없습니다. 이는 마치 거문고의 줄이 매우 낡아 음이 맞지 않으면, 반드시 '벗겨내고(解弦)' 그것을 바꾸어야(更張)만 소리를 낼 수 있는 것과 같습니다. 정책이나 제도 역시 이러합니다. 통용되지 않는 것은 반드시 고쳐야 하며, 그런 후에야 비로소 일을 잘 처리할 수 있습니다. 마땅히 바꾸어야 할 것을 바꾸지 않으면, 비록 천하제일의 연주가일지라도 아름다운 소리를 연주해 내지 못할 것이며, 마땅히 개혁해야 할 것을 개혁하지 않으면, 아무리 훌륭한 정치가라 할지라도 사람들을 만족하게 하는 정치를 하지 못할 것입니다."라고 건의하였다.

김진표 국회의장이 2024년 갑진년 새해를 맞아 '거문고의 줄을 바꾸어 매다'는 뜻의 사자성어 '해현경장'을 제시하며 "한국 사회에 과감한 변화와 새로운 희망을 만들기 위해 혼신의 노력을 다해 대한민국 대도약의 해로 만들어가겠다."라고 말하였다. 최태원 SK그룹 회장도 2024년 새해 화두로 '해현경장'을 내세웠다. 최태원 회장은 신년사를 통해 "모두가 '해현경장'의 자세로 우리의 경영시스템을 점검하고 다듬어 나가자"면서 "새해에도 우리의 경영환경은 녹록지 않을 것으로 예상된다."라고 밝혔다.

장중경(張仲景, 150~219)

중국 후난TV는 2022년 3월부터 드라마 33부작 〈의성(醫聖, 명의 장중경)〉을 방영하였다. 이 드라마는 장중경의 일대기를 그렸다. 장중경의 본명은 기(機)로, 하남성 남양(南陽) 사람이다. 장중경은 전염병과 내과에 정통한 의원이었다. 효과 있는 처방을 많이 수집하였으며, 치료 효과가 탁월하였기에 '의중지성(醫中之聖)'이라 불린다.

주요 저서로는 『상한잡병론(傷寒雜病論)』 이 있다. 나중에 후인들이 이 책을 『상한론(傷寒論)』·『금궤요략(金匱要略)』으로 다시 정리하였다.

옛날 한약방 이름에는 '당(堂)'이라는 글자가 들어갔다. 이는 장중경과 관련이 있다. 당시 관리는 자신의 관등(官等)에 따른 특별한 색의 수레를 타야 하고, 외출할 때는 관복을 입어야 하며, 멋대로 길거리를 활보하다 발각되면 바로 고발 조치되

었다. 이러한 이유 때문에 장중경은 일반 백성을 치료할 수 없는 상황이었다. 이에 장중경은 집무를 보는 건물(公堂)에 "장중경이 당에서 치료한다(坐堂行醫)"라고 써서 깃발을 내걸고는 공무가 끝나면 백성들을 치료하였다. 이렇게 해서 명의가 '당'에 앉아서 의술을 행하는 선례가 생겼고, 미담으로 회자되었다. 사람들은 장중경을 기리며 그의 인품과 의술을 본받고자 하는 한약방이나 한의원에 '당'이라는 이름을 쓰게 되었다.

중국에는 "동지에는 교자를 먹는다(冬至吃餃子)"라는 말이 있다. 오늘날 즐겨먹는 '교자'라는 만두는 장중경과 관련이 있다. 후한(동한) 시대 의원이었던 장중경은 매우 추운 날씨에 고충을 받던 백성을 위해 '교자(餃子)'라고 하는 만두를 만들었다.

호남성 남양으로 낙향한 장중경은 굶주림과 추위로 귀에 동상이 걸려 고통받는 백성들을 보고는 성의 동쪽 대문에 가마솥을 걸어 놓고 제자들과 의료봉사활동을 펼쳤다. 현지에서 구할 수 있는 양고기와 후추를 넣은 귀모양의 만두를 추위를 이길 수 있는 약재가 담긴

2. 33인의 중국 역사 인물   261

가마솥에 넣고 끓여 치료약을 만들었다.

귀모양의 만두 두 개가 담긴 이 약탕을 동짓날부터 음력 1월 1일까지 계속 마신 백성들은 몸속의 피가 따뜻해져 귀에 열이 오르면서 자연스럽게 동상을 치료했다고 한다. 이때부터 사람들은 귀 모양으로 생긴 교자만두를 빚어 먹기 시작했다고 한다.

중국 속담 "동짓날에 교자만두를 먹지 않으면 귀가 떨어진다."라는 말도 이때부터 생겨났다고 한다. 이때 만들어진 탕을 '거한교이탕(祛寒嬌耳湯)'이라 불렀다. "추위를 물리쳐 연약한 귀를 보호하는 국물"이라는 뜻이다. 여기에 '연약한 귀'라는 '교이(嬌耳)'에서 "귀 모양으로 경단을 빚었다"라는 의미의 '교이(餃餌)'로 바뀌었다가 나중에 교자(餃子)로 바뀌었다.

육적(陸績, 188~219)

2011년 4월 29일부터 중국 드라마 전문 채널 CHING은 〈염석전기(廉石傳奇)〉를 방영하였다. 총 30부작으로 제작된 〈염석전기〉는 삼국시대 최고의 청렴관으로 꼽히는 오나라 관원 '육적'이 울림에서 태수로 지낼 때의 이야기를 다루었다. 즉, 육

적이 울림에서 태수로 지낼 때 이룬 성과들, 특히 낙후한 생산을 개량하고, 교육을 진흥하고, 탐관오리를 척결한 이야기를 담고 있다. 중국 국가청렴위원회는 〈염석전기〉를 "오늘날 중국 사회를 깨우치고 정화하는 드라마다."라고 칭찬했다.

육적은 오나라 손권의 참모를 지낸 사람으로 '효'와 '청렴'의 상징이다. 육적의 자는 공기(公紀)이며, 고사성어 회귤고사(懷橘故事), 육적회귤(陸積懷橘)의 주인공이다.

『삼국지』「오서·육적전(陸績傳)」에 의하면, 육적은 관직이 울림태수(鬱林太守)에 이르고 편장군(偏將軍)의 벼슬을 더하여 받았다. 박학다식하여 『혼천도(渾天圖)』를 지었고 『주역(周易)』에 주(註)를 달았으며 『태현경주(太玄經注)』를 찬술하였다.

청렴한 관직 생활을 일컫는 대표적인 고사성어로 '울림석(鬱林石)'이라는 말이 있다. 이 말은 『삼국지』「오서·육적전」과 『신당서(新唐書)』「은일전(隱逸傳) 육구몽(陸龜蒙)」에 나온다. 이를 보고 사람들은 청렴한 관리를 '울림석(鬱林石)' 또는 '염석(廉石)'이라 부르게 되었다.

드라마 〈염석전기〉는 광서 울림 지역에서 널리 알려진 '염석(廉石)' 문화에서 이름을 땄다. 염석은 뇌물을 사양하는 청렴한 관료생활과 탐관오리를 척결하는 공정한 직무와 판결의 생활을 상징한다. 염석은 현재 중국 소주문묘박물관에 있다.

원나라 곽거경(郭居敬)이 지은 『이십사효(二十四孝)』에는 24명의 효행이 적혀 있다. 여기에는 육적의 이야기도 수록되어 있다. 훗날 '회귤고사(懷橘故事)', '육적회귤(陸績懷橘)', '회귤(懷橘)'이라 하여 지극한 효성을 일컬을 때 인용되었다.

육적이 여섯 살 때, 회남(淮南) 지역에 웅거(雄據)하던 군벌이자 원소(袁紹)의 배다른 동생인 원술(袁術)을 만나러 구강(九江)으로 갔다. 원술은 육적에게 귤을 내놓으며 먹으라고 했다. 육적은 귤을 먹는 둥 마는 둥 시늉만 하다가 원술이 잠시 자리를 비운 사이에 얼른 귤을 품 안에 감추었다. 육적이 돌아갈 때가 되어 원술에게 작별인사를 올리는데 그만 품에 넣었던 귤이 떼구루루 굴러떨어지고 말았다. 당황한 육적이 어찌할 줄 모르고 있는데 원술이 조심스럽게 "육랑(陸郞, 육적)은 우리 집에 온 손님인데 왜 먹으라고 내놓은 귤을 먹지 않고 품속에 넣었지?"라고 물었다. 육적은 입장이 난처했지만 거짓 없이 "집에 돌아가면 어머니께 드리려고 그랬습니다(欲歸遺母)"라고 하며 그 연유를 말했다.

이 말을 들은 원술은 어린 육적의 어버이를 위하는 효성스런 마음에 감동했다. 원술은 "육랑같이 착하고 어버이를 섬길 줄 아는 효성스런 어린이는 처음 보았다. 이거 별거 아니지만 어머니께 갖다 올려라" 하며 귤을 더 내어 주었다.

이와 관련해서 '육적회귤'이란 말이 생겼다. 이는 "육적이 귤을 품다"라는 뜻으로 지극한 효성을 비유하는 말로, '회귤고사'라고도 한다.

진수(陳壽)는 "양웅의 『태현』에 대한 육적의 공적은 중니(공자)의 『춘추』에 대한 좌구명의 공적이나 노담(노자)의 『도덕경』에 대한 장주의 공헌과 같은 것이다."라고 했고, 손권의 인사에 대해서는 "이처럼 귀중한 인재에게 남월을 지키게 한 것은, 또한 인재를 해친 것이 아닌가!"라고 평했다.

문제(文帝) 양견(楊堅, 541~604)

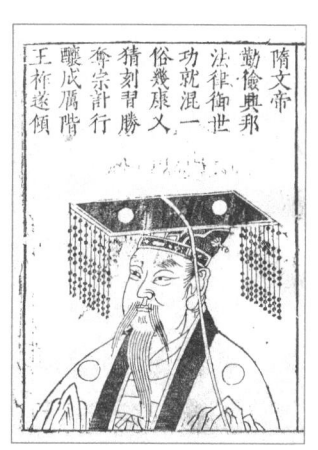

　미국의 천체물리학자 겸 작가인 마이클 하트는 『랭킹 100: 세계사를 바꾼 사람들』에서 수(隋) 문제 양견을 82위로 꼽았다. 중국인은 양견을 포함하여 '공자·채윤·진시황·마오쩌둥·맹자' 6명만 포함되었고, 맹자(92위)보다 순위가 높다.
　마이클 하트가 수 문제를 높이 평가한 부분은 과거제를 정착시키고 양곡 생산이 풍부한 남부와 목축이 발달한 북부를 잇는 운하 공사를 시작하였다는 점이다. 문제는 덕치와 법치, 중앙관제와 균전제, 직전법 등을 시행하였을 뿐만 아니라 검약한 천자로도 알려져 있다. 문제는 역사상 최초로 과거제를 실시하였고 율령에 의한 통치를 확립하였다. 수 문제 시기를 '개황의 치(開皇之治)'라 부르며, 비교적 안정되고 번영한 시기로 보고 있다.
　양견의 묘호는 고조(高祖)이고, 시호는 문제이다. 양견은 홍농화음(弘農華陰, 섬서성 화음현) 출신으로, 북주의 대귀족 양충(楊忠)의 아들이다. 아버지의 작위를 물려받아 수국공(隨國公)이 되었다.
　양견은 북주(北周) 선제(宣帝, 559~580) 우문윤(宇文贇, 559~580)의 장인이었다. 양견의 딸이 북주 황실에 시집간 후 사위 우문윤이 황제에 올랐다. 양견은 북주의 수왕이었는데, 581년 2월 9세의 어린 북주 황제 정제(靜帝)를 폐위시키고 스스로 황제라 칭하면서 '수'를 세웠다. 도읍을 대흥(大興)에 정한 후에 장안(長安, 섬서성 西安)이라 고쳤고, 연호를 '개황(開皇)'이라 하였다. 문제는 자신의 연호를 딴 개황률(開皇律)을

582년에 편찬해 율령격식(律令格式)의 성문법 체계를 도입하였다. 율령에 따라 진나라 이후 전통적 중앙 관제인 '3공9경'을 '3성6부(三省六部)'로 개편하였다. 그리고 지방 행정조직을 간소화하였는데, 한나라 이후 유지되고 있던 '주(州)-군(郡)-현(縣)'에서 '군'을 폐지하였다.

문제는 587년에 후량(後梁), 589년에 진(陳)을 각각 멸망시키면서 서진 말기부터 300여 년간 지속된 혼란스러운 전국을 통일하였다. 북방 민족이 중국을 통일한 것이었다. 24년간 재위하다가 64세 때 아들 양광(楊廣, 수 양제)에 의해 살해되었다. 수문제 릉의 명칭은 '태릉(泰陵)'이고 '양가릉(楊家陵)'이라고도 불린다. 현재 섬서성 양릉고신농업시범구(楊陵高新農業示范區) 오천향(五泉鄕) 왕상촌(王上村) 동북쪽 200m 지점에 위치해 있다. 태릉 때문에 지역 이름이 양릉구라고 불린다. 문제의 능에는 부장품이 거의 없었다고 전해진다.

문제는 관료체제를 개혁하여 중앙에는 '삼성육조제(三省六曹制)'를 확립하고, 지방에는 행정기구를 축소하였다. 또 위(魏)나라 이래로 시행되어 온 '구품중정제(九品中正制)'를 폐지하고, 과거제도를 최초로 도입하여 시험을 통해 관리를 채용하였다. 이러한 조치는 중앙집권을 강화하고 수 왕조를 더욱 견고하고 강성하게 만들었다. 이로 인해 문제 양견은 비교적 훌륭한 정치가라는 평을 듣는다.

문제는 근검절약을 강조하였고, 탐관을 배척하였다. 문제는 태자 양용(楊勇)에게, "예로부터 제왕이 사치를 하면 오래갈 수 없으니, 너는 반드시 근검절약을 이행하도록 하라."고 훈계하였다. 문제는 사대부들의 평상복은 비단 대신 면직물로 만들도록 하고, 장신구도 금이나 옥 대신 구리나 쇠, 골각(骨角)을 사용하게 하였다.

문제는 관리들의 업무를 정비하고 관리에 대한 심의제도를 수립하였다. 청렴한 관리에게는 전답과 직물을 포상으로 내리고 승진을 시켜 그 선행을 천하에 널리 알렸으며, 탐관은 엄히 처벌하고 측근을 비밀리에 파견하여 관리들의 일거일동을 정탐하게 하였다.

문제는 법을 집행할 때 엄격하고 공정했다. 아들 양준(楊浚)의 생활이 사치스러운 것을 발견한 문제는 양준을 구금하였다. 양소(楊素)가 처벌이 너무 심하다고 건의하자, 문제는 "황자와 백성의 법률은 오직 하나일 뿐이다. 만약 그렇지 않다면 어찌 황자의 법률을 다시 세워야 하지 않겠는가?"라고 말하였다. 문제의 이러한 조치는 권세를 부리는 관리들이 함부로 나쁜 짓을 못하도록 하였다.

문제는 백성들의 고통에 신경을 많이 기울였다. 594년 관중(關中) 지역에 기근이 들었을 때 문제는 사람을 보내어 백성들이 무엇을 먹고사는지를 조사하게 하였다. 백성들이 콩가루와 겨를 섞어 먹는다는 것을 안 문제는 콩가루와 겨를 섞은 음식을 신하들에게 보이고는 자신의 무능함을 책망했다. 그리고 명령을 내려 자신이 평소에 먹던 음식을 물리치고 술과 고기를 먹지 않았다.

문제는 굶주린 백성들을 낙양으로 데리고 가 밥을 먹이고, 시위들에게 그 백성들을 쫓아내거나 위협하지 못하도록 명령했다. 또 노인이나 어린아이들과 함께 가는 사람들을 보면 문제는 말고삐를 당겨 길을 양보하면서 그들을 위로하였다.

문제는 잘못한 점이 있으면 즉시 인정하고 시정하였다. 한번은 신하 신단(辛亶)이 빨간색 바지를 입으면 관운이 형통할 것이라 떠들고 다녔다. 문제는 신단이 요상한 법술로 사람들을 현혹시킨다고 여기고는 신단을 사형에 처하라고 명하였다. 이에 사법대신 조작(趙綽)이 "법률에 의하면 신단의 죄는 사형에 처할 만한 것이 안 됩니다. 신은 폐하의 명을 받들 수 없습니다."라고 하였다. 이 말을 듣고 문제는 크게 노하여, "짐이 보기에 그대는 다른 사람을 감싸는 데만 정신이 팔려 자신을 감쌀 줄 모르는구나!"라고 하고는, 조작과 신단을 함께 참수하라고 명하였다.

사형을 집행할 즈음에 문제가 조작에게 마지막으로 할 말이 없느냐고 물으니, 조작은 "신은 오로지 한 마음으로 법을 집행해 왔기에 죽어도 유감이 없습니다. 다만 폐하께서 신을 죽이실지언정 절대로 신단을 억울하게 죽여서는 안 됩니다."라고 답하였다. 이 말을 듣고 양견은 화가 나 나가 버렸다. 하지만 양견은 "조작은 분명 죽음으로써 법을 지킨 것이니 그의 정직함을 칭찬해야 마땅할 것"이라고 여긴 뒤, 즉시 조작을 석방하고 신단의 사형을 취소하였다. 다음날에는 조작을 불러 그의 행동을 칭찬하고 상을 내렸다.

604년 7월, 둘째 아들 양광(楊廣, 수 양제)이 양소(楊素), 장형(張衡), 우문술(宇文述) 등과 함께 정변을 일으켜 인수궁을 포위한 뒤, 대보전으로 진입하여 아버지 양견을 죽였다.

한편, 문제는 차가 널리 보급하는데도 영향을 주었다. 문제가 등극하기 전에 꿈을 꾸었다. 귀신이 나타나 그의 뇌골을 바꾸어버렸다. 그 후로 두통을 앓게 되었다. 어느 날 한 스님을 만났는데 "산중에 있는 차나무로 치료할 수 있습니다."라고 했다. 문제가 이를 달여 마셔 효험을 보았다. 이로부터 문제는 차를 가까이 두고 상비약처럼 수시로 음용했다. 당시 북방 사람들은 차를 낙노(酪奴)라고 불렀다. 문제 이후 수나라에는 차를 즐겨 마시는 문화가 생겨나게 되었고, 북방 지역에서도 차를 즐겨 마시기 시작하였다. 당시, 수나라 사람들은 좋은 차를 문제에게 바치면 벼슬을 할 수 있다는 풍문을 듣고 좋은 차를 찾기 위해 혈안이 되었다. 그러다보니, "춘추와 주역을 공부하느니 황제에게 차를 바치고 벼슬길에 빨리 올라 재물을 모아라"는 비판의 말이 회자하였다.

사자성어 '기호지세(騎虎之勢)'라는 말은 양견과 관련이 있다. 남북조 시대 말, 선비족이 세운 북주에서 선제가 죽자 양견이 권력을 쥐게 됐다. 양견은 선제에 이어 나이 어린 정제가 즉위하자 한족 출신 대신들과 자신의 처가 세력을 규합해 모반을 꾀했다. 이때 그의 부인이 보낸 편지에 이 말이 나온다. "지금은 맹수를 타고 달리는 형세이므로 도중에 내릴 수 없습니다. 만일 내린다면(모반을 중도 포기한다면) 맹수의 밥이 될 터이니 끝까지 달릴 수밖에 없습니다."라고 한데서 유래하였다.

중국에서는 양견을 홍농 양씨(弘農楊氏)의 후손으로 보면서 한족으로 분류하고 있다. 하지만 일반적으로는 북방민족으로 보고 있다. 홍농 양씨의 후손으로는 국가주석을 역임한 양상쿤(楊尙昆)이 있다.

두보(杜甫, 712~770)

'인생칠십고래희(人生七十古來稀)'라는 말이 있다. 이는 '시성(詩聖)'이라 불리는 두보의 시 「곡강이수(曲江二首)」에 나오는 구절에서 유래하였다. 「곡강이수」에 "조정에서 돌아와 날이면 날마다 춘의 겉옷 잡히고 매일 곡강변 주점에서 술취하여 돌아오네 술빚이야 다니는 주점마다 쌓여 가지만 인생 칠십은 고래로 드물도다 (朝回日日典春衣 每日江頭盡醉歸 酒債尋常行處有 人生七十古來稀)"라는 시구가 있다. '인생칠십고래희'는 "인생에서 70세를 산다는 건 드물다"는 의미를 지니고 있다.

두보는 성당(盛唐) 시기의 시인이다. 두보는 이백(李白)과 더불어 '이두(李杜)'라고 불린다. 두보의 자는 '자미(子美)'이다. 호는 '소릉야로(少陵野老)', '두릉야로(杜陵野老)', '두릉포의(杜陵布衣)'이다. 또 두보가 장안성 밖의 소릉(少陵)에서 초당을 지어 거주해서 '두소릉(杜少陵)', '두초당(杜草堂)'이라 부른다.

두보를 지칭하는 이름은 매우 많다. 두보를 '시사(詩史)'라고 부르는데, '시로 표현된 역사'라는 의미로, 후세 사람들이 두보의 고체시(古體詩)가 주로 사회성을 표현하였기 때문에 그렇게 부른다. 그리고 두보를 '노두(老杜)'라고 부르는데, 이는 두목(杜牧)이라는 시인과 구별하기 위함이다. 두목은 '초당4걸' 중의 한 명인 두심언(杜審言)의 손자이다. 두보를 후세 사람들이 '두습유(杜拾遺)' 혹은 '두공부(杜工部)'라고도 부르는데, 이는 두보가 좌습유(左拾遺)와 검교공부원외랑(檢校工部員外郞)을 역임하였기 때문이다.

중국에서는 "초나라의 굴원, 진나라의 도연명, 당나라의 이백과 두보"를 '중국의 4대 시인'이라 부른다. 또 중국의 3대 시인으로 '이백, 두보, 왕유'를 가리키기도 한다. 이때 '이백은 시선(詩仙, 시의 신선), 두보는 시성(詩聖, 시의 성인), 왕유는 시불(詩佛, 시의 부처)'이라 부른다.

젊은 시절 두보는 여러 지역을 떠돌아다녔다. 30세가 넘어 장안(長安)으로 돌아와 벼슬길에 나서기를 희망하였다. 하지만 관직에 오르지는 못하다가 755년 10월에 무기 출납을 하는 벼슬을 하였지만, 한 달 뒤에 안녹산(安祿山) 난이 일어났다. 현종(玄宗)이 사천으로 피난을 갔고, 두보도 난을 피해 가다가 반군에게 붙잡히기도 하였다.

757년 9개월 동안 갇혀 있던 두보는 탈출하여 숙종(肅宗)이 있던 임시수도 봉상(鳳翔)의 행재소로 갔는데, 그 공으로 좌습유에 임명되었다. 관군이 장안을 탈환하자 현종의 뒤를 이은 숙종을 따라 환도하였다. 이때 두보의 나이는 40대 후반이었다. 수도 장안 동남쪽에는 '곡강'이라는 못이 있었고, 그 못의 남쪽에 부용원(芙蓉苑)이라는 궁원(宮苑)이 있어 경치가 아름다웠다고 한다. 「곡강시」는 이곳을 배경으로 하여 지은 것이다.

반군도벌에 실패한 방관의 파직을 반대하다가 숙종의 미움을 받아 화주사공참군(華州司功參軍)으로 좌천되었다. 759년 두보는 관직을 버리고 10명 가까이 되는 식솔들을 거느린 채 국경에 있는 진주(秦州, 감숙성 천수현(天水縣))로 이주하여 4개월 정도 머물렀다. 생활이 몹시 곤궁하여 10월에 살기 좋다는 동곡(同谷, 감숙성 성현(成縣))으로 이주하였다. 하지만, 생활이 더욱더 궁해져서 12월 초에 성도(成都)로 갔다. 친분이 있던 승려와 친척 두제(杜濟), 옛 친구인 성도윤(成都尹) 겸 검남(劍南) 서천절도사(西川節度使) 엄무(嚴武)의 도움으로 성도 교외 완화계(浣花溪) 부근에 초당을 마련할 수 있었다. 여기에서 2년 정도는 평온한 나날을 보냈다. 두보를 '두공부(杜工部)'라고도 부르는데, 이때 엄무로부터 공부원외랑(工部員外郞)의 직함을 받았기 때문이다.

762년에 엄무가 서울로 소환되었고, 성도(成都) 부근에서 서천병마사(西川兵馬使)인 서지도(徐知道)가 난을 일으켰다. 두보는 난을 피해 각지를 떠돌아다녔다. 58세가 되던 770년에 두보는 악양(岳陽)에서 홍수를 당하였다. 이후 악양과 장사(長沙)를 왕래하다가 식량이 떨어져 그해 가을에 배에서 사망하였다.

두보의 시집(詩集)은 60권이 있었다고 한다. 하지만 모두 전해지는 것은 아니고, 현재에는 북송 왕수(王洙)의 『두공부집(杜工部集)』 20권과 1,400여 편의 시, 그리고 소수의 산문이 전해진다. 두보가 죽은 뒤, 윤주 자사 번황(樊晃)이 대력 년간(770~780)에 『두보소집(杜甫小集)』을 지어 두보의 290수를 수록하였다. 그리고 『두공부소집서(杜工部小集序)』를 지었는데, 서(序)에서 "문집 60권이 장강과 한수(漢水) 부근 지방에서 읽히고 있다."라고 서술하였다.

두보의 시가(詩歌)는 크게 네 개의 시기로 구분하여 정리하기도 한다. 즉, 청년 시기, 안사의 난 시기, 성도 시기, 노년 시기로 구분한다. 두보의 작품 중 「악양루에 올라: 등악양루(登岳陽樓)」는 두보가 57세 때, 악양루에 올라 동정호를 바라보고 감회를 읊은 시이다. 이 시는 성당의 '오언율시' 중 최고로 평가되는 작품이다. 그리고 「높은 곳에 올라: 등고(登高)」는 중양절에 두보가 병든 몸을 이끌고 높은 곳에 올라 본 감회를 쓴 것이다. 이 시는 두보의 가장 유명한 7언 율시로 평가된다. 명대 호응린(胡應麟, 1551~1602)은 『시수(詩藪)』에서 두보가 지은 이 시를 고금의 7언 율시 중 최고라고 평가하였다.

두보는 안사의 난 이후에 현실주의적인 시풍을 갖게 되었다. 두보의 시는 전란 시대의 어두운 사회상을 반영하여 사회악에 대한 풍자가 뛰어나다. 두보의 고시(古詩)와 악부(樂府)에는 당시 사회적 불합리성을 적나라하게 묘사하였고, 백성들의 고난을 호소하였다. 이는 『시경(詩經)』 이래의 풍유(諷諭) 정신을 계승한 것이라 할 수 있다. 이러한 풍유의 정신을 계승하려 한 백거이(白居易)와 원진(元稹)은 두보의 시를 존중하였다.

북송의 왕안석(王安石)·소식(蘇軾, 소동파) 등은 두보를 높이 평가하였다. 소식은 "두보의 시, 한유의 문장, 노공(魯公, 顔眞卿)의 서예는 모두 각 분야의 집대성한 것들이다. 시를 배울 때는 마땅히 두보를 스승으로 삼아야 하는데, 규칙과 법도가 있기 때문에 배울 만하다."라고 평하였다.

두보의 시 작품과 시풍이 한국에 미친 영향은 크다. 고려 시대에는 이제현과 이색이 크게 영향을 받았다. 두보의 시는 『두시언해(杜詩諺解)』를 통해 한국의 중학교 국어 교과서에서 배운 바 있다. 조선시대에는 두보의 작품이 높이 평가되었다.

한글이 창제된 뒤에, 왕명으로 두보의 시 전체가 번역되어진 『두시언해』(원제는 『분류두공부시언해(分類杜工部詩諺解)』)가 간행되었다. 『두시언해』는 세종 25년(1443)에 착수되어 38년 만인 성종 12년(1481)에 간행되었다. 『찬주분류두시(纂註分類杜詩)』가 5차례나 간행되었다. 초간본은 세종·성종 대에 걸쳐 왕명으로 유윤겸(柳允謙) 등의 문신들과 승려 의침(義砧)이 번역하여 1481년(성종 12)에 간행하였다. 초간본에는 방점 및 반치음 'ㅿ' 등이 사용되었다. 한국에서는 국어 시간에 『두시언해』를 통해 두보의 시를 접하기도 하였다. 1991년에 『두시언해』의 초간본 25권 가운데 제12권이 처음으로 발견되었다. 두보의 「춘망(春望)」 "국파산하재 성춘초목심(國破山河在 城春草木深)"을 『두시언해』에서는 "나라히 파망하니 뫼콰 가람뿐 있고, 자앗보매 플과 나모뿐 기펫도다(나라가 망했어도 산하는 남아, 성에 봄이 오니 초목이 우거진다)"로 번역하였다. 『두시언해』를 통해 한글의 역사를 알 수 있다.

조선의 다산 정약용(丁若鏞)은 "시는 마땅히 두보를 공자(孔子)로 삼아야 한다. 그의 시가 백가의 으뜸이 되는 것은 『시경』 3백 편을 이었기 때문이다. 『시경』 3백 편은 모두 충신, 효자, 열부, 양우(良友)들의 진실하고 충후한 마음의 발로이다. 두보의 시는 고사를 인용함에 있어 흔적이 없어서 언뜻 보면 자작인 것 같지만 자세히 살펴보면 모두 출처가 있다. 바로 두보가 시성(詩聖)이 되는 까닭이다."라고 평가하였다.

두보가 29세에 지은 「태산을 바라보며: 망악(望嶽)」의 "반드시 산 정상에 올라 뭇 산들의 작은 모습을 보리라."는 2006년 후진타오 국가

주석이 미국을 방문했을 때 만찬장에서 대만 국가가 연주되는 등 미국의 결례가 계속되자 한 오찬 모임 답사에서 웃으면서 한 말로 유명하다. 후진타오는 미국이 교만하게 행동하지만 언젠가는 압도하겠다는 기세를 이 구절을 인용해 표현하였다.

2009년에 개봉된 정우성 주연의 〈호우시절(好雨時節)〉은 두보가 지은 "춘야희우(春夜喜雨)"의 한 구절인 '호우지시절(好雨知時節)'에서 따왔다. 영화 〈호우시절〉의 장소적 배경이 두보초당이다. 두보가 삶의 일부를 보낸 곳으로 사천성 성도인 성도(成都)에 위치하고 있다. 1985년에 두보를 기리는 사당이자 박물관이 되었다. 두보는 이곳에서 200여 편의 시를 지었다.

백거이(白居易, 772~846)

백거이는 한국에서는 백낙천(白樂天)으로 더 많이 알려져 있다. 백거이는 810년 당 헌종이 신라 헌덕왕(憲德王, 재위 809~826)에게 보내는 국서를 지었다. 821년에서 822년 사이에 신라에서 온 하정사(賀正使) 김충량(金忠良)이 귀국할 때 목종(穆宗, 재위 821~824)이 내린 제서(制書)를 지었다.

시호(詩豪)로 불리는 백거이는 성당(盛唐) 때의 시인으로, 대력(大曆) 7년(772), 정주(鄭州) 신정현(新鄭縣, 지금의 하남성 新鄭市)에서 태어났다. 이백, 두보, 한유(韓愈, 한퇴지, 768~824)와 함께 '이두한백(李杜韓白)'으로 불린다.

백거이의 이름인 '거이(居易)'는 『중용(中庸)』의 "군자는 편안한 위치에 서서 천명을 기다린다(君子居易以俟命)"는 말에서 취했다. 자인 '낙천(樂天)'은 『역(易)·계사(繫辭)』의 "천명을 즐기고 알기 때문에 근심하지 않는다(樂天知命故不憂)"는 말에서 취했다고 전해진다. 호는 '취음선생(醉吟先生)'과 '향산거사(香山居士)'이다. '취음선생'이란 호는 백거이가 58세가 되던 해(829)에, 이름만 있는 직책에 자족하면서 '시(詩), 술(酒), 거문고(琴)'를 '삼우(三友)'로 삼아 생활할 때 삼은 것이다. 71세 때인 무종(武宗) 회창(會昌) 2년(842년)에 형부상서(刑部尙書)에서 물러났다. 74세에 자신의 글을 모아 『백씨문집(白氏文集)』 75권을 완성하였다.

백거이의 생애에 관한 자료는 『구당서(舊唐書)』 「백거이전(白居易傳)」, 『신당서(新唐書)』 「백거이전」, 『백씨장경집(白氏長慶集)』 등에 잘 나타나 있다.

고학힐(顧學頡)은 『후한서·반고전』과 『신당서』 231권 『서역열전』을 근거로 「백거이세계·가계고」(1982)를 발표하면서 백거이의 조상은 서역 귀자국(龜玆國)의 왕족이라고 명시했다. 귀자국은 서돌궐 통치 하에 있던 10개 부족 중 하나였던 서니시(鼠尼施, 바인부루커(巴音布魯克) 초원에 있던 옛 부족)였다. 귀자국 경내에 백산(白山)이 있어 후손들이 '백'이라는 성씨를 가지게 됐다고 했다.

『백씨장경집』은 백거이의 의뢰로 친구인 원진(元稹)이 엮은 것으로 모두 50권이다. 『백씨장경집』은 중국 최초로 주조된 금속활자 인쇄본이다. 원진은 『백씨장경집』 서문에서, "(신라) 계림의 상인이 저자에서 절실히 구하였고, 동국의 재상은 번번이 많은 돈을 내고 시 한 편을 바꾸었다."라고 하여, 당시 백거이의 글이 신라에까지 알려져 있었음을 알 수 있다. 『백씨장경집』 서문에 의하면 신라상인이 영파(寧波)항을 이용하여 백거이 시집을 구입했다는 기록이 보인다.

백거이는 당시 정치상을 시를 통해 폭로하였고, 시를 통해 백성들의 고난을 노래하였다.

백거이는 『시경』 300편의 필법을 본받아 "시는 반드시 '육예(六藝)'에 부합되어야만 가치가 있는 것"이라 여겼다. 그래서 백거이의 풍유시에는 '풍아비흥(風雅比興)'의 색채가 농후하게 나타난다. 백거이는 '짧은 문장으로 누구든지 쉽게 읽을 수 있는(平易暢達)' 것을 중시하는 시풍(詩風)을 갖고 있다.

북송(960~1127) 시승(詩僧)인 혜홍(惠洪, 1070~1128, '석혜홍(釋惠洪)'으로 알려져 있다)이 지은 『냉재야화(冷齋夜話)』에는 백거이의 시 특징을 언급하고 있다. 『냉재야화』에는 "낙천은 시를 한 편 지으면 노파에게 보이고, 그가 알겠다면 그대로 기록해 발표했고, 그가 모르겠다면 다시 고쳤다"라는 내용이 있다. 그래서 사대부 계층뿐 아니라 기녀(妓女), 목동 같이 신분이 낮은 사람들도 백거이의 시를 좋아하였다.

백거이의 시 중 '강기슭의 배꽃(江岸李花)'는 '전당시(全唐詩)'에 수록되어 있다. 시구는 "배꽃은 푸른 잎의 인연을 그리워하나니, 강가의 배나무가 머리를 어지럽히네. 과부집의 젊은 부인과 꼭 같나니, 청초한 화장에 흰 소매 푸른 비단 치마 입었네."6)이다.

---

6) 이화유사연화엽(梨花有思緣和葉) 일수강두뇌쇄군(一樹江頭惱殺君) 최사상규소년부(最似孀閨少年婦) 백장소수벽사군(白妝素袖碧紗裙)

백거이의 시 중「소요영(逍遙詠, 자유로이 사는 이의 노래)」이 있다. 시구는 "이 몸을 그리워도 말고, 또한 이 몸을 싫어하지도 말, 만겁 번뇌의 뿌리이거늘, 한 번 모인 허공의 먼지일 뿐, 그리움도 싫어함도 없어야, 비로소 곧 자유인이 되리로라"7)이다. '소요'는 '슬슬 거닐어 돌아다님'을 뜻한다. '얽매이는 것 없이 자유로운 상태'를 의미한다.

　백거이는 나이가 들면서 정신적 육체적 노쇠와 정치적 실망, 불교의 영향 등으로 은둔생활을 하였다. 백거이는 당나라 때까지 시인 중에서 가장 많은 시 2,900여 수를 남겼다. 백거이의 시는 당나라 당시의 사회상과 생활상을 반영하고 있어서 매우 사실적이다. 백거이는 "글은 반드시 시대를 위해 써야 하며 시가는 반드시 사실을 가지고 창작해야 한다."라고 하면서 현실생활에 뿌리박을 것을 주장하였다. 806년에 쓴『책림(策林)』에서 백거이는 "천하 백성들은 빠짐없이 구제하자"라는 정치 주장을 서술하였다. 그리고 통치계급이 가렴잡세(苛斂雜稅, 과중하고 잡다한 세금)로 백성을 약탈하는 것을 반대하였다.

범중엄(范仲淹, 989~1052)

　범중엄은 북송 시대의 유명한 재상으로 정치가이며 문학가이다. 범중엄은「악양루기」에서 "천하 백성들의 근심에 앞서 내가 먼저 근심하고, 천하 백성들의 즐거움은 모든 사람이 즐거워한 뒤에 즐긴다(先天下之憂而憂 後天下之樂而樂歟)"라고 하였다. '선우후락(先憂後樂)'이

---

7) 역막연차신(亦莫戀此身) 역막염차신(亦莫厭此身) 만겁번뇌근(萬劫煩惱根) 일취허공진(一聚虛空塵) 무연적무염(無戀赤無厭) 시시소요인(始是逍遙人)

라는 말을 남겼는데, "천하의 근심
을 앞서 근심하고, 천하의 즐거움
을 후에 즐긴다."라는 의미이다. 이
는 세상에 대한 사대부의 책임 의
식을 잘 드러내는 문장이다.

범중엄은 강소성 소주 오현 사람
이다. 범중엄의 아버지 범용(范墉)은 북송이 세워진 후 오월왕 전숙(錢
淑)을 따라 송에 항복하여 무령군 절도사의 밑에서 죽었다. 범중엄이
아버지를 여의자 어머니 사씨는 가난을 면하지 못하고 생활을 꾸려나
갈 수 없자 주문한(朱文翰)에게 개가하였다. 범중엄은 의붓아버지의
성을 따라서 '주열(朱悅)'로 고쳐져 불렸다.

진종(眞宗) 대중상부(大中祥符, 1008~1016) 8년인 1015년에는 범중엄
이 '주열'이라는 이름으로 과거에 합격하여, 이후 광덕사리참군(廣德軍
司理參軍)이 되었다. 범중엄은 어머니를 봉양하며 살다가, 집경군설도
사추관이 된 뒤에 본래의 성인 '범'을 되찾았다. 어머니가 죽은 후에는
이름도 고쳤다.

1028년에는 「상집정서(上執政書)」라는 만인소를 조정에 올려서 관
리에 대한 개혁을 추진할 것을 주청하였다. 인종(仁宗) 경우(景祐) 원년
인 1034년, 범중엄은 소주 지주에 임명되었다. 소주가 수재(水災)를
당하였을 때 범중엄은 백성들에게 하천도랑 개선작업을 하도록 하였
다. 범중엄은 수리를 개선하였고, 호수의 물을 바다로 보내었다. 소주
의 치수가 성공하면서 범중엄은 개봉으로 돌아가서 관료기구 정비에
힘썼다. 당시에 사람들은 "조정에는 걱정이 없고 범군(範君)이 있고
개봉에는 일이 없고 범중엄만이 있다"라고 칭하였다.

1038년, 당항족(黨項族)인 이원호(李元昊)가 대하(大夏, 西夏)를 건국하

며 황제를 칭하였다. 이원호는 송나라와 외교관계를 단절하였다. 그리고 송나라가 서하의 지위를 승인하도록 압박하면서 송나라를 침략하였다. 이때, 범중엄은 한기(韓琦)와 공동으로 섬서경략안무초토부사(陝西經略安撫招討副使)가 되어 '둔전구수(屯田久守)' 방침을 채택하고 경략사(經略使) 하송(夏竦)을 도와 막아내었다.

1043년 경력(慶曆) 3년에, 부필(富弼), 한기 등과 함께 정치개혁에 나섰다. 범중엄 등은 '등용과 퇴출을 밝게 하고 조세를 균등하게 하며 군역을 바꾸고 요역을 감하는 것(明黜陟, 均田賦, 修武備, 減徭役)' 등을 건의하였다. 이것이 유명한 「답수조조진십사(答手詔條陳十事)」이다. 「답수조조진십사」를 통해 족벌주의와 부패를 없애고, 사용하지 않는 땅을 개간하여, 토지소유를 평등하게 만들고자 하였다. 또 백성들의 부역을 줄이며 과거제도를 개혁하였다.

이때 역사·정치 문제를 강조하는 시험제도를 건의하였다. 국립학교의 건립을 제안하였고, 1044년 황제는 모든 지방 행정구역에 국립학교를 설립하도록 하였다.

「답수조조진십사」로 인종의 「경력지치(慶曆之治)」를 만들었다. 범중엄은 '인종 황제에게 시론을 논하여 올리는 글(上仁宗皇帝言事書)'을 올렸다. 이른바 '경력신정(慶曆新政)'으로, 10대 개혁 강령이다. 경력 3년(1043)에 범중엄이 건의하여 시행한 개혁 정책이다. 그러나 기득권층의 저항에 부딪혀 1045년에 폐지되었다.

범중엄은 1051년 64세로 사망하였다. 인종은 친히 '포현지비(襃賢之碑)'라는 글을 내리고 시호는 문정(文正)이라 하였으며, 초국공(楚國公)으로 추봉하였다. 사람들은 '범공정공(范文正公)'이라 부른다. 범중엄의 주요 작품으로는 『범문정공문집(范文正公文集)』 24권이 있다.

『송사』는 "옛날부터 일세 제왕의 일어남은 반드시 일세의 신하가 있게 마련이다. 송에는 중엄이라는 현자가 이에 부끄러움이 없었다. 그리고 먼저 근심하고 후에 즐기겠다는 뜻은 넓고 의연한 그릇임을 말한다."라고 하였다. 주자는 범중엄을 일컬어 "유사 이래 천하 최고의 일류급 인물"이라고 칭찬하기도 하였다. 범중엄은 권력에 아부하지 않았으며 직언으로 세 번이나 귀양을 가면서도 자신의 뜻을 굽히지 않고 나라와 백성을 살리려 하였다.

소동파(蘇東坡, 1037~1101)

"인자함은 지나쳐도 화가 되지 않지만, 정의로움이 지나치면 잔인하게 된다."라는 말은 소동파가 22세 때 과거 시험에 써낸 것으로, 원문은 "인은 지나쳐도 군자로서 벗어나지 않지만, 의가 지나치면 잔인한 사람이 된다. 그러므로 인은 지나칠 수 있지만 의는 지나쳐서는 안 된다(過乎仁 不失爲君子 過乎義 則流而入於忍人 故仁可過也 義不可過也)"는 말이다. 형벌과 포상에 대한 답안이었다. 당시 시험 위원장이었던 구양수(歐陽脩)가 보고 감탄하여 장원으로 뽑았다고 한다.

소동파는 시를 잘 짓다 보니 황정견(黃庭堅)과 함께 '황소(黃蘇)'라 불렸다. 문장도 뛰어나다 보니 구양수와 더불어 '구소(歐蘇)'라 불렸다. 사(詞, 음률에 얹어 낭송하는 긴 시)도 잘 지어 신기질(辛棄疾)과 함께 '소신(蘇辛)'이라 불렸다.

소동파는 시인이자 정치가였다. 자는 자첨(子瞻), 본명은 식(軾), 호는 동파거사(東坡居士)로 흔히 소동파라고 불린다. 소동파는 유배 생활을 하던 황주(黃州, 호북성 지역)에서의 생활은 어려웠다. 부인은 양잠을 해서 살림을 도왔고, 소식은 땅을 얻어 농사를 지었다. 땅이 황주성 동쪽에 있어서 '동파(東坡)'라고 불렀다. 그래서 훗날 사람들은 소식을 '동파거사(東坡居士)'라고 불렀다.

소동파는 맑은 날은 논밭을 갈았고 비가 오는 날은 책을 읽었다. 소동파는 부친 소순(蘇洵), 아우 소철(蘇轍)과 더불어 당송팔대가 중의 한 사람으로 꼽히며, 이 세 부자를 일컬어 '삼소(三蘇)'라고 부르기도 한다.

사람이나 사물의 참모습을 알기 어려울 때 "진면목을 알 수 없다"라고 표현한다. 이는 '여산진면목(廬山眞面目)'과 관련이 있다. 여산의 진면목은 소동파의「제서림벽(題西林壁, 서림사 벽에 쓰다)」에 나온다. 소동파는 시에서 "여산 안에서는 여산의 참모습을 다 알 수 없다"라고 읊었다.

한시문집으로는 『동파칠집(東坡七集)』, 수필집으로는 『답사민사론문첩(答謝民師論文帖)』, 『제황기도문(祭黃幾道文)』, 『적벽부(赤壁賦)』, 『황주한식시첩(黃州寒食詩帖)』, 『제서림벽(題西林壁)』, 『음호상초청후우(飮湖上初晴後雨)』가 있고, 그림으로는 〈행목괴석도(枯木怪石圖)〉, 〈죽석도(竹石圖)〉 등이 있다.

소동파는 정치가로서는 왕안석의 신법(新法)을 반대하는 보수적인 구법당(舊法黨)의 입장을 취했다. 소동파는 시 짓기를 좋아했는데, 간혹 정치를 비판하는 내용을 시로 쓰기도 했다. 소동파는 백성의 삶을 피폐하게 한다하여 신법을 싫어했으며, "독서가 만 권에 달하여도 율(律)은 읽지 않는다."라고 하였다. 이 일로 어사대(御史臺)에 투옥되었다가 호북성 황주로 유배를 갔다. 율(律)은 바로 중앙정부의 신법을 지칭했다. 은유적으로 표현하였지만, 정치를 비판하는 내용임을 쉽게 알 수 있었다.

황주에서 유배생활을 하던 1082년(원풍 2년) 7월 47세 당시에 「적벽부(前赤壁賦)」를 짓고 2개월 후에 다시 두 사람이 적벽강(赤壁江)에서 노닐며 그 풍물의 변화와 겨울 달밤의 쓸쓸한 정감을 노래한 것이 「후적벽부(後赤壁賦)」이다. 50세에 철종(哲宗)이 즉위하자 구법당이 득세하여 예부상서(禮部尙書) 등의 대관(大官)을 역임하였다. 황태후가 죽으며 신법당이 재집권하자 해남도(海南島)로 유배되었다. 7년 동안 귀양살이를 하던 중, 휘종(徽宗)이 즉위하였을 때 돌아오다가 강소성의 상주(常州)에서 사망하였다.

'동파육'은 소동파의 공덕을 기리기 위해 이름이 붙여진 음식이다. 소동파가 절강성 항주(杭州)에서 관리로 있을 때 널리 알려진 음식이라고 한다. 소동파가 보내준 요리를 맛본 사람들은 처음 먹어보는 요리에 소동파가 보내준 고기요리의 의미로 '동파육'이라는 이름을 붙였다.

동파육은 항주의 전통 요리로 돼지고기의 삼겹살과 소홍주(紹興酒)를 넣고 삶은 후 대파와 간장, 설탕 등을 넣고 약한 불로 오래오래 조려서 만든 음식이다. 이 음식은 고기가 붉은빛이 돌면서 익었지만 흩어지지 않고 먹으면 입에 감칠맛이 돌면서 돼지고기 특유의 느끼한 맛이 없는 것이 특징이다. 소동파의 동파육 때문에, 많은 사람들은 북쪽 지방의 돼지인 북저(北猪)는 맛이 없고, 남쪽 지방의 남저(南猪)를 '향저육(香猪肉)'이라고 하면서 높게 평가하였다.

황주 지역의 가난한 사람들은 돼지를 기르면서도 맛있게 요리하는 방법을 몰랐다. 돼지고기는 흔하고 값이 쌌지만, 사람들은 즐겨 먹지 않았다. 그냥 물에 삶아 익혀 먹는 것이 전부였다. 지금과 달리 송나라 때만 해도 돼지고기는 천대받았다. 당시 부자들은 주로 양고기를 즐겨 먹었는데, 양고기는 가격이 비쌌다. 시장에서는 양의 머리를 걸어놓고는 개고기나 돼지고기를 양고기로 속여서 파는 상인들도 있었다. 양고기는 원래 추운 북쪽 지역에 사는 사람들에게 잘 맞는 고기라면, 돼지고기는 바람이 많이 불고 건조한 지역에 사는 사람들에게 좋다고 할 수 있다.

　소동파는 아침마다 돼지고기를 삶아 먹었다. 남은 돼지고기는 상하지 않게 간장에 쟁여두었다. 어느 날 친구가 찾아왔다. 친구는 "동파, 오랜만에 바둑이나 한판 두세."라고 했다. 소동파는 바둑을 두면서도 친구에게 대접할 것이 마땅하지 않아 간장에 재워 놓은 돼지고기를 삶아 주기로 했다. 그는 솥에 물을 붓고 간장에 쟁여진 돼지고기를 넣고 아궁이에 불을 붙였다. 그런데 그 둘은 바둑을 두면서 시간 가는 줄 몰랐다. 솥에서는 짭조름한 김이 솔솔 올라왔다. 냄새를 맡은 소동파는 솥 안에 돼지고기를 넣어 둔 것을 알고 깜짝 놀라서 들여다보았다. 다행스럽게 타지는 않았고 단지 자작하게 졸여져 있었다.

　돼지고기는 간장색 때문에 붉은 기운이 돌았고 평상시보다 더 오랫동안 익혀져서 수분이 빠져서 꼬들꼬들해졌다. 평소에 먹던 돼지고기 맛이 아니었다. 간장에 졸여진 돼지고기의 맛은 기가 막혔다. 친구는 "동파, 내 평생 이렇게 맛있는 돼지고기는 처음 맛보네. 이것이 그 흔한 황주의 돼지란 말인가? 어떻게 요리한 것인가?" 하면서 놀라워했다.

　소동파는 시간이 날 때마다 간장에 쟁여진 돼지고기를 약한 불로 익혀 졸여서 먹었다. 시간이 지나면서 갖은 양념과 채소를 곁들여서

풍미(風味)를 더했다. 소동파는 술은 싫어했지만 붉게 익은 돼지고기를 좋아했다. 간장에 졸여져서 붉게 익은 돼지고기를 소동파는 '홍소육(紅燒肉)'이라고 불렀다. 어느 날 아침, 소동파는 '홍소육'을 맛있게 먹고 나서 시를 한 수 지었다. 시의 제목은 '식저육(食猪肉): 돼지고기를 먹다'로 내용은 다음과 같다.

> 손을 깨끗이 씻고 물을 조금 넣으며(淨洗鐺, 少著水),
> 땔감에 불은 붙이나 연기가 나지 않는다(柴頭罨煙焰不起).
> 스스로 익기를 기다려 재촉하지 않으니(待他自熟莫催他),
> 불을 지피고 시간이 흐르면 저절로 익혀진다(火侯足時他自美).
> 황주의 맛 좋은 돼지고기는(黃州好豬肉),
> 값은 진흙처럼 싸다(價賤如泥土).
> 부자는 먹으려 하지 않고(貴者不肯吃),
> 가난한 이는 요리할 줄 모르네(貧者不解煮).
> 아침 일찍 일어나 두 대접에 가득 채워놓고(早晨起來打兩碗),
> 배불리 먹으니 그대는 신경 쓰지 말게나(飽得自家君莫管).

소동파는 "하루종일 용 이야기를 해봤자 돼지고기 한 점 먹는 것만 못하다(終日談龍 不如食猪肉)"라고 하였다. 즉 현실성 없는 헛된 꿈은 아무런 소용이 없고, 현실성 있는 하찮은 것이 오히려 낫다는 뜻이다.

황제 신종이 죽은 후 소동파는 중앙 정계에 복귀했다. 하지만 1089년에 정쟁에 휘말리면서 다시 항주 지주로 좌천이 되었다. 당시 항주에는 여름만 되면 물난리가 잦았다.

소동파는 항주 지주로 부임하자마자 서호(西湖) 바닥의 진흙을 파내서 둑을 만들었다. 다행히 그해에는 물난리가 나지 않았다. 항주 주민들은 소동파에게 감사를 표하고자 술과 돼지고기를 올렸다. 소동파는 술은 즐기지 않았기에 술은 사양했지만 돼지고기만큼은 무척 반가워했다. 소동파는 돼지고기를 이용해서 황주에서 만들어 먹었던 방법으로 간장에 졸이고 양념을 넣어 불에 나직하게 졸여 익혀서 주민들에게 나눠 먹도록 했다. 항주 주민들은 그 맛에 감탄했다. 소동파가 만들었다고 해서 사람들은 돼지고기 요리를 '동파육'이라고 불렀다. 이후로 항주뿐만 아니라 인근 지역의 많은 사람들은 동파육을 만들어 먹었다.

소동파의 뛰어남은 고려에서도 사람들의 입에 오르내렸다. 고려 학자들은 소동파를 매우 숭상한 것으로 보인다. 이규보(1168~1241)는 고려에서 일었던 '소동파 열풍'을 소개하였다. 당시 과거 공부를 하던 사람들은 소동파의 시집을 구하여 즐겨 읽었다. 과거 합격자 방이 붙으면 사람들이 "올해도 소동파가 33명(합격자 수) 나왔다."라고 말할 정도였다.

이규보는 『동국이상국집』에서 "(소)동파의 문장은 금은보화가 창고에 가득 찬 부잣집 같다. 도둑이 훔쳐가도 줄지 않으니 표절한들 어찌 해롭겠는가."라고 하였다. 목은 이색은 "동파의 시는 고담(高談)이 황하를 터뜨린 듯하고, 만장(萬丈)이나 되는 불꽃처럼 세차다"고 극찬하였다.

이제현은 '3소(蘇)', 즉 소식(동파)·소철 형제와 아버지(소순)를 극찬하는 시를 짓기도 했다. 이제현은 『익재난고』에 "어른(소순)은 천리마처럼 독보적이고, 두 아들(소식·소철)은 봉황처럼 쌍으로 날았네."라는 시를 남겼다.

『삼국사기』의 저자 김부식(1075~1151)의 아버지 김근은 소식과 소철의 이름을 따서 아들 이름을 '부식(富軾)'과 '부철(富轍)'로 개명까지

하였다. 반면 조선 중기 노론은 소동파가 정이(程頤)를 비판하였다는 이유로 소동파를 경멸하기도 하였다. 송시열은 "소동파는 높은 지위와 기세로 이단의 설을 장황하게 늘어놓아 세상에 농간을 부렸다."라고 하였다.

한국에서는 소동파에 대해 익히 잘 알고 있다. 그런데 잘 알려지지 않은 내용도 있다. 소동파는 고려를 매우 싫어한 인물이다. 1089년의 상소문에 소동파는 "고려는 오랑캐이며, 거란의 앞잡이입니다. 그런 오랑캐의 사신을 접대하는 비용만 10만 관이 듭니다."

라고 하였다. 고려 사신을 추방하라는 상소문을 3번이나 올렸다. 『소동파전집』에 "오랑캐는 금수와 같아서 중국인을 다스리는 방법으로 다스리지 못합니다. 금수는 금수처럼 다스려야 합니다."라는 내용이 남아 있다. 소동파는 고려 사신을 보고 "머리에 상투를 튼 짐승들이 배 안에서 사납게 쳐다보는구나(椎髻獸面 睢盱船中)"라고 하였고, "원숭이(胡孫, 원숭이를 지칭한다. 원숭이라는 의미의 '獼猴'이라는 단어도 있다)가 사람을 희롱한다는 말이 이치에 맞는다(胡孫弄人語 良有理)"라고 하면서 고려 사람을 짐승 혹은 원숭이로 표현하면서 비하하였다.

2012년 천안함 사건이 발생한 이후, 천영우 한국 외교통상부 차관이 중국을 방문하여 중국에 협조를 요청하였다. 이때 추이톈카이(崔天凱) 중국 외교부 부부장은 소동파의 『류후론(留侯論)』의 일부가 적힌 액자를 천영우에게 선물하였다. 당시 액자에는 "세상에 큰 용기를 지닌 이는 돌연 일을 당해도 놀라지 않으며, 억울하고 당혹해도 노여워하지 않으니, 그가 가슴에 품은 것이 매우 크고 그 뜻은 매우 원대하다(天下有大勇者, 卒然臨之而不驚, 無故加之而不怒. 此其所挾持者甚大, 而其志甚遠也)"라는 문구가 적혀 있었다. 이 글귀는 "어떠한 일에도 감정에 휘둘리지 않고 인내하고 절제하면 결국 상대를 이긴다."는 의미로, "한국정부는 타국의 도움을 받지 말고 인내하라"는 중국 정부의 메시지였다. 「류후론」은 한(漢)나라 개국공신 유후(留侯) 장량(張良, ?~B.C. 189)이 사소한 일에 화내지 않고 인내심을 보이자 이에 감탄한 한 노인이 『태공병법』을 주었다. 이 책을 받은 장량은 한나라 건국의 주요 인물이 되었는데, 소동파는 "장량의 도량이 부족한 것을 우려한 노인이 작은 화를 참고 큰일을 도모하도록 가르치려 한 것"이라고 풀이하였다.

야율초재(耶律楚材, 1190~1244)

야율초재는 징기스칸의 참모로 유명하다. 야율초재는 30년 가까운 관직생활을 통해 원 태조(징기스칸), 예종(태조의 넷째 아들 토레이), 태종(태조의 셋째 아들 오고타이) 그리고 내마진후(乃馬眞后, 태종의 여섯째 황후)까지 세 황제 4대를 거치면서 덕과 재능을 발휘하였다. 징기스칸 시대에는 정치군사 참모로 활동하였고, 오고타이 재위기에는 중앙집권 확립, 유교를 근본으로 과거, 교육제도 정비를 통한 통치 원칙 확립, 조세제도 정립, 농업 발전, 각종 법령 정비와 확립으로 법치의 기틀을 마련하였다.

야율초재가 남긴 명언 중에 "하나의 이익을 얻는 것이 하나의 해를 제거함만 못하고 하나의 일을 만드는 것이 하나의 일을 없애는 것만 못하다(與一利不若除一害, 生一事不若滅一事)"라는 말은 매우 유명하다. 이는 새로운 일을 시작하는 것보다 불필요한 것을 제거하거나 개선하는 것이 더 중요함을 강조한 말이다.

야율초재는 금의 중도(中都, 지금의 북경)의 서쪽 이화원 부근의 옥천산 아래에서 태어났다. 야율초재의 호가 옥천노인(玉川老人)이 된 것도 이와 관련이 있다. 야율초재의 자는 진경(晉卿)이고, 요나라를 건국한 야율아보기(耶律阿保機)의 직계 후손이다. 야율초재는 17세에 벼슬에 나간 뒤 25세 때 금나라 수도 연경이 함락될 때까지 조용히 8년을 보냈다.

연경이 함락된 뒤 야율초재는 금나라의 기세가 기울었다고 판단하고는 불교에 귀의했다. 야율초재는 만송 노인(행수)을 찾아 스승으로 모시고 불가의 교리를 배우면서 수양에만 몰두했다.

야율초재의 아버지는 늦둥이 아들의 이름을 '초재'라고 지었다. 『좌전』의 고사 '수초유재 진실용지(雖楚有材 晉實用之)'라는 전고에 따와 지었다고 전해진다. 이 내용은 사자성어 '초재진용(楚材晉用)'으로 알려져 있는데, "초나라의 인재를 진나라가 영입해 쓴다"는 이야기이다. 의미는 "내부에서는 그 가치를 알아주지 못하고 남이 그것을 이용한다."이다.

1218년, 연경을 장악한 징기스칸에게는 여러 방면의 인재가 필요했다. 야율초재가 인재라는 소식을 들은 징기스칸은 사람을 보내 불러왔다. 야율초재를 만난 징기스칸은 "네가 본래 거란족임을 알고 있다. 내가 금나라 황족을 죽여, 너를 위해 원한을 씻어주겠다"며 야율초재의 관심을 끌고자 하였다. 야율초재는 "그건 지난 일입니다. 저의 할아버지와 아버지께서 금나라에서 벼슬을 했는데 어떻게 군주를 원수로 삼을 수 있겠습니까."라고 하였다.

징기스칸은 야율초재의 기지와 논리에 탄복하였다. 징기스칸은 야율초재가 천문 지리에 밝고 점성술 등 복점에 능하였기에 '오도살합리(우르츠사하리)'라는 애칭을 지어주면서 참모로 만들었다. 몽고어로 '오도살합리'란 '긴 수염(long beard)'이라는 뜻이다.

상팔근이라는 서하 사람이 야율초재가 있는 자리에서 징기스칸에게 "지금은 무력을 사용할 때입니다. 야율초재 같은 약해빠진 유생이 무(武)에 대해 뭘 알겠습니까. 아무짝에 쓸모없지요"라고 말했다. 야율초재는 "활은 활을 만드는 기술자가 있어야 합니다. 천하를 다스리는 데 있어서 활을 만드는 장인은 필요가 없답니까?"라고 쏘아붙였다. 징기스칸은 아들 오고타이에게 "이 사람은 하늘이 내게 주신 선물이다. 앞으로 나랏일과 군대 일은 모두 그에게 맡겨 처리하도록 해라"고 말했을 정도다.

야율초재는 '몽골제국의 설계사'라고 부른다. 2대 오고타이 칸 시기에 야율초재는 국책을 정하고 조의(朝儀)를 세웠다. 금의 변경(汴京, 지금의 하남성 개봉시)을 함락시켰을 때 항복하지 않은 성민(城民)을 모두 학살하는 옛 제도를 폐지하자고 건의했다. 또 문화·교육의 진흥과 유학의 채택을 주장했다.

오고타이가 즉위 직후 재상 야율초재에게 "대제국을 개혁하려고 한다. 좋은 방법을 말해보라"라고 물었다. 이에 야율초재는 "한 가지 이로운 일을 시작하는 것은 한 가지 해로운 일을 제거하는 것만 못합니다. 새로운 제도로 백성을 번거롭게 하기보다는 기존의 불합리한 것을 제거하십시오."라고 답하였다.

몽골은 중국 화북지방을 점령한 뒤 거대한 초지로 만들어 양을 키울 계획을 가졌을 뿐만 아니라 사람들을 모두 죽이고자 하였다. 오고타이 3년인 1231년 몽골군은 남송과 연합하여 금나라를 공격하였다. 이때 몽골군 장수 속불대는 오고타이에게 도성을 완전 도살하자고 건의했다. 이 소식을 들은 야율초재는 오고타이에게 "군사들이 해마다 계속되는 정벌 전쟁으로 피흘리며 희생한 목적은 토지와 백성을 얻기 위해서였는데, 땅만 얻고 백성을 얻지 못한다면 땅이 다 무슨 소용입니까"라고 말했다. 또 야율초재는 "변경은 한 나라의 수도입니다. 솜씨 좋은 기술자와 진기한 문물이 이곳에 다 모여 있습니다. 그런데 도성을 도살해버리면 칸께서는 아무것도 얻지 못하실 것입니다." 라고 말했다.

이에 오고타이는 성에 진입한 뒤 금나라 황족 완안씨들만 잡아 죽이고 나머지는 모두 사면하였다. 변경 도성에 살고 있던 140만 백성들은 야율초재의 지혜로운 건의로 목숨을 보전할 수 있었다. 이로부터 점령지에 대해 관례적으로 행하던 대도살의 풍조가 몽골군에게서 사라졌다.

1237년 야율초재는 유교를 바탕으로 한 통치 원칙을 세우고 경의(經義), 사부(詞賦), 책론(策論)으로 선비를 뽑기 시작했다. 이때 노예들의 신분을 풀어 주고 벼슬을 내리기도 했다.

1241년 오고타이가 죽자, 여섯 번째 황후인 내마진후(乃馬眞后)가 섭정을 시작하였다. 내마진후는 원칙적이고 강직한 성품의 야율초재를 꺼려하였다. 황후와 손잡은 몽골의 황족과 귀족들은 야율초재를 멀리하기 시작했다.

내마진후는 오도랄합만(奧都剌合蠻)을 총애하였다. 내마진후는 옥새가 찍힌 백지를 오도랄합만에게 주었다. 오도랄합만은 마음대로 그 안에 써넣었다. 내마진후는 "오도랄합만이 입안한 것은 모두 기록하고 그대로 처리하라. 만약 그 명을 어기면 손목을 자르겠다."라고 명령하였다. 이에 야율초재는 "돌아가신 태종께서 모든 국사를 신에게 위임했습니다. 황후와 오도랄합만의 명령이 합당하면 당연히 실행하면 되는 것입니다. 하지만 그것이 온당치 않으면 실행해서는 안 되는 것입니다. 그까짓 손이 잘리는 것이 무엇이 두렵겠습니까. 신은 태조, 태종을 모시고 무려 30년 동안 이 나라를 위해 봉사하면서 한 번도 사사로운 이익을 취하거나, 실정을 하지 않았습니다. 그런 신을 황후께서는 배척하시고 또한 죽이려 하십니까?"라고 강하게 말하였다.

야율초재는 1243년 55세의 나이로 숨을 거뒀다. 야율초재는 풍수에도 능하여 자신이 죽은 후 태어난 곳으로부터 멀지 않은 옹산박을 바라보는 곳에 자신의 묘자리를 잡아 두었다. 청나라 건륭제가 이곳을 대대적으로 준설할 때 야율초재의 사당을 그대로 보존하였다.

저서로는 『담연거사집(湛然居士集)』과 『서유록(西遊錄)』이 있다. 『서유록』은 징기스칸을 따라 서역 정벌에 나섰다가 후에 서역에서 약 6년을 머무르면서 각지의 길·마을·산천·산물과 도중에서 얻은 견문들을 기록한 것이다.

유병충(劉秉忠, 1216~1274)

유병충은 원의 도성(都城)인 상도(上都)와 대도(大都, 북경)를 설계하고, 원 왕조의 정치체제를 구상하였다. 상도는 1250년대 후반부터 몽골 제국과 원나라의 수도였다. 1279년에 남송을 멸망시킨 쿠빌라이 칸(원 세조)이 같은 해에 상도에서 대도로 천도하였는데, 이후 상도는 여름 수도 역할을 하였다.

원나라 초기의 학자이자 정치가인 유병충은 쿠빌라이 칸의 책사였다. 유병충의 원래 이름은 '간(侃)'이었는데, 칙명으로 이름을 받아 '병충(秉忠)'이라 하였다. 승려로써의 법명은 자총(子聰), 자(字)는 중회(仲悔)이고, 스스로 장춘산인(藏春散人)이라 하였다. 하북성 형대현(邢臺縣) 사람이다. 쿠빌라이 칸 때에 재상을 지냈고, 사후 문정(文正)이라는 시호와 태부(太傅) 상산왕(常山王)으로 추증되었다.

유병충은 17세 때 형주절도사부에서 영사(令史)의 직에 있었다. 큰 뜻을 품고 있었기에, 지방의 작은 관리로는 만족하지 못하였다. 이에 유병충은 1238년에 사직하고 도교의 일파인 전진도(全眞道)에 들어갔다. 이후 출가하여 중이 되었는데, 이때 법명이 자총(子聰)이다.

1242년 당시 북방 선종의 우두머리인 해운(海雲)의 인정을 받아, 쿠빌라이의 참모로 추천받았다. 쿠빌라이는 풍부한 지식을 가지고, 묻는 것마다 모르는 것이 없는 유병충을 매우 아껴 곁에 두었다. 1247년 유병충은 부친상을 당하여 잠시 형주에 갔다. 이를 제외하고는 계속해서 쿠빌라이를 따라다녔다. 부친상을 당한 2년의 기간 동안, 유병충은 형서 자금산에서 강의를 하여 곽수경(郭守敬), 왕순(王恂), 장문겸(張文謙), 장역(張易)과 같은 인재를 길렀다. 이 중 곽수경은 15,6세 때 천문기기를 만들었다. 유병충은 곽수경에게 천문, 지리, 기기제조방면의 지식을 전수해 주었다. 또 왕순은 수리와 산술뿐만 아니라 천문학에도 뛰어났다.

1260년 황제에 오른 쿠빌라이는 유병충에게 각종 제도를 정비하도록 명하였다. 이에 유병충은 중서성을 최고행정기관으로 하고, 추밀원을 두어 병권을 장악하도록 하였다. 또 어사대를 두어 백관의 진급 징계, 조정 의식거행, 복식제정, 율력제정 등을 담당하게 하였다.

유병충은 여러 해에 걸친 전쟁으로 피폐해진 경제를 되살리기 위해, 쿠빌라이에게 형주(邢州)를 시범도시로 삼아 경제 회복을 하도록 건의하였다. 1264년 쿠빌라이는 유병충을 광록대부, 태보, 참령중서성사, 동지추밀원사에 임명하면서 환속하게 하여 성을 유(劉)로 복귀하게 하고 이름을 '병충(秉忠)'이라고 내렸다.

유병충은 쿠빌라이에게 요나라와 금나라의 수도였고 지리적으로 요충지인 북경으로 천도할 것을 건의하였다. 쿠빌라이는 유병충의 건의를 받아들였고, 유병충은 원래의 금의 수도였던 중도 동북쪽에 대도성을 건설하였다.

1271년 유병충의 건의에 따라 쿠빌라이는 국호를 '대원(大元)'으로 바꾸었다.『역경』의 "대재건원(大哉乾元)"의 뜻을 따서, '대원(大元)'으로 고쳤다. 그래서 유병충을 '원나라 제국의 총설계사(元朝總設計師)'라고 부르기도 한다. 유병충은 58세가 되던 1274년에 병으로 사망하였다. 유병충이 죽은 후, 쿠빌라이는 그를 태부(太傅)로 추존하였고 조국공(趙國公)에 봉하였다. 시호는 문정(文貞)이라 하였다. '문정'이라는 시호는 고대 문신에게 최고의 영예이다. 역사적으로 단지 범중엄(范仲淹), 증국번(曾國藩) 등 소수에게만 주어진 호칭이다. 원 인종 때에는 다시 상산왕에 봉해졌다.

『명사』「요광효전(姚廣孝傳)」에는 다음과 같은 내용이 기록되어 있다. 원공(袁珙)이 처음 도연화상(道衍和尙)을 만났을 때 "정말 기이한 스님(異僧)이로다. 눈은 삼각형이고, 모습은 병든 호랑이와 같으니, 성격은 반드시 살인을 좋아할 것이다. 유병충류(劉秉忠流)로다."라는 말을 남겼다. 그런데 요광효는 그의 말을 듣고 "크게 기뻐했다"고 한다.

유병충은 생전 지인들에게 "부귀는 뜬 구름과 같고, 공명은 몽환과 같다."라고 하였다. 쿠빌라이가 유병충에게 백금 천 냥을 내렸는데, 그는 완곡하게 거절하며, "저는 그저 산야의 필부에 지나지 않으며, 운이 좋아 황제의 인정을 받아 조정으로부터 얻어먹고 삽니다. 그러니 저는 금덩어리가 소용없습니다"라고 말하였다. 그러자 쿠빌라이가 "너는 친척이나 친구도 없느냐. 그들에게 나눠주어라"라고 반문하여 유병충은 마지못해 금을 받아 지인들에게 나눠 주었다고 한다.

곽수경(郭守敬, 1231~1316)

곽수경은 원나라 때 처음 북경 운하를 설계한 사람이자, 역법인 수시력(授時曆)을 편찬한 사람이다. 곽수경은 하북성 형대(邢臺) 출신이다. 자는 약사(若思)이며, 천문학자, 수학가, 수리 기술자이다. 곽수경은 천체 관측과 역법의 정리에 크게 공헌하였다. 곽수경은  왕순(王恂), 허형(許衡) 등과 함께 1281년에 수시력(授時曆)을 만들었다. 세계과학사 학자 중에는 "14세기는 원의 곽수경, 15세기는 조선의 세종, 16세기는 폴란드의 코페르니쿠스의 시대였다."라고 평가하는 사람도 있다.

곽수경의 업적을 기념하기 위해 '곽수경기념관(郭守敬紀念館)'을 설립하였다. 그리고 달 뒷면의 환형산(環形山)을 '곽수경 환형산'으로 명명했고, '소행성2012'을 '곽수경 소행성'으로 명명했다.

곽수경기념관은 북경 덕승문 서쪽의 서해습지(西海濕地) 서북 모퉁이 작은 언덕에 위치한다. 이곳은 회통사(匯通祠) 사당 유적지로, 1986년에 사당을 재건하면서 곽수경기념관을 설립하였다. 2017년에, 곽수경의 북경  수리기획과 대운하 건설 중의 공적을 더욱 풍부하고 입체적으로 전시하기 위해, 전시실 개조를 시작하였고, 2018년 11월에 재개방하였다. 기념관의 면적은 800m², 남향 건축에 남쪽에 바로 서해습지를 바라본다. 곽수경기념관의 기본적인 전시 내용은 "세계 명인 곽수경, 세계문화유산 대운하"를 주제로 한다. 전시와 체험을 통해, 곽수경의 대도(大都, 북경) 수리건설 지휘와 경항 대운하 관통 중에서의 중요한 업적을 중점적으로 전시한다.

중국은 곽수경을 '위대한 북경 운하 건설자'로 여긴다. 중국 대륙을 정복한 원 세조 쿠빌라이는 수도를 대도에 두기를 원하였고, 신도시 건설이라는 대규모의 토목사업을 시작하였다. 물자를 운반할 수로를 만드는 일이 중요하였다.

쿠빌라이는 수리건설을 진행하여 농업을 발전시키기 위하여 인재를 구하고자 하였다. 당시 선무사(宣撫司) 장문겸(張文謙)이 곽수경을 추천하였다. 쿠빌라이는 곽수경에게 하천의 물길을 관리하는 직무를 주어 수로와 수리사업을 맡아보게 했다.

곽수경은 대도로부터 통주(通州)에 이르는 운하(즉 백부(白浮)와 통혜하(通惠河)) 공사를 완성하였다. 곽수경은 북경 인근의 연산(燕山)과 태행산(太行山, 태항산)의 물길을 지금의 십찰해(什刹海)에 모아서, 이를 다시 흘려보내어 통주에서 큰 강과 연결하였다. 이 사업은 1293년에 완성되었다. 곽수경은 수리공사를 책임진 기간 일부 정밀한 시간기록계를 만들기도 했다.

한편, 1276년 쿠빌라이는 역법을 새로 만들기 위하여 역법 제정을 도맡아서 할 태사국을 설립했다. 곽수경은 태사국에서 관측과 계기 제작을 책임졌다. 곽수경은 높이 12m에 이르는 거대한 규표(圭表)를 비롯하여 혼천의(渾天儀), 간의(簡儀) 등의 관측 계기를 만들었다. 규표는 '규(圭)'와 '표(表)'의 구조로 이루어져 있다. '규'에는 그림자의 길이를 알 수 있게 눈금을 새겨 놓았다. '표'는 그림자가 잘 비쳐지도록 되어 있는 기둥이다.

곽수경은 아랍 천문관측기기를 도입하였다. 곽수경은 전국적인 범위에서 대규모의 천문 관측을 진행해야 한다는 제의를 내놓았다. 이를 받아들인 쿠빌라이는 전국 각지에 27개 천문 관측소를 세웠다. 하남성 등봉(登封)시에 남아 있는 관성대는 1276년에 건립된 천문관측소로, 수시력 편찬에 결정적인 정보를 제공한 곳으로 유명하다.

곽수경은 정밀한 역법을 만들기 위해

곽수경 기념관

대규모적인 '사해측량(四海測量)'을 진행하였다. 곽수경은 각지에서 관측해서 얻은 수치를 근거하여 2년이라는 시간을 들여 역법을 편찬하였다. 곽수경이 편찬한 천문역법 저작으로는 『추보(推步)』, 『입성(立成)』, 『역의의고(歷議擬稿)』, 『의상법식(儀象法式)』 등 14가지로서 총 105권에 달한다.

곽수경이 만든 역법은 지금 사용하고 있는 그레고리력(양력)의 주기와 같다. 수시력은 1년을 365.2425일로 계산하였다. 이는 지구가 태양을 한 바퀴 에워싸고 도는 시간보다 26초밖에 차이나지 않았다. 위구르 역법의 영향을 받은 것으로 알려진 수시력은 1282년 21권이 완성되어 황제에게 바쳐졌다.

곽수경이 '수시력'을 제정한 시간은 유럽인들이 양력을 제정한 시간보다 302년 앞섰다. 고려 충선왕은 1291년에 최성지와 함께 원나라에 가서 수시력을 가져왔다. 수시력은 조선 효종 때 청나라에서 들여온 시헌력(時憲曆)이 채택될 때까지 사용되었다. 시헌력은 김육의 건의를 받아들여 채택되었고, 1653년부터 1896년 그레고리력이 채택될 때까지 사용되었다.

왕대연(汪大淵, 1311~?)

왕대연은 원나라 시대의 항해가로, 서방에서는 '동방의 마르코 폴로'로 불린다. 왕대연은 정화(鄭和)에 앞서 세계를 여행하였다. 원대연은 베트남, 말라카, 미얀마, 인도, 페르시아, 아랍, 이집트, 모로코, 소말리아, 모잠비크, 스리랑카, 수마트라, 자바, 호주 등을 여행하였다.

왕대연은 원 무종 지대 4년(1311)에 태어났다. 왕대연의 자는 '환장

(煥章)'이고, 강서성 남창 사람이 다. 어려서부터 총명하고 학문을 좋아하였다. 왕대연의 부모는 왕대연의 이름을 『논어』「태백(泰伯)」편에 나오는 글귀를 참조하여 지었다. 왕대연의 부모

는 「태백」편에 "찬란하게 빛나도다. 요임금이 만든 예의 법도여(煥乎其有文章)"에서 '환장'이라는 글자를 따서 왕대연의 자로 삼으면서 인재가 되기를 기대하였다.

왕대연은 당시 세계 최대의 상업항구 중의 하나인 천주(泉州)를 자주 갔다. 천주에는 세계 각지에서 많은 사람들이 모여들었다. 그리고 세계 각국에서 온 무역선이 항구에 있었다. 왕대연은 선원들이 얘기해주는 외국을 동경하였다. 왕대연은 호기심을 갖고 원양상선을 타기로 결심하였다.

1330년 원 문종(도순 원년) 때 스물 살이던 왕대연은 천주에서 원양상선을 타고 여러 나라를 여행하였다가 1334년(원통 2년) 여름과 가을경에 천주로 돌아왔다. 이때 왕대연은 천주에서 해남도, 점성(占城, 베트남), 마육갑(馬六甲, 말라카), 자바, 수마트라, 버마, 인도, 페르시아, 아랍, 이집트, 그리고 지중해를 건너 북아프리카의 모로코로 갔다가 이집트로 되돌아왔다. 다시 홍해를 거쳐 소말리아로 갔고, 남쪽으로 방향을 꺾어 모잠비크로 갔다. 이후 인도양을 건너 스리랑카, 수마트라, 자바를 거쳐 호주로 갔다. 호주에서 칼리만탄섬으로 갔다가 필리핀 군도를 거쳐 취안저우로 돌아왔다.

1337년 원 혜종(지원 3년) 때 왕대연은 두 번째로 해외에 나갔다. 이때 천주를 출항하여 남양군도, 인도양 서쪽의 아랍해, 페르시아만, 홍해,

지중해, 모잠비크 해협 및 호주 각지를 거쳐 2년 후 천주로 돌아왔다.

왕대연은 귀국 후에 『도이지(島夷誌)』를 썼다. 두 번의 항해에서 관찰한 각국의 사회경제, 기이한 풍속을 기록으로 남겼다. 당시 천주는 군지(郡誌)를 편찬하고 있었는데, 천주의 지방장관(당시에는 다루가치라고 불렀다)과 군지를 편찬하는 사람들은 책을 보고 감탄하였다. 이에 『도이지』를 『천주로청원지(泉州路淸源志)』에 수록하여 부록으로 삼았다.

왕대연은 남창으로 가서 『도이지』의 내용을 줄여 『도이지략(島夷誌略)』을 발행하였다. 이 책은 널리 퍼졌으나, 원본인 『도이지』는 원말 전쟁 중에 대부분 산실되었고, 명 말에는 완전히 실전되었다.

왕대연이 "모두 내가 친히 가본 곳이다. 귀와 눈으로 친히 본 것이다. 전해들은 이야기는 기록하지 않았다."라고 하였다. 『도이지』의 서문을 써준 천주의 지방관이자 문인 장저(張翥)는 "왕군 환장(煥章)이 관년(20세)일 때, 일찍이 두 번 배를 타고 동(남양)서양(인도양)을 갔고, 지나간 곳의 산천, 풍토, 물산의 궤이(詭異), 거실, 음식, 의복의 기호, 무역 관련 사항을 기록했고, 친히 보지 않은 것은 쓰지 않았다. 믿을 만한 증거가 있다."라고 하였다. 또 서문의 작자인 『천주방지(泉州方志)』 주편찬자 오감(吳鑒)은 "그의 눈이 미치는 곳은 모두 책에 기록했다. 그가 전한 것은 모두 믿을만하다. 그래서 『청원속지(淸源续志)』(즉, 『천주로청원지』)에 부록으로 붙였다."라고 하였다.

명나라 영락 연간에 마환(馬歡)은 "그(정화)가 간 곳을 따라 가니 … 여러 나라를 섭렵하고 … 눈으로 보고 몸으로 발을 디뎌보고는 나중에 『도이지』의 저자가 거짓을 말하지 않았다는 것을 알았다. 이를 보면 그 책의 내용이 진실하고 신뢰성이 있었다는 것을 알 수 있을 것이다."라고 하였다.

『도이지략』은 아시아, 아프리카, 호주 등 각주의 국가와 지구 약

220여 개에 관련되어 있고, 상세하게 그곳의 풍토인정, 물산, 무역을 기록하였다. 책에는 대만, 팽호가 중국의 신성한 영토라고 적었다. 당시 대만은 팽호에 속했고, 팽호는 천주 진강현에 속했다. 염과, 세수는 진강현에 귀속되었다. 또 『도이지략』에서는 여러 곳에 화교의 해외상황을 기록하였다. 예를 들어, "천주(泉州) 오택(吳宅) 상인이 고리지민(古里地悶, 지금의 티모르섬)에 거주하고 있었다; 원나라 때 자바(爪哇)에 출정한 부대의 일부 병력이 구란산(句欄山, 태국 코람섬(格蘭島))에 남아 있다; 사리팔단(沙里八丹, 지금의 인도 동안의 나가파탐(訥加帕塔姆))에는 중국인이 1267년(咸淳三年)에 지은 중국식 전탑이 있고 거기에는 한자로 '함순삼년팔월화공(咸淳三年八月華工)'이라는 글귀가 새겨져 있다. 진랍국(眞臘國, 지금의 캄보디아)에도 중국인(唐人)이 있었고; 모니(某泥, 지금의 칼리만탄섬의 폰티아낙(쿤티엔))는 특히 중국인(唐人)을 존경한다고 하였다; 용아문(龍牙門, 지금의 싱가포르)에는 남녀 및 중국인이 거주했다; 마로간(馬魯澗, 지금의 이란 서북부의 마라거(馬臘格))의 추장은 중국 임장(臨漳) 사람으로 성이 진(陳)이라고 기록했다" 등이다.

왕대연은 "지나간 곳은 모두 부나 시를 써서 산천, 토속, 풍경, 물산을 읊었다."라고 하였다. 『도이지략』에는 세계에서 최초로 호주의 풍토와 물산에 관한 기록이 나온다. 왕대연은 호주에 대해 상세하게 묘사하였지만, 서방에서는 이러한 기록을 믿지 않고 있다.

『도이지략』에서는 호주를 '라파사(羅婆斯)'라고 불렀다. 그리고 마라니(麻那里, Marani)에 관한 기록이 등장하는데, 호주 북부 도시인 다윈(達爾文) 부근이 마라니이다. 마라니는 여인국을 의미한다. 천주 상인과 선원들은 호주를 세계의 끝에 있는 섬이라고 여겨 '절도(絶島)'라고 불렀다. 그리고 왕대연은 호주 북부의 어떤 땅은 "주위가 모두 물"이라고 적었다. 그런데 오늘날 다윈의 항구 동쪽 일대는 늪지대이다. 왕대연은 당시 호주인의 상황을 기록했다: "남자와 여자들은 이상한 모양을 하고, 옷을 입지 않으며, 새깃털로 몸을 가린다. 음식을 할 때 불을 태우지 않고 털과 피까지 같이 먹는다. 나무위에 집을 짓거나 동굴에서 거처했다.", "풍속이 다양하다. 오색의 짧은 단삼을 입고, 베로 한폭짜리 치마를 만들어 묶었다." "일종의 회색털, 붉은 입, 붉은 다리에 춤을 출 줄 알고, 키가 6척인 호주학(澳大利亞鶴)", "사람이 손뼉을 치면, 날기를 세우고 춤을 추었다. 그 모습이 장관이었으니, 반드시 기이한 물건이다." "호주 백학은 호주에서 가장 자주 보는 학이다." "호주에는 일종의 붉기가 불과 같은 나무가 있는데, '석남수(石楠樹, 오늘날 화염수(火焰树))'라고 부른다."

유백온(劉伯溫, 1311~1375)

유백온은 명나라 주원장의 책사로서 "제갈량은 천하를 삼분하고 유백온은 강산을 통일했다"라는 말이 전해질 정도로 중국인이 높이 평가하는 역사적 인물이다. 2008년에는 유백온과

신기묘산 유백온

관련된 구비문학이 중국 국무원에서 지정하는 국가비물질문화유산에 등재되기도 했다.

2015년 2월 북경 위성TV를 통해 방영되었던 드라마 〈주원장과 유백온〉은 고위층 관료의 부정부패 등 오늘날 중국에서 사회적 이슈가 되는 문제를 날카롭게 풍자하였다. 하지만 강도 높은 사회 풍자로 중국에서는 기존 40부작에서 일부 에피소드가 삭제된 채 30부작만 방영되기도 했다. 〈주원장과 유백온〉은 민간에 전해지는 유백온 관련 에피소드를 중심으로 유백온과 주원장의 콤비 활약상을 그려냈다. 고위층 관료의 부정부패 등 오늘날 중국에서 사회적 이슈가 되는 문제를 날카롭게 풍자하였다. 2006년 대만에서 제작되었던 〈신기묘산 유백온(神機妙算劉伯溫)〉이라는 드라마도 있다.

진융(金庸)의 소설 『녹정기』에도 유백온에 대한 얘기가 나온다. 위소보(韋小寶)는 오응웅(吳應熊)에게 다가가 "소왕야(小王爺), 그대의 신기묘산(神機妙算)에 탄복을 금치 못하오. 옛날의 제갈량(諸葛亮, 181~234)이나 유백온도 그대의 능력에는 미치지 못할 것이오."라고 말했다.

유백온은 원말명초 시기의 군사가이자 정치가, 문학가이다. 송렴(宋濂), 고계(高啟)와 더불어 "명초시문삼대가(明初詩文三大家)"로 일컬어진다. 유백온의 본명의 유기(劉基)이고, 자는 백온(伯溫)이다. 보통 유백온이라고 불린다. 유백온은 '유청전(劉青田)'으로 일컬어지기도 한다. 장량·제갈량과 더불어 중국 3대 책사로 꼽힌다. 유백온 관련 기록으로 『명사(明史)』「유기전(劉基傳)」, 『성의백 문집(誠意伯 文集)』 20권이 전한다. 이 문집에는 부(賦), 시, 사(詞) 등 1,600여 수와 각종 글 230여 편이 수록돼 있다. 우한(吳晗, 1909~1969)의 『주원장전』에도 유백온의 이름과 행적이 곳곳에 나타난다.

주원장은 여러 차례 유백온을 '나의 자방(子房)'이라고 칭찬했다. 사후에 태사(太師)로 추증되고, 시호가 문성(文成)이기 때문에 후인들이 유문성(劉文成), 문성공(文成公)으로 일컫는다. 저서로는 『욱리자(郁離子)』, 『이미공집

(犁眉公集)』,『백전기략(百戰奇略)』 등을 남겼다.

『욱리자』는 182편의 우언 산문으로 구성되어 있는데, 태평성대에 이르는 치국의 도를 서술한 내용도 있다. 『욱리자』는 간혹 역사적 인물을 소재로 위정자를 풍자하기도 하였다. 환상적이며 기괴한 이야기를 통해 당시 핍박받고 있던 백성들의 참혹한 상황을 드러내었다.

유백온은 고향에서 은거하고 있을 때, 주원장은 유백온의 명성을 흠모하여, 도와주기를 간청하였다. 이때 유백온은 이미 50세였는데, 금릉으로 가서「시무18책」을 올려, 천하를 얻는 방책을 제시하였다. "소명왕인 한림아(韓林兒)를 받들지 말고, 먼저 진우량(陳友諒)을 멸하고, 다음에 장사성(張士誠)을 멸하며, 그 후에 북으로 중원으로 올라가서, 천하를 통일한다"는 내용이었다.

유백온은 "현자를 받드는 것이 정치의 요체다. 전쟁 중에도 농사를 소홀히 해서는 안 되며, 밭을 가는 중에도 전쟁을 잊어서는 안 된다. 전쟁에 능한 자는 적정을 잘 살핀다. 천하를 얻으려는 자는 민심을 얻어야 한다(得天下者, 得民心). 민심을 얻기 위해서는 형벌을 가벼이 하고 세금과 부역을 덜어줘야 한다. 유교를 기초로 풍속과 기강을 바로잡고 백성의 교화에 힘써야 한다."라고 여겼다.

중추절에 월병을 먹기 시작한 것은 원나라 때부터라고 전해진다. 당시 몽골족이 한족을 통치하고 있던 시기였는데 주원장이 몽골족의 진압에 항의하는 봉기를 준비하고 있었다. 유백온이 음력 8월 15일 월병 속에 거사를 치를 날짜를 적은 종이쪽지를 몰래 넣어 각지의 사람들에게 돌렸다. 봉기는 성공하여 원나라를 무너뜨리고 명나라를 세웠다. 명나라 황제가 된 주원장은 이날을 기리기 위해 매년 중추절에 공을 세운 신하들에게 월병을 상으로 내렸다고 한다. 이것이 유래가 되어 월병은 중추절을 대표하는 명절 음식이 되었다.

정화(鄭和, 1371~1433)

2024년 10월 15일에 방송되었던 tvN <벌거벗은 세계사>에서 '바다를 닫아 유럽에 무너진 패권국가 중국'편을 통해 명나라의 해양진출과 쇠망사를 조명하였다. 명의 해양 원정을 추진한 사람은 3대 황제 영락제(永樂帝, 1360~1424)이다. 영락제는 해양 원정을 통해 외국의 조공과 예우를 받고자 하였다. 또 다른 설이 있다.

전해지는 바에 따르면 건문제는 황궁 함락 당시 죽었을 것으로 추정되지만 시신을 발견되지 않았고, 오히려 '바다 멀리' 도망을 가 복수를 꿈꾸고 있다는 소문이 나돌고 있었기 때문에 영락제가 건문제를 찾기 위해 정화를 보냈다는 말이 있다.

정화는 미국 시사 월간지인 『라이프(LIFE)』지가 선정한 '지난 1000년의 세계사를 만든 100대 인물'(1998년 발표)에서 14위에 올랐는데, 동양 인물 중에는 1위였다.

정화의 본성은 마(馬)이고, 이름은 화(和)였으며, 어릴 때 이름은 삼보(三寶)였다. 정화는 색목인(色目人)의 후예로, 이슬람교도로 알려져 있다. 연왕 주체(朱棣, 영락제)가 원나라의 세력이 남아 있던 운남성 곤명을 정벌하였다. 이때 정화는 거세를 당하고 환관이 된다. 주체가 황제 자리에 오르는 과정에서 정화는 큰 공로를 세우면서 내관 태감이 되었다. 정화는 정사태감 또는 흠차총병태감이 되어 주요한 인물이 된다.

북경 해양출판사(海洋出版社)가 2005년에 출판한 『정화하서양자료회편(鄭和下西洋資料匯編)』에, "정화의 원래 성은 마(馬)이고 회족이다.

주체가 아직 연왕(燕王)으로 있을 때, 거세를 하고 왕부에 들어가 모셨다. 주체를 따라 거병에 참가하여 공로가 있었기 때문에 정(鄭)씨 성을 받았다. 그의 본명은 삼보(三保)였다. 그리하여 어떤 사람은 그를 '삼보태감(三保太監)'이라고 불렀다."라고 소개하고 있다.

영락제는 1405년에 정화에게 함대를 이끌고 동남아시아와 인도, 중동, 아프리카까지 대원정을 하도록 지시하였다. 정화는 이슬람교와 불교 국가들의 풍속과 예의를 알고 있었고, 아랍어를 알고 있었기에 정사(正使)로 뽑힌 것으로 여겨진다. 정화는 대원정을 통해 약 40여 개의 나라와 조공 관계를 수립했다.

『명사』「정화전」에는 "성조는 혜제가 해외로 망명하였다고 의심하여 그의 종적을 추적하고자 했다"라고 기록되어 있다. 판원란(範文瀾, 1893~1969)의 『중국통사간편(中國通史簡編)』, 우한(吳晗, 1909~1969)의 『명초 대외정책과 정화 대원정(明初的對外政策與鄭和下西洋)』에서도 정화의 대원정은 경제 측면의 요소 외에 건문제의 행방을 찾는다는 비밀사명이 있었다고 한다.

정화의 함대는 60여 척의 대형 함선과 100척 정도의 소선으로 구성되어 있었다. 함대의 중심을 이루는 기함(旗艦)은 보선(寶船), 서양보선(西洋寶船), 혹은 서양취보선(西洋取寶船)이라고 불린다. 각지 왕에게 전하는 황제의 하사물과 반대로 그들이 황제에게 헌상하는 예물, 곧 '보물을 운반하는 배'라는 뜻이다. 보선의 길이가 120m에 달하는 것으로 전해진다. 2005년 이래 남경 부근 조선소 유적의 발굴을 통해 보선의 크기가 사실로 확인되었다. 그리고 군대를 싣는 병선(兵船), 장비와 식량을 싣는 양선(糧船), 말을 싣는 마선(馬船), 식수를 싣는 수선(水船)도 따로 있었다.

정화의 대원정에 약 2만 7천여 명이 원정에 나섰는데, 통역사, 수리공, 의사, 기상관 등 여러 방면의 전문 지식을 갖춘 사람들이었다. 정화의 대원정은 콜럼버스보다 80년이나 앞선 항해였다. 정화의 대함대를 본 사람들은 "엄청나게 큰 붉은 구름이 몰려오는 것 같았다"라고 하였다.

정화의 『천비지신령응기(天妃之神靈應記)』에 "일찍이 크고 작은 30여 나라를 찾아, 십만 리의 바닷길을 다녔네. 망망대해에서 산처럼 큰 파도가 하늘을 엎을 듯이 몰아쳤다네. 보이느니 안개 자욱하게 덮인 바다 틈틈이 낯선 이국의 풍경이라네. 돛을 높이 올려 밤낮으로 바다를 달리니, 파도가 뱃전을 때리고, 그 파도를 우리 배가 뛰어넘었네."라는 내용이 나온다.

정화 함대는 강소성 남경 용강(甬江)항에서 출발하여, 강소성 태창(太倉)의 유가항(劉家港)에서 함대를 집결시킨 다음, 복건성 장락(長樂)의 태평항에 정박하면서 동북계절풍이 불기를 기다린다. 겨울에 동북계절풍이 불어왔다. 정화 함대는 복건성 민강 입구 오호문에서 돛대를 올리고 출발한다.

정화의 대원정은 1405년 7월 11일 시작해 1407년에 끝난 제1차 항해를 시작으로, 1407년의 제2차, 1409년의 제3차, 1412년의 제4차, 1417년의 제5차, 1421년의 제6차, 그리고 1431년에 시작해 1433년에 끝난 7차까지 모두 합쳐 16여 년에 걸쳐 이루어졌다. 동남아시아의 참파에서 말라카, 태국, 인도의 캘리컷, 스리랑카, 페르시아의 호르무즈, 아라비아의 아덴, 소말리아의 모가디슈, 케냐의 몸바사까지 항해하였다.

정화는 7차례의 항해를 나갈 때마다, 매번 모두 장락(長樂)에 이르러 정박했다. 제4차, 제5차와 마지막 항해 때는 모두 12월에 유가항에서 출발하여 장락에 도달했다. 정화의 7차례의 항해는 출발에서 마치는 기간이 때때로 2년 혹은 3년이나 걸리기도 했다.

제1차 항해 때에는 인도까지 갔었다. 첫 원정에 동원된 함대는 대선 62척을 비롯해 3500척의 배와 병사 2만 7800명으로 2년 4개월에 걸쳐 참파, 자바섬 및 팔레방

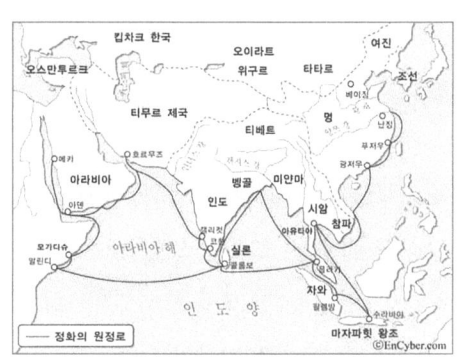

https://story.kakao.com/_ALF9q6/EGrO2R7BcaA

등의 수마트라 섬, 말라카, 실론(스리랑카)을 거쳐 인도 캘리컷까지 갔다. 도착하는 곳마다 상륙을 기념하는 석비를 세웠다. 정화는 여러 번국(藩國)을 방문하여 황제의 칙령을 반포하고 통치자들에게 선물을 바쳤다. 이를 통해 명나라의 국력과 해상력을 보여주었다. 귀국할 때에는 여러 나라의 조공 사절단이 동행하였다. 제2차 항해 때에는 유가하에서 출발하여 장락 태평항으로 갔다. 참파, 자바, 캘리컷, 시암(暹羅), 코친(柯枝, 인도) 등의 국가를 거쳐, 실론으로 돌아왔는데, 정화의 배에는 각 나라 조공품이 가득 실려 있었다.

제3차 항해 때는 48척의 대형선박과 약 2만 7천 명이 항행하였다. 제2차 항해 때와 같은 항로로 항해하면서 참파, 첸라(真腊, 캄보디아), 말라카, 아루(阿魯), 수마트라, 난우리(南巫里, 반다아치), 콜란(小葛兰), 코친, 실론 등의 국가를 거쳐, 캘리컷으로 돌아왔다. 제4차 항해 때 참파, 자바, 팔레방, 말라카, 파항(彭亨), 카바르딘(急蘭丹) 등을 통과하여, 수마트라에 도착하였다. 캘커타에서 호르무즈(이란)까지 갔고, 제5차 항해 때는 제4차 항해 때와 거의 같은 항로로 갔다. 남아시아에서 아랍까지 진출하였는데, 참파, 자바, 팔레방, 말라카, 파항, 수마트라, 남무리, 실론, 코친, 캘리컷, 호르무즈(忽魯謨斯), 아덴(阿丹), 목골도속

(木骨都束, 소말리아), 바라와(卜剌, 소말리아), 말린디(麻林, 케냐) 등을 거쳤다.

제6차 항해 때 정화의 본대가 어디까지 갔는지는 명확하지 않다. 호르무즈까지 갔다는 설과 수마트라나 시암까지 갔다는 설이 있다. 알려진 바로는 호르무즈 등 16개국의 사신을 호위하여 본국으로 송환하라는 명령을 받고 출항하였다. 샴파(占城), 시암, 말라카, 실론, 캘리컷, 도파르(祖法爾, 지금의 오만, 도파르), 목골도속, 말린디 등의 나라를 방문하였고, 동아프리카의 만바사(慢八撒, 케냐 몸바사항구)와 드루부(竹步, 소말리아 남부 화이보)를 방문하였다. 별대는 아프리카 동쪽에서 페르시아만까지 간 것으로 알려져 있다.

제7차 항해 때, 연말 남경 용만(龙湾)에서 출발하여, 복건성 장락으로 가서 계절풍을 기다렸다. 남중국해, 북인도양 해안지역, 아라비아반도, 아프리카 동부 해안 등을 갔다. 7차 항해 중 가장 많은 나라와 지역을 방문하였다. 정화의 본대는 호르무즈까지 갔고, 별대는 아프리카 동쪽과 페르시아만까지 갔다. 별대에 있던 7명은 이슬람교의 성지인 메카를 방문하였다.

정화의 대원정은 중국 역사에서 처음이자 마지막 해양진출로 꼽힌다. 정화의 항해거리는 약 18만 5천 킬로미터에 이른다. 이는 지구를 네 바퀴 도는 거리에 해당한다. 중국에서는 정화가 아메리카 대륙까지 갔다고 주장한다. 이른바 '1421년 가설'이다. 1421년에 정화 함대는 아메리카에 도착하였고, 캘리포니아를 식민지로 삼았으며, 아마존 지역을 탐험한 후 희망봉을 돌아 명나라로 돌아갔다는 설이다. 이러한 중국의 주장이 입증되지는 못하고 있지만, 정화가 이끈 함대의 규모는 충분히 가능하다는 주장도 있다.

영국 해군장교 출신인 개빈 멘지스(Gavin Menzies)는 2002년에 『1421:

중국이 세계를 발견했다((The) Year China discovered the world)』를 출간하였다. 개빈 맨지스는 정화 함대가 마젤란보다 100년이나 앞서 세계 일주를 했고, 콜럼버스보다 71년 앞선 1421년에 아메리카를 발견했다고 주장한다. 개빈 멘지스는 중국에서 태어나 다섯 살 때까지 그곳에서 자랐다. 개빈 멘지스는 우연히 옛 해도 한 장을 보게 되었는데, 이 지도에는 1424년이라는 연도와 '주아네 피치가노'라는 서명이 적혀 있었고, 지금의 카리브해에 있는 푸에르토리코와 과들루프를 상세히 묘사하고 있었다.

개빈 멘지스는 "정화 함대는 4개 소선단으로 세계를 항해했는데, 홍보가 지휘한 선단은 남아메리카 동부 해안과 남극 및 호주·뉴질랜드를 탐사했고, 주만이 이끄는 선단은 남북 아메리카 서해안과 환태평양을, 다른 두 선단은 북아메리카 동부와 그린란드 및 북극해와 인도양 주변을 각각 탐사했다"라고 주장한다. 그리고 개빈 멘지스는 서아프리카 서해안, 뉴질랜드 및 미국 메사추세츠 등지에서 중국인이 만든 것으로 추정되는 비석이 발견되었다고 주장하면서, 샌프란시스코만에서는 15세기 초 중국선박으로 추정되는 난파선 및 작물 이동 시기와 경로 등을 증거로 제시했다. 영국 BBC 방송은 "1418년의 원본 지도가 있었다는 것은 지도를 그린 사람의 주장뿐"이라며 지도의 진위에 대해 회의적으로 보고 있다.

정화의 함대는 비단·자기·사향·과학기술을 다른 나라에 전파하였고, 기린·낙타·얼룩말과 같은 신기한 동물과 안경·후추·진주·향로·보석 등의 물건을 명나라에 가져왔다. 장전시(張傳璽)가 주편한 『간명 중국고대사(简明中國古代史)』에 따르면 정화 선대에 실린 것은 주로 중국의 수공업품과 특산물로, 비단·자기·철기·동전 등이며, 교환된 것은 주로 진주·산호·보석·향료·기린·사자·타조 등이었다고 한다.

청(淸)대 채영겸(蔡永兼)이 쓴 『서산잡지(西山雜志)』에는 "정화가 "소주(蘇州) 유가항에서 바다로 나가 천주에 닿아 배를 대고", 또 "도자기를 가득 싣고", "여러 남방 민족이 있는 곳곳을 누볐다(鄭和從蘇州劉家港入海至泉州寄泊, 幷"滿載陶瓷", "遍歷群蠻")라고 적혀 있다.

그 중에서 많이 알려진 이야기는 기린이다. 정화가 소말리아에서 '기린'을 가져왔을 때, 영락제는 "성스러운 정치가 행해지면 기린이 나타난다"라는 전설에 따라 정화가 가져온 신기한 동물을 '기린'이라고 불렀다.

1424년에 영락제가 사망하자 뒤를 이은 홍희제(洪熙帝)는 "보물배의 원정은 아무 소용없는 일에 국력을 낭비할 따름이니 마땅히 중단해야 한다"라는 유학자들의 의견을 받아들였다. 그리고 외국과의 접촉을 통제하고, 특히 배가 중국의 항구를 드나드는 일을 엄격히 금지하는 해금(海禁) 정책을 취했다.

홍희제의 뒤를 이은 선덕제(宣德帝)는 애써 이룩한 해군력이 사라지는 것은 아깝게 여겼다. 그래서 6년 만에 원정을 지시했고, 60살이 넘은 정화도 다시 바다로 나갔다. 1433년, 정화는 호르무즈 근방에서 병을 얻어 세상을 떠났다.

정화는 현대에 들어와 중국에서 각광받는 인물 중 한 명이다. 동상이 세워지고 정화의 이름을 딴 섬과 도시, 함선이 생겨나고 있다. 남경의 정화공원이 대표적이다. 태평천국의 난으로 불타버린 정화의 집터에 태평공원이 있었다가 정화의 대원정 580주년을 기념해 1985년 정화공원으로 개칭하였다. 2005년에는 600주년을 기념하여 현재의 넓이로 확장되었다. 공원 내 기념관에는 7차 원정을 떠날 무렵 정화 스스로 세운 천비지신령응기(天妃之神靈應記)의 비문 탁본이 전시되어 있다.

스리랑카에서는 정화보시비(鄭和布施碑)가 발견되었다. 정화보시비는 1409년 정화가 스리랑카에 도착해서 세운 것이다. 현재 스리랑카 국립박물관에 보관되어 있다. 정화를 따라 나섰던 비신(費信, 1384~?)이 쓴 『성사승람(星槎勝覽)』에 의하면, "영락7년, 황상은 정사 태감 정화 등으로 하여금 명을 받들어, 금은 … 직금보번을 절에 보시하고 석비를 보내었다"로 되어 있다.

인도네시아 자바섬에는 정화의 아명인 '삼보'라는 이름을 딴 삼보공묘(三寶公廟)가 남아 있고, 태국에는 삼보묘와 삼보탑이 남아 있다. 인도네시아 화교들은 매년 정화가 처음 기항했던 날을 기념해 삼보공보를 방문하고, 태국의 삼보사에서 정화를 기리는 향을 피우고 있다.

2009년 9월 CCTV-8에서 드라마 〈정화하서양(鄭和下西洋)〉이 방영되었다. 이 드라마는 정화의 대원정 600주년을 기념하기 위해 특별히 제작된 작품이다. 1400년대 초부터 7번에 걸쳐 진행된 정화의 대항해에 관련된 다양한 사건을 묘사하며 명나라 초기 정치·경제·사회·문화·외교상 등을 보여주는 드라마이다. 한국에는 2010년 10월 CHING에서 방영되었다.

중국에서는 2005년 '정화 항해 600주년(鄭和下西洋600週年)'을 기념하는 주화와 우표를 발행했다. 우표와 주화에 정화가 대규모 선단을 이끌고 여러 차례에 걸쳐 '서쪽 바다'로 원정을 다녀왔다고 표기하고 있다.

중국인들은 남해로 갈 때 무역풍을 이용했다. 그들은 이 바람의 방향이 동서쪽으로 치우친다는 사실을 몰랐으며, 겨울에는 정북풍(正北風), 여름에는 정남풍(正南風)이 분다고 믿었다. 따라서 광주(廣州)를 시작점으로, 인도네시아의 주요 섬인 수마트라섬 동부를 이 바람의 종점으로 생각해 이 두 지역을 잇는 선의 동쪽에 있는 바다를 '동남해(東南海)', 서쪽에 있는 바다를 '서남해(西南海)'라고 구별했다. 그 구분은 송나라 때부터 등장했는데, 원나라에는 '남(南)'을 생략하고 '해(海)'를 '양(洋)'으로 바꾸어 동남해를 '동양(東洋)', '서남해'를 '서양(西洋)'이라고 부르게 됐다. 정화가 살았던 명나라에 이르러 인도네시아의 중심을 이루는 자바섬이 '서양'에 포함됐다. 정화가 항해한 '서쪽 바다', 즉 서양(西洋)은 중화의 관점에서 중국 남해의 서쪽으로, 남서양(南西洋) 인도양을 가리키고 있다.

2005년 중국 국무원은 정화가 첫 항해를 떠난 '7월 11일'을 '항해의 날'로 지정하였다. 당시 중국은 정화하서양 600주년 기념 사업으로 6가지 행사를 선정했다. 6가지는 "2005년 7월 베이징에서 기념 전람회 개최, CCTV에서 정화 대항해 드라마 제작, 2005년 6월 또는 7월에 상하이에서 정화 항해 및 국제 해양박람회 개최, 매년 서로 다른 주제의 항해 및 해양 지식 경연대회와 강좌·여름캠프 활동 개최, 2003~2005년 각각 상해시와 복건성·강소성에서 대항해 600주년 기념 학술교류 진행"이다.

마잉민(馬英民) 중국 국가박물관 부관장은 "정화는 세계 항해의 대표적인 선구자"라며 "특히 1,000t급 이상의 배 100여 척, 2만 7천 명의 병력을 이끌고 항해에 나섰으면서도 약탈을 일삼은 서방의 탐험가와 달리 평화적인 무역 거래와 문화 교류를 한 평화의 사절이었다"라고 평가했다.

아랍인들에게 '신밧드'로 알려진 무슬림 출신의 정화는 말라카를 전 세계 바다를 누빌 때 해상 중계기지로 삼았다. 신밧드의 모델이 삼보태감으로 불린 정화라는 설이 있다. 아라비안나이트에 나오는 신밧드의 모험은 신밧드가 바다에 일곱번 나가 신나는 모험을 펼친 끝에 부자가 되어 바그다드에 들어온다는 이야기이다.

중국 정부는 2010년 정화원정대와 관련한 여러 조사에 작업을 지원하고 있다. 600여 년 전 침몰한 '정화의 보물선'을 찾아내려는 중국-스리랑카 공동 연구팀의 조사가 2015년부터 스리랑카 해안선을 따라 계속되고 있다. 중국 과학자들과 스리랑카 고고학자들로 구성된 연구팀은 중국 정부의 자금 지원을 받아 최첨단 군사장비 등을 활용해 스리랑카에서 해저 탐사 작업을 벌여왔다.

이지(李贄, 1527~1602)

한국에서는 이지라는 이름보다 이탁오(李卓吾)라는 이름으로 알려져 있다. 이탁오는 유학자이면서 이슬람교도였다. 양명학 좌파에 속하는 이탁오는 '이단종사(異端宗師)'라고 불리는데, 이단(異端)을 자처하며 정도(正道)를 추구하였다. 이탁오는 성리학이 지배하던 시대에 공자와 주자를 비판하였고, 유교적 권위에 맹종하지 않고 자아 중심의 혁신사상을 제창하였다. 금욕주의·신분차별을 강요하는 예교(禮敎)를 부정하며 남녀평등을 주장했다.

이탁오는 사문난적(斯文亂賊)의 이단으로 몰렸다. 하지만 현대에 들어와 이탁오에 대한 평가는 다르다. 이탁오는 봉건 질서를 비판한 해방 유학자이자 시대의 선각자로 평가받고 있다. 중국 역사상 83명의 영걸에 꼽혔다. 이탁오에 대한 평가는 북경에 있는 묘비에 '일대종사 이탁오선생지묘(一代宗師 李卓吾先生之墓)'라는 글귀에서 알 수 있다. 묘비에 적힌 글의 의미는 반봉건 투쟁의 선구적인 기틀을 마련한 인물이라는 뜻이다.

이지의 원래 이름은 재지(載贄)이고, 호는 탁오(卓吾)이다. 별호로는 굉보(宏甫), 탁오자(卓吾子), 이화상(李和尙), 독옹(禿翁), 백천거사(百泉居士)이다. 이름 바꾸기를 즐겨 생전에 무려 47가지에 달하는 호를 사용하였다. 이지의 초명은 임재지(林載贄)였으나 나이가 들어서는 종가의 성을 따라 이지(李贄)라고 개명하였다. 이와 관련한 내용은 『분서(焚書)』

서문에 나온다.

이탁오는 『분서』 서문에 "이탁오(李卓吾, 1527~1602)의 본명은 임재지(林載贄)이다. 나중에 이지(李贄)로 개명했다. 임씨 성을 가진 집안 출신인데 성씨와 이름을 모두 그렇게 바꿨다."라고 소개하였다.

이탁오는 복건성 천주(泉州) 진강현(晋江縣) 사람이다. 40세 전후 왕양명과 왕용계의 저작을 처음 접한 뒤 심학(心學)에 몰두했다. 나이 들어서는 불교에 심취해 62세에 정식으로 출가하고 절에서 기거하였다. 이탁오는 기행(奇行)을 좋아하고 반유교적·파괴적 언사를 써서 당시 모순 많은 명대 사회에서 인기가 많았다. 당시 부패한 관료층의 탄압을 받아 체포되었고, 감옥에서 자살하였다.

이탁오의 친구인 공약곡(孔若谷)이 지은 "탁오를 논한다(卓吾論略)"라는 문장이 『분서』에 실려 있다. 이 글에서 이탁오에 대해 자세히 소개하고 있다. 책에서 "거사(居士, 이탁오)의 별호는 하나가 아니다. 탁오(卓吾)는 별호 중 하나일 뿐이다. '탁(卓)'의 한자도 쓰는 사람마다 일정하지 않다. 거사는 자칭 '탁(卓)'이라고 하고, 관청의 인명 기록에서는 '독(篤)'이라고 했다. 고향 사람들도 어떤 사람은 '독'이라고 하고, 어떤 사람은 '탁'이라고 하여, 일정하지 않다."라고 하였다.

공약곡은 이탁오의 어린 시절에 대해 책에서는 "12세 때 '노농노포론(老農老圃論)'을 주제로 글을 써보게 했는데, 여기서 거사(이탁오)는 '나는 그때 이미 번지(樊遲)의 마음이 삼태기를 메고 가던 은자나 지팡이를 짚고 가던 은자의 쪽으로 기울었다는 것을 알았다. 그래서 공자 어르신은 이를 참지 못해 '소인이로다! 번지는'이라고 말했던 것이다.'라고 썼다. 이 글이 나오자 사람들의 칭찬을 받았고, 사람들은 '백재공이 쓸 만한 자식을 두었구나.'라고 했다."라는 내용을 소개하고 있다. 여기서 말하는 "노농노포론"은 『논어』「자로 편」에 나오는 이야기이다. 제자 번지가 공자에게 농사짓는 법을 배우고 싶다고 하니 공자는 자신은 경험 많은 농부보다 못하다고 사양하였다. 그래서 번지가 이번에는 원예를 배우고 싶다고 하니 공자는 또 자신은 경험 많은 원예사만 못하다고 하였다. 번지가 나가니 공자는 번지가 소인이라고 한탄했다.

이탁오는 『분서』에서 『수호전』이나 『서상기』 등 속문학이 오히려 훌륭한 가치를 지니고 있으며, 유교 경전인 6경(六經)이나 『논어』와 『맹자』 등은 위선자를 만드는 도학자들의 책으로 평가절하 하였다. 『분서』에는 "사람이 각각 생지(生知)를 소유하고 각인이 다 부처가 된다"는 것을 설명하고, "의복을 입고 밥을 먹는 것. 이것이 인류의 물리(物理)이다" 등 독자적이면서 자유로운 견해를 제시하였다.

또 『분서』에서 이탁오는 '친구'를 여덟 종류로 구분했다. 여덟 종류는 "길을 오가며 만난 시정지교(市井之敎), 함께 어울려 노는 오유지교(遨遊之敎), 밥과 술을 같이 즐기는 주식지교(酒食之敎), 서로 이야기를 나누는 좌담지교(座談之敎), 글을 읽고 논하는 문묵지교(文墨之敎), 내 몸처럼 가깝고 친한 골육지교(骨肉之敎), 속마음을 털어놓을 수 있을 심담지교(心膽之敎), 죽음까지 함께할 만한 생사지교(生死之敎)"이다.

『분서』 서문에 "나는 지금까지 네 종류의 책을 썼다. 그 중의 하나가 『장서(藏書)』이다. 그 책에서 상하 수천 년의 역사에 대한 시시비비를 논했다. 그 내용은 보통 사람의 눈으로 보아서는 이해하기 힘들다. 그러므로 감추려는 것이다. 말하자면 산 속에 감추어, 후세에 자운(子雲) 같은 사

람이 나타나기를 기다리는 것이 마땅하다는 말이다."라고 소개했다.

『속장서(續藏書)』는 전국시대에서 원대(元代)까지를 기록한 기전체(紀傳體)의 종합 역사서이다. 「동심설(童心說)」을 대표하는 것은 "아이의 마음은 진심이다. 아이의 마음을 잃어버리면, 참된 마음을 잃어버리는 것이다. 참된 마음을 잃어버리면 참된 사람을 잃어버리게 된다."라는 시에서도 나타난다.

이탁오는 자신의 기준으로 경전을 해설한 『사서평』을 출간하였다. 위정자로부터 관심 밖이었던 『묵자』의 가치를 새롭게 조명하기도 했다. 이탁오의 저작들은 명·청대에는 금서였지만, 대부분은 전해졌다.

정성공(鄭成功, 1624~1662)

중국 정부가 대만에 대한 '하나의 중국'을 강조하며 '통일중국'을 전면에 내세우고 있다. 이때 2명의 인물이  거론되고 있는데, 바로 '마조'와 '정성공'이다.

이 두 사람을 중국에서는 중국과 대만이 함께 공유하는 역사와 문화라고 여긴다. 특히 정성공은 대만을 네덜란드의 지배에서 벗어나도록 하였을 뿐만 아니라, 대만에 대한 청의 지배권을 확립한 것으로 여긴다.

정성공은 '국성야(國姓爺)'라고 불리고, 서유럽에서는 '콕싱가(Koxinga

질란디아 요새의 정성공 동상

또는 Coxinga)'라고 부른다. 정성공을 지칭하는 이름으로는 '국성야' 외에도 "복송(福松), 대목(大木), 명엄(明儼), 충절(忠節), 주성공(朱成功), 정사성(鄭賜姓), 정국성(鄭國姓), 연평무왕(延平武王), 조무왕(潮武王), 개산성왕(開山聖王)" 등이 있다.

1661년 정성공은 청나라를 배격하고 명나라 부흥을 내세워 대륙 남부와 대만 일부 지역에 '동녕왕국(東寧王國, 1661~1683)'을 세웠다. 정성공은 아버지인 정지룡(鄭芝龍, 1604~1661)이 구축해 놓은 복건성과 대만 거점을 이어받았다. 정성공은 네덜란드 동인도회사와 교역을 하면서 중국을 포함하여 대만, 일본, 동남아시아 국가들과 무역 교류를 활발하게 하였다.

정성공의 아버지 정지룡은 대만 해협에서 무역업과 해적 행위로 큰돈을 벌었다. 정성공은 일본 히라도(平戶)에서 태어났다. 정지룡은 어린 아들을 일본에서 어머니와 함께 살게 하였

복건 남안(南安) 민족영웅 정성공 묘

다. 정성공이 7세가 되던 해에 명나라에서 수군을 지휘하는 관직을 제수받자 정성공을 복건성으로 데려왔다.

정성공은 1644년 남경에 있는 태학(太學)에 들어가 전통 유교 교육을 받았다. 1645년 만주족에게 남경이 함락되자 정성공은 아버지와 함께 복건성으로 피신하였다. 복건성에서 기반을 쌓았던 정지룡은 명의 황손인 당왕(唐王) 주율건(朱聿鍵)을 가황제(假皇帝)로 옹립하였다. 이때 당왕은 정성공에게 명 황실의 성인 주씨(朱氏)를 내렸다. 이로 인해 정성공은 '국성야'로 불리게 되었다. 국성야는 네덜란드식으로 변형되어 '콕싱가'가 되었다.

정성공은 명나라를 멸망시킨 청나라에 대항하여 싸웠다. 당시 네덜란드인이 점령하고 있던 대만 남부 지역을 탈취한 뒤 대남(臺南)을 중심으로 효율적인 행정조직을 만들고 정착하였다. 정성공은 1661년 5월 네덜란드 동인도회사 군대가 주둔하고 있던 적감루(赤嵌樓, 프로방시아 요새)를 함락하고 1662년 2월 1일 네덜란드의 마지막 총독 프레드릭 코예트의 항복을 받아내었다. 1624년부터 시작된 네덜란드의 대만

호랑이를 사냥하는 정성공의 모습.
일본 화가 우타가와 구니요시(1797~1861)

통치 시대는 끝이 났다.

　정성공의 아들 정경(鄭經, 1642~1681)은 정성공이 사망한 후 20여 년 동안 대만을 근거지로 하여 반청운동을 하였다. 1681년 정경이 사망하자 대만의 정씨 왕국은 1683년 청의 수군에 의해 함락되었다.

　한편, 뤼슈렌(呂秀蓮) 전 대만 부총통은 "대만이 선사(先史)시대 이래로 오늘날 태평양 원주민인 오스트로네시아어족의 발원지이자 원(原)고향이라고 결론 내리고 있다. 역사 시대에도 대만에는 중국인보다 네덜란드인, 스페인인들이 먼저 살았다."고 하였다. 그리고 "대만 사람들이 현지에서 사용하는 토착 언어는 중국 대륙 언어와 완전히 달라 사실상 다른 나라 언어에 가깝다."고 말했다. 또 "대만의 다른 영어 명칭인 '포모사(Formosa)'도 1500년대 배를 타고 대만을 지나가던 포르투갈인들이 섬의 아름다운 풍광에 반해 '일하 포모사(Ilha Formosa, '아름다운 섬'이란 뜻)'라고 명명한 것으로 이 역시 중국과 전혀 무관하다."고 강조하였다.

　'중국몽'과 '중화민족의 위대한 부흥'을 국가목표로 삼은 중국은 무력을 사용해서라도 대만을 통일시키겠다고 공언하였다. 이른바 '통일 중국'을 선언한 것이다. 이때부터 정성공에 대한 이야기가 자주 거론되고 있다.

　한국에서는 2008년에 『해적왕 정성공』이라는 책이 출간되었다. 책에서 명청 교체 시기에 대만을 근거지로 삼아 동아시아 해역을 장악하며 인도네시아 바타비아에 이르기까지 상인과 해적으로서 삶을 살았고, 명에 충성하고 청에 항거한 정성공에 대해 다루었다. 정성공은 대만을 점거하였던 네덜란드 동인도회사를 몰아낸 업적을 갖고 있으면서 대륙과 대만을 연결시킨 인물로 평가되고 있다.

무훈(武訓, 1838~1896)

중국 역사상 거지 신분으로 정사(正史)에 기록된 인물은 오직 무훈뿐이다. 이러한 이유 때문에 중국에서는 무훈을 '천고기개(千古奇丐, 천고에 뛰어난 거지)'라 부른다.

중국이 건국된 뒤, 무훈을 소재로 한 영화 〈무훈전(武訓傳)〉이 제작되었다. 처음에는 좋은 평가를 받았지만, 마오쩌둥의 비판이 시작되면서 상영이 금지되었다. 〈무훈전〉은 중국이 건국 된 후 최초로 금지된 영화다. 영화 〈무훈전〉에 대한 비판은 중국 건국 후 시작된 '사상개조' 운동의 서막이었다. 마오쩌둥은 중국이 건국된 직후인 1951년 5월에 홍콩영화 〈청궁비사(淸宮秘史)〉를 비판해 정풍운동을 일으켰고, 영화 〈무훈전〉을 비판하기 위해 『인민일보』에 사설을 쓰기도 하였다.

1951년 중국공산당은 영화 〈무훈전〉에 대한 비판을 발동해 무훈이 학교를 설립한 것은 사기였다며 그를 '불량배, 빚쟁이, 대지주'라고 규정했다. 문화대혁명 기간에 무훈의 묘가 파헤쳐져 시신이 불탔다. 무훈사와 한백옥(漢白玉)으로 만든 무훈의 조각상 및 '의학정(義學正)'이란 편액이 모두 파괴되었다.

무훈은 청 말 교육자이자 중국에 근대식 학교를 건립한 선구자다. 고향은 산동성 당읍현(堂邑縣, 지금의 산둥성 관현) 유림진(柳林鎭) 무장

(武莊)이다. 가난한 집에서 태어난 무훈은 이름도 없었고, 무씨 집안의 일곱째라는 뜻에서 '무칠(武七)'이라 불렸다. 나중에 청나라 조정에서 그의 공을 기려 '훈(訓)'이란 이름을 하사한 이후부터 '무훈(武訓)'이라 불렸다.

무훈은 30여 년간 동냥과 온갖 힘든 일을 하면서 끊임없이 노력해 3곳에 의학(義學, 학비를 받지 않거나 아주 저렴하게 받아 가난한 학생들이 배울 수 있도록 설립한 일종의 자선 학교)을 설립하였다. 무훈은 어려서부터 독서에 대한 열망이 강했다. 부유한 집 아이들을 따라 사숙(私塾, 서당과 같은 사설 학교) 입구까지 가서 몰래 남들이 책 읽는 소리를 듣곤 하였다. 아이들은 무훈이 남루한 옷을 입은 것을 보고, 비웃거나 모욕하였고 심지어는 때리거나 욕을 하였다.

하지만 무훈은 개의치 않았다. 어느 날 무훈은 용기를 내어 문을 열고 들어가 사숙 선생님에게 자신의 입학을 허락해달라고 요청했다. 하지만 사숙 선생은 그를 동정하기는커녕 오히려 "너 이 거지 녀석이 어떻게 여길 들어왔을까? 빨리 꺼지지 않고 뭘 훔쳐 가려는 것이냐?"라고 하며 모욕을 주면서 계척(戒尺, 옛날 서당에서 학동들을 벌줄 때 쓰던 목판)을 들고 무훈을 쫓아내었다.

열일곱 살이 되던 해 무훈은 이(李)씨 성을 가진 어느 거인(擧人)의 집에 들어갔다. 무훈은 머슴으로 있으면서도 온갖 수모를 겪어야 하였다. 글을 몰랐던 무훈은 사람들로부터 속임을 당하였다. 한번은 무훈의 누나가 무훈에게 편지를 보낼 때 편지에 돈을 넣어 인편을 통해 전달하게 하였다. 무훈이 글자를 모르는 것을 알고 있었던 거인은 무훈에게 편지만 건네주고 돈은 가로채었다.

어느 섣달 그믐날 무훈은 대련(對聯)을 붙였는데, 글자를 몰라 위아래 연을 반대로 붙였다. 이에 화가 난 거인은 무훈을 심하게 때렸고,

이후로는 저녁을 먹지 못하게 하였다. 이 해에 어머니의 병이 심해지자 무훈은 거인에게 돈을 달라고 하였다. 3년 동안 거인의 집에서 일하였던 무훈의 품삯은 천팔백 문 정도 되었다. 하지만 거인은 장부를 가져와서는 자신은 이미 돈을 다 지불하였기 때문에 더 이상 줄 게 없다고 주장하였다.

 이 일을 통해 무훈은 글을 모르는 사람의 고통을 뼈저리게 알게 되었다. 무훈은 돈을 받지 못하였을 뿐만 아니라 모함을 당한 채 죽도록 얻어맞고 쫓겨났다. 이후 무훈은 "내가 이런 고통을 겪은 것은 바로 글을 모르기 때문이다. 나는 반드시 글자를 모르는 가난한 아이들이 배울 수 있게 할 것이다!"라고 생각하였다.

 무훈의 주변에는 가난한 사람들이 아주 많았는데, 무훈은 이들이 공부하지 않으면 가난에서 영원히 벗어날 수 없다고 여겼다. 이에 무훈은 직접 의학(義學)을 세워야겠다고 결심하였다. 목표가 생긴 무훈은 평생을 고생하더라도 의학을 세우고자 하는 꿈을 실현시키고 싶었다.

 무훈은 자신의 명예를 구하거나 이익을 도모하지 않았다. 무훈은 스물한 살 때부터 각지를 떠돌아다니면서 돈을 모으기 시작하였다. 남의 집에서 품팔이를 하기도 하였을 뿐만 아니라, 집집마다 돌아다니면서 구걸도 하였다. 매일 2개의 거친 찐빵으로 끼니를 때웠고, 늘 남루한 옷을 걸쳐 입었다. 또 사람들 앞에서 묘기를 부리며 돈을 모았다. 무훈은 곡예사처럼 몸에 송곳을 찌르거나, 칼로 머리 치기, 큰 솥을 들어 올리는 등의 묘기를 선보였다. 심지어 벌레나 뱀, 전갈을 먹거나 돌덩이와 기와를 집어삼키기도 하였다. 이렇게 모은 돈을 큰 상인에게 맡겨 이자를 받았다. 이렇게 하여 무훈은 많은 돈을 벌었고, 땅을 사서 학교 운영에 필요한 경비를 댈 학전(學田)을 마련하였다.

무훈은 많은 돈을 모았지만, 계속해서 구걸하러 다녔다. 많은 사람들로부터 모멸과 멸시를 받으면서도 무훈은 산동·하북·하남·강소 등의 여러 지역을 다녔다. 무훈은 즐거운 마음으로 노래를 불렀는데, 노래 가사는 모두 의학설립과 관련이 있었다. "머슴살이하며 남에게 속으니. 걸식하며 자신을 따르는 것만 못하다네. 내가 걸식한다고만 보지 마시오. 조만간 의학을 꼭 세우리니"라는 노래를 불렀다.

무훈이 입만 열면 의학을 말하자 주변 사람들은 비웃었다. 그리고 무훈을 가리켜 '의학증(義學症)'이라 불렀다. 즉, "의학에 미친 정신병자"란 뜻이다. 스물아홉 살이 되자 약 10년간 모은 돈으로 45무(畝)의 밭을 샀다. 서른여덟 살이 되던 해에 산동에 큰 가뭄이 들었다. 이때 많은 사람들이 굶어 죽었는데, 무훈은 자신이 모은 돈으로 40포대의 수수를 사서 굶주린 사람들을 도왔다.

여러 해 동안 무훈은 많은 돈을 모았다. 무훈은 같은 고향의 양수방(楊樹芳)을 찾아가 도움을 청하였다. 양수방은 무훈의 정성에 감동하여, 무훈이 의학을 설립할 수 있도록 돈을 보태었다. 30년이 지난 광서(光緒) 14년(1888년) 무훈은 자신이 모은 돈으로 당읍현 유림진 동문(東門) 밖에 '숭현의숙(崇賢義塾)'을 설립하였다. 이후 부근에 있는 사찰과 관청 및 신사(紳士)들의 도움을 받아, 1890년 관도현(館陶縣) 양이장(楊二莊)에 제2학교를 설립하였다. 1896년에는 임청현(臨淸縣, 지금의 임청시) 어사항(禦史巷)에 제3학교를 설립하였다.

무훈이 의학을 세운 소문은 널리 퍼졌고, 청나라 조정에도 알려졌다. 청 조정에서는 무훈의 행동을 높이 사, 특별히 '훈(訓)'이라는 이름을 하사하였다. 광서 22년(1896년) 4월 23일 무훈은 임청현 어사항 의숙 옆에서 학동(學童)들이 낭랑히 책을 읽는 소리를 들으며 미소를 띤 채 세상을 떠났다. 사람들은 가난한 아이들이 학비 걱정하지 않고 공부할 수 있는 학교를 설립하기 위해 자신의 모든 것을 헌신한 무훈을 찬양하였다. 이러한 내용을 중국이 건국한 후 〈무훈전〉(1950)이라는 영화를 제작하였다. 저우언라이(周恩來)는 쑨위(孫瑜)가 영화 〈무훈전〉을 제작할 때 동조하였다는 이유로 비판을 받기도 하였다.

치바이스(齊白石, 1864~1957)

2017년과 2018년에 예술의 전당 서예박물관에서 치바이스의 전시회를 열었다. 2017년에는 치바이스의 고향인 호남성박물관이 소장한 작품 50여 점과 유물 80여 점을 전시하였고, 2018년에는 중국국가미술관이 소장하고 있는 치바이스의 작품들을 전시하였다.

한국에서는 '제백석'으로 알려져 있는 치바이스는 '중국의 피카소'로 불린다. 1953년 중국 미술가협회 주석에 당선되었으며, 같은 해 문화부로부터 중국 예술가로서 최고 영예인 '인민예술가' 칭호도 얻었다.

치바이스는 세련된 필묵을 사용하여 예술 조형의 '모양', '질', '동작'의 세 가지 요소를 완전히 표현하였다. 치바이스는 동물, 풍경, 인물부터 장난감, 채소까지 일상

의 모든 소재를 진한 먹, 밝은 색조, 대담한 필치로 그렸다. 말년에는 쥐, 새우, 새 등을 주로 그렸다. 특히 새우 그림을 생동감 있게 그린 것으로 유명하다. 27세부터 40세까지 치바이스는 사녀, 민속, 화조, 초충, 산수, 초상 등을 섭렵하였다. 고향에서 가장 많이 그린 그림은 미인화이다. 문희귀한(文熙歸漢)과 대옥장화(黛玉葬花)가 있는데, 모두들 치바이스를 '제미인'이라고 불렀다.

치바이스는 "세상은 내가 화조초충(花鳥草蟲)을 그리는 줄만 알았지, 내가 일찍이 산수를 그리는 줄 몰랐다. 저는 그림을 구상하고, 속세를 피하려고 노력하며, 붓을 가볍게 쓰지 않지만, 항상 욕을 먹는다."라고 하였다. 치바이스는 한 종류만 그린 것이 아니라 화조화, 산수화, 인물화 등 여러 장르를 두루 섭렵하였다. 주요 작품으로 〈남과도〉, 〈하엽도〉, 〈화훼화〉 등이 있다.

치바이스는 세계 미술시장에서 가장 '비싼' 작가로 이름을 알리고 있다. 프랑스 회사 아트프라이스에 따르면 중국은 2010년 전 세계에서 팔린 미술품 판매액 중 33%를 차지하였고, 작가별로는 1위를 차지한 파블로 피카소에 이어 치바이스가 2위를 차지하였다.

2011년 5월 치바이스의 작품이 북경에서 열린 경매에서 4억 2550만 위안(약 718억 원)에 낙찰되었다. 당시 중국 현대 회화 작품 사상 최고 기록을 수립하였다. 작품의 이름은 〈송백고립도(松柏高立圖)〉이다. 이 작품은 1946년 작 수묵화로 소나무 가지 위에 앉아 있는 매를 그렸다. 치바이스가 82살 때 그렸으며 가로 100cm, 세로 266cm의 크기다. 이 작품의 낙찰가는 11세기 송나라 시대 서예 작가인 황정견(黃庭堅)의 작품이 2009년 세운 기록(4억 3680만 위안)에 이어 중국에서 경매된 미술품 가운데 두 번째로 높은 금액이다.

치바이스는 1864년 호남성 상담(湘潭)에서 가난한 농부의 아들로 태어났다. 본명은 치황(齊璜)이지만 태어난 곳의 지명(바이시장(白石莊))을 따라 이름을 얻었다. 14살부터 목공일을 배웠고, 밤이면 글과 그림을 익혔다. 27살이 되어서 시작(詩作) 지도를 받았고, 30살 이후에야 이름이 알려지기 시작하였다. 학교 교육을 받지 못하고, 독학으로 시와 글씨, 그림, 조각 등을 모두 익혔다. 치바이스는 푸바오스(傅抱石, 1904~1965)와 함께 '남북이석(南北二石)'이라 불린다.

1957년 97세로 세상을 떠날 때까지 끊임없이 변화하며 작품 작업을 하였다. 치바이스는 스스로도 "80살이 넘어서야 그림다운 그림이 나왔다."고 말할 정도였다. 치바이스는 "그림의 묘미는 사(似)와 불사(不似) 그 사이"라고 정의하였다. 문인화도 많이 그렸지만, 농민화도 많이 그렸다. 치바이스는 "흔히 볼 수 있는 것을 놔두고 신기한 것을 그리는 것이야말로 본질을 외면하는 것"이라고 말했다.

쑨원(孫文, 1866~1925)

쑨원은 1911년에 신해혁명을 주도하였고, 1912년에 건국한 중화민국의 임시 대총통을 역임하였다. 1940년 국민정부는 전국에 명을 내려, 쑨원을 '중화민국국부(中華民國國父)'라 존칭하였다. 쑨원은 한국과도 인연이 있다. 1921년 호법정부 시기에 신규식과 회담을 하였으며, 1919년 4월 11일에 건국된 대한민국 임시정부를 승인하였다. 대한민국 정부는 1968년 건국훈장 대한민국장을 추서

하였다.

'중국의 국부'라 불리는 쑨원의 호는 일신(日新) 혹은 일선(逸仙)이고, 자는 재지(載之)이고, 별명은 중산(中山), 중산초(中山樵), 제상(帝象), 덕명(德明)이다. 한국에서는 중산이 쑨원의 호로 소개되고 있다. 쑨원이 즐겨 입던 옷을 쑨원의 호를 따서 '중산장(中山裝)' 혹은 '중산복'이라 부른다. 중산복은 신해혁명 이후 유행하기 시작하였다.

중산복의 앞면에는 호주머니 4개가 있다. 이 호주머니는 각각 '예, 의, 염, 치(禮, 義, 廉, 恥)'를 상징한다. 호주머니 덮개는 '문(文)으로 나라를 다스림'을 상징한다. 중산복의 앞자락에 있는 단추 5개는 5권분립(행정, 입법, 사법, 시험, 감찰)을 상징하고, 소맷부리에 있는 단추 3개는 쑨원이 주장한 삼민주의(三民主義: 민족, 민권, 민생)를 상징한다.

쑨원은 1866년 11월 12일 광동성 향산현(香山縣) 취형촌(翠亨村)에서 태어났다. 향산현은 현재의 중산시(中山市)에 속한다. 1879년 쑨원은 하와이로 유학을 떠났다. 1884년부터 2년간, 1887년부터 5년 간 홍콩에서 영국계 의과대학을 다녔다. 이때 영어를 배우게 되면서 모국어처럼 영어를 잘 구사할 수 있었다.

청일전쟁이 발발하던 1894년 11월 하와이에서 조직된 비밀결사 흥중회(興中會)는 청조의 타도와 민국(民國), 곧 공화국의 건설을 처음으로 내세웠다. 시모노세키조약을 맺던 1895년,

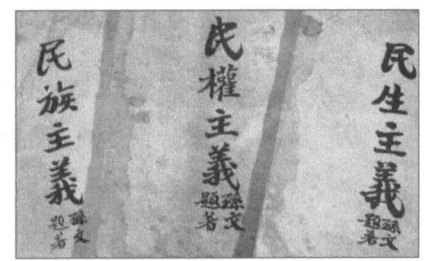

비밀결사 조직을 기반으로 첫 번째 반청(反淸) 무장기의를 일으켰으나 실패한 후 해외로 망명하였다. 이후 1911년 10월 호북성 무창(武昌)에서 일어난 반청기의가 성공하면서, 최초의 혁명정부가 만들어지기까지 유럽, 일본, 동남아 등지에서 활동하였다. 이 시기에 쑨원은 미국에서 중국인들에게 반청혁명을 선전하고 혁명자금을 모금하였다.

무창기의가 발발한 후인 1911년 12월 말에 쑨원은 중국으로 돌아왔다. 1912년 1월 1일 중화민국이 건국된 후 쑨원은 첫 번째 임시대총통에 올랐다. 그러나 청 황제의 퇴위를 조건으로 대총통의 자리를 위안스카이(袁世凱)에게 넘겨주었다. 1924년 11월 13일 쑨원은 북경 정부의 군벌 장작림과 단기서로부터 회담 요청을 받았다. 쑨원은 북경으로 가는 도중 일본에 들러 불평등조약 폐지 운동에 대한 일본 측의 이해와 지원을 요청하였다. 고베(神戶)에서는 「대아세아주의(大亞細亞主義)」라는 제하의 연설을 하였는데, 이때 쑨원은 일본이 아시아의 발전을 위해 "패도(覇道)를 버리고 왕도(王道)를 선택해야 한다."라고 역설하였다.

쑨원은 1925년 3월 12일 북경에서 사망하였다. 쑨원은 죽음에 임하여 3통의 유서를 남겼다. 3통의 유서는 '당원에 대한 유서', '가족에 대한 유서', '소련에 대한 유서'이다. 이 중 당원에 대한 유서의 주요 내용은 "내가 국민혁명에 힘을 바친 지 어언 40년, 그 목적은 오로지 중국의 자유·평등을 구하는 데 있었다. 40년의 경험으로써 깊이 깨우친 것은 우리가 이 목적에 도달하려고 한다면 반드시 먼저 민중을 일깨워야 하며, 평등으로써 세계 민족과 연합하여 공동 분투해야 할 것이다. 현재 혁명은 아직도 성공하지 못했다. 우리의 동지들이여! 모름지기 내가 저술한 『건국방략』·『건국대강』·『삼민주의』 및 '제1차 전국대표대회 선언문'에 의거, 계속 노력하여 관철하기 바란다. 이것이 부탁을 드리는 이유이다."라는 내용이다.

쑨원의 부인은 송칭링(宋慶齡, 1892~1981)이다. 송칭링은 쑨원의 연설문이나 원고를 영어로 번역하는 데 주력했다. 송칭링은 중국의 '잔다르크', '인민을 사랑한 여인'으로 불리며, 명예 국가주석을 역임하였다.

천두슈(陳獨秀, 1879~1942)

천두슈를 '중국의 레닌'이라고 부르기도 하였다. 또 리다자오(李大釗)와 천두슈를 가리켜 '베이리난천(北李南陳, 북에는 리다자오, 남에는 천두슈)'이라고 한다.

천두슈는 신문화운동의 창도자로 불리며, '5·4운동의 총사령'이라고도 불린다. 마오쩌둥은 "천두슈는 '5·4운동의 총사령'과 '5·4운동시기의 총사령'"이라고 하였다. 1942년 3월 30일, 마오쩌둥은 "어떻게 중국공산당사를 학습할 것인가"라는 연설에서 "천두슈는 5·4운동의 총사령이다"라고 말하였다. 또, 1945년 4월 21일, 마오쩌둥은 「중국공산당 제7차 전국대표대회의 공작 방침」이라는 보고에서, 천두슈를 가리켜 "그는 노동을 한 적이 있는 사람이다. 그는 5·4운동 시기의 총사령이다. 모든 운동은 실질적으로 그가 영도한 것이다. 그는 리다자오 동지 등의 주위 사람들과 커다란 역할을 하였던 사람이다."라고 말하였다.

천두슈는 1879년 안휘성 회녕(懷寧)에서 태어났다. 원명은 천칭퉁

(陳慶同)이고, 천간성(陳乾生)이라고 하며, 자는 중푸(仲甫)이고 호는 스안(實庵)이다. 1901년 천두슈는 반청 선전 활동을 하였다가 청 정부로부터 지명수배를 받았다. 1907년 일본 동경으로 가서 영어학교에 입학하였다가 후에 와세다대학으로 갔다. 귀국 후 1913년 위안스카이를 토벌하는 '2차혁명'에 참가하였다가 실패 후 체포되어 투옥되었다.

1914년 출옥 후 일본으로 가서, 장스자오(章士釗)를 도와 『갑인』 잡지가 창간될 수 있게 하였다. 천두슈는 글을 쓸 때 '두슈(獨秀)'라는 필명을 사용하였는데, 고향에 있는 '두슈산(獨秀山)'에 기원한다.

1904년 안휘로 돌아가 『안휘속화보(安徽俗話報)』를 만들었는데, 이 신문은 최초로 백화문을 사용하여 대중에게 홍보한 신문 중의 하나이다. 1915년 9월 상해에서 『청년잡지』(이후, 『신청년』으로 바뀜)를 창간하였는데, 중국의 신문화운동이 여기에서 발단되었다.

1918년 3월 천두슈는 "20세기의 러시아의 공화는 전도가 원대하고, 인류의 행복과 문명에 영향을 주었다. 18세기의 프랑스 혁명에서는 아직 정치적 현상이 더할 나위 없이 박하다"라고 하였다.

1918년 12월 천두슈와 리다자오는 『매주평론』을 창간하였고, 봉건적 군벌통치를 맹렬하게 공격하였으며, 일본의 중국 동북과 산동에서 권익을 탈취하여 침략하는 행동을 폭로하였다. 1919년 4월 천두슈는 「20세기 러시아의 혁명」이라는 글을 발표하였는데, 18세기 프랑스의 정치혁명, 20세기 러시아의 사회혁명이 모두 "인류사회 변동과 진화의 대관건"이라고 여겼다.

1920년 초 천두슈는 상해로 가서 공산주의 소조를 만들었고, 중국공산당 성립을 발기하였다. 1921년 7월에는 코민테른(제3인터내셔널)의 지도로 상해에서 중국공산당 제1차 전국대표대회를 개최하여 중국공산당을 창당하였다. 제1차 전국대표대회에서 천두슈는 중앙국서기로 선출되었다. 이후 중앙국 집행위원회 위원장(2, 3대)을 역임하였고, 중앙 총서기(4, 5대) 등을 지냈다.

천두슈는 『중국식 무정부주의』에서 "나는 대담하게 선언한다. 정치상으로뿐만 아니라 교육상 엄격한 간섭주의를 실시해야 한다"라고 하였다. 1927년 6월 28일, 무한의 노동자 규찰대를 해산하였고, 규찰대의 총기와 탄약을 국민정부에 위임한다고 선포하면서, 천두슈는 국민당에게 투항하는 자세를 보였다. 이러한 이유로, 1927년 제5차 전국대표대회에서 천두슈는 국내외로부터 '우경 투항주의자'라는 거센 비판을 받았다. 천두슈는 트로츠키주의자로 비난받으면서 1927년에 총서기직에서 물러났고 1929년 11월에는 중동로 사건(中東路事件)에 동의하지 않는다는 의견을 발표하여 중국공산당 중앙으로부터 당적을 박탈당하였다.

1932년 10월 천두슈는 상해에서 국민당 당국에 체포되어, 1937년까지 남경 감옥에 갇혔다. 항일전쟁이 일어나던 시기인 1937년 8월에 출옥하였고, 항일을 위한 연설을 하였을 뿐만 아니라 항일관련 글도 많이 썼다. 1942년 사천성에서 심장마비로 죽었다.

천두슈는 『청년잡지』의 발간사 격인 「경고청년(敬告靑年)」에서 중국 사회가 처한 위기를 해결할 수 있는 방법을 제시하였다. 천두슈는 "중국이 처한 위기는 보수적인 중국 전통사상에 있고, 이를 지양하기 위해서는 서구의 자주적이고 진취적인 사상을 습득해야 한다"고 주장하였다.

천두슈는 1919년 1월에 「본지 범죄 사건의 답변서(本誌罪案之答辯書)」를 『신청년』 제6권 제1호에 게재하였다. 이 글에서 서구의 '민주와 '과학'을 인정해야만 중국이 처한 정치·도덕·학술·사상의 모든 암흑을 치료할 수 있다고 말하였다.

루쉰(魯迅, 1881~1936)

'정신승리법', '아큐(아Q)', '공을기' 등은 한국에 익숙한 말이다. "세상의 모든 길은 처음엔 다 길이 아니었다. 많은 사람이 같이하면 길이 되는 것이다."라는 말은 한국에서도 자주 회자

되는 말이다. 이 말은 루쉰의 단편소설 『고향(故鄕)』에 나오는 말이다. 『고향』에 "희망이란, 본래 있다고도 할 수 없고, 없다고도 할 수 없다. 그것은 땅 위의 길과 같다. 본래 땅 위에는 길이 없었다. 걸어가는 사람이 많아지면 그것이 곧 길이 되는 것이다."라고 하였다. 『고향』은 루쉰의 자전적 스토리를 바탕으로 한다. 폐허가 된 고향 마을을 완전히 떠나며 '변화의 바람'이 부는 바깥세상으로 나아가는 루쉰의 심경이다. 구습을 타파하지 못하는 고향을 안타까워하지만, 새로운 길을 나서는 주인공은 '희망' 앞에 문득 두려움을 느낀다. 그리고 스스로에게 건넨 것이 "세상의 모든 길은 처음엔 다 길이 아니었다. 많은 사람이 같이하면 길이 되는 것이다."라는 말이다.

마오쩌둥은 루쉰을 가리켜 "위대한 사상가요, 혁명가요, 중국 문학

의 아버지이다."라고 하였다. 루쉰이 중국의 위대한 문학가로 평가받는 이유는 민족의 고뇌를 몸소 체험하고 중국민족을 각성하고자 실천한 열망 때문이었다.

루쉰의 본명은 저우수런(周樹人)이다. 루쉰은 필명이다. 루쉰의 자는 위차이(豫才)다. 동생은 문학가 저우쭤런(周作人, 1885~1966)이다. 루쉰은 1881년 절강성 소흥(紹興)의 1만 여 평의 논을 소유한 부유한 저우씨 집안의 장남으로 태어났다. 할아버지가 아버지의 과거 합격을 위해 부정을 저지르다 수감되고, 연이어 아버지가 병사하면서 집안이 몰락했다. 루쉰은 고향에서 냉대를 받으며 사회 비판에 눈을 뜨게 되었다.

루쉰은 신학문을 배우기 위해 남경으로 가서 광무철로학당을 졸업한 뒤, 1902년 일본으로 유학, 고분학원을 거쳐 센다이의학전문학교에 입학했다. 하지만 강의시간에 동포가 처형되는 장면을 담은 시사영화를 보고 학교를 그만두고 귀국한다. 이후 몸을 고치는 것보다 정신을 고치는 게 시급하다는 생각에서 '국민정신의 개조를 위한 문예 활동'에 전념한다. 북경대학에서의 강의를 정리한 『중국소설사략(中國小說史略)』(1925 합정조판, 1930 개정판)은 매우 유명하다.

루쉰은 중국 현대 문학의 출발점으로 여겨지는 작가이다. 대표 작품으로 『고향』, 『축복』, 『공을기』, 『약(藥)』, 『아Q정전』, 『광인일기』 등이 있다. 루쉰의 작품은 제1소설집 『눌함/납함(吶喊)』(15편, 1923 초판)과 제2소설집 『방황(彷徨)』(11편, 1926)에 담겨 있다.

한국에서 출간된 작품에서 『눌함』과 『납함』이라는 2개의 제목으로 번역되어 있는 경우가 많다. 학자에 따라 이에 대한 의견이 다르다보니, 번역자에 따라 '吶喊'을 '눌함' 혹은 '납함'으로 번역되고 있다. '눌(吶)'로 보아야 한다는 사람은 '눌'을 '말더듬을 눌'로 접근하여 "신음하듯 고통스럽게 외친다"는 뜻으로 해석하였다. '납'으로 보아야 한다는 사람은 '떠들 납' 혹은 '고함지를 납'으로 여겼다. 자전에서는 '吶喊'을 '납함'으로 읽고, '적진을 향하여 돌진할 때 군사가 일제히 고함을 지름'으로 풀이한다. '눌합'이든 '납함'이든 간에 루쉰은 이 책에서 중국이 변화기를 외치고 있음을 알 수 있다.

루쉰은 중국인의 정신을 개혁하는 것이 급선무라고 여겼다. 루쉰은 "그래서 나는 문예진흥 운동을 부르짖기로 결심했다."라고 말하고, "가끔 몇 번 함성을 질러서 적막 속을 달리고 있는 용맹한 투사들에게 다소나마 위안을 줌과 동시에 그들로 하여금 전진하는데 두려움이 없도록 해주고 싶다."라고 말한다. 그러면서 "따라서 나는 마침내 나의 단편소설을 '吶喊'이라고 이름 지었다."라고 하였다. 여기에서 보면, 루쉰은 투사와 함께 돌진할 때 함성지르기보다는 그들이 잘 싸우도록 격려하는 응원으로 여겼음을 알 수 있다.

루쉰은 "오늘날 세상에서는 관료를 공격하는 것이 유행의 첨단으로 되어 있다. … 하지만 관료는 태어날 때부터의 특별한 종족이 아니라 평민이 변화한 것뿐이다"라고 하면서 중국의 변화와 평민들의 변화를 부르짖었다.

조선족 송춘남(민족의학연구원 연구원)은 루쉰을 "압제받는 자

에게는 '벗'이었지만 이미 권력자가 되고 지배자로 된 사람에게는 영원히 '뜨거운 감자'였다"라고 하였다. 영국의 『브리태니커 대백과사전』은 루쉰에 대해 "일반적으로 20세기 중국 문학에서 가장 위대한 작가로 여겨진다."라고 쓰고 있다. 또한 미국 『뉴욕타임스』는 루쉰을 "중국의 가장 위대한 반체제 작가"라고 평했으며, 1994년에 일본의 두 번째 노벨문학상을 수상한 오에 겐자부로는 "20세기의 가장 위대한 아시아 작가"라고 극찬한 바 있다.

　루쉰은 1918년에 최초의 소설 『광인일기』를 써서 유교적인 가족제도가 지니는 병폐와 예절이라는 굴레가 인간을 얼마나 구속하는지 광인(狂人)을 통해 나타내고 있다. 이는 봉건체제를 청산하려는 젊은 이에게 자극을 주었다. 이후 언문일치의 문학 혁명을 일으켜 신문예를 탄생시켰다.

　1921년에 발표한 중편소설 『아Q정전』은 신해혁명을 전후로 한 농촌을 배경으로 날품팔이꾼 아Q의 이야기를 정전의 형식으로 그려낸 소설이다. 웨이쨩 마을 토곡사에 사는 아Q는 집도 없고 일거리도 없으며 탈모 흉터로 외모 콤플렉스가 심한 볼품없는 사람이다. 그러나 자존심이 매우 강하여 마을 사람들은 안중에도 없다. 그는 항상 '정신승리법'으로 자신을 무장한다. 그는 동네 지주인 짜오꾸이(趙貴) 영감이나 가짜 양귀신에게는 비굴하게 몸을 조아리는 반면 자기보다 약한 비구니에게는 남에게서 받은 수모를 앙갚음한다. 어느 날 웨이쨩 마을에도 혁명의 바람이 불어온다. 아Q는 평소 자신을 무시했던 사람들이 혁명당을 보고 허둥대자 투항하여 원한을 갚으려고 한다. 하지만 아Q는 혁명당원들이 짜오 영감의 집을 약탈하는 것을 본 뒤 짜오 영감의 집을 털었다는 누명을 쓴 채 어이없는 총살을 당한다.

　루쉰은 아Q의 '정신승리법'이 서세동점의 위기 속에서 자신을 마취시키는 병리적 현상으로 중국인의 잘못된 민족성을 대표한다고 생각했다. 정신승리법이란 자신이 위험에 처했을 때 머릿속에 그 상황을 자기에게 유리하도록 합리화하여 만족감을 얻는 것을 말한다. 『아Q정전』에서 중화의식에서 벗어나지 못하고 스스로를 기만하는 정신승리법의 우매성과 약점을 냉철하게 풍자하였다. 이후 본격적으로 중국사회의 의식개조를 목적으로 수많은 글을 발표한 루쉰은 1936년 10월 19일 루쉰은 건강 악화로 세상을 떠났다. 루쉰의 유해는 '민족혼(民族魂)'이라고 쓰인 하얀 천으로 덮였으며, 1만 명에 이르는 사람들의 애도를 받으며 10월 22일 만국공묘(萬國公墓)에 안장되었다. 그의 묘가 있는 루쉰공원에는 그와 관련된 자료들을 전시한 '루쉰기념관(魯迅紀念館)'이 건립되어 있다. 옛날에는 '훙커우공원'이라고 하였다.

중화인민공화국 성립 뒤 루쉰은 '문학가, 사상가, 혁명가'로 규정됐다. 사람들은 '중매결혼'이 루쉰의 이미지를 훼손한다고 여겼다. 「루쉰 사망 이듬해 만든 연보 중 1906년 루쉰이 26세 때 "6월에 고향으로 돌아가 산인의 주 여사와 혼인하다"는 구절이 나온다. 아내 주안(朱安)은 남편 루쉰을 기다리며 전족을 한 채 시어머니가 죽을 때까지 봉양했다. 시동생들까지 챙겼다. 루쉰의 내연녀는 제자이자 여성운동가인 쉬광핑(許廣平, 1898~1968)이다. 루쉰이 죽은 뒤 쉬광핑은 루쉰의 작품을 정리하였다. 쉬광핑은 루쉰이 죽을 때까지 옆을 지키며 혁명 운동을 지원하였으며, 그의 유일한 혈육을 낳았다. 쉬광핑은 루쉰의 전집을 정리하여 출판했고, 루쉰과 주고받은 편지를 정리한 『양지서(兩地書)』를 발간하기도 하였다.

한편, 루쉰의 뒤에 늘 가려져 있던 본처 주안의 삶을 조명한 책인 『나도 루쉰의 유물이다』의 저자 차오리화는 "새 시대와 낡은 시대의 교체 속에서 역사로부터 버림받은 여성 군상이 있다. 그녀들을 배제한 역사 서사는 불완전할 수밖에 없으며, 두께도 없다"라고 말한다. 루쉰은 첫 소설집 『납함』 서문에서 "추억이라는 것은, 사람을 즐겁게 해줄 수 있다지만, 때로는 사람을 쓸쓸하게 만들기도 하는 것"이라고 쓴 바 있다. 루쉰에 따르면 주안의 결혼생활은 추억 없는, 즐거움 없는, 쓸쓸함조차 없는 것이었다.

최근에는 중국의 청년 실업과 관련하여 루쉰의 작품인 『공을기(孔乙己)』에 나오는 「공을기의 두루마기(長衫, 긴 소매의 전통 옷)」가 거론되었다. 2023년의 중국 인터넷에서 '공을기의 두루마기'가 화제가 되었다. 중국에서 '공을기'는 대학을 졸업한 청년 실업자를 상징한다. 2023년의 심각한 청년 실업 문제를 두고 중국 국민들은 루쉰의 소설 『공을기』에 나오는 '공을기의 두루마기'를 떠올렸다. 상해해양대학의 졸업생 취업 현황을 찍은 사진이 소셜미디어에 회자되었다. 2023년 3월 16일, 중국중앙방송(CCTV) 온라인판인 앙시망(央視網)은 『공을기』의 문학을 소개하는 기사를 게재하면서 공을기가 "학문적 가식을 버리지 못해서 인생에 어려움을 겪고 있다"라고 비판하고 현대 젊은이들이 "긴 가운에 갇히지 말 것"을 당부하였다. '공을기(콩이지)'는 오랫동안 화제가 됐다. 중국에서는 젊은 세대들을 공을기에 비유하는 문구인 "젊은이들은 왜 공을기의 두루마기를 벗지 못하는가?"가 회자되고 있다.

마오쩌둥(毛澤東, 1893~1976)

마오쩌둥은 1945년 제7차 1중전회에서 1976년 9월 9일 사망할 때까지 줄곧 중공 중앙의 주석을 맡았다. 마오쩌둥은 중국의 최고 지도자였다. 마오쩌둥이 역임하였던 주요 직무는 거의 '주석'으로 칭해졌기 때문에, 사람들로부터 '마오주석(毛主席)'이라 불린다.

마오쩌둥은 1931년 11월에 강서 중화 소비에트의 주석이 되었다. 일반적으로 1935년 준의(遵義)회의 이후 마오쩌둥을 중심으로 한 새로운 지도부가 형성되었다고 말하지만, 1935년 2월 중앙정치국 상무위원회의 결정에 따라 장원톈(張聞天)은 보구(博古)를 대신해 당내 총책임자가 되었다. 직무상으로는 장원톈이 총서기로 선출되어 최고 지도자가 되었지만, 실질적으로 중국공산당을 이끈 사람은 마오쩌둥이라고 평가하고 있다.

마오쩌둥은 1893년 12월 26일 호남성 상담(湘潭)에서 태어났다. 오늘날 중국에서는 마오쩌둥이 태어난 12월 26일을 '마오마스'라고 부른다. 마오쩌둥의 자는 룬즈(潤之)이다. 원래는 용즈(咏芝)였으나 후에 룬즈로 바꾸었다. 필명은 즈런(子任)이다. 마오쩌둥은 가명으로 리더성(李德勝)이라는 이름을 사용하였다.

1918년 4월 14일, 마오쩌둥은 샤오즈성(蕭子升), 허수헝(何叔衡), 차이허선(蔡和森) 등과 신민학회(新民學會)를 조직하였다. 신민학회는 처음엔 "학술혁신, 품행연마, 사람 마음 속 풍속 개선"을 종지로 삼았고, 후에는 "중국과 세계를 개조하다"를 종지로 삼았다. 1921년 7월 23일부터 8월 초까지, 허수형과 함께 장사(長沙) 공산주의 소조의 대표 자격으로 상해에서 개최한 중국공산당 제1차 전국대표대회에 참석하였다.

1930년 1월 5일, 마오쩌둥은 "작디작은 불티가 들판을 태울 수 있다"는 글을 써서 농촌이 도시를 포위하고 무장으로 정권을 탈취하는 중국 혁명의 길에 관한 이론을 강조하였다. 동년 5월, 강서성 심오(尋烏)에서 조사 활동을 하고 "본본주의를 반대한다"는 글을 써서 "조사가 없으면 발언권도 없다"는 주장을 제기하였다.

마오쩌둥은 1934년 10월 18일, 서금을 떠나 장정의 길에 올랐다. 1935년 1월 귀주성 준의에서 개최된 중국공산당 중앙정치국 확대회의에서 중앙정치국 상무위원으로 선출되었다.

1936년 3월, 마오쩌둥은 남경 당국에 내전을 중지하고 일치해 항일하자는 '5가지 의견'을 제시하였다. 1937년 1월 13일, 중공 중앙과 중앙군사위원회가 연안(延安)에 주둔하기 시작하였다. 4월부터 7월까지 마오쩌둥은 항일군정대학에서 변증법적 유물론에 대해 강의하였다. 뒤에 두 절의 내용을 정리하여 『실천론』과 『모순론』을 완성하였다.

1942년 5월에 중공 중앙이 연안 양가령(楊家嶺)에서 개최한 연안문예관계자좌담회에서 연설을 하였는데, 이 연설문이 「연안문예좌담회에서의 연설」이다. 내용은 5월 2일에 한 '인언(引言, 머리말)'과 5월 23일에 한 '결론' 두 부분으로 이루어져 있다. 「연안문예좌담회에서의 연설」은 문학예술에 대한 마오쩌둥의 정치적 견해를 대변해주는 글이었고, 문화대혁명이 막을 내릴 때까지 문예계를 통제하는 근거가 되었다. 이 내용은 1943년 10월 19일 『해방일보』에 「연안문예좌담회에서의 연설」 전문이 실렸다. 1년 여 동안 실천 경험과 반복적인 의견 청취를 통해서 마오쩌둥이 후차오무(胡喬木)에게 또 한 차례 정리하게 한 다음에 또 직접 교정하고 탈고한 다음에 공식적으로 발표하였다.

1949년 10월 1일, 마오쩌둥은 중화인민공화국을 건국을 선포하면서 건국행사를 주관하였다. 마오쩌둥 주석이 천안문 성루에서 중화인민공화국의 성립을 선포하고 국기 오성홍기를 게양하였다. 마오쩌둥은 성루에서 "중화인민공화국이 성립됐다. 중국인민이 일어섰다"라고 외쳤다.

1962년 1월 11일부터 개최된 중공 중앙정치국 확대회의(7천여 명이 참석하여 '7천인대회'라고 함)에서 마오쩌둥은 민주집중제 문제에 관한 연설을 하였다. 7월부터 9월까지 북대하와 북경에서 연속으로 열린 중공중앙 공작회의와 제8차 10중전회에서 '암흑만을 말하고 광명을 말하지 않는 풍조', '단독으로 일을 하려고 하는 풍조', '번안 풍조'를 비판하였다. 마오쩌둥은 "계급투쟁은 사회주의 사회의 중요한 모순"이라고 하였다. 또 마오쩌둥은 소설『류즈단(劉志丹)』을 비판하여 "소설을 이용한 반당은 커다란 발명이다"라고 말하였다.

1969년 4월 마오쩌둥은 제9차 전국대표대회를 주관하였고, '문화대혁명'의 이론과 실천을 비준하였다. 린뱌오(林彪)를 '후계자'로 정하고 당장에 써넣었다. 4월 28일, 제9차 1중전회에서 마오쩌둥은 중앙위원회 주석으로 선출되었다.

1972년 2월 21일, 마오쩌둥은 중남해에서 중국을 방문한 미국 대통령 닉슨을 회견하였다. 2월 28일, 중·미 쌍방이 상해에서「중미연합공보」('상해공보'라고도 함)를 발표하였고 중·미 두 나라 관계 정상화를 실현하기로 결정하였다. 9월 27일, 마오쩌둥은 중국을 방문한 일본 내각 총리대신 다나카 가쿠에이를 회견하였고, 9월 29일, 양국은 "중일연합성명"을 발표하였고, 정식으로 외교 관계를 수립하였다.

1976년 6월 15일 마오쩌둥은 자신은 일생동안 두 가지 일을 했는데, '하나는 장제스와 몇 십 년 동안 싸워서 그를 섬으로 쫓아냈고, 둘째는 문화대혁명을 발동한 것'이라고 하였다. 9월 9일, 마오쩌둥은 83세로 북경에서 사망하였다.

'마오사상'이라는 용어는 1945년 제7차 전국대표대회에서 처음으로 사용되었다. 1976년 마오쩌둥 사후에는 비(非)마오쩌둥화가 추진되어 의미는 퇴색하였으나 1989년 이후 중국공산당 지도부에서 다시 마오쩌둥사상을 강조하였다.

2012년 여름 제18차 전국대표대회 당장에 마오사상에 대한 내용이 삭제될 것이라는 전망이 나오기는 하였으나, 삭제되지 않았다. 마오사상이란 마르크스·레닌주의의 기본원리에 입각하여 장기간에 걸친 중국 혁명의 실천에서 얻은 일련의 독창적 경험을 이론적으로 체계화한 중국의 실정에 가장 적합한 지도사상이며 중국체제 이데올로기의 기저이다. 마오쩌둥 개인의 사상이 아니라 마오쩌둥을 대표로 한 중국 공산당 당원들의 중국 국정에 가장 적합한 사상을 일컫는다. 주요 내용으로는 신민주주의 혁명 이론, 사회주의 혁명과 사회 건설에 대한 이론, 혁명군대의 건설과 군사 전략에 관한 이론, 정책과 책략에 관한 이론, 사상·정치·문화·공작에 관한 이론, 당의 건설에 관한 이론, 실사구시, 군중 노선에 관한 이론이 있다.

마오쩌둥의 '잡초론'은 덩샤오핑의 '묘론(猫論)'과는 상반되는 사고방식으로 문화대혁명 시기에 크게 유행하였다. 의미는 "사회주의의 잡초를 심을지언정 자본주의 싹을 키워서는 안 된다"라는 것이다. 주요 내용으로는 어떤 일에서나 경제발전과 무관하게 마오쩌둥과 같은 최고 권력자가 결정한 가치판단 기준에 따라 어떤 정책이나 방식이 지닌 '사회주의'와 '자본주의'의 색깔 여부를 판단하고 실행 여부를 결정한다는 것이다. 만약 자본주의적 색깔을 가진 정책이라고 판단되면 경제발전에 아무리 유리해도 반대해야 한다는 것이다. 그리고 사회주의적 색깔을 지닌 정책이라고 판단될 경우엔 경제발전에 아무리 손해를 주더라도 무조건 실시해야 한다는 것이다.

참새박멸운동은 1958년 대약진 초기에 마오쩌둥이 제기한 '4해를 제거하는 운동' 중 참새를 박멸하는 중국 전 지역에서 발생한 사건이었다. 1955년 한 농민이 "참새들 때문에 농사를 지을 수가 없다"는 탄원서를 중앙에 보내면서 '참새 때려잡기 운동' 혹은 '참새소멸운동'은 시작되었다. 마오쩌둥은 1955년 농촌에 현지 지도를 나갔다가, 참새를 보고는 "참새는 해로운 새이다"라고 하였다.

메이란팡(梅蘭芳, 1894~1961)

메이란팡(매란방)은 중국 최고의 경극 배우이다. 메이란팡은 경극에서 여자 역할을 맡은 남자 배우를 지칭하는 '단(旦)' 연기의 1인자이다. 메이란팡은 청옌추(程硯秋, 정연추), 쉰후이성(荀慧生, 순혜생), 상샤오윈(尙小雲, 상소운)과 함께 중국 경극의 4대 명단(名旦)으로 손꼽힌다. 메이란팡은 그 중에서도 '경극대왕(京劇大王)'이라고 불리며 단연 으뜸의 인기를 얻었다.

메이란팡은 1894년 북경에서 출생하였다. 메이란팡은 경극배우 집안에서 태어나 8살에 기예를 배우기 시작하였다. 20세 무렵에는 경극배우로서 이름을 떨쳤다. 1927년 여배우 멍샤오둥(孟小冬, 1908~1977)과 결혼하였다가 1931년에 이혼하였다. 제정 러시아의 연출가이자 배우인 스타니슬랍스키(1863~1938), 영국 태생의 미국 배우이자 코미디언이면서 감독인 찰리 채플린(1889~1977) 등과 교류한 것으로 알려졌다.

천카이거(陳凱歌) 감독의 대표작인 영화「패왕별희」에서 장국영이 연기한 데이역의 실존 인물이 메이란팡이다. 2009년에 상영되었던 천카이거 감독의「메이란팡」은 경극배우 메이란팡의 일대기를 그린 영화다.

메이란팡이 창조한 독특한 풍격의 예술 형식은 '매파(梅派)'라는 유파를 형성했다. 메이란팡은 곤곡(昆曲)에서도 뛰어난 기량을 발휘했다고 한다. 태주(泰州)와 북경에 메이란팡기념관이 있다. 그리고 태주메이란팡대극원(大劇院)과 북경메이란팡대극원이 있다.

메이란팡 조상의 고향은 강소성 태주(泰州)이다. 태주에 있는「메이란팡기념관」입구에 들어서면 저우언라이가 메이란팡에 대해 평한 "메이란팡, 이 위대한 예술가는 단지 중국에 속한 사람이 아니라 세계에 속한 사람이다."라는 글이 있다. 기념관의 내부 정원에는 대표작 '술 취한 양귀비' 중의 한 모습을 조각해 놓았다.

1986년 10월 건립된 총면적 1천여 m²의 메이란팡기념관은 북경 사합원으로 호국사가(護國寺街) 9호에 위치해 있다. 주칠(朱漆) 대문에는 덩샤오핑(鄧小平)이 직접 쓴 '메이란팡기념관' 현판이 걸려 있다.

"남자는 메이란팡, 여자는 루샤오만(陸小曼, 1903~1965)"이라는 말이 있었다. 루샤오만은 메이란팡처럼 유명하고 사랑받는 문화계의 미인이었다. 후스(胡適)는 루샤오만을 "그녀는 보지 않으면 안 되는 하나의 풍경이다(一道不可不看的風景)"라고 말하면서 미모를 칭찬하였다.

1931년 위슈옌(余叔岩), 치루산(齊如山), 장보쥐(張伯駒) 등과 함께 '국극학회(國劇學會)'를 창립하였다. 메이란팡은 1934년경부터 두각을 드러내었다. 20여 년간 북경을 중심으로 활약하였는데, 평생 200여 편의 작품에 출현하였다.

대표작으로는 「천녀산화(天女散花)」, 「우주봉(宇宙鋒)」, 「백사전(白蛇傳)」, 「귀비취주(貴妃醉酒)」, 「패왕별희」, 「유원경몽(遊園驚夢)」, 「항아분월(嫦娥奔月)」, 「대옥장화(黛玉葬花)」 등이 있다. 1937년 7월 일본이 중국을 공격하였고, 이후 북경을 점령하였다. 이때 일본군 사령관은 메이란팡에게 군대를 위해 공연할 것을 요구하였지만, 메이란팡은 이를 거절하였다. 이후 메이란팡은 항의의 표시로 모든 공연을 중단하였다.

메이란팡은 1949년 9월 30일에 중국인민정치협상회의의 상무위원으로 선출되었고, 10월 1일에는 중화인민공화국과 중앙인민정부 성립 대회에 참가하였다. 1959년 중국공산당에 가입하였다. 이후 전국인민대표대회의 인민대표, 중화전국문학예술계련회 부주석, 중국희극가협회 부주석 등을 역임하였다. 1959년 65세의 고령의 나이로 신작 「목계영괘수(穆桂英挂師)」를 연기하였다. 2019년 9월 25일 메이란팡은 '가장 아름다운 투쟁가(最美奮鬪者)'라는 칭호를 얻었다.

중국에서 메이란팡은 최고 임금을 받았던 사람 중의 한 명이었다. 당시 마오쩌둥의 임금이 인민폐 408.8원이었던 데 비해 메이란팡의 임금은 인민폐 2,100원에 이르렀다.

메이란팡은 해외에 경극을 전파하는 선구자적인 역할을 하였다. 1919년 처음으로 일본을 방문해 공연하여 "메이란팡의 섬섬옥수만 있다면 다른 여자들의 손은 필요 없다."라는 평론이 나올 정도로 큰 호평을 얻었다. 1924년 일본에 관동대지진이 일어났을 때는 위문공연을 열기도 했다.

1930년대부터 1950년대까지 일본, 미국, 소련 등지를 돌며 공연을 했다. 1930년에는 미국 시애틀, 시카고, 워싱턴, 뉴욕, 샌프란시스코, 로스앤젤레스, 샌디에이고 등지에서 72일 동안 공연을 하기도 했다. 당시 미국에는 오페라, 연극, 잡극 등이 유행했지만 메이란팡이 연출한 경극은 대사, 노래, 연기 등의 예술 기법을 조화시켰을 뿐만 아니라, '남성이 여성 역을 맡는' 경극의 특색을 살려 미국 관중들의 뜨거운 환영을 받았다.

1935년 2월부터 메이란팡은 소련의 초청을 받아 2달 동안 소련으로 공연을 갔다. 그때 고리끼, 톨스토이, 스탄니스라브스끼 등 문학예술가들과 인연을 맺었다. 스탄니스라브스끼는 메이란팡의 표현을 통해 '중국극의 표현은 일종의 규칙이 있는 자유동작'이라는 것을 발견하게 되었다고 하였다. 소련 공연 시에는 소련 최고 영화감독이 메이란팡의 작품을 영화로 찍기도 하였다. 소련에서도 메이란팡의 공연은 선풍적인 인기를 끌어서 애들이 동양인을 보면 '메이란팡'을 외칠 정도였다.

1935년 4월부터 8월까지는 폴란드, 독일, 프랑스, 벨기에, 이탈리아, 영국 등을 방문하였고, 이집트와 인도를 거쳐 귀국하였다. 1949년 미국 남캘리포니아 대학과 포모나 대학은 메이란팡에게 명예문학박사 학위를 수여하였다. 1956년 5월부터 약 2달간 일본을 방문하였다. 이때 도쿄, 규슈, 오사카, 교토, 나고야 등지에서 공연을 하였다.

한국의 승무·살풀이춤의 거목인 우봉 이매방(1927~2015) 선생은 10대 초반 중국으로 건너가 유명한 경극 배우 메이란팡에게서 칼춤·등불춤을 배웠다. 성기숙 한예종 전통예술원 교수는 "선생이 원래 이름인 '규태'를 '매방'으로 고친 것은 그만큼 메이란팡을 흠모했기 때문"이라고 말했다.

덩샤오핑(鄧小平, 1904~1997.2.19)

중국에는 "중국이 잘살게 된 것은 덩샤오핑 덕이다(感謝致富 鄧小平)"라는 말이 있다. 덩샤오핑 사망 당시 장쩌민(江澤民) 국가주석은 "덩샤오핑이 없었다면 중국 인민들의 오늘날과 같

은 문명화된 신생활과 사회주의 현대화가 불가능했을 것이다"라는 말로 그의 업적을 평가했다.

덩샤오핑을 가리켜 '개혁개방의 총설계사', '작은 거인', '오뚝이(不倒翁)'라고 부른다. 오늘날 중국의 경제성장이 있게 된 출발점은 덩샤오핑이 1978년 12월 제11차 3중전회에서 개혁개방을 선언한 때부터라고 할 수 있다. 제11차 3중전회에서 덩샤오핑은 '사상해방, 실사구시, 일치단결해 앞으로 전진하자'라는 연설을 하였다. 회의를 통해

'덩샤오핑을 핵심으로 하는 중국공산당의 제2세대 영도집체'를 형성하였다.

1984년 덩샤오핑은 나카소네 일본 총리와의 회담에서 "하늘이 무너져도 후야오방과 자오쯔양이 있는 한 문제없다."라고 하였다. 덩샤오핑은 자신의 심복인 후야오방과 자오쯔양을 각각 당 총서기와 국무원 총리로 내세워 쌍두 체제를 구축했다. 하지만 1987년 1월 후야오방이 실각하였고, 자오쯔양은 1989년 6월 천안문 사건 당시 군부의 강경진압에 반대하다가 실각하였다.

덩샤오핑은 1904년 8월 22일 사천성 광안(廣安)현 협흥(協興)향 패방(牌坊)촌에서 출생하였다. 이름은 덩셴성(鄧先聖)이다. 1920년 10월, 프랑스로 간 덩샤오핑은 1922년 여름에 유럽중국소년공산당에 참가하였다. 1924년 유럽 중국공산주의청년단 기관의 간행물인『적광(赤光)』의 편집일을 하였다. 1926년 1월 17일 덩샤오핑은 처음으로 러시아에 갔다. 1928년부터 1929년까지 중공 중앙의 비서장을 맡았다. 1939년 9월, 줘린(卓琳)과 결혼하였다.

덩샤오핑은 1978년부터 1983년까지는 중국인민정치협상회의 주석, 1981년부터 1989년까지는 당 중앙군사위원회 주석을 역임하였다. 1983년부터 1990년까지 국가 중앙군사위원회 주석을 역임하였다. 덩샤오핑이 중앙군사위원회 주석직에 있었기 때문에, 중국에서 '군'을 장악한 사람이 실질적인 최고지도자라는 것을 입증한 셈이다. 덩샤오핑은 1997년 2월 19일 북경에서 사망하였다.

덩샤오핑은 사후에 동상을 세우지 말라는 말을 남겼다. 덩샤오핑의 고향인 사천성 광안(廣安)시에 사방이 뻥 뚫린 대형광장 안 거대한 청동 솥(鼎)이 있다. 사천성 당국은 2004년 덩샤오핑 탄생 100주년을 기념하기 위해 3800m² 규모의 사원(思源)광장

을 건립하면서 덩샤오핑의 동상 대신 높이 10m, 무게 42t에 달하는 솥을 세웠다. 솥의 앞과 뒷면에는 실사구시(實事求是)와 사상해방(解放思想), 솥을 받친 돌 단상에는 "발전이 곧 최고의 이치다(發展才是硬道理)"라는 글이 적혀 있다.

덩샤오핑은 '3하3상(三下三上)' 혹은 '3기3락(三起三落)'을 하였다고 한다. 3번이나 어려웠던 시절을 겪고 오뚝이처럼 우뚝 일어선 것에 대한 비유이다. 1933년 덩샤오핑은 당내 권력투쟁에 의해 쫓겨났다. 1934년 10월, 덩샤오핑은 중앙 홍군을 따라 장정(長征, 대장정)에 참여하였다. 1935년 6월, 홍1군단 정치부 선전부장을 맡았다. 1937년 7월 7일, 일본이 침략하였을 때 중국공산당은 항일을 결정하였을 때 덩샤오핑은 국민혁명군 팔로군 정치부 부주임을 맡았다.

1946년부터 1949년의 국공내전 시기 덩샤오핑의 군대는 연전연승하였다. 류보청과 덩샤오핑의 제2야전군은 화중, 화남, 서남지방 등을 잇달아 해방시켰다. 그 공로로 덩샤오핑은 1949년 10월 1일 중화인민공화국 건국을 알리는 건국 행사에 참석하였다. 이후 사천·귀주·운남·서강(西康, 티베트) 등 서남지방 4개 성을 통치하는 당 제1서기에 올랐다.

1950년 2월 22일, 덩샤오핑은 서남군구 정치위원에 임명되었고, 1951년 군대를 이끌고 티베트를 공격하여 티베트를 점령하였다. 1957

년 소련을 방문한 마오쩌둥은 흐루시초프에게 동행한 덩샤오핑을 소개하면서, "저 작은 친구를 과소평가하지 마십시오, 그는 장제스 정예군의 1백만 군대를 궤멸시킨 사람이오, 저 사람 앞에는 밝은 미래가 있소"라고 말했다.

마오쩌둥은 1966년 10월 당 중앙정치국 확대회의에서 "덩샤오핑은 회의 때마다 내게서 멀찍이 떨어져 앉는다. 나를 마치 귀신 대하듯 겉으로는 공경하는 체하면서 실제로는 멀리한다. 1959년 이후 6년 동안 나를 한 번도 찾아온 적이 없다"며 공개적으로 불만을 표출했다. 덩샤오핑은 이 회의를 계기로 주자파(走資派)로 몰려 공개 비난을 당했으며, 이듬해 3월 모든 공직을 박탈당하였다. 이후 덩샤오핑은 강서성에 있는 트랙터 수리공장으로 하방(下放)되는 시련의 시절을 보냈다. 1973년 파탄에 이른 경제 상황을 염려한 마오쩌둥에 의해 복권된 덩샤오핑은 북경으로 되돌아왔다. 덩샤오핑은 문화대혁명으로 피폐해진 중국을 되살리기 위해 실용주의 정책을 실시하지만, 다시 마오쩌둥의 눈 밖에 나서 세 번째의 실각을 하게 된다.

1977년 세 번째 복권 이후 덩샤오핑은 중국의 개혁과 개방을 강조하였다. 덩샤오핑은 1978년 12월에 개최되었던 제11차 3중전회에서 개혁개방을 천명하였다. 다음해 1979년 1월 28일부터 2월 6일까지 미국을 방문하였는데, 중국 지도자로서는 최초로 미국을 방문하였다. 미국을 방문하였을 때 카우보이모자를 쓴 덩샤오핑의 모습은 중국이 '죽의 장막'을 완전히 걷었음을 상징하는 것이다. 최근 덩샤오핑이 미국을 방문하였을 때 암살당할 뻔한 이야기가 공개되었고 관련 영화도 상영되었다.

1981년 6월 제11차 6중전회에서 덩샤오핑이 기초한 「건국 이래 당의 약간의 역사 문제에 관한 결의」를 통과시켰다. 결의에서 문화대혁명을 철저하게 부정하였다. 이때 마오쩌둥의 역사적 지위를 평가하였고, 마오쩌둥사상을 지속적으로 발전시킬 것을 제기하였다. 회의에서 문혁과 관련하여, "마오쩌둥이 잘못 발동하고, 린뱌오와 장칭 등 반(反)혁명집단이 이를 이용하였으며, 당과 국가와 인민들에게 커다란 재난을 가져다준 대란"이라고 평가하였다. 하지만 마오쩌둥에 대해서는 "공적은 첫째이고, 과오는 둘째이다"라는 입장을 견지하였다.

덩샤오핑은 1985년 8월 핵심당원들에게 "우리의 원칙은 마르크스주의를 실천하는 과정에서 중국만의 독특한 길을 가자는 것이고, 우리는 이것을 중국 특색 사회주의 건설이라고 한다."라고 말하였다.

덩샤오핑은 1992년 1월부터 무창, 심수, 주해, 상해 등지를 시찰하며 주요 연설을 발표하였다. 이것이 유명한 '남순강화'이다. 1997년 제15차 전국대표대회에서 '덩샤오핑이론'이 당장에 삽입되었다. 덩샤오핑 이론이란 1978년 제11차 3중전회 이후 '사상해방'과 '실사구시'라는 두 가지 틀 속에서 개혁개방 정책을 추진해 오면서도 탄생된 이론을 말한다. 덩샤오핑이 강조하였던 흑묘백묘론은 "중국을 발전시키는 데는 자본주의 경제체제건 사회주의 경제체제건 관계없다."라고 주장하였다.

미국 『TIME』은 "덩샤오핑은 세계를 바꾸었고, 공적은 전례가 없다"라고 하였다. 미국 대통령 조지 부시는 "중국 개혁개방 이래로 발생한 변화는 덩샤오핑에게 공을 돌려야 한다. 덩샤오핑은 중국과 세계 역사에서 매우 중요한 지위에 있다"라고 하였다.

1979년 1월 1일자 『TIME』

2014년 중국공산당 중앙문헌연구실은 덩샤오핑 탄생 110주년을 맞아 출간한 『덩샤오핑전(鄧小平傳) 1904~1974』는 덩샤오핑의 출생부터 두 번째 복권까지의 인생 역정을 그렸다.

덩샤오핑과 관련된 주요 용어로는 '선부론', '공동부유', '일국양제론', '묘론', '모론', '등론', '중국특색 사회주의', '남순강화', '사회주의 시장경제' 등이 있다. 광동성 심수(深圳, 션전) 연화산(蓮花山) 공원에 덩샤오핑 동상이 세워져 있다. 심수 중심부가 한눈에 내려다보이는 연화산 꼭대기에 전국 최초의 덩샤오핑 동상을 2000년에 세운 것이다. 심수는 덩샤오핑 집권 이후 경제특구에 지정될 당시 작은 어촌에 불과했지만 이미 2018년에 경제 규모가 홍콩을 추월했다.

덩샤오핑어록이라 불리는 주요 내용으로는 "모두가 가난한 것이 사회주의는 아니다", "검은 고양이든 흰 고양이든 쥐를 잘 잡는 고양이가 좋은 고양이다", "자본주의에도 계획이 있으며, 사회주의에도 시장이 있다", "일부가 먼저 부자가 되는 것을 인정해 가난한 사람이 따라 배우게 해야 한다", "한국의 포항제철 같은 철강회사를 설립하고 싶다" 등이 있다.

한편, 2006년 6월 3일 홍콩 일간 『성도일보(星島日報)』는 덩샤오핑이 1960년대 말부터 1980년대 말까지 7차례나 암살당할 뻔했다고 보도했다. 덩샤오핑에 대한 첫 번째 암살시도는 문화대혁명 기간인 1969년 10월 덩샤오핑이 강서성 신건(新建)현의 폐교된 군사학교에 연금된 동안 발생하였다. 연금 3일째 되던 날 새벽에 무장한 민병들이 학교에 난입하여, 덩샤오핑의 숙소를 향해 총을 난사하였다. 경호원들과의 교전 과정에서 경호원 1명이 즉사했고 여러 민병들이 사살됐다. 당시 문화대혁명을 주도하던 린뱌오의 지시로 암살 기도가 이뤄졌다는 소문이 있었으나 향후 조사결과 린뱌오와는 무관한 것으로 판명되었다.

두 번째는 1973년 2월 강서성 시찰을 갔던 덩샤오핑은 일류신-14기를 타고 북경으로 돌아가려 했으나 군부대의 통보를 받고 기차로 바꿔탔다. 이 비행기는 안휘에서 갑자기 공중에서 폭파하여 추락하였다.

세 번째는 1975년 9월 화궈펑(華國鋒), 장칭(江靑) 등과 함께 산서성에서 열리는 농업혁신 회의에 참석한 덩샤오핑은 저녁에 비서, 경호원과 함께 산책을 나섰다가 괴한으로부터 총격을 당했다.

네 번째는 덩샤오핑이 저우언라이 추모 시위 사건의 책임자로 지목돼 세 번째 실각했던 1976년 4월이었다. 덩샤오핑이 연금돼 있던 북경군구 옥천(玉泉)산 초대소 1층이 갑자기 화재가 발생, 모든 방이 전소됐다. 덩샤오핑은 다행히 다른 건물의 목욕탕에 가 있어 화를 면했다. 덩샤오핑에게 우호적이었던 예젠잉(葉劍英) 원수가 덩샤오핑의 안전을 위해 안전지대로 피신시킨 것이라는 얘기가 돌았다.

다섯 번째는 1976년 7월 덩샤오핑은 하북성 승덕(承德)의 피서산장으로 휴가를 가라는 명을 받았으나 건강 문제를 이유로 병원에서 치료를 받았다. 덩샤오핑이 승덕으로 타고 가려 했던 일제 소형차는 나중에 국방부 전용 차량으로 바뀌었는데 검사결과 앞차축 결함으로 도로 주행시에 전복될 수 있었던 것으로 밝혀졌다.

여섯 번째는 1980년 3월 제남(濟南)군구 시찰시 회의장에서 보고를 마친 후 좌석으로 돌아올 때 회의장 당직 경비가 덩샤오핑의 자리를 향해 여러 발의 총격을 가했으나 경호원이 이를 막아냈다.

마지막 암살시도는 1988년 2월 천윈(陳雲), 양상쿤(楊尙昆) 등과 상해 서교(西郊)호텔에서 춘절(春節)을 함께 보낼 때 발생했다. '마오쩌둥주의 전투대'라는 4명의 무장 테러리스트가 호텔에 난입, 경호원들과 교전을 벌였다. 테러리스트 3명은 현장에서 사살됐고 1명은 붙잡혔다. 이들은 덩샤오핑을 암살하기 위한 폭탄, 소음권총, 연소기, 주변

지도 등을 지니고 있었다.

진융(金庸, 1924~2018)

2021년 넷플릭스 전 세계 1위를 기록하기도 하였던 송중기와 김태리 주연의 영화 〈승리호〉에서 김태리가 등장하는 신에 진융의 소설인 『영웅문』을  읽는 장면이 나왔다. 〈승리호〉는 약 250억 원의 제작비가 투입되었는데, 최대 투자자가 화이텐센트이다. 화이텐센트는 홍콩 영화제작사인 화이브라더스와 중국 인터넷기업 텐센트가 공동으로 세운 기업으로 드라마 〈스카이캐슬〉, 〈검법남녀〉 등 한국 콘텐츠에 투자를 해 왔다.

진융은 '중국의 셰익스피어'로 칭송받고 있는데, 2018년 11월 30일 94세로 사망하였다. 중국 신화망과 『인민일보』 등 주요 매체에는 진융의 죽음을 애  도하는 소식을 전했다. 중국 관영CCTV는 "큰 협객은 나라와 백성을 위한다"라는 진융의 『사조영웅전』 속 대사를 전하며 진융의 애국주의를 높이 평가하였다.

중국 국영 영자신문 『차이나데일리』는 "진융의 소설이 영화, TV 드라마, 라디오 등 여러 분야에 활용되면서 중화권 문화 발전에 크게 기여했다."라고 평가하였다. 『차이나데일리』에 따르면, 중국 소설미디어(SNS)인 웨이보에는 진융의 죽음을 애도하는 의미의 '#진융이사망하다(#JinYongpassedaway)'라는 해시태그(검색을 쉽게 하도록 단어에 '#' 표시를 붙이는 것)를 포함한 글이 6억 5000건 이상 올라왔다.

진융은 1924년 절강성에서 태어났다. 진융은 필명으로, 본명은 차량융(査良鏞)이다. 이름의 마지막 글자인 융(鏞)을 파자하여 진융(金庸)이라 하였다. 진융의 조상은 청나라 때 유명 시인 사신행(査愼行)이다. 진융은 1959년 홍콩 일간 『명보(明報)』를 창간하였다. 이후 신문 구독률을 높이기 위해, 진융은 『명보』에만 자신의 소설을 독점 연재하였다. 1955년부터 1972년 은퇴를 선언할 때까지 쓴 무협소설은 15편에 이른다.

진융의 처녀작은 1955년에 발표하였던 『서검은구록(書劍恩仇錄)』이고, 마지막 작품은 1972년에 발표하였던 『녹정기(鹿鼎記)』이다. 진융의 작품은 『벽혈검(碧血劍)』(1956), 『사조영웅전(射鵰英雄傳)』(1957), 『신조협려(神鵰俠侶)』(1959), 『설산비호(雪山飛狐)』(1959), 『비호외전(飛狐外傳)』(1960), 『의천도룡기(倚天屠龍記)』(1961), 『원앙도(鴛鴦刀)』(1961), 『백마소서풍(白馬嘯西風)』(1961), 『연성결(連城訣)』(1963), 『천룡팔부(天龍八部)』(1963), 『협객행(俠客行)』(1965), 『소오강호(笑傲江湖)』(1967), 『월녀검(越女劍)』(1970)이다. 이 중 '『사조영웅전』, 『신조협려』, 『의천도룡기』'는 '영웅문 3부작'이라 불린다.

진융의 작품은 중국에서만 1억 권 이상, 대만에서는 1000만 권 이상 팔린 것으로 추정된다. 전 세계적으로 진융 소설의 독자는 3억 명이 넘는 것으로 전해졌다. 진융의 작품은 통속적 문학과 순수문학의 장벽을 깨고 무협소설의 가치를 끌어올렸다는 평가를 받는다. 1972년 은퇴를 선언한 진융은 역사 연구에 매진했다. 1997년 홍콩 작가로는 처음으로 중국작가협회에 가입하기도 하였다. 덩샤오핑이 홍콩에 비밀요원을 보내 진융의 소설을 구하도록 지시한 일화도 유명하다.

진융 작품 대부분이 영화나 드라마로 많이 제작되었다. 중화권에서는 '신필(神筆)'로 불린다. 진융은 홍콩이 중국으로 반환된 이후 대륙에 널리 알려졌다. 진융은 평소 "오른손으로는 정치평론을 쓰고, 왼손으로는 소설을 쓴다."라는 신념을 갖고 있었다.

한편, 『천룡팔부』는 『소오강호』, 『녹정기』와 함께 진융 소설 중 문학성이 가장 뛰어난 작품으로 손꼽힌다. 『천룡팔부』는 『법화경』 등 불경에 나오는 불법을 지키는 여덟 가지 신통력을 가진 중생을 가리키는데, 천신과 용을 으뜸으로 삼는다고 하여 '천룡팔부'라고 부른다. 『천룡팔부』의 주제는 "모든 사람에게는 저마다 얽히고 얽힌 업보로 인한 가혹한 운명과  번뇌가 존재하며, 이로부터 자유로워지려면 스스로 은원을 정리하고 털어내어 고통의 굴레에서 벗어나는 것"이다.

진융은 1981년에 대영제국훈장(OBE)을 받았고, 1992년에 레종드뇌르 훈장을 받았다. 전 세계 대학에서 진융에게 명예박사학위와 명예교수직을 수여했다. 진융은 2005년 81세 나이에 영국 케임브리지대학에서 문학 박사학위를 받았다. 진융은 "학문은 스스로 덕을 보는 것이고, 즐거움을 얻을 수 있는 것이다. 배움이 부족한 것이 내 인생의 가장 큰 결함"이라고 말하기도 했다. 89세였던 2013년에는 북경대학에서 박사학위를 받기도 했다. 영국 가디언은 진융을 '중국의 톨킨'이라고 평가하기도 했다. J.R.R 톨킨은 판타지 소설 『반지의 제왕』을 쓴 영국 소설가다.

2003년 신랑(新浪) 등 17개 매체에서 네티즌을 대상으로 조사한 결과, '중국의 20세기 10대 문화우상' 1위에 루쉰(魯迅)이 선정된 데 이어 2위에 진융이 올랐다. 루쉰(57259), 진융(42462), 첸중수(錢鐘書, 30912), 바진(巴金, 25337), 라오서(老舍, 25220), 첸쉐선(錢學森, 24126), 장궈룽(張國榮, 23371), 레이펑(雷鋒, 23138), 메이란팡(梅蘭芳, 22492), 왕페이(王菲, 17915) 순이었다.

2003년 당시 인터뷰에서 진융은 "세상에 소설이라는 게 남아 있다면 아마 중국인들은 그래도 진융 소설을 계속 볼 거예요. 50년, 60년 넘어서도 아직 제 소설을 보는 사람이 있다면 아주 기쁠 겁니다."라고 하였다. 2006년 중국출판과학연구소가 발표한 '전국국민열독조사(全國國民閱讀調査)'에서는 1위가 진융, 2위 바진, 3위 루쉰, 4위 충야오(瓊瑤, 경요), 5위 자핑아오(賈平凹) 순이었다. 2008년 제5차 '전국국민열독조사' 결과에 따르면 진융, 루쉰, 충야오, 한한(韓寒), 궈징밍(郭敬明), 자핑아오, 위치우위(余秋雨), 바진, 라오서, 구룽(古龍) 등 작가들이 독자들의 사랑을 제일 많이 받는 작가로 뽑혔다.

진융의 작품들은 영어, 프랑스어, 한국어, 일본어, 베트남어, 태국어 등 다양한 언어로 번역돼 출판됐고, 공식적으로만 3억 부 넘게 판매된 것으로 알려졌다. 한국에서는 진융의 소설 15종 가운데 『사조영웅전』· 『신조협려』·『의천도룡기』로 구성된 18권짜리 '사조삼부곡'이 가장 유명하다. 고려원출판사에서 1985년 '영웅문 3부작'이란 이름으로 출간해 수백만 권 이상을 판 것으로 알려졌다.

진융의 작품은 재미도 있지만, 역사 배경을 사실적으로 묘사를 하였기 때문에 문학적 가치가 있는 글로 인정받았다. 특히 진융이 1957년 쓴 『사조영웅전』의 주인공은 북송과 남송을 구분짓는 '정강의 변(靖康之變)'에서 이름을 따서 곽정과 양강이라 지었다. 『사조영웅전』은 중국 초등학생의 필독서에 꼽혔다.

  2004년 11월 인민교육출판사에서 최초로 진융의 대표작인 『천룡팔부』의 일부를 고등학교 교과서에 수록하였다. 2007년에 『설산비호』 중 제5회의 내용 일부가 북경시의 고등학교 교과서에 실렸다. 『천룡팔부』는 중국 인민교육출판사가 2004년 11월에 펴낸 전국고등학교 2학년 필수과목인 어문독본 제2과에 실렸다. 중국 본토에는 진융의 문학을 연구하는 '김학(金學)'이라는 학문이 생겨났다. 홍콩에서는 『사조영웅전』 중 제30회의 일부가 교과서에 들어갔다.

장이머우(張藝謀, 1950~)

  중국을 대표하는 감독으로서 가장 먼저 떠오르는 사람은 장이머우이다. 장이머우는 2009년부터 단국대학교 석좌교수로 재직하기도 하였고, 2012년에  는 단국대학교에서 명예박사학위를 수여받았다. 당시 단국대학교 측은 "장이머우 감독이 세계적인 영화예술인으로 예술에 대한 동양적인 철학과 아시아적 사유를 영상화해 독특한 작품세계를 확립했으며, 세계 문화예술발전에 헌신하고 있음을 인정해 명예문학박사 학위를 수여하기로 결정했다."라고 하였다. 2018년 장이머우 감독은 미국 보스턴대학에서 인문예술 명예박사학위를 수여받았다.

  장이머우는 촬영감독이자 배우이자 감독이다. 장이머우는 섬서성 서안(西安) 출신이다. 문화대혁명 당시 18살이던 장이머우는 아버지가 국민당군 장교였다는 이유로 하방을 당해 섬서성의 농장과 방직공장에서 일하였다. 장이머우는 재수를 하여 27세 늦은 나이로 1978년 북경영화학교에 입학하였고, 1982년에 졸업하였다.

졸업 후에는 광서영화제편창(廣西電影制片廠)에서 일을 하였는데, 1984년에는 영화 〈하나와 여덟(一個和八個)〉에서 처음으로 촬영기사를 맡았으며, 중국영화 우수촬영감독상을 수상하였다. 1984년 천카이거(陳凱歌) 감독의 영화인 〈황토지(黃土地)〉에서 촬영기사를 맡아 황토고원의 독특한 분위기를 잘 그려냈다는 평가를 받았다.

1986년에는 대학 대선배인 우톈밍(吳天明) 감독의 작품인 〈노정(老井)〉에서 촬영감독과 주연을 맡았다. 이 영화로 중국 영화금계장, 대중영화백화장, 도쿄국제영화제에서 남우주연상을 수상하였다.

1987년에는 감독으로서 첫 번째 영화인 〈붉은 수수밭(紅高粱)〉을 제작하였고, 이후 베를린국제영화제에서 황금곰상을 수상하였는데, 이는 중국 최초로 국제영화제에서 수상한 것이다. 1987년부터 1999년까지 장이머우 감독이 연출한 〈붉은 수수밭〉, 〈국두(菊豆)〉, 〈홍등(大紅燈籠高高掛)〉, 〈귀주이야기(秋菊打官司)〉, 〈인생(活着)〉, 〈책상서랍 속의 동화(一個都不能少)〉, 〈집으로 가는 길(我的父親母親)〉 등의 영화는 중국과 해외의 여러 영화제에서 황금곰상, 황금사자상, 세계 3대 국제영화제 심사위원단 대상 등을 수상하였고, 아카데미상 후보에 3차례, 골든글로브상 후보에 5차례에 올랐다.

장이머우는 제5세대 영화감독 중에서 천카이거와 함께 대표되는

인물이다. 5세대 감독들의 영화들은 리얼리즘을 바탕으로 농촌, 민중들을 역사적 사실과 연관시켜 상징적으로 표현한 작가주의적 경향을 보였다. 장이머우는 25년간 영화를 통해 중국 사회의 어두운 면을 고발하며 중국 정부를 곤혹스럽게 하였다.

장이머우의 작품세계가 달라지기 시작했다는 평가를 받는 것은 2003년에 만들었던 〈영웅(英雄)〉이었다. 〈영웅〉은 진시황 시대를 배경으로 황제를 암살하려는 자객들의 이야기를 담은 무협 영화로, 이전에 보여주었던 장이머우 감독의 섬세한 심리 연출과는 거리가 먼 작품으로 평가를 받는다. 하지만 시각효과와 액션 장면, 화려한 영상미는 무협영화의 한계를 뛰어넘었다는 찬사를 받기도 하였다.

미국 UC산타바바라 대학의 마이클 베리 감독은 "과거 장이머우 감독은 정부에 눈엣가시와 같은 영화를 만든 배신자였지만, 이젠 정권의 애완견이 됐다는 시선이 있다."라고 말했다.

2002년 이후에는 상업영화도 연출하였는데, 〈영웅〉, 〈연인(十面埋伏)〉, 〈황후화(滿城盡帶黃金甲)〉, 〈진링의 13소녀(金陵十三釵)〉는 중국 영화박스오피스 흥행 기록을 두 차례 경신하였다. 또 '올해의 중국어 영화' 흥행 1위를 네 차례 차지하였다.

2005년에는 중국과 일본의 합작 영화 〈천리주단기(千里走單騎)〉를 연출하였고, 2015년에는 중국과 미국이 합작한 할리우드 영화 〈그레이트 월(長城)〉을 연출하였다. 2016년 항주에서 개최되었던 G20 정상회담에서 장이머우는 〈인상 서호(印象 西湖)〉를 각색하여 중국 문화, 역사, 국가성을 연출하였다. 2017년에는 액션 영화 〈그림자(影)〉로 55회 대만의 금마상(金馬獎)에서 베스트 감독상을 받았다. 2021년에는 자신의 딸 장모(張末)와 함께 한국 전쟁을 배경으로 한 영화 〈저격수〉를 공동 연출하였다.

2008년의 북경 하계올림픽 개막식과 폐막식 행사의 총감독을 맡은 장이머우는 전 세계에 중국의 문화를 널리 알리는데 결정적인 역할을 한 것으로 평가받고 있다. 이때 미국 시사 주간지『타임』에서 올해의 인물에 선정되기도 했다. 2019년 중국 건국 70주년 행사와 2022년 북경동계올림픽 개막식과 폐막식 총감독을 맡았다.

장이머우의 작품 중 〈산사나무 아래(山楂树之恋)〉는 2010년 제15회 부산국제영화제의 개막작이었다. 〈산사나무 아래〉는 중국계 미국 작가 아이미(艾米)의 원작 소설『산사나무의 사랑』을 각색한 영화로, 문화대혁명 시대를 사는 두 청춘의 순수한 사랑 이야기를 옅은 농담으로 그려내었다. 영화 〈산사나무 아래〉는 장이머우가 자신에 대한 '변절' 논란을 염두에 두고 작심한 듯 만든 작품으로 평가된다. 장이머우는 기자회견에서 "이번 영화에서는 특별히 강조하려고 하는 색채는 없었다."라며 "조용하고 담담하게 표현하려다보니 진한 색깔로 표현하는 것을 지양하게 됐고 그래서 과거 제 영화와 비슷하다고 생각을 하시는 것 같다."라고 밝혔다.

장이머우는 세계 3대 영화제인 베를린, 칸, 베니스 영화제에서 모두 수상하였다. 장이머우 감독은 1988년 데뷔작 〈붉은 수수밭〉으로 중국 감독 최초로 베를린국제영화제 황금곰상을 수상하였다. 1992년 〈귀주 이야기〉로 베니스국제영화제 황금사자상을 수상하였고, 〈인생〉으로 1994년 칸영화제 심사위원대상을 수상하였다.

중국을 대표하는 감독으로 여겨지는 장이머우는 〈영웅〉(2002)과 〈황후화〉(2006)를 통해 중국 역사를 새롭게 스토리텔링하여 제작하였다. 한 시골 학교의 학생들을 중심으로 일어나는 해프닝을 다룬 〈책상 서랍 속의 동화〉(1998)는 베니스영화제에서 황금사자상을 받았다. 도시에서 온 선생님을 기다리는 시골 처녀의 순수함과 기다림을 감성적인 영상으로 풀어낸 〈집으로 가는 길〉(1999)은 베를린영화제에서 은곰상과 선댄스영화제에서 관객상을 받았다. 이들 작품은 중국 내 자본주의가 수용되면서 사회주의적인 가치와 충돌이 일어나고 있던 개혁개방 시기 중국 사회의 고민을 담고 있다. 이 시기에 제작되었던 장이머우 영화는 초기의 장이머우 작품에서 나타났던 봉건사회를 비판하거나 사회주의적 윤리규범에 어긋나는 소재에서 벗어나, 현대 중국의 일상영역과 고민들을 감성적으로 풀어내고 있다. 〈책상 서랍 속의 동화〉와 〈집으로 가는 길〉을 통해 중국 최고의 감독으로 인정받았다.

장이머우는 중국의 공연문화인 '인상시리즈'의 감독이기도 하다. 2003년 광서장족자치구 계림(桂林) 려강(麗江) 위에 무대를 설치하여 〈인상 유삼저〉라는 공연을 기획하게 되었고, 세계 최대 규모의 수상공연이라는 인정을 받았다. 공연무대 예술 경험과 성공은 장이머우가 2008년 북경하계올림픽 개폐막식 총감독을 맡게 되는 계기가 되었다. 장이머우는 2008년 『타임지』가 선정하는 100인에 포함되기도 하였다.

한편, 문화대혁명 시기 혼란상을 담아낸 〈원 세컨드〉는 2019년 베를린국제영화제 황금곰상에 노미네이트되었지만, 돌연 출품 취소가 되기도 하였다. 이때 중국 정부의 검열을 받은 것이 아니냐는 논란이 일었다. 이후 이 작품은 2021년 부산국제영화제, 토론토국제영화제, 로마국제영화제, 산세바스티안영화제 등에 초청돼 '장이머우 감독 최고의 영화' 등의 극찬을 받았다.

2023년에 개봉되었던 〈만강홍: 사라진 밀서〉는 중국에서 개봉 당시 박스오피스 정상을 차지하기도 하였다. 영화는 악비가 처형당하고 5년이 지난 때를 시간적 배경으로 한다. 〈만강홍〉은 송나라 장수 악비가 남겨 놓은 시이다. 악비는 문무를 겸비하였는데, 〈만강홍〉에서 무인의 기상과 애국의 마음을 담았다. 영화의 후반부는 선명한 애국주의를 드러낸다.

2024년 2월 춘절 기간에 개봉된 중국 영화 중 장이머우 감독의 〈제20조(第二十條)〉가 박스오피스 4위를 차지하였다. 이 영화는 광선픽처스와 최고인민검찰원 영상센터가 공동으로 제작하였다. 이 영화는 삶 속에서 공평과 정의를 기대하는 사람들의 모습을 보여주고, 사건 이면의 다양한 생활 양상을 드러내고 법의 진정한 의미를 보여준다. 이 영화는 중국 정부가 목표로 삼고 있는 '법치 중국 건설'과 관련이 있다고 할 수 있다. 영화 포스터에서 각 캐릭터는 사람들의 마음속에 "가족이 위험에 처하면 어떻게 할 건가요?"라는 아주 단순한 질문을 던지며 정(情)과 법의 딜레마를 해부한다.

장이머우가 촬영감독으로 참여한 작품으로는 〈하나와 여덟〉(1983), 〈황토지〉(1984), 〈대열병(大閱兵)〉(1985), 〈시리거전기(犀利哥傳記)〉(2011)가 있고, 촬영감독과 배우로 참여한 작품으로는 〈노정〉(1987)이 있고, 배우로 참여한 작품으로는 〈진용(秦俑)〉(1989)이 있다. 감독으로 참여한 작품으로는 〈붉은 수수밭〉(1987), 〈국두〉(1990), 〈홍등〉(1991), 〈귀주 이야기〉(1992), 〈인생〉(1994), 〈책상 서랍 속의 동화〉(1999), 〈집으로 가는 길〉(1999), 〈행복한 날들(幸福時光)〉(2000), 〈영웅〉(2002), 〈연인〉(2004), 〈황후화〉(2006), 〈산사나무 아래〉(2010), 〈진링의 13소녀〉(2011) 등이 있다. 또 외국에서 활동한 작품으로는 〈뤼미에르와 친구들(Lumière Et Compagnie, Lumiere And Company)〉(1995), 〈그들 각자의 영화관(Chacun son cinéma, To Each His Cinema)〉(2007) 등이 있다.

장이머우는 첫 번째 부인이었던 샤오화(肖華) 사이에 딸이 한 명 있고, 신원이 확인되지 않은 여성 두 명과의 사이에 3명의 자녀를 둔 것으로 알려졌다. 한때 배우 궁리(鞏悧)와 사랑에 빠지기도 하였다.

1999년 장이머우는 31년 차이가 나는 천팅(陳婷)과 결혼하였다. 2014년 장이머우는 중국 계획생육정책 위반으로 벌금 명목의 계획외 출산비와 사회부양비 749만 위안을 부과하였다. 이때 장이머우는 911만 홍콩달러를 내었는데, 한국 돈으로 약 13억 3000만 원에 달하였다. 당시 강소성 무석(無錫)시 빈호(濱湖)구 인구계획생육위원회는 "장이머우 감독과 부인인 천팅이 세 자녀를 둔 것에 벌금을 부과했으며 이는 부부가 세 자녀를 낳기 직전인 2000년과 2003년, 2005년의 개인 소득에 근거한다."라고 발표하였다. 이 일로 장이머우는 CCTV에 나와 공개 사과를 하기도 했다.

3. 나가며

한 국가의 역사, 철학, 문학을 접하다 보면 많은 인물들을 알게 된다. 중국도 마찬가지이다. 황제이면서도 문학가인 사람, 정치가이면서도 문학가인 사람! 역사에 등장하는 많은 인물들은 정치가이자 철학가이자 문학가이기도 하였다. 오늘날까지 학교 교육을 통해 그들의 삶을 알기도 하고, 개인적으로 관련 책을 읽음으로써 그들의 삶을 이해하기도 한다.

중국 역사에서 등장한 인물 중, 알면 유익한 인물들은 무수히 많다. 그 중 33명을 선택한다는 것은 매우 어려운 일이다. 앞에서 소개한 인물들 중에는 한국 역사와 문화 및 문학에도 등장하기도 한다. 언제부터인지는 정확하지는 않지만, 입에서 입으로 전해지기도 하고, 그들의 지은 책을 탐독하기도 한다. 한국 학자들의 시나 글에도 등장하는 인물이 많다.

맨 처음에 소개한 부호부터 맨 마지막에 소개한 장이머우에 이르기까지, 약 3000년이라는 시간 속에서 역사의 한 페이지에 남은 인물들은 매우 많다. 고대 인물 중 공자와 같은 인물은 세계적으로 유명하다. 현대 인물 중 덩샤오핑은 중국이 G2의 반열에 오를 수 있도록 과감하게 개혁개방을 이끈 사람이다. 정치, 외교, 문학, 사회, 의술, 사상 등 다양한 분야에서 활약한 사람들을 통해 현재에 살고 있는 사람들이 어떠한 마음가짐으로 살아가야 할지 알았으면 한다.

약소국이었던 국가를 강대국으로 이끈 사람, 미천한 신분이었지만 재상에 오른 사람, 인재를 알아보고 이끈 사람, 병자를 치료한 사람, 현실을 시로 읊은 사람, 당시 사회를 좀 더 나은 사회로 바꾸려고 한 사람 등 다양한 인물은 어떠한 마음으로 어떻게 살았는가를 생각해 보아야 할 것이다.

오늘날 세계는 혼탁하다고 말할 수 있다. 20세기에 발생하였던 양대 세계 대전 당시에 세계를 혼탁하게 한 상황들이 2020년대를 살아가고 있는 현재에 재현되는 듯하다. 이데올로기 대립, 특정 국가들의 강한 국가주의 등은 세계를 전쟁의 도가니로 몰아넣는 듯하다. 자국의 이익을 위해 타국의 안전을 위협하는 것이 매일 일어나고 있다.

위정자가 역사를 올바르게 알면 세계의 위태로움은 줄어들 수 있다. 그러나 위정자가 잘못된 역사관으로 잘못된 정치를 하게 되면, 세계는 위험해진다.

오늘을 살아가는 위정자들은 역사 인물을 통해 그들이 어떻게 살았는지 생각해 볼 필요가 있다. 특히 국민의 윤택한 삶을 위해 정치를 하였던 인물, 전쟁을 막기 위해 최선을 다했던 인물들의 삶을 잊지 말아야 할 것이다.

4. 참고자료

공봉진, 『중국공산당 CCP 1921-2011』, 이담북스, 2011.
공봉진·김혜진, 『G2시대, 중국과 미국을 이끈 지도자들』, 경진출판, 2021.
김진영 외 7명, 『중국 문화콘텐츠에서 문사철을 읽다』, 경진출판, 2021.
장이머우 감독, 중국 출산정책 위반으로 13억 벌금 납부
      https://lrl.kr/A6NW
"京杭大運河之父"郭守敬 https://lrl.kr/Ju51
"義丐"武訓:行乞30年只爲辦教育, 58年的人生堪稱傳奇 https://lrl.kr/FiW0
『尚書』·說命上 https://lrl.kr/wV6P
2023海峽兩岸鄭成功文化節開幕式暨頌典儀式 https://lrl.kr/f74P
67歲梅蘭芳病逝, 周總理特批:降半旗, 國庫僅存的沉香木棺材安葬
      https://lrl.kr/f74R
73歲的張藝謀很時尚, 潮鞋吸睛, 比年輕人敢穿 https://lrl.kr/f74T

看了73歲張藝謀的資產, 才知什麼是人生大贏家越低調, 越出乎意料
https://lrl.kr/wUE3

京城采風｜"郭守敬"——元朝理工界的天花板 https://lrl.kr/f74X

孔丘 https://lrl.kr/f74Z

國父孫中山究竟有多猛？ https://lrl.kr/A6Ob

金庸『倚天屠龍記』主題內容探析 https://lrl.kr/f744

金庸網-最全的金庸小說資料站 金庸武俠小說全集-金庸 https://lrl.kr/owm9

大明第一謀士劉伯溫 https://lrl.kr/A6Oj

大思想家李贄要求剃髮, 却突然奪剃刀割喉而死, 爲何選擇這樣死去
https://lrl.kr/f75a

大地之子郭守敬 https://lrl.kr/ownf

大秦帝國·人物志·商鞅 https://lrl.kr/FiXp

董仲舒 https://lrl.kr/FiXr

杜甫 https://lrl.kr/sIwn

鄧小平生平簡介(1904~1997) https://lrl.kr/f75m

鄧小平的思想方法 https://lrl.kr/wUFw

魯迅-中國著名文學家、思想家、革命家 https://lrl.kr/f75q

魯迅(1881.9.25.—1936.10.19) https://lrl.kr/ownw

劉伯溫:開國元勳, 文學巨匠, 中國歷史上的傳世之才 https://lrl.kr/f75v

劉秉忠——被遺忘的開國功臣, 忽必烈最信任的漢人 https://lrl.kr/kkey

陸績(三國時期孫吳官員) https://lrl.kr/NHfN

李贄 https://lrl.kr/f75C

梅蘭芳 https://lrl.kr/wUFM

梅蘭芳:10歲登臺, 原配爲絶育, 二房14年生9子, 人生比劇本精彩
https://lrl.kr/kkeH

毛澤東深厚的人民情懷 https://lrl.kr/f75I

武訓 貧民教育家、慈善家 https://lrl.kr/ownP

墨子 https://lrl.kr/A6OX

白居易 https://lrl.kr/f75Q

白居易的15首千古傳誦詩歌, 你會背幾首？ https://lrl.kr/f75U

范仲淹 https://lrl.kr/A6O7

婦好:商王武丁王后 https://lrl.kr/f75O

史書中眞正的劉伯溫 https://lrl.kr/kke3

三十世家·孔子世家原文 https://lrl.kr/A6Qm

尚書說命下原文及翻譯 https://lrl.kr/klFB

商鞅 https://lrl.kr/f77e

徐濤, 建黨之前:陳獨秀在上海 https://lrl.kr/sIyg

鮮爲人知的元代航海家:汪大淵 https://lrl.kr/NHhr

蘇東坡紀念館 https://lrl.kr/f766

蘇軾 https://lrl.kr/Ju8m

孫武 https://lrl.kr/sIyb

孫文簡歷 ǀ孫文簡介 ǀ孫文生平 ǀ孫文履歷 https://lrl.kr/kkf6

隋文帝 https://lrl.kr/kkf5

詩聖詩史——杜甫 https://lrl.kr/kkf3

十大謀士之第八位——劉伯溫 https://lrl.kr/owo4

晏嬰(春秋時三朝卿相) https://lrl.kr/sIx4

晏子春秋 https://lrl.kr/kkfR

耶律楚材 元代 https://lrl.kr/Ju76

楊堅 隋朝開國皇帝 https://lrl.kr/NHg9

汪大淵:元代航海家, 憑借一部游記, 被譽为"東方的馬可·波羅"

　　　　　　https://lrl.kr/kkfM

元朝劉秉忠：多次被追封，唯一殊榮加身的漢儒　https://lrl.kr/f76L

儒家學派創始人——孔子　https://lrl.kr/sIxS

異端宗師——李贄　https://lrl.kr/sIxN

一生乞討，討來三座學堂！首位載入中國正史的乞丐——武訓
　　　　　　https://lrl.kr/f76I

張藝謨仍然是中國最好的電影"大厨"，没有之一　https://lrl.kr/sIxK

張仲景　https://lrl.kr/sIxH

鄭和(明朝航海家、外交家)　https://lrl.kr/kkft

鄭和下西洋時，不帶年輕女子，不止因爲他是太監，而是另有深意
　　　　　　https://lrl.kr/wUGx

齊白石紀念館　https://lrl.kr/sIxr

趙永華，毛澤東的戰略決策智慧　https://lrl.kr/f76k

從1億到9億，齊白石五大名畫你看過幾幅？　https://lrl.kr/owol

中國大航海，被刻意隐藏和扭曲的歷史：澳洲原是中國人發現，名字也由國人命
　　　　　　名　https://lrl.kr/f8VG

中國航海第一人：汪大淵(元朝民間航海家)　https://lrl.kr/A6Pn

中興詩話126——『尚書·說命中』　https://lrl.kr/Fkoe

陳獨秀1937年出獄後想回延安，毛主席提三個條件，他爲何不愿答應
　　　　　　https://lrl.kr/Ju7p

春秋中期齊國賢相晏嬰　https://lrl.kr/owoa

지은이 소개

김혜진: 현재 부산외국어대학교 글로벌문화비즈니스전공에서 초빙교수로 재직 중이다. 부산외국어대학교에서 영문학박사학위를 취득하였다. 새한영어영문학회 정보이사, 사단법인 인문학당 달리 연구이사를 역임하고 있다. 주요 저서로는 『세계문화유산』(공저), 『중국·미국·일본의 민간신앙』(공저), 『G2시대, 중국과 미국을 이끈 지도자들』(공저) 등이 있다. 주요 논문으로는 「기억하는 유령 그리고 치유하는 유령 토니 모리슨의 『빌러비드』에 나타난 유령 이야기」, 「『부엌신의 아내』를 통해서 본 침묵 깨뜨리기 그리고 트라우마의 회복」, 「'침묵 깨트리기'를 통한 트라우마의 회복: 소설 『종군위안부』와 영화 〈아이캔스피크〉를 중심으로」 등이 있다. 또한 부산광역시교육청, 부산 중앙도서관, 반송도서관, 창녕도서관, 양산 웅상고등학교 등에서 '음식으로 맛보는 미국 역사', '책과 함께 떠나는 여행', 'BTS를 통해 본 데미안', '랜드마크를 찾아 떠나는 여행' 등의 인문학 강연을 다수 진행해 왔으며, 문화체육관광부가 주관하는 '길 위의 인문학' 사업에도 참여하였다. 이를 통해 지역 주민들과 소통하며 생활 속 인문학의 대중화에 기여해왔고, 문학과 문화, 사회를 연결하는 대중 인문학자로서의 활동 또한 활발히 이어가고 있다.

공봉진: 현재 국립부경대학교 중국학과 강사, 동아대학교 정치외교학전공 강사로 재직 중이다. 국립부경대학교에서 국제지역학박사학위를 취득하였다. 주요 저서로는 『시진핑 시대의 새로운 길: 2049년을 향해』(공저), 『중국공산당이 세운 신중국! 중화민족에 빠지다』(공저), 『한중 수교 30년, 강한 나라를 꿈꾸는 중국』(공저), 『중국 문화콘텐츠에서 문사철을 읽다』(공저), 『시진핑 시대, 중국 정치를 읽다』 등이 있다. 주요 역서로는 『해상용병: 17세기 중국해에서의 전쟁, 무역 그리고 해적』(공역)이 있다. 주요 논문으로는 「'중국식 현대화'가 한국에 주는 함의」, 「중국 시진핑 법치사상의 형성과정에 관한 연구」, 「신시대 중국 시기의 '펑차오 경험(楓橋經驗)' 현상에 대한 정치사회적 함의」(공저), 「중국의 해양인식 변화와 해양교육에 관한 연구」(공저) 등이 있다.